王学东 著

见证改革

一名全国人大代表的履职历程

JIANZHENGGAIGE

YIMINGQUANGUORENDADAIBIAODELÜZHILICHENG

中国民主法制出版社

图书在版编目（CIP）数据

见证改革：一名全国人大代表的履职历程/王学东著．
—北京：中国民主法制出版社，2018.5
ISBN 978-7-5162-1786-3

Ⅰ.①见…　Ⅱ.①王…　Ⅲ.①中国经济—经济改革—
研究　Ⅳ.①F121

中国版本图书馆 CIP 数据核字（2018）第 079330 号

图书出品人：刘海涛
出 版 统 筹：赵卜慧
责 任 编 辑：陈　偲

书名/见证改革——一名全国人大代表的履职历程
作者/王学东　著

出版·发行/中国民主法制出版社
地址/北京市丰台区右安门外玉林里 7 号（100069）
电话/（010）63056573　63058790　63055259（总编室）
传真/（010）63056983　63058790
开本/16 开　787 毫米×1092 毫米
印张/22　字数/417 千字
版本/2018 年 5 月第 1 版　2018 年 5 月第 1 次印刷
印刷/北京美图印务有限公司

书号/ISBN 978-7-5162-1786-3
定价/48.00 元

自　序

在刚结束的十三届全国人大一次会议上，习近平总书记再次当选国家主席、中央军委主席，并向全国人大审议通过的新修订的宪法庄严宣誓，成为第一位进行宪法宣誓的共和国领导人。闭幕会上，习近平总书记指出，新时代属于每一个人，每一个人都是新时代的见证者、开创者、建设者，只要精诚团结、共同奋斗，就没有任何力量能够阻挡中国人民实现梦想的步伐！在本书《见证改革———名全国人大代表的履职历程》即将完稿之际，看到这庄严的会场、神圣的选票，聆听这郑重的誓言、嘹亮的号声，我百感交集，对所处的伟大时代满怀感恩，对祖国的伟大复兴充满信心，也对过去五年身为全国人大代表倍感光荣。

2013 年 2 月，承载着湖南人民的信任与重托，我非常荣幸当选为十二届全国人大代表。五年来，我认真学习我国人民代表大会制度，深刻领会"代表人民的利益和意志，依照宪法和法律赋予的各项职权，参加行使国家权力"的神圣职责，仔细研读各项会议材料，深入开展调查研究，积极参政议政，努力做好选举、审议、立法、监督等各项人大代表工作。

本书从八个方面回顾了这五年我的人大代表履职历程，包括金融扶贫、地方投融资、新预算法、新型城镇化、金融风险防控、政策性金融的改革发展、金融租赁、法治建设等。每一部分中，既有我结合日常工作思考履职的自述，也包括我这五年向全国人大提交的议案、建议以及在媒体上发表的一些文章和采访报道。从中可以看到我国人民代表大会制度的运作实践，可以看到中国共产党领导下，人民当家作主的民主进程，可以看到一名金融全国人大代表的履职作用，也可以看到一名 35 年的从业者视角下中国经济金融体制的改革发展历程。

十八大以来的五年，是党和国家发展进程中极不平凡的五年。这五年，从红色摇篮的湖南到改革开放的深圳，我有幸见证了我们党领导全国各族人民取得改革开放和社会主义现代化建设的历史性成就，有幸参与了我国脱贫攻坚、财政金融、新型城镇化、地方投融资等领域的改革发展，更近距离地见证了我国社会主义民主政治的不断发展和完善。五年来，我国不断坚持和完善人民代表大会制度，越来越注重发挥人大代表的作用，代表们的意见建议越来越得到重视，代表们的履职热情和履职能力不断提高，履职方式和影响力日益丰富，成为我国推进国家治理体系和治理能力现代化的重要力量。

五年的履职历程，我感受到人民群众对人大代表的充分信任。当选全国人大代表后，我进行了多次专题调研，每到一处都能深刻体会到人民群众的信赖和期盼。比如湖南一位村支书曾给我讲过"守着金山还要饭"的问题：山里的竹子很多，卖到外面一般每根能卖 10 元钱，但因为道路不通，长在山里就不值钱，如果能打通农村交通基础设施"最后一公里"，老百姓日子就好过了，老支书希望我反映反映。因此，我在各种场合都积极呼吁要将农村基础设施作为扶贫重点，后来国家也出台政策大力支持农村扶贫公路建设。在广东我同样感受到了群众对人大代表的信赖。比如，近年来融资租赁行业呈现爆发式增长，但也暴露出立法、融资、税收、监管等方面问题。很多同行给我提供丰富的素材和建议，希望能代表行业向全国人大反映。因此，2015 年以来我围绕融资租赁行业发展相关问题向全国人大提交了 12 件建议，都收到了有关部门的正式回复，也得到媒体的重视和宣传。在各方努力下，近两年融资租赁发展的政策环境不断优化，行业总体保持了稳步快速发展。

五年的履职历程也是我个人的成长和收获之旅。记得第一次参加人大会议，面对大量重要的会议审议材料，我虽然很努力地认真研读，但要对一些立法、行政等问题提出有价值的建议还是比较困难。我总感觉人大代表是很神圣的，对于自己所提出的建议必须科学严谨，不能有丝毫随意。于是，我开始有针对性地加强学习。比如，2014 年预算法修正案审议前后，我多次赴北京拜访国内著名的财税专家，多次走访湖南各级财政部门以及人民银行等相关单位，认真查阅有关资料，详细了解每项条款的来龙去脉，形成了《关于修改预算法修正案二审稿的议案》，对预算授权、预算公开、国库管理、财政专户、地方政府发债等问题提出了修改建议，并三次受邀参加全国人大常委会对新《预算法》的审议，后来我的诸多建议被最终的预算法修正案所采纳。我非常感谢全国人大这所特殊的学校给予我的学习机会，以及对我的鞭策。

2018 年是我国改革开放 40 周年，也是贯彻党的十九大精神开局之年。党的十九大报告指出"人民代表大会制度是坚持党的领导、人民当家作主、依法治国有机统一的根本政治制度安排，必须长期坚持、不断完善……更好发挥人大代表作用，使各级人大及其常委会成为全面担负起宪法法律赋予的各项职责的工作机关，成为同人民群众保持密切联系的代表机关"。希望本书的出版，能够让读者更多地了解人大代表的履职历程，同时也希望对新一届人大代表们更好地履职尽责有所裨益。

最后，衷心感谢湖南人民的信任，让我能有机会成为一名光荣的全国人大代表；衷心感谢开发银行的支持，让我有了工作的平台，也让我能兼顾日常工作和代表履职；衷心感谢湖南和广东两地代表团同志们的热情帮助，与你们交流讨论让我深受启发；衷心感谢全国人大常委会的精心组织和张平副委员长的亲切指导。还要特别祝贺新当选的 2980 名十三届全国人大代表，诚挚希望新任代表们能进一步发扬严谨履职、尽职尽责的人大精神，多多反映人民群众的心声！

王学东

2018 年 3 月于深圳

目 录

人大议案和建议索引

第一章

见证金融助力脱贫攻坚

2017 年 10 月 18 日，北京天气晴好，天安门广场红旗飘扬，中国共产党第十九次全国代表大会胜利召开。习近平总书记在党的十九大报告中指出，让贫困人口和贫困地区同全国一道进入全面小康社会是我们党的庄严承诺，要动员全党全国全社会力量，坚持精准扶贫、精准脱贫，坚持中央统筹省负总责市县抓落实的工作机制，强化党政一把手负总责的责任制，坚持大扶贫格局，注重扶贫同扶志、扶智相结合，深入实施东西部扶贫协作，重点攻克深度贫困地区脱贫任务，确保到 2020 年我国现行标准下农村贫困人口实现脱贫，贫困县全部摘帽，解决区域性整体贫困，做到脱真贫、真脱贫。习总书记的报告彰显着党中央对扶贫工作的决心与信心，也勾起了我脑海里对过去 30 年中国扶贫历程的回忆。

开发式扶贫：金融把薪助火

上世纪 80 年代中期，随着改革开放的深入推进，党中央、国务院决定在全国范围内开展有计划、有组织、大规模的扶贫开发工作。1986 年 5 月 16 日，国务院扶贫开发领导小组办公室成立，自此国务院每年安排专项资金，制定专门的优惠政策支持扶贫工作，开启了使 7 亿多中国农村贫困人口成功脱贫的扶贫历程。这一波澜壮阔的历史大致可分为五个阶段：

1986 年到 1993 年：扶贫起步阶段。这 8 年间，扶贫机构、扶贫政策逐步在全国推广，确定了扶贫标准，建立了贫困县认定机制。国定贫困县农民人均年纯收入从 1985 年的 208 元增加到 1993 年的 483.7 元，全国农村没有解决温饱的贫困人口由 1.25 亿人减少到 8000 万人，平均每年减少 640 万人，贫困发生率由 14.8% 下降到 8.7%。

1994 年到 2000 年：大规模减贫阶段。1994 年 3 月中国首部扶贫计划《国家八七扶贫攻坚计划》公布实施，该计划明确要求集中人力、物力、财力，用 7 年左右的时间，基本解决 8000 万农村贫困人口的温饱问题。到 2000 年底，我国农村尚未解决温饱的贫困人口已经减少到 3000 万，占农村人口总数比例下降到 3% 左右，困扰中国农民数千年的温饱问题基本得到解决。

2001 年到 2010 年：开发式扶贫阶段。该阶段以《中国农村扶贫开发纲要（2001—2010 年）》颁布为标志，扶贫目标从解决温饱问题开始转变为提高发展能力和缩小发展差距等更高目标，扶贫方式从救助式扶贫走向综合性的开发式扶贫。该阶段不断完善扶贫开发战略，交通、水利、农业、金融等行业扶贫工作全面推进，定点扶贫、东西协作等社会扶贫影响深远，探索形成了整村推进、农业产业化开发、贫困地区劳动力转移扶贫、异地安置扶贫等多种扶贫模式。我国农村低保开始全面实施，对贫困农户实行"五保"供养，建立新型农村合作医疗制度，义务教育实行"两免一补"政策。到 2010 年，按照年人均纯收入 1274 元的扶贫标准，全国农村贫困人口已减至 2688 万人。

2011 年到 2014 年：连片特困地区扶贫阶段。以《中国农村扶贫开发纲要（2011—2020 年）》颁布实施为标志，我国确定了武陵山区等 11 个连片特困地区和西藏、四省藏区、新疆南疆三地州为扶贫攻坚主战场，围绕加快区域性重要基础设施建设、促进基本公共服务均等化等问题，加强对跨省片区规划的指导和协调，集中力量加大投入和支持力度，改变了连片特困地区面貌，提升了连片特困地区发展水平。

2015 年至今：脱贫攻坚决胜阶段。以 2015 年 11 月 27 日至 28 日召开的中央扶贫开发工作会议和《中共中央国务院关于打赢脱贫攻坚战的决定》发布为标志，党中央向全世界庄严承诺到 2020 年我国现行标准下农村贫困人口实现脱贫，贫困县全部摘帽，解决区域性整体贫困，让贫困人口和贫困地区同全国一道进入全面小康社会，并动员全党全国全社会力量，齐心协力打赢脱贫攻坚战。该阶段我国贯彻落实习近平总书记提出的"精准扶贫"思想，针对不同贫困区域、不同贫困农户实际，运用科学有效程序对扶贫对象实施精确识别、精确帮扶、精确管理。围绕精准扶贫，"六个精准"、"五个一批"等扶贫指导思想先后提出，形成了新时期指导全国扶贫工作的政策体系。

回顾我国的扶贫历程，不难发现这是一个扶贫成效十分显著、扶贫主体不断丰富、扶贫标准逐步提升、扶贫方式日益多元、扶贫管理逐步精确的过程。金融作为现代经济的核心，在我国扶贫历程中自然不能缺席，尤其是伴随扶贫工作发展到开发式扶贫和连片特困地区扶贫阶段，单纯的财政投入已经难以满足贫困地区的发展需要，金融在扶贫工作中扮演着越来越重要的角色。自 1986 年我国开始专项扶贫起，扶贫贴息贷款这一中国金融扶贫的最初形式就相伴而生，农业银行、农村信用合作社等农村金融体系，包括后来的小额信贷等是扶贫贴息贷款的主要力量。但长期以来，我国的金融扶贫主要局限于融资支持农业企业、农村合作组织和农户，尚未形成对贫困地区的整体性支持。加上我国城乡二元经济结构的长期存在，贫困地区和农村基础设施差、劳动生产率较低、投资机会缺乏，且受自然条件和其他相关风险影响大，导致贫困地区和农村金融资源持续外流，与我国扶贫发展的要求越来越不相适应。2014 年 3 月，人民银行、财政部、银监会、证监会、保监会、扶贫办、共青团中央联合印发了《关于全面做好扶贫开发金融服务工作的指导意见》，

《意见》从健全金融组织体系、创新金融产品和服务、夯实金融基础设施、优化金融生态环境等方面确定了扶贫开发金融服务的十项重点工作，成为我国首个正式出台的金融扶贫专项文件。2016年6月17日全国金融扶贫工作电视电话会议在北京召开，国务院副总理、国务院扶贫开发领导小组组长汪洋出席会议并强调，金融扶贫是增加扶贫投入的重要渠道，是脱贫攻坚的关键举措，要认真贯彻中央扶贫开发工作会议精神，鼓励和引导商业性、政策性、开发性、合作性等各类金融机构实施特惠金融政策，加大对扶贫的支持力度，为打赢脱贫攻坚战提供强有力支撑。此后，我国在货币政策、资本市场、保险、金融体制改革、投融资体制等诸多领域均加强了对贫困地区的倾斜和扶贫工作的考虑，为贫困地区享有平等的融资权提供了有效的保障。

客观地说，金融扶贫是一个世界性难题，在传统的融资模式下，受融资主体、项目收益、信用结构、金融环境、市场理念等诸多因素制约，大多数金融机构对贫困地区、贫困人口望而却步，部分机构甚至大幅进行资金"抽血"，造成贫困地区贷存比远低于全国平均水平，资金"贫血"、"失血"现象严重。与此同时，金融扶贫又不同于传统的扶贫方式，不仅能够给予贫困地区直接的资金支持，更能够增强贫困地区干部群众主动参与市场的发展意识和能力，培育贫困地区的市场机制和金融理念，有利于推动扶贫由"输血"向"造血"转变，能在精准扶贫中发挥更为重要的作用。

因常规性的金融扶贫难度较大、见效较慢，党的十八大以来，特别是中央扶贫工作会议召开后，中央领导对发挥开发性金融在扶贫工作中的作用高度重视，习近平总书记明确指出，要做好金融扶贫这篇文章，加大对脱贫攻坚的金融支持力度，特别要重视发挥好政策性金融和开发性金融在脱贫攻坚过程中的作用。李克强总理明确要求，国家开发银行（本书中简称"开发银行"）通过发行政策性金融债券提供长期低息贷款，支持易地搬迁等扶贫工作。开发性金融扶贫成为开发银行一项重要的政治任务和中心工作。

2008—2014年，在担任开发银行湖南分行行长期间，我多次深入考察湖南省贫困县，对当地的贫困状况有着深刻感受，对如何发挥开发性金融理论和实践作用，帮助这些贫困地区、贫困人口实现脱贫进行了反复思考，并联合地方政府从顶层设计入手，积极呼吁金融扶贫，逐步探索扶贫路径、整合扶贫资源、完善扶贫机制。在思考和探索过程中，我们经历了很多挑战和困难，但几年过去了，我们高兴地看到，扶贫工作已经成为当前全党全国的一项重要政治任务，金融扶贫也成为全社会的广泛共识，我们之前的一些工作也收到良好效果。

金融扶贫：顶层设计是第一位

习近平总书记指出，扶贫是一个系统工程，涉及多个领域、多个主体。要在扶贫工作中更好地发挥金融作用，有效破解金融扶贫难题，就必须设计好"蓝图"。

"规划先行"在武陵山片区率先发轫

"不谋万世者不足谋一时，不谋全局者不足谋一域"。2011年国务院颁布了《武陵山片区区域发展与扶贫攻坚规划》，这篇规划让我看到了国家大规模解决连片贫困地区问题的决心和措施，开发银行支持脱贫攻坚义不容辞，但是如何入手呢？我想到的是开发性金融的重要理念——规划先行，即编制配套的投融资规划，从需求找到项目，从项目找到投资，从投资找到融资，从融资找到金融支持。通过一步步脚踏实地地落实规划来实现脱贫的目标。2012年6月我们计划开展《武陵山片区区域发展与扶贫攻坚系统性融资规划》编写工作，该提议得到时任开发银行董事长陈元同志的大力支持，在开发银行总行有关部门的指导配合下，《武陵山片区区域发展与扶贫攻坚系统性融资规划》编制工作顺利完成。融资规划系统梳理了片区"十二五"重大项目并与各地政府达成共识，提出了片区基础设施、文化旅游、民生保障、生态环保等重点领域发展的融资需求和解决方案。融资规划为《武陵山片区区域发展与扶贫攻坚规划》的落地发挥了重要支撑作用，产生了良好的社会效益和扶贫影响，增强了片区内各市州对金融扶贫的认识。

▎图1

2013年9月10日，时任湖南省副省长张硕辅同志主持召开由开发银行湖南分行和湖南省民委联合编制的《湖南省武陵山片区区域发展与扶贫攻坚系统性融资规划》审查暨推动实施研讨会，国家民委和开发银行总行领导出席指导。

后来，扶贫融资规划工作得到了开发银行总行和有关部门的高度重视，目前开发银行已完成了对全国 14 个连片特困地区融资规划的全覆盖，完成了 20 余项省级"十三五"脱贫攻坚系统性融资规划，并选择了 22 个中央和国家机关定点扶贫的国家级贫困县作为试点，开展脱贫攻坚规划编制、融资规划研究、重点领域咨询建议等多种形式的规划合作，帮助贫困地区找准脱贫发展路径，并针对"融资难、融资贵"等突出问题提出切实可行的解决方案，得到了地方政府的热烈欢迎，也增强了开发性金融扶贫的主动性、前瞻性和科学性。

银政合作形成扶贫合力

银政合作是开发性金融理论的重要内涵。通过银政合作，开发性金融充分发挥政府组织优势，有效运用地方政府的资源和能力，以市场化融资推动当地投融资体制机制建设与市场建设，弥补我国经济发展存在的市场缺位。

2012 年，我们与湖南省民委座谈，民委同志的发言令我印象深刻。他们认为，武陵山片区最缺的不是资金，而是将资金用好、用得有效的体制机制。我想，开发性金融理论下的银政合作应该提供这样一种机制。此后，我曾多次就湖南武陵山区率先探索开发性金融扶贫路径的构想向开发银行董事长胡怀邦同志和时任湖南省委书记周强同志、时任副省长张硕辅同志等汇报，得到了他们的支持。当时开发银行总行党委高度重视扶贫工作，胡怀邦同志指示，扶贫是开发银行服务国家战略的重要责任，必须要长期坚持，做出实效。从 2013 年开始，湖南分行每年都拿出一定规模的资金专项用于扶贫，并要通过融资、融智等各种服务方式，将政府的组织协调作用、市场的资源配置作用、开发性金融的中长期投资作用相结合，推动贫困地区形成市场化、可持续的融资机制和能力，从根本上寻求解决融资难题。这成为我们后续探索开发性金融扶贫的基本模式。

2013 年 12 月 10 日，习近平总书记在湘西调研扶贫攻坚并提出"精准扶贫"思想仅过去一个月时间，国家民委、国务院扶贫办、开发银行、湖北省、湖南省、重庆市、贵州省主要负责同志相聚长沙，共同出席支持武陵山片区区域发展与扶贫攻坚试点工作会议，研究部署开发性金融支持武陵山片区试点工作。会议签署了《共同推进武陵山连片特困地区区域发展与扶贫攻坚试点战略合作协议》，就支持武陵山片区的投融资目标、重点和合作机制达成了共识，之后国家民委、开发银行又联合制定了支持武陵山片区扶贫试点的具体方案和指导意见，先后组织了五次工作推动会和扶贫投融资培训会，并与地方政府成立了"开发性金融脱贫攻坚合作办公室"，构建组织、推动、协调金融扶贫的工作机制和合作平台，产生了良好成效和示范作用。

国家民委、国家开发银行支持武陵山片区区域发展与扶贫攻坚试点工作会议

图2

2013 年 12 月 10 日，国家民委、国务院扶贫办、开发银行、湖南省、湖北省、重庆市、贵州省主要领导出席支持武陵山片区区域发展与扶贫攻坚试点工作会议并见证签约。

实事求是，探索扶贫融资路径

要将顶层设计蓝图和银政合作机制落到实处，首先面临的是项目选择问题。贫困地区历史欠账多，到处都要加快建设、补齐短板，那么如何梳理合理的项目需求，如何科学安排项目先后顺序，如何最大发挥项目间的协同作用？为解决这一问题，我们按照习近平总书记"扶贫要实事求是，因地制宜，既不降低标准，也不吊高胃口"的总要求，采用"政府选择项目入口、开发性金融孵化、实现市场出口"的开发性金融方法，以与地方政府开展规划合作为载体，深入对接国家扶贫政策、实地调研贫困地区需求、分析掌握贫困人群实际需要，由地方政府整合内部资源、选择确定项目申请开发银行贷款。以湖南武陵山片区为例，当时开发银行与地方各级政府反复调研沟通，形成了"两步走"的项目开发思路：一是连片特困地区扶贫开发阶段，主要是 2015 年以前，围绕跨区域重大交通设施、能源设施、城市基础设施、旅游景点建设等，夯实片区发展基础，使片区具备发展的基本条件。二是精准扶贫阶段，主要是 2015 年中央扶贫开发工作会议以后，开发银行按照"易地扶贫搬迁到省、基础设施到县、产业发展到村、教育资助到户"的"四到"工作思路，在已有工作基础上，将扶贫的支持重点从大建设转向微建设、从设施扶贫转向产业扶贫，解决农村公路、农民饮水、校安工程、垃圾处理、创业就业等贫困群众身边的问题，增强群众脱贫获得感。

有了项目和资金来源，选择实施主体成为关键，因为这关系到项目的建设、管理、运营、还贷及长期的投资效能。我们的基本思路是实施主体就应该是投融资主体，既要有政府背景，又要市场化运作，既要通过扶贫开发，建设基础设施促进贫困地区经济发展，达到扶贫效果，又要使项目通过市场机制建设，实现贷款能按期偿还。围绕这个问题，我们向省领导、市县政府领导多次汇报沟通，最终确定了"外部支持＋内部培育"的基本思路，即充分整合省级资源、发挥省级信用，引入湖南发展、五菱电力等现有省级企业，带动央企、省属其他国企等主体积极参与连片特困地区交通、能源、文化旅游重大基础设施和支柱产业项目建设，新组建了省保障性安居工程投资公司承担全省保障性住房投融资任务，新组建了省文化旅游担保投资有限公司助力武陵山和罗霄山区文化旅游产业发展；同时，通过完善治理结构、法人、现金流及信用等四项建设，积极推动贫困地区融资平台转型发展，更好地承担城市和农村的基础设施、公共服务建设等投融资任务。

围绕项目策划和主体建设达成的共识，在开发银行总行的指导支持下，我们抢抓政策窗口，积极推动贫困地区的投融资模式创新，先后试点形成了"省级统贷/市级统贷/分县直贷＋政府购买服务"、"小基金＋大信贷＋PPP"、债贷组合、中小企业"四台一会"等一系列的融资模式，保障了金融扶贫资金以最高的效率顺利抵达最需要的项目上。

▌图3

2014年9月，因在武陵山片区区域发展与扶贫开发中作出的贡献，开发银行湖南分行规划发展处被国务院授予全国民族团结进步模范集体。

▌开发性金融扶贫：武陵山片区经验

武陵山片区是典型的老、少、边、山、穷地区，是2011年中央扶贫开发工作会议确定的11个集中连片特困区之一，由国家民族事务委员会对口联系，包括湖北、湖南、重庆、贵州四省市交界地区的71个县（市、区），国土总面积17.2万平方公里，总人口3221万人。其中，湖南省武陵山片区位于湖南省西部，又称大湘西地区，主要包含邵阳市、怀化市、湘西州、张家界市四个地市、37个县（市、区），其中32个为国家级或省级扶贫工作重点县，占到全省贫困县总数的63%，总人口2314万，2011年底贫困发生率高达23%，因此，武陵山片区脱贫攻坚的主战场在湖南，湖南脱贫攻坚的主战场也在武陵山片区。2011 年 11 月，国务院扶贫开发领导小组在地处武陵山区腹地的湘西州吉首市召开武陵山片区区域发展与扶贫攻坚试点启动会，决定在武陵山片区率先开展区域发展与扶贫攻坚试点，成为国务院首个连片特困地区区域发展与脱贫攻坚试点区域。2012 年初，在湖南省政府扶贫工作会议上，湖南省领导要求开发银行湖南省分行支持武陵山片区区域发展与扶贫攻坚试点工作。

基础设施扶贫：扶贫先导

发展经济学的实证研究表明，基础设施对经济的拉动作用在贫困地区尤为明显。同时，基础设施也是当地人民安居乐业的基本条件和融入现代社会的前提。我在湖南贫困地区调研时，地方政府领导和干部群众对资金支持诉求最多的也是基础设施。因此，把基础设施建设作为连片特困地区扶贫开发的切入点，最为现实。

"一路通，则百业兴。"交通基础设施建设具有很强的先导作用，特别在一些贫困地区，改一条溜索、修一段公路就能给群众打开一扇脱贫致富的大门。交通扶贫是扶贫开发的重要领域，也是实现物质和人口流动的基础性和先导性条件，但贫困地区交通建设项目普遍投资大、资金缺口严重，尤其需要金融的大力支持。2012 年 3 月 31 日，时任全国政协主席贾庆林同志致电祝贺吉首至茶洞高速公路建成通车，全长 65 公里的吉茶高速由开发银行提供 19.6 亿元中长期贷款支持，其通车大大加强了贵州、重庆、四川与湘西北地区的经济联系，对加快武陵山片区的扶贫开发、增进民族团结意义重大。在过去几年，开发银行在湖南已先后为武陵山和罗霄山贫困片区内吉茶、张花、吉怀、怀通等 15 条高速公路提供 553 亿元融资支持。此外开发银行还累计发放贷款 41 亿元支持贫困地区县域干线公路近 3000 公里，加快推动了贫困地区建立"外通内达"的交通体系。

| 图4

开发银行贷款支持的矮寨大桥及周边景点项目，该桥主跨长度 1176 米，创造了四项世界第一，为花垣、保靖等周边群众出行节约了近 2 小时，由于周边环境优美、景观奇异，现在矮寨大桥已成为武陵山的重要旅游景点。

2008 年我刚到湖南工作时发现武陵山区有些贫困户甚至整个贫困村都没有通电或没有完成农网改造，这与武陵山区水电、风电资源相对丰富的现实反差很大。如何将武陵山区建设成湖南能源尤其是绿色能源发展的重要保障，实现能源开发、环境保护、经济发展之间的平衡，是各方都高度关注的问题。早在 1995 年，开发银行在湖南大型电力项目建设最困难的时候就率先介入，支持电力项目总装机容量曾占到全省的 60%。我认为要继续将开发银行的电力融资优势与贫困地区的资源优势结合起来，大力支持武陵山区电力基础设施建设，既帮助贫困地区解决能源瓶颈，也促进湖南经济绿色发展。2011 年 12 月，我非常高兴见证了位于国家级贫困县城步苗族自治县境内的南山风电场一期 25 台风机全部并网发电。这是开发银行支持的又一个能源扶贫项目，项目实现了风电建设与生态保护、旅游开发、电网完善的有机融合。到 2014 年，开发银行在湖南省武陵山区累计发放电力项目贷款 71 亿元，支持了五强溪、凌津滩、挂冶、洪江等水电站，南山、大熊山等风电站，农村电网改造等电力基础设施项目，有效保障了贫困地区的能源需求，实现了贫困地区企业效益、社会效益和生态效益的和谐统一。

图 5

开发银行贷款支持的城步苗族自治县南山风电场项目

2013 年 8 月，李克强总理在促进西部发展和扶贫工作座谈会上指出，扶贫开发涉及移民搬迁和城镇化，连片特困地区与东部地区最大的差别也在城镇化水平上。开发银行一直是推动我国城镇化进程的主力银行，为助推湖南城镇化建设，开发银行已累计向湖南省 14 个市州、122 个县市区城建类借款人发放城建贷款 2200 多亿元，湖南省成为开发银行系统内首个实现县域全覆盖的省份。因此，改善贫困地区城镇基础设施也是扶贫的重要方面。但是，贫困地区经济发展和财政实力普遍较弱，城市建设投融资主体实力不强，金融机构少，实力弱，更为严重的是，由于市场观念和信用意识较为落后，贫困地区缺乏强健、高效的中长期投融资体制和市场，导致"融资难"问题一直是制约贫困地区城镇化的瓶颈。为破解这些问题，更好地融资支持贫困地区城镇化，我组织团队进行专题研究，针对不同的项目领域设计了差异化的融资模式，包括采取"省级平台统贷、各市县分还"的融资模式，对全省城市污水管网发放贷款48.6亿元，贷款支持的污水管网修建到了全省所有贫困县；推动市县融资平台发展，支持城市主干道、教育医疗设施、棚户区改造、工业园区及综合功能区建设；创新"投贷联动"，通过"股权投资基金+中长期贷款"的方式支持怀化市等连片特困地区城镇基础设施建设。2015年，湖南省委《关于制定湖南省国民经济和社会发展第十三个五年规划的建议》，提出构建"一核三极"区域发展的战略布局，明确将怀化市列为其中一个新增长极，这是对武陵山片区城镇化取得成效的认可。

▌图6
开发银行贷款支持的怀化市舞水河综合治理项目

旅游扶贫：推动文化旅游融合

2013年5月10日，由开发银行和湖南省委宣传部联合承办的首届湖南省金融支持文化旅游产业发展恳谈会在长沙召开。我代表开发银行湖南分行在会上表示，开发银行将重点支持武陵山片区文化旅游融合发展，支持一批具有民族文化特色的旅游景点和精品演艺项目。这是开发银行对武陵山片区的郑重承诺，也是开发银行在旅游扶贫上的思考和探索。

▌图7

2013 年 5 月 10 日参加湖南省金融支持文化旅游产业发展恳谈会

　　武陵山片区自然山水、民俗文化等旅游资源富集，发展文化旅游产业的条件得天独厚。而且根据国家主体功能区规划，武陵山片区整体为限制开发区，推进片区旅游扶贫，是片区破解发展难题、厚植发展优势的重要途径。早在 2012 年，开发银行就开始研究支持武陵山片区旅游发展，组织编制了《大湘西文化旅游融合发展融资规划》，并首次在湖南提出打造张桂文化旅游珍珠链以促进武陵山片区区域旅游一体化发展的构想。张桂文化旅游珍珠链北起湖南省张家界市，南至广西壮族自治区桂林市，湖南境内包含张家界、湘西、怀化三市州，全长车行距离 789 千米，由张花、吉茶、吉怀、怀通等 4 段高速公路全程连接，由北往南依次分布有"张家界—里耶古城—湘西芙蓉镇—花垣边城—吉首矮寨—凤凰古城—芷江抗日受降坊—洪江古城—会同高椅古村—靖州苗寨—通道万佛山"等 13 个重要旅游景点，集中了全省 1/3 以上的旅游资源。结合旅游产业政策和发展趋势，开发银行逐一评估了这些景点的发展优势和未来潜力，并通过"基金 + 贷款"的投贷协同方式予以支持。即推动地方政府成立由开发银行项下开元基金托管的文化旅游基金，由基金和当地城投共同出资设立混合所有制的公司，并通过其他市场化方式融资支持当地文化旅游项目。到 2017 年，开发银行仅在湖南省武陵山片区就支持了张家界、凤凰、湘西边城、矮寨景区等 22 个旅游项目，承诺授信 29.2 亿元，已发放贷款 18.4 亿元。

▌图8
开发银行贷款支持的凤凰旅游景点和配套设施建设项目

　　在支持知名景点建设的基础上，开发银行结合精准扶贫要求，提出以乡村旅游、特色村寨建设、游客中心、农村综合体、停车场、游客营地、旅游购物长廊、公共标识牌、旅游交通标志、沿线道路景观等为载体，发挥知名景点的辐射带动作用，着力打造一批更贴近贫困群众日常生产生活的旅游线路，助力武陵山区贫困群众脱贫致富。为推进这项工作，开发银行与省发改委、省委宣传部、省旅游局等部门签订《大湘西地区文化生态旅游融合发展精品线路建设战略合作协议》，联合编制《大湘西地区文化生态旅游融合发展精品线路建设总体设计方案和总体工作方案》，建立"土家探源、神秘苗乡、古城商道、侗苗风情、生态丹霞、沅澧山水、湘军寻古、神韵梅山、世外桃源、峰林峡谷、武陵民俗、瑶家古风"等12条文化生态旅游精品线路重点项目库，形成了"以知名景点为支点，以精品旅游线路为经脉，构建全省精品旅游网"的发展共识。在支持武陵山片区旅游发展的同时，开发银行积极探索旅游扶贫利益联结机制，推动地方政府、客户围绕劳务合作、商业合作、资产合作、股权合作等与建档立卡贫困人口实现利益共享，推动"精品旅游网＋互联网＋民生服务＋特色产业"集合发展，增强贫困地区群众发展旅游的获得感。

图9

开发银行贷款支持的怀化市通道县精品旅游线路项目　角。图为新建的通道转兵
纪念馆和游客接待中心，2016 年 10 月通道转兵纪念馆成为全国庆祝长征胜利 80
周年的四大会场之一。

经过各方努力，武陵山片区旅游发展取得了显著成效。2016 年，片区旅游总收
入超过 700 亿元，较 2011 年实现五年翻番目标，片区旅游收入占到全省旅游总收
入的 28.5%，占到当地 GDP 的 13.3%，旅游产业已发展成为当地的支柱性产业。
片区旅游基础设施及配套设施建设日趋完善，全部县已开通高速公路，95% 以上的
村开通乡村公路，大部分乡村均有游客服务中心。旅游产业的带动作用和外溢效应
日益明显，伴随人流、物流、信息流的集聚，旅游扩大了当地市场空间、丰富了市
场主体，为片区特色生态农业和民族工艺品等加工制造业的发展带来契机。比如猕
猴桃、食用菌等地方特色农业产品销路很好，带动了地方百姓的致富。2016 年 1
月，国家民委、国家旅游局、全国工商联、开发银行与湖北、湖南、重庆、贵州四
省市政府签署《推进武陵山片区旅游减贫致富与协同发展合作协议》。2017 年 9 月
18 日，在湘西州 60 周年州庆期间成功举办了武陵山旅游发展高峰论坛，武陵山旅
游名片已经初具影响力。

产业扶贫：助力持久稳定脱贫

近年来我国扶贫事业取得了良好成效，贫困人口不断减少，扶贫标准日趋提
升。现在很多人都说，"过去扶贫是解决温饱，现在要解决发展的问题，让贫困农

户有自我发展的能力。"针对这一问题，2013 年 10 月 16 日，我陪同湖南省扶贫办有关领导专程赴怀化市沅陵县等地考察调研，计划在武陵山片区确定 1—2 个金融支持产业扶贫试点县，重点支持试点县培育 1—2 个农业特色支柱产业，由开发银行贷款支持该县发展特色优势农业产业扶贫项目，省扶贫办按照扶贫资金的相关管理办法对贷款过程中产生的利息提供贷款贴息支持。

　　如何有效解决贫困农户"发展难、融资难、融资贵"的难题并实现金融机构风险防控目标是我们面临的首要任务，也是这一模式可持续发展的关键所在。我们参照开发银行通过"四台一会"① 支持中小企业的模式，结合各地扶贫工作经验，在沅陵搭建了"七大平台"的合作模式。在该模式下，开发银行为农业龙头企业、农民专业合作社、农户提供贷款支持，由各农业产业办、乡镇政府以及担保公司负责贷款项目的推荐和筛选工作，最终由县贷款审查委员会审定，由省扶贫办授权县扶贫办对贷款主体的贴息资格进行审定并办理贴息手续。沅陵县产业化扶贫试点工作领导小组作为组织平台，负责与开发银行和融资平台、担保平台的日常沟通和联系，推动各项合作机制的建设与运作；沅陵县政府融资平台——辰州投资集团有限公司作为统贷平台和一级管理平台承担统借统还及部分贷后管理职能；湖南省兰波投资担保有限公司为担保平台，对平台及最终用款中小企业的贷款提供连带责任担保；油茶办、茶叶办和渔业办作为二级管理平台和综合管理平台，承担业务开发、指导、审核、推荐、管理等职能，乡（镇）村金融服务中心（站）作为三级管理平台直接负责贷款业务的受理、初审、监管等职责；乡（镇）村金融服务中心（站）作为公示平台，负责对贷款户进行审核公示；该机制还合理运用农业补贴资金、风险保证金及政府的偿债准备金构筑风险防控平台；构建产权交易平台对以往难以估值抵押的林地、茶园等资源予以评估和确权登记颁证并在贷款违约后予以快速交易变现；构建信用协会平台，吸收辖区内龙头企业、专业合作社、产业大户、贫困农户入会，共同成长，共同监督，拓展联保互保，提高抵御风险能力和担保能力。

　　这一模式很快得到了沅陵县委县政府的认同。2013 年 12 月 10 日，在国家民委、开发银行、湘、鄂、渝、黔六方支持武陵山片区区域发展与扶贫攻坚试点工作会议上，我代表开发银行湖南分行与时任沅陵县长龚琪同志正式签署《开发性金融支持产业扶贫合作协议》，把沅陵县确定为湖南首批金融支持产业扶贫工作试点县。2014 年度，开发银行通过该模式为沅陵县发放扶贫贷款 5800 万元，支持了 22 家农

---

① "四台一会"中小企业贷款模式。即由地方政府指定企业作为"融资平台"统一承贷开发银行中小企业贷款，指定担保公司作为"担保平台"为贷款提供担保，政府产业主管部门作为贷款"管理平台"管理审核中小企业的申贷项目，对申贷项目通过"公示平台"公示、贷款企业成立"信用协会"加强对申贷项目的监督。

业龙头企业及专业合作社。贷款投放后取得了良好效果,新增茶园面积 2000 亩、茶油面积 3500 亩、蛋鸡 15 万羽、蜂箱 1700 个,带动农户 1500 多户,提供季节性用工 5543 人,人均增收 6000 多元。该模式获得了《中国改革报》、《湖南日报》、新华网、人民网等多家主流媒体的报道,省委书记和省长听取了专题汇报并现场调研,形成了后来全国产业扶贫"四跟四走"湖南经验的雏形,即"资金跟着穷人走、穷人跟着能人走、能人跟着产业项目走、产业项目跟着市场走"。2014 年 11 月 29 日,在全国农村改革试验区会议上,汪洋副总理对沅陵县金融支持产业扶贫的工作给予了高度评价。到 2015 年,在武陵山片区,开发银行已累计发放中小企业贷款超过 5.1 亿元,直接惠及近百家专业合作社和中小企业,带动约 10 万农户增收致富。

为进一步完善这一模式,我在 2014 年人大代表建议中提出,要利用财政扶贫资金完善连片特困地区信用担保体系,降低金融机构开展业务的风险和成本,为金融支持产业扶贫铺平道路。包括:扩大专项扶贫资金使用范围,允许用于出资设立担保公司、增加担保公司注册资本或建立偿债准备基金等风险补偿机制,支持先行先试的贫困县建立健全信用担保体系;通过财政、税收等政策鼓励引导龙头企业、银行资金入股担保公司,提升担保公司经营管理水平;在金融扶贫的组织实施中加强信用担保体系与扶贫贴息、政策性保险等业务的联动,增强借款人综合抗风险能力;在贫困户建档立卡和后续管理中增强对农户信用情况的记录,并与扶贫资金的申报使用联系起来,引导贫困地区群众增强信用意识,加快信用户、信用村、信用乡(镇)建设,改善当地信用环境;加快"三权"抵质押改革,增强贫困地区经营主体和农户的信用能力等。

这些意见建议得到了财政部、人民银行、扶贫办等有关部委的高度重视,并被吸纳进入后续出台的扶贫政策和工作部署。比如,2014 年人民银行、财政部等部门联合印发《关于全面做好扶贫开发金融服务工作的指导意见》,提出支持有条件的地方多渠道筹集资金,设立扶贫贷款风险补偿基金和担保基金,鼓励和引导有实力的融资性担保机构通过再担保、联合担保以及担保与保险相结合等多种形式,积极提供扶贫开发融资担保;2015 年国务院发布《关于促进融资担保行业加快发展的意见》,要求大力发展政府支持的融资担保机构,以省级、地市级为重点,科学布局,通过新设、控股、参股等方式,发展一批政府出资为主、主业突出、经营规范、实力较强、信誉较好、影响力较大的政府性融资担保机构,作为服务小微企业和"三农"的主力军;湖南、广西、宁夏、陕西等省区及贫困地区市县根据上述文件精神出台了支持担保体系建设的配套政策,这些政策的出台大大加速了近年来我国贫困地区担保体系的建设。以广西壮族自治区为例,目前广西已实现政府性融资担保机构在 14 个市全覆盖，体系资本金规模约 30 亿元，预计到 2020 年将达到 100 亿元左右，专注于"三农"和扶贫的广西农业信贷担保有限公司分支机构已达 26 家，基本建成覆盖全省的农业信贷担保体系和服务网络。比如，在"三权"抵押融资方面，几年来"三权"抵押融资试点已从浙江、安徽、四川和江苏等个别市县发展为在全国广泛推广应用，确权、流转和抵押贷款等各环节发展日益规范、法律法规障碍逐步破除，"三权"抵押贷款参与的金融机构、贷款规模、惠及人口迅速增长。再比如，在信用记录方面，很多省、市、县已将"信用良不良"作为识别建档立卡贫困人口、建档立卡贫困村的重要参考。看到这些意见建议见证的可喜变化我非常高兴，也对全国人大代表这一工作平台倍感珍惜。

教育扶贫：寒门学子实现"大学梦"

"扶贫必扶智"。习近平总书记在湘西考察扶贫时要求三件事要做实，其中就提到不能把贫困代际相传，要抓好教育扶贫。开发银行始终牢记总书记的嘱托，并用开发性金融实践切实履行教育扶贫的责任。

2009 年，我受邀参加时任湖南省副省长郭开朗同志主持召开的全省家庭经济困难学生资助工作领导小组会议。郭开朗同志传达了 2009 年全国高校学习资助工作会议精神，要求进一步扩大生源地信用助学贷款的覆盖面。开发银行是一家批发银行，没有零售业务网点，员工人数少，开展助学贷款这类客户数量巨大的零售业务，对经营管理能力提出了很大挑战。

为做好这项业务，让更多的贫困学子如愿入学，我们按照开发银行总行的统一部署，与湖南省教育部门和高校合作，建立两个平台，一个是省、市、县教育贷款管理中心，负责统一管理全省的助学贷款业务和助学贷款的受理、审核、合同签署等具体事宜，一个是各高校的学贷中心，负责贷款发放、本息催收等事宜。为充分调动各方的积极性，开发银行做了市场化的制度安排。按照国家规定，银行在发放一笔助学贷款后，会有一定比例的返还作为风险补偿金。开发银行把本应由银行获得的风险补偿金拿出来作为奖励基金，若学校管理得好、助学贷款违约低于风险补偿金的，补偿金剩余部分全部奖励给高校；若违约率高、违约金额超出风险补偿金的，由开发银行、省教育部门和高校按比例承担超出部分的损失。这一机制有效调动了高校和教育部门的积极性，有利于这两个平台履行业务操作和贷款管理的前台职能，将开发银行从耗时耗力的繁琐业务中解脱出来，专注于机制建设和发挥资金优势。正是通过这一模式，开发银行生源地助学贷款已连续十年在湖南省市场占有率超过 90%。到 2017 年三季度末，分行累计发放助学贷款 29 亿元，帮助 10 万家庭经济困难学生圆了"大学梦"，基本实现了"应贷尽贷"和"不让一个学生因家庭经济困难而失学"的目标。

除了助学贷款，开发银行还通过资金捐助、推动教育基础设施建设助力教育扶贫，阻断贫困的代际传递。2012 年 5 月 7 日，我参加了"国家开发银行湖南省分行春晖炎陵助学基金启动仪式"，基金首期规模 103 万元，每年将基金理财增值收益 10 万元用于奖助长期扎根于山区乡镇任教的优秀教师和小学至高中阶段优秀贫困学生，奖助年限 10 年，看到教师们和孩子们的一张张笑脸，我感到由衷的高兴，也为开发银行感到自豪。开发银行湖南分行还通过向政府融资平台贷款，积极支持贫困地区基础教育和职业教育事业发展，先后支持了武冈市、慈利县、花垣县等十余个贫困县义务教育薄弱学校改造工程，支持了凤凰县、隆回县、永顺县等 20 个贫困县职业教育中心建设项目，保障了贫困地区基本的教育办学条件，惠及师生近 100 万人，助力实现教育公平这一最大的公平。

精准脱贫：金融要素要发挥合力

2015 年 11 月 27 日，中央扶贫开发工作会议在北京召开，习近平总书记发表重要讲话，指出特别要重视发挥好政策性金融和开发性金融在脱贫攻坚中的作用。会议发布的《中共中央国务院关于打赢脱贫攻坚战的决定》提出，要发挥好政策性、开发性金融的作用，并明确要求开发银行成立扶贫金融事业部。此时，虽然我已离开湖南赴深圳工作，但看到这个消息的那一刻，我内心非常激动，也非常牵挂开发性金融扶贫工作。

2015 年中央扶贫开发工作会议召开后，开发银行第一时间成立了由胡怀邦董事长任组长的脱贫攻坚领导小组，全面加强脱贫攻坚组织领导，并于 2016 年 5 月 31 日正式成立了开发银行扶贫金融事业部，各省分行下设扶贫金融事业分部，实现了扶贫业务的专账单独核算和经营，以"集团军"的方式形成了开发性金融扶贫的专门机构、专业队伍、专家力量。开发银行党委结合各地贫困实际和开发性金融特点，提出了"融制、融资、融智"的"三融"工作策略和"易地扶贫搬迁到省、基础设施到县、产业发展到村、教育资助到户"的"四到工作"思路，形成了开发性金融扶贫"路线图"。

在融制方面，开发银行加强与中央农办、国家发展改革委、国务院扶贫办等部门的沟通汇报，积极参与脱贫攻坚政策研究，共同推动水利、交通、教育、医疗卫生等行业扶贫工作；加强与地方政府的脱贫攻坚合作，先后与湖南、贵州、甘肃、云南等20多个省签订了开发性金融支持脱贫攻坚合作协议，明确工作目标、支持重点和合作机制等，共同搭建省、市、县三级"开发性金融脱贫攻坚合作办公室"，构建组织、推动、协调金融扶贫的工作机制和合作平台，完善扶贫项目运作和资金运行管理，取得良好成效。

在融资方面，开发银行按照中央要求协助22个省政府建立省级扶贫投融资主体支持易地扶贫搬迁，共承诺易地扶贫搬迁贷款4466亿元，将惠及911万建档立卡贫困人口和253万同步搬迁人口；根据国务院办公厅《关于支持贫困县开展统筹整合使用财政涉农资金试点的意见》，研究提出通过整合财政涉农资金撬动信贷资金的创新性举措，为23个省份的村组道路、安全饮水、环境整治、校安工程、农村卫生室等贫困地区"短板"领域提供农村基础设施建设贷款2925亿元，将极大改善4万余个建档立卡贫困村的生产生活条件，增强贫困群众的直接获得感；采取与行业龙头企业合作、完善推广中小企业"四台一会"、合作开展转贷款试点等方式，发放特色产业扶贫贷款408亿元，并通过签订购销合同、吸纳就业、土地流转、股权分红等利益联结机制助力数十万建档立卡贫困户走上增收脱贫之路；发挥助学贷款主力银行作用，在26个省发放助学贷款1108亿元，使898万家庭经济困难学生圆梦大学，基本实现"应贷尽贷"，同时融资支持贫困地区薄弱学校改造、支持职业学校和农民工培训基地建设，为贫困地区提供公平的教育环境。

在融智方面，坚持扶贫必先扶智，选派183名业务骨干到覆盖832个国家级贫困县的174个地市州挂职，在规划编制、扶贫项目策划、融资模式设计等方面帮助地方政府找思路、出主意；加强规划编制，从规划入手，推动地方政府科学谋划脱贫攻坚工作；先后为全部14个连片特困地区举办专题培训班，覆盖721个贫困县，培训贫困县领导干部1400余人次。

▎图 10
开发银行融资支持的芷江县农村通村通组道路项目

图 11

开发银行融资支持的慈利县苗市镇黄花溪村综合服务平台项目

　　在开发性金融扶贫取得良好开局的同时，我们也高兴地看到更多的金融机构和金融业态在不断加入打赢脱贫攻坚战的队伍。中国农业发展银行成立了扶贫金融事业部，各大国有商业银行均成立了金融扶贫工作领导小组，证券、保险、融资租赁等金融机构纷纷结合各自特点通过产品创新、网络延伸、服务优化、定点帮扶等多种方式加大对贫困地区和建档立卡人口的帮扶。截至 2017 年 6 月末，全国金融机构发放给建档立卡贫困人口的贷款余额 2884 亿元，同比增长 59.4%，共计 679.8 万建档立卡贫困人口获得贷款。发放给企业单位带动建档立卡贫困人口增收的产业精准扶贫贷款余额 6928 亿元，同比增长 37.1%，通过创业就业、吸收入股、签订购买或帮扶协议等方式带动建档立卡贫困人口增收。更为重要的是，我们通过这些年的努力，正在建立起一套适合中国国情的支持贫困地区、农村地区建设发展的融资机制和金融市场，包括金融扶贫顶层设计、组织体系、产品和服务、金融基础设施等，我想这比资金本身对贫困地区的经济社会发展更有积极意义和长远价值。

发挥财政扶贫资金完善贫困地区信用担保体系

2014 年 3 月第十二届全国人大第二次会议的建议

　　近年来我国不断加大扶贫工作力度，2012 年中央财政综合扶贫投入 2996 亿元，同比增长 31.9%，对贫困地区的发展发挥了重要作用。随着工作的不断深入，中央对扶贫工作也有新的要求。2013 年 11 月在湖南湘西考察扶贫工作时，习近平总书记指出，扶贫要实事求是、因地制宜，要精准扶贫；2014 年中央一号文件对精准扶贫提出了更具体的要求。要实现精准扶贫，需要加大体制机制创新，金融扶贫是一种重要方式，通过金融扶贫可以进一步发挥市场在扶贫资源配置上的重要作用。然而，贫困地区金融服务体系发展滞后，一方面农户、中小企业等从金融机构融进资金难，另一方面金融机构将资金贷出去也难，"两难并存"现象突出。以湖南省武陵山片区的湘西州为例，金融机构存贷差已从 2008 年的 130 亿元扩大至目前的 343 亿元，部分县新增贷存比不到 20%，信贷投放占固定资产投资的比重仅 6%，近 4000 家小微企业中获得信贷资金支持的仅占 11%，利率基本封顶上浮。这种现象在全国其他连片贫困地区也较为明显，由于缺乏有效贷款项目，有些地区扶贫贷款贴息资金甚至用不出去。要发挥金融扶贫的积极作用，需要转变政府角色，逐步降低财政资金直接扶贫的比重，将部分财政专项资金用于健全当地的信用担保体系。

一、信用担保体系滞后不利于贫困地区融资体系发展

　　我国大部分连片特困地区信用担保体系发育滞后，信用担保总量严重不足，能力很弱，如整个湘西州目前仅 3 家担保公司，注册资本合计 2.3 亿元，据调查，2004 年以来全州一半以上企业都因缺乏担保而难以获得银行贷款支持。要进一步完善连片贫困地区的信用担保体系，必须调节扶贫专项资金的使用范畴，发挥中央财政扶贫资金的引导作用。其原因有三：一是连片贫困地区财政困难，很难拿出资金进行担保体系的建设，县一级尤其困难；二是担保业务风险收益率偏低，民营资本缺乏发起设立担保机构的动力。贫困地区经济发展基础薄弱，抗风险能力较弱，加大了单个项目的违约概率。而相对应的却是贫困地区经济活跃度不高，财务优质项目数量和金额不多，担保业务的规模效应难以发挥，收益与风险难以实现平衡。经过风险收益比较，大多民营资本更愿意投资小额贷款公司甚至直接进入民间融资，不愿涉足担保领域。因此，目前贫困地区担保体系建设需要更多地依靠政府投入，财政引导；三是农业保险市场发育不全，风险分担机制不足，需要借助政府组织优势。目前连片特困地区特色资源很多集中于农林牧渔、文化旅游等产业，其资产受自然灾害、市场波动等影响过大。但目前这些地区农业保险发展滞后，政策性保险覆盖的产品种类较少，保费补贴比例偏低，农民参保意愿不强，保险公司业务开展和产品创新动力不足，银行、担保公司单独承担过大的风险。如果由政府注资设立担保公司可以有效借助政府组织优势，一定程度降低风险；四是连片贫困地区信用意识不足，信用合作组织发展滞后，需要发挥中央扶贫资金的引导激励作用。目前贫困地区企业、群众的信用意识普遍不强，征信记录不完善，风险识别监控困难。另外，贫困地区农村合作金融发展缓慢，农村信用协会、农村资金互助社、农户小额信用贷款、担保基金等农村资金合作组织尚处于空白，必须发挥中央扶贫资金的引导作用。

二、完善贫困地区信用担保体系的建议

信用是现代金融的核心，贫困地区金融市场缺乏信用体系支撑，金融机构开展信贷业务风险和困难更大，这就提高了当地资金获取的难度和使用成本，反过来进一步压缩地方信用市场的发育空间。要破解这一恶性循环，需要创新体制机制，为金融扶贫作用的发挥铺平道路。

（一）发挥财政扶贫资金的市场引导作用，建立支持贫困地区信用担保体系建设的长效机制

信用体系对于扶贫工作的重要意义和贫困地区的信用体系建设目前难以实现商业盈利性的特征决定了其政策性属性。一是调节中央财政专项扶贫资金使用方向，增加金融扶贫资金科目。2014 年《关于创新机制扎实推进农村扶贫开发工作的意见》明确提出要发展农业担保机构，在贫困地区财政无力拿出资金的情况下，建议扩大《财政专项扶贫资金管理办法》中扶贫资金的使用范围，整合扶贫贷款贴息资金科目，除用于扶贫贷款贴息外，还可用于出资设立担保公司、增加担保公司注册资本或建立偿债准备基金，支持先行先试的贫困县设立担保公司或设立担保公司分支机构；在该部分资金的拨付中引入考核竞争机制，由当地扶贫办会同金融管理部门进行监管评价；鼓励地方政府建立担保公司风险补偿机制；引导龙头企业、银行资金入股担保公司，提升担保公司经营管理水平；加强与扶贫贴息、政策性保险等业务的联动，缓解扶贫贴息资金用不出去、担保公司承担过大风险等问题。二是加大政策性农业保险保费补贴，根据 14 个连片特困地区的产业特点，实现中央财政政策性农业保险的保费补贴对当地特色支柱产业的全覆盖；在连片特困地区提高中央财政的保费补贴比例，降低农户自身和地方财政的配套比例，降低理赔门槛，提高农民投保意愿。

（二）走政府和市场相结合的道路，改善连片贫困地区信用环境

在贫困户建档立卡和后续管理中增强对农户信用情况的记录，并与扶贫资金的申报使用联系起来，引导贫困地区群众增强信用意识，加快信用户、信用村、信用乡（镇）建设。

（三）加快"三权"抵质押改革，增强连片贫困地区经营主体的信用能力

目前农户林权、土地承包经营权、农村住房所有权（简称"三权"）抵押融资试点已经在我国部分地区开展，但存在发展不规范和面临各种法律法规障碍等问题，亟需出台相关管理办法。在目前我国农村土地集体所有的制度背景以及"三权"交易市场缺位的现实背景下，"三权"抵质押贷款的初期探索是国家给予试点地区"三农"发展的重要优惠政策。因此，建议有关部委和金融机构在研究制定"三权"抵质押管理办法时，考虑在武陵山区等连片特困地区先行先试，指导地方政府和基层金融机构因地制宜制定实施细则，并督促相关职能部门完善"三权"确权颁证工作，逐步建立统一的评估、登记、交易等配套服务窗口，形成开展"三权"抵质押贷款业务的长效机制。

贫困地区金融发展的空间还很大

2014 年 3 月 20 日经济观察网专访

　　导语：金融扶贫利于连片特困地区行政资源、财政资金和金融资本的有机互动，以市场化方式放大政府扶贫效果，提高扶贫资源利用效率。

　　经济观察网记者　胡中彬　日前，全国人大代表、国开行湖南分行行长王学东在今年"两会"提案中提出，要利用财政扶贫资金完善武陵山片区等连片特困地区信用担保体系。因为要发挥金融扶贫的积极作用，需要降低金融机构开展业务的风险和成本，为金融扶贫铺平道路。

　　为此，王学东在接受采访时称，金融扶贫利于连片特困地区行政资源、财政资金和金融资本的有机互动，以市场化方式放大政府扶贫效果，提高扶贫资源利用效率。

　　贫困地区金融发展的空间还很大

　　经济观察网：扶贫开发离不开资金支持，而金融又是现代经济的核心，那么金融扶贫在我国扶贫开发工作中能够发挥哪些重要作用？目前金融扶贫的效果如何？

　　王学东：要实现精准扶贫，需要加大体制机制创新，金融扶贫是一种重要方式，通过金融扶贫可以进一步发挥市场在扶贫资源配置上的重要作用。

　　一是金融扶贫利于实现精准扶贫。精准扶贫既要发挥政府"看得见的手"的作用，摸清贫困底数，瞄准真正贫困对象；也要重视发挥市场"看不见的手"的作用，运用市场的强大力量，引导有限的扶贫资源在贫困地区和贫困对象间科学配置。这方面金融服务体系对贫困对象、扶贫项目具有筛选作用，能够引导贫困地区因地制宜发展项目、引导建立对贫困户科学合理的帮扶机制，并对资金使用效果进行监督。

　　二是金融扶贫利于增强内生动力。"扶贫先扶志"。与财政直接补贴或社会捐赠资金相比，金融扶贫能够增强贫困地区干部群众依靠优势资源主动参与市场的发展意识和能力，能够改善当地的市场观念和现代金融理念。

　　三是金融扶贫利于推动资源整合。金融扶贫利于连片特困地区行政资源、财政资金和金融资本的有机互动，以市场化方式放大政府扶贫效果，提高扶贫资源利用效率。而且，现在距离 2020 年全国建成全面小康社会已不到 7 年时间，连片特困地区扶贫攻坚任务很紧。金融扶贫能在全省甚至全国范围内配置资金，短期集中大额资金完成对重点领域和重大项目的突破，加快形成扶贫工作新局面。

目前贫困地区金融发展的空间还很大，一方面农户、中小企业等从金融机构融进资金难，另一方面金融机构将资金贷出去也难，"两难并存"。以湖南省武陵山片区的湘西州为例，金融机构存贷差已从 2008 年的 130 亿元扩大至目前的 343 亿元，部分县新增贷存比不到 20%，信贷投放占固定资产投资的比重仅 6%，贷款利率基本封顶上浮。据我所知，这种现象在全国其他连片特困地区也较为明显，由于缺乏有效贷款项目，有些地区扶贫贷款贴息资金甚至用不出去。因此，作为现代经济中资源配置的重要力量，我们金融部门在打好新一轮扶贫攻坚战中还有很多工作要做。

金融扶贫首要顶层设计系统筹划

经济观察网：如何才能在扶贫开发中更好发挥金融扶贫的作用，应该重点支持哪些领域？

王学东：连片特困地区贫困面广、贫困程度深、贫困时间长。因此，扶贫开发尤其需要科学规划，金融扶贫更需要设计好"蓝图"。对于金融扶贫的重点领域，去年 9 月，我在武陵山片区的怀化、湘西等地做过一个星期的调研，收获很大。对于连片特困地区最重要的，也是当地干部群众最期待的，就是重点抓一些基础性项目的建设，基础性建设搞上去了，很多地区就逐步形成自主发展的条件。而这些基础性建设中，又以四件事最为关键。

一是交通。"要想富，先修路"，连片特困地区大多为山区，交通闭塞，是制约经济社会发展的最大瓶颈。为破解这一难题，近年来，开发银行支持了大量公路铁路项目的建设，仅在湖南先后为武陵山片区和罗霄山片区内吉茶、张花、吉怀、怀通等 15 条高速公路提供融资支持，实现了对片区内高速公路建设的全覆盖。比如，2013 年 11 月由开发银行提供 23 亿元中长期贷款支持的 147 公里的张家界至花垣高速公路建成通车，这大大加强了贵州、重庆、四川与湘西北地区的经济联系，重庆、成都至张家界的车程分别缩短至 6 小时、8 小时，这对加快武陵山片区的扶贫开发、增进民族团结意义重大。此外开发银行还累计发放贷款 41 亿元支持片区内县域干线和农村公路建设近3000 公里，加快推动连片特困地区建立"外通内达"的交通体系。

二是城镇化。2013 年 8 月，李克强总理在促进西部发展和扶贫工作座谈会上指出，扶贫开发涉及移民搬迁和城镇化，连片特困地区与东部地区最大的差别也在城镇化水平上。但连片特困地方财政基础薄弱，城市建设投融资主体实力不强，资金问题一直是制约城镇化的一大瓶颈。为支持连片特困地区城镇化，我们先后设计了"省带市县"、"市县直贷"、"投贷联动"等融资模式。比如，在怀化市，2003 年和 2007 年，开发银行与该市城市建设投资公司各签订了 8 亿元贷款协议，资金主要用于完善路网和污水处理等城市基础设施。2012 年由开发银行旗下的开元发展（湖南）基金与该市合资设立的基金投资公司挂牌成立，通过投贷联动，撬动资金 5 亿元，支持怀化市新城区综合开发。大额长期资金的投入直接推动了怀化城市基础设施的完善，并带动了建筑建材、物流、房地产、旅游等行业的发展。

三是教育。"治贫先治愚"。近年来，开发银行始终牢牢把握教育扶贫这个龙头，坚持应贷尽贷，大力开展助学贷款业务，目前在湖南武陵山片区、罗霄山片区已累计发放高校助学贷款和生源地助学贷款3.7亿元，支持家庭经济困难学生6.43万人次。与此同时，开发银行不断加大对连片特困地区教育设施项目的支持力度，支持了一批贫困地区中小学校、职业技术学校、农民工培训学校的建设或改造，大大改善了贫困地区的教育条件。

四是基础产业发展。过去扶贫是解决温饱，现在要解决发展的问题，让贫困农户有自我发展的能力。近年来，开发银行创新融资机制，形成了"政府指导入口、农民参与发展、开行资金孵化、龙头企业保障市场效益"的产业扶贫模式，如2013年我们和省扶贫办在沅陵县开展的产业扶贫试点，以"政府引导、银行贷款、扶贫贴息"的三方合作模式为基础，以"七大平台"扶贫贷款运行机制为抓手，以农业产业化为重点，目前已投放贷款4000万元，支持的农业龙头企业及专业合作社共20余家，有效促进了沅陵茶叶、油茶、水产等特色产业发展和当地农户增收致富。

加大政策支持和信用担保体系等配套

经济观察网：刚才你提到连片特困地区金融发展的空间还很大，那应该如何加快这些地区的金融发展，使金融扶贫发挥更好的作用？

王学东：我在今年人大代表提案中提出，要利用财政扶贫资金完善武陵山片区等连片特困地区信用担保体系。因为要发挥金融扶贫的积极作用，需要降低金融机构开展业务的风险和成本，为金融扶贫铺平道路。

一要不断推动具体政策的深化落实，加强对金融扶贫的政策支持。目前中央在财政转移支付、交通、教育、卫生等领域先后出台了一系列对连片特困地区的政策措施，但目前对连片特困地区金融发展的具体政策不明晰，部分政策落实难度较大，金融机构参与扶贫开发的积极性不高。因此，建议有关部委出台支持全国连片特困地区金融发展的专项指导意见，对贷款增长目标、金融监管、新型农村金融组织建设、抵质押担保创新、金融机构分支机构建设、资金来源、融资渠道、考核机制等方面给予差异化的政策指导。比如，农村"三权"抵质押贷款，完全可以优先在连片特困地区试点。省级政府要结合省内实际情况，出台相应的实施意见，引导省属金融机构及相关部门加大对连片特困地区的支持。

二要发挥财政扶贫资金的市场引导作用，建立支持贫困地区信用担保体系建设的长效机制。信用是现代金融的核心，连片特困地区信用体系建设就是搭建金融扶贫的桥梁。要加大中央财政投入。除了贷款扶贫贴息，要扩大专项扶贫资金使用范围，设立金融扶贫引导资金科目，除用于扶贫贷款贴息外，还可用于出资设立担保公司、增加担保公司注册资本或建立偿债准备基金等风险补偿机制，支持先行先试的贫困县建立健全信用担保体系。要加强地方政府组织协调。通过财政、税收等政策鼓励引导龙头企业、银行资金入股担保公司，提升担保公司经营管理水平；在金融扶贫的组织实施中加强信用担保体系与扶贫贴息、政策性保险等业务的联动，增强借款人综合抗风险能力；在贫困户建档立卡和后续管理中增强对农户信用情况的记录，并与扶贫资金的申报使用联系起来，引导贫困地区群众增强信用意识，加快信用户、信用村、信用镇建设，改善当地信用环境。

三要加大机制创新，加强连片特困地区金融扶贫载体建设。扶贫开发离不开投融资主体，金融扶贫更需要经营状况良好、抗风险能力强的投融资主体作为载体。但连片特困地区经济发展水平不高，优质主体偏少。要发挥省级政府对连片特困地区扶贫开发统筹规划和资源整合的功能，加大省级融资平台对连片特困地区重大基础设施建设的带动作用，采取"省带县"模式，由省级融资平台统一贷款、统一管理、统一担保，市县平台负责分类实施、分批还款、分别抵押；发挥市县政府贴近基层的组织协调优势，明确产业引导重点，利用市县融资平台作为县域产业发展的统贷平台和担保平台，支持县域支柱产业发展；激发连片特困地区市场主体活力，在支柱产业培育龙头企业，延伸产业链条，带动上下游企业共同发展，形成支柱产业集群，提升产业链融资承载能力。

融资规划先行　服务片区扶贫

2013 年 9 月 10 日在《湖南省武陵山片区系统性融资规划》推动研讨会上的发言

一、开行支持片区扶贫开发的主要工作

自 2011 年武陵山片区扶贫开发试点工作启动以来，开行总分行高度重视，积极探索开发性金融支持片区发展的模式，目前我们主要开展了以下几项工作：

一是规划先行，辅助做好投融资顶层设计。作为服务国家战略的开发性金融机构，开行深刻地认识到规划引领发展是经济社会发展的客观规律和内在要求，是我国改革发展取得巨大成就的成功经验。武陵山片区作为经济金融基础相对薄弱的连片特困地区，尤其需要以科学规划来做好顶层设计和统筹协调。因此，片区扶贫开发试点工作启动以来，开行就自觉把规划先行作为开发性金融支持片区发展的重要内容，积极推动与各方的规划合作。第一，开行总行组织，湖南分行具体牵头负责，编制了四省市的《武陵山片区系统性融资规划》，这是全国十四个国家重点连片特困扶贫开发区的首个系统性融资规划；第二，我们与省民委联合编制了今天我们正在研讨的《湖南省武陵山融资规划》，规划在分析片区发展现状及目标的基础上，测算片区 2012 年至 2020 年的总体投融资需求及资金来源情况，对片区重大投融资项目进行了系统梳理，并针对基础设施、支柱产业、民生保障等重点融资领域和融资项目设计了相应的投融资模式，最后我们结合片区实际提出金融扶贫的政策建议。今年 5 月全国政协副主席、民委主任王正伟在我省调研武陵山片区扶贫攻坚工作时对该融资规划做出重要批示，安排国家民委罗黎明副主任专程赴开行总行就融资推动片区扶贫开发进行磋商。此前我们也将融资规划送至相关省直机关和市州共十几家单位征求意见，各单位反响热烈，所提意见让我们很受启发、很受鼓舞。

二是加强调查研究，找准工作突破口。总行层面，今年 6 月底，开行总行与国家民委成立联合调研组专程赴湘西、黔江等地调查研究，在融资规划的基础上起草了《关于支持武陵山片区区域发展与扶贫攻坚试点的意见》和实施方案。8 月国家开发银行、国家民委和国务院扶贫办在京组织召开了对该意见的研讨会，征求四省市各省民委、各开行分行以及相关市州县的意见，会上尤其是各地市州反响强烈，提出了很多具体的建议。分行层面，今年以来分行领导先后多次走访省委宣传部、省扶贫办、民政厅、农业厅、卫生厅、邵阳、怀化、吉首等地，就全省农村危房改造、养老院建设、

产业扶贫、农业现代化建设、文化旅游融合发展等进行专题研究，都各自形成了工作方案或融资规划，有关工作正在有序推动。

三是加大资金投放，融资支持片区发展。截至2013年6月末，分行累计在片区投放贷款680亿元，其中高速公路建设贷款473亿元，城市基础设施建设贷款120亿元，电力贷款70亿元，中小企业贷款5亿元，助学贷款1.1亿元。贷款项目基本覆盖片区内所有高速公路、电力、城市路网设施以及主要旅游景点的基础设施。此外，目前我们正在评审、开发的重点项目还有近700亿元。

二、开行支持片区扶贫开发的主要经验

在支持片区扶贫开发工作中，开行认真贯彻中央"以区域发展带动扶贫攻坚，以扶贫攻坚促进区域发展"的总要求，以开发性金融理念为指导，将自身融资融智优势与政府组织协调优势相结合，形成了多层次、全方位支持扶贫开发的工作方法。

一是坚持多层次支持扶贫开发。这种多层次既体现在支持主体从省、市、县到龙头企业、中小企业、农户甚至学生的多层次性，也体现在支持领域从重大基础设施、城市建设、产业到中小企业、民生的多层次性。在省级层面，我们通过"统贷模式"支持武陵山片区内的高速公路、农村干线公路以及铁路建设，实现片区内各种运输方式的无缝衔接，打通片区与周边区域的交通瓶颈；我们还统贷支持片区污水处理、农村电网改造、农村广播电视网络升级，改善片区公共服务设施。在市县层面，我们通过融资平台"直贷模式"支持片区内的城市基础设施建设、土地储备、棚户区改造、文化旅游等项目，加快片区城镇化进程，促进片区经济发展和财政增收。在企业和农户层面，我们既一对一支持片区、全省甚至全国的龙头企业整合片区文化旅游、农业、矿产等区域优势资源，做大做强甚至"走出去"；我们也通过银政企合作、机制创新，系统推进中小企业贷款业务，逐步形成了以金融社会化为核心理念，以建设合作机构和合作机制为基本方法，以"政府组织平台管理协调、统贷平台统一承贷、担保平台统一担保、公示平台公开信息、信用协会民主评议与监督"为主要特色的中小企业贷款"四台一会"模式。值得一提的是，该模式作为开行支持中小企业的核心模式在全国得到广泛应用并受到高度评价，对于解决就业、推动群众脱贫致富有着强大的生命力。去年我行开始将这一模式推广至片区，目前我们已在邵阳、怀化等地累计发放中小企业贷款近5亿元，下一步我们将继续加大推广力度，预计未来五年通过该模式将为片区内中小企业、农村合作社以及农户提供超过20亿元的贷款支持，助力片区群众脱贫致富。另外，作为全省的助学贷款主力银行，我们坚持将该贷款向贫困地区倾斜，目前已累计向片区内近万经济困难学生家庭发放生源地助学贷款1.1亿元，提升了片区发展能力。

二是坚持全方位支持扶贫开发，走"融资、融智、融制、融商"相结合的路子。第一是融资。融资就是资金支持，一方面开行结合自身中长期主力银行的特点，为扶贫开发提供大额、长期、稳定的资金支持；另一方面开行通过自身在扶贫开发方面的投入，引导社会各类资金支持贫困地区。第二是融智。应该说，有些地区的贫困不是因为缺乏资源，而是因为缺理念、缺思路、缺方法，我们的融智就是要通过融资规划、银政洽谈等方式，找出当地投融资发展的问题，协助政府做好扶贫开发的投融资顶层设计。第三是融制。好的金融环境和投融资体制能增强金融支持扶贫开发的正向激励，这方面开行不同于一般商业银行，不仅给地方提供资金，同时也要与地方政府共同推进制度建设、机制建设，推进投融资体制的改革，推动出台利于金融扶贫、利于优化贫困地区金融环境的政策。第四是融商。商业的发展繁荣是一个地区脱贫致富的关键，开行充分利于自身客户资源，引导一些大型客户赴武陵山片区投资兴业，共同推动片区发展。

三、对进一步促进金融支持片区扶贫开发的建议

一是整合资源，提升片区投融资效率。相比发达地区，片区在财政、土地、项目、信贷等方面存在资源不足，因此做好资源整合的文章，提高资源使用效率显得尤为重要。第一是财政扶贫资金的整合。首先要提高资金使用效率，探索建立扶贫资金竞争性分配机制，让有能力把钱花好的地方和单位首先得到扶持；其次要集中力量办大事，避免撒胡椒面，对于影响深远、事关全局的重大项目扶持资金要足额到位，早建成早受益；最后要发挥扶贫资金的撬动作用，引导更多社会资金支持扶贫开发。第二是项目的整合。重大项目要提前做好规划，避免重复建设和过度建设，将片区有限的资金用于事关长远、群众真正需要的项目上。第三是土地、城市运营管理等行政资源的整合，这些资源可以与一些公益性项目整合开发，既可提升城市品位，也能实现项目财务可平衡。第四是文化旅游、特色农业、矿产等片区特色资源的整合。我省武陵山片区特色产业资源很多，但真正的龙头企业和有影响力的品牌并不多，整个片区仅4家上市企业，占全省比例不到5%，所以要加强特色资源的整合，走集约化、规模化经营的路子，采取"龙头企业＋基地＋农户"等模式，提高经营效益，带动更多片区群众脱贫致富。

二是加强融资平台建设，做实投融资主体。要搞投资、搞建设，离不开投融资主体，项目的问题、资源整合的问题说到根上还是得依靠一批大而壮、多而强的投融资主体。不同于较发达地区，目前连片特困地区市场化主体相对不足，政府融资平台在片区投融资体系中扮演着更为重要的角色。因此更加需要加强片区融资平台的建设，注资产、给政策、提管理、放权力，使融资平台变得更实、更大、更强，在支持片区扶贫开发中发挥更重要的作用。政府在这一过程中，要积极作为，把政府信用的高能量和组织协调优势结合起来，提高信贷资金与财政资金的联动效率，并为平台企业走向市场创造条件。

三是加大政策支持力度，研究出台支持片区扶贫开发的金融优惠政策。金融是现代经济的核心，金融扶贫在新时期扶贫开发工作中应该发挥重要作用，但是资本也有着天然的逐利性，武陵山片区作为经济欠发达地区，对资金的吸引力较弱。据统计，

片区存贷比仅为47%，低于全省平均水平21个百分点，大量资金外流，金融失血严重。因此，要加大政策支持引导力度，研究出台完善金融组织体系、鼓励金融服务创新、降低存款准备金率、建立贷款风险补偿机制等具体的金融优惠政策，将片区打造成金融扶贫的示范区。这方面湖北等周边部分省市已经有所行动，我省需引起重视。

四是完善信用体系建设，改善金融生态环境。银行经营的是风险，政府经营的是信用，一个地方有了信用才能有权威，才能有公信力，才具备与市场对接的能力。要继续推进社会信用体系建设，强化金融法治建设，切实解决金融维权问题；要将诚信建设纳入各级党政领导干部考核内容，加强激励、监督和教育，保护债权人权益，营造良好的金融生态环境。

四、开行下一步支持片区扶贫开发的重点工作

一是以重大交通基础设施建设项目为重点，夯实片区发展基础。通过省级融资平台，进一步加大对怀邵衡铁路、张桑、龙永、洞新等高速公路以及片区内农村干线公路等项目的信贷支持力度，加快改善片区交通条件，为片区扶贫开发不断注入动力。

二是以湖南省新型城镇化战略为契机，提升片区城镇化水平。通过省级统贷、市县直贷、投贷结合、债贷一体化等模式，加大对片区棚户区改造、土地储备、工业园区开发、水利建设等项目的资金支持力度，改善片区城市面貌和品位，支持地方政府做实做强融资平台。

三是推广"四台一会"模式，大力支持片区中小企业发展。选择片区内市县开展产业扶贫试点，加强机制模式创新、产品服务创新，加大与片区内行业主管部门、担保公司、村镇银行、农民专业合作社的合作力度，打通片区中小企业融资瓶颈，带动区域经济发展和群众发家致富。

四是继续深化银政合作，探索金融支持片区发展模式。一方面以规划为抓手继续协助各级政府做好扶贫开发投融资的顶层设计；另一方面，支持国家民委、开行总行在湖南召集高级别的武陵山片区四省市融资洽谈会，探索武陵山片区金融扶贫模式，形成全国经验和影响。

插上开发性金融的翅膀　助推文化旅游融合发展

2013 年 10 月 27 日在大湘西文化旅游融合发展推动会上的发言

一、文化旅游产业融合发展具有重要意义

刚才大家都谈到了文化旅游产业融合发展在支持经济发展方式转变、支持武陵山片区扶贫开发、服务地方经济长远发展、保护地方特色文化资源等方面的重要意义，除了这些重要方面，文化旅游产业的融合发展在金融上也体现出其关键性。金融与其他经济要素的差别在于金融更要求其支持的客体表现出更强的规模和聚合效应，文化和旅游的融合发展在产业形态本身就是一种资源的整合，通过要素整合，展现出 "1 + 1 >2" 的效果。文化是旅游的灵魂，旅游是文化载体，它们的深度融合与紧密结合使得文化这种软实力通过旅游产业变实了，也使得景区等不会说话的旅游载体通过文化变得鲜活了，它们的结合使两者都更具有生命力，其市场价值的提升也增加了金融支持的可能，为金融业务的拓展贡献了舞台。所以我真切地期盼此次大会能取得切实效果，为文化旅游产业与金融行业的进一步深化合作创造契机。

二、与金融的深度结合是文化旅游产业发展的需要

与金融深度融合是文化旅游产业转变发展方式，实现科学发展的重要途径，是两种产业实现共同成长的客观要求。加快发展文化旅游产业，离不开金融的有力支持。文化旅游产业是资源能耗低、环境污染小、知识密集型的绿色产业，在增加就业、扩大消费、拉动内需中有作用，但是我省文化旅游产业目前仍存在规模不大、龙头企业普遍实力较弱、融资困难等矛盾和问题，需要与金融的通力合作。根据测算，如果 "十二五" 期间湖南省文化旅游产业能够投资 6000 亿元，其中金融机构提供 3500 亿元的融资，就可以推动全省文化旅游产业增加值保持年均 20％ 的增长速度快速发展，金融对文化旅游产业的支持可以取得远高于 GDP 平均增速的产值回报，两者的联姻是打造湖南经济升级版的有力支撑。

与金融的深度融合是国内外文化旅游产业发达地区的成功做法。在全球文化旅游产业发展中，发达国家是主角，文化旅游产业占 GDP 比重平均在 10％ 左右，欧美一些发达国家文化旅游产业总产值已达到 GDP 的 25％。欧美、日本、台湾、香港等发达地区金融机构与文化旅游产业已经形成多种多样的对接形式。在我国发达地区，金融也

是当地文化旅游产业发展的有力后盾，比如上海国际旅游度假区迪士尼项目，从项目策划到贷款模式设计到 222 亿元银团融资方案的落实，国家开发银行等金融机构全程参与，对项目的融资和建成发挥了重要作用。

对于大湘西地区来说，支持文化旅游产业发展是金融扶贫的重要体现和突破口。长期以来大湘西地区投资不足的问题非常突出，目前文化旅游项目投资建设已经成为缓和与长株潭等地区区域投资差异的重要载体。不过资金仍是重要瓶颈，按照省委宣传部发布的《大湘西文化旅游融资项目指引》，目前大湘西地区文化旅游项目 221 个，总投资需求为 1689 亿元，其中在建续建项目投资需求为 275 亿元，新建项目需求为 1414 亿元。而实际上 2011 年大湘西地区总投资额只有 551 亿元，2012 年大湘西地区总投资额只有 856 亿元，项目建设愿望与实际资金落地的差距还是比较大。所以，需要进一步发挥包括金融在内的各种资本的支持作用，迎接大湘西文化旅游产业的井喷式发展。

三、开发银行支持文化旅游产业发展的主要情况

多年来，开行一直把支持文化旅游产业发展作为重要方向，总行专门出台了《关于贯彻十七届六中全会精神 支持文化产业大发展大繁荣的实施意见》，全方位支持文化产业发展，在省委省政府的大力支持下，湖南分行率先行动，通过"融资＋融智"推进省内文化旅游产业的发展。

一是通过政银企合作，推动开发性金融与省文化旅游产业联姻。2012 年 3 月湖南省人民政府与国开行在北京举行高层联席会，双方签订了《促进湖南文化产业大发展合作备忘录》，合作额度达 200 亿元，同时湖南分行与省文化厅签署了《促进大湘西文化旅游发展合作备忘录》，在今年 5 月举行的"湖南省金融业支持文化产业发展恳谈会上"，分行又与省内几个重点文化企业签订了一系列信贷合作协议。目前这些协议得到了很好的落实。

二是通过规划先行，为全省文化旅游产业发展的顶层设计贡献智慧。2012 年湖南分行在省委宣传部的指导下，组织专家队伍编写了《湖南省文化产业发展系统性融资规划》，该规划是开行针对一省编制的首部文化产业融资规划，凝结了开行多年来融资支持文化旅游产业发展的经验，"两会"期间，陈元同志递交周强和守盛同志，得到高度认可。嗣后，开行又组织队伍和省委宣传部联合编制了《大湘西文化旅游融合发展系统性融资规划》，这部融资规划的简本作为会议材料也印发给了在座的同志们。希望这些规划对于指导文化旅游产业的发展和融资起到一些作用。

三是创新融资模式，支持重点文化旅游项目建设。开行重点支持的文化旅游领域主要包括：具有文化内涵的人文及自然景区；国家级历史文化名城、名镇、名村、名街保护及综合利用；经国家或地方行业主管部门认定的各类文化旅游实验/示范区、有文化主题的休闲娱乐体验园区；红色旅游、文化旅游、演艺及非物质文化遗产保护传承等。主要的支持模式有：（1）以景区门票收费权质押及企业经营性资产抵押为主要

担保方式，辅以政府或管委会财政信用增级，扶持国家或区域重点人文及自然景区发展；（2）通过帮助策划方案、搭建融资主体，以政府主导市场化运作方式，进行优秀旅游城市的环境综合治理及改善，和重点名城、名镇、古街及历史人文景点的遗址保护和综合开发；（3）通过帮助企业设计投融资方案、拓宽还款来源，支持了一批全国知名的文化旅游示范区及有文化主题的休闲体验园区建设。此外，开行还可以支持知名旅游品牌资源重组、经营权收购等产业链整合业务，在我省目前这种业务还没有，开行在北京等地支持过全聚德品牌整合等项目。

四是通过多种融资手段切实支持大湘西地区的建设和发展。目前开行在大湘西地区（张家界、湘西州、怀化市）累计签订贷款合同 138 个，合同金额 75 亿元，目前已经发放贷款 72 亿元。目前正在评审的项目 23 个，申请贷款 40 亿元。其中张家界市签订贷款合同 15 个，目前已经发放 14 亿元，目前正在评审的项目 2 个，申请贷款 9 亿元。在文化旅游项目方面，目前我行在大湘西地区累计签订贷款合同 4 个，合同金额 8.6 亿元，目前已经发放 7 亿元，正在评审的项目 3 个，申请贷款 5 亿元。涉及的重点项目有湘西芙蓉镇土家族文化旅游基础设施建设（2.7 亿元）、黔阳古城旅游基础设施建设（1.3 亿元）、湘西边城风情小镇建设（2.6 亿元）、湘西州武陵山文化旅游产业中心建设（2 亿元）、凤凰古城游客中心建设（3 亿元）、矮寨大桥观光电梯及索道建设（1 亿元）和张家界武陵源游客中心建设（1 亿元）。此外，开行通过债券承销为张家界经投发行 28 亿元的债券，通过基金投资在怀化和湘西州等地直接投资 1.5 亿元，通过"政府组织平台管理协调、统贷平台统一承贷、担保平台统一担保、公示平台公开信息、信用协会监督评议"的"四台一会"模式拟支持怀化、邵阳等地中小企业融资 5 亿元。这些工作想必会对整个片区文化旅游项目的提质升级发挥积极作用。

四、工作建议

为推动大湘西文化旅游可持续发展，我有几点建议：

（一）**资源整合，科学规划。** 一是推动不同行政区划中旅游资源的整合。大湘西文化旅游资源虽然地域分布较广，但大同小异，部分同质资源相互竞争，不仅造成不必要的开发浪费，也降低了整体的投融资吸引力，不利于整个产业的发展；二是要发挥规划引领的作用，提升文化旅游产业的投入产出效果。通过科学规划，引导资源合理配置，破解重复开发的问题、景区承载力过重的问题、环境超负荷的问题、恶性竞争的问题，提升文化旅游项目的投融资效率。

（二）**培育龙头企业，提升市场运营能力。** 目前大湘西文化旅游企业的数量与日俱增，但整体呈现出"小、散、弱"的特点，尚未形成大型旅游企业集团，对社会化、规模化旅游的应对能力有待提升，对有实力市场主体的投资吸引力不够。而周边中西部省份实际上也在积极探索文化旅游企业主体的建设。比如重庆市政府将重庆旅游投资集团打造为"绿色重庆"重要旅游资源的建设主体；甘肃省让甘肃交通航空旅游集团承担全省重要旅游资源开发建设；湖北省将湖北鄂西生态旅游公司打造为鄂西地区旅游业发展的建设主体。这些企业通过各种资源的整合，承载外来投资和贷款的能力不断增强，运营当地旅游资源的效果越来越明显。

（三）完善金融组织服务体系，提升金融支持能力。一是进一步提升金融业务发展水平。到 2012 年末邵阳市、张家界市、怀化市、湘西州共有农村合作金融机构 42 家，村镇银行 5 家，小额贷款公司 14 家。到今年 6 月末，4 个市州各项存款余额 3519 亿元，仅占全省存款余额的 14%，贷款余额 1691 亿元，仅占全省贷款余额的 10%。大湘西地区不仅银行业金融机构数量远低于全省平均水平，已有金融机构也存在规模小、实力弱的问题，金融资源外流严重，要进一步加强区域性金融机构的建设，提升金融产品创新能力，提高金融服务实体经济的水平；二是规范和发展融资性担保机构。到今年 6 月末，全省持有《融资性担保机构经营许可证》的融资性担保机构 199 家，注册资本 233.54 亿元，而片区内融资性担保机构只有 31 家，注册资本 29.84 亿元，担保机构不仅总量少，而且单个担保公司的体量也小，担保能力很有限。建议在大湘西地区筹备省级信用担保公司，提高当地的信用承载能力。

（四）完善信用体系建设，改善金融生态环境。银行经营的是风险，政府经营的是信用。一个地方有了信用就有权威，就有公信力，就具备了与金融市场对接的条件，对于文化旅游产业也不例外。因此，要继续推进社会信用体系建设，加强社会诚信宣传，强化金融法治建设，切实解决金融维权问题；要将诚信建设纳入各级党政领导干部考核内容，加强激励监督，保护债权人权益，营造良好的金融生态环境。

第二章
见证地方投融资体制改革

投融资体制改革：摸着石头过河

党的十九大报告提出要"深化投融资体制改革，发挥投资对优化供给结构的关键性作用"。这是"投融资体制改革"第一次出现在党代会报告中，而对这一任务的定位也非常明确，即"发挥投资对优化供给结构的关键性作用"。时隔两个月的2018年中央经济工作会议再次对"发挥投资对优化供给结构的关键性作用"进行了强调。党的十九大在我党发展历史上具有里程碑意义，这次党代会提出了习近平新时代中国特色社会主义思想；2018年中央经济工作会议在中华人民共和国成立以来经济发展史上也具有里程碑意义，这次会议提出了习近平新时代中国特色社会主义经济思想。这两次重要会议为什么都如此强调投资对供给结构的优化作用？除了我国经济已由高速增长阶段转向高质量发展阶段这一客观背景之外，还有些什么原因呢？随着思绪，过去30年我国投资体制改革的画卷在我脑海里徐徐展开。

1983年大学毕业后我到国家计委（国家发改委前身）工作，1988年到国家计委归口管理的国家交通投资公司工作，1994年开发银行成立，国家交通投资公司等六家专业投资公司并入开发银行，我又到开发银行工作。可以说，我过去35年的工作一直都在与项目投资打交道。在这个过程中，我亲身经历了我国从计划体制下到市场经济体制下投资管理改革的一些重要事件。

从1978年中共十一届三中全会到1984年中共十二届三中全会，在这个期间我国经济体制改革的重点是以家庭联产承包责任制为主的农村经济体制改革，这个时期的改革还是起步性和局部性的。1984年10月，中共十二届三中全会通过了《中共中央关于经济体制改革的决定》，提出国有企业改革的新问题，以此为标志，我国开始进入以城市改革为重点的总体经济体制改革阶段。

1984年12月14日，国家计委、财政部、中国人民建设银行颁布了《关于国家预算内基本建设投资全部由拨款改为贷款的暂行规定》。"拨改贷"试行于1979年8月，是改革初期对投资体制改革最具重要意义的事件，但以《暂行规定》出台为标志，国家对预算内安排的基本建设投资全面实行"拨改贷"。任何事物总有其两面性，对"拨改贷"做法的评价后来也褒贬不一，褒者认为通过对国家财政资金的有偿使用，可以提高投资效益，建立投资责任制，使国家各项建设得到快速推进；而贬者认为"拨改贷"的惯性发展导致了今天全社会的高杠杆和政府的高负债。但从发展的角度综合权衡，"拨改贷"激发了资金的市场活力，也推动了相关市场机制的建设。

1985 年到 1987 年，为抑制经济过热，国家控制投资规模，这时期控制通货膨胀是投资领域的一个重点工作，改革层面的工作不多。

1988 年是投资体制改革的又一个重要年份，国家预算内基本建设投资开始实行基金制管理。1988 年 7 月 16 日国务院发布《关于印发投资管理体制近期改革方案的通知》，《通知》从七个方面提出了具体改革设计，要求国家层面成立能源、交通、原材料、机电轻纺、农业、林业 6 个专业投资公司，负责管理和经营本行业中央投资的经营性项目的固定资产投资。能源、交通、原材料、机电轻纺 4 个投资公司由国家计委归口领导，行业归口相关部门参与指导；农业、林业投资公司由国家计委与部门归口领导，以国家计委为主。1989 年 3 月 4 日，国务院同意国家体改委提出的《1988 年经济体制改革要点》，6 个专业投资公司成立，作为国家投资活动的主体，但投资公司不得经办金融业务。国家专业投资公司成立以后，国家计委不再直接管理项目投资，经营性投资由国家计委切块给各专业投资公司，由投资公司按计划投入国家重点项目，自主经营；非经营性投资，小项目按归口管理部门切块分配。

1988 年 5 月我调到国家交通投资公司工作。那时候包括我在内的一些同志面临着一个选择，到底是留在国家计委还是到新成立的专业投资公司工作，大家在思想上还是有些斗争，因为对用市场经济方式管理投资没有经验，许多人并不看好即将成立的投资公司。也有一些同志很有前瞻性，指出了市场和竞争机制在投资过程中发挥关键性作用是一个必然趋势。我个人更愿意从事专业性强、挑战性大的工作，因此我报名去了交通投资公司。1989 年 6 月我作为访问学者，获得英国工业联合会的资助，在英国威尔士大学学习航运管理并在费力克斯托港口实习，虽然只有短暂的一年时间，但我仍然深刻感觉到我国与西方发达国家基础设施水平的差距，也对西方基础设施项目融资的市场化方式印象深刻，这也坚定了我对投资体制改革市场化方向的信心。

1989 年 11 月中共十三届五中全会通过了《中共中央关于进一步治理整顿和深化改革的决定》，由此开始了大约三年的治理整顿，这期间的改革措施主要围绕治理整顿来进行，投资体制改革没有明显的进展。

1992 年 10 月召开党的十四大，明确提出中国经济体制改革的目标是建立社会主义市场经济体制。1993 年 6 月 24 日，中共中央、国务院下发《关于当前经济情况和加强宏观调控的意见》（即 1993 年中央六号文件），文件提出 "投资体制改革要与金融体制改革相结合。从改革投资体制入手，尽快建立政策性银行，逐步实现政策性金融与商业性金融相分离。" 1993 年 12 月 15 日，国务院作出《关于金融体制改革的决定》，其中提出的金融体制改革目标包括：建立政策性金融与商业性金融分离，以国有商业银行为主体、多种金融机构并存的金融组织体系，建立统一开放、有序竞争、严格管理的金融市场体系。

1993 年 3 月 17 日，国务院发布《关于组建国家开发银行的通知》，1994 年 4 月 14 日，开发银行成立。我也于 1994 年进入开发银行工作，开始以信贷资金的方式支持"两基一支"项目建设（"两基一支"是指基础设施、基础产业和支柱产业），不过一直到 1998 年，开发银行支持项目还是按照"计委挖坑，开行栽树"的模式，所以既有一定的效果，但也留下一些问题，当时还是把完成国家投资计划作为主要任务，而风险防控放到了次要位置，因此到亚洲金融危机爆发时，开发银行的不良资产也超过 30%。

与芜湖模式齐飞：上海城建模式

1998 年是中国经济发展的关键一年，也是开发银行历史上具有转折意义的一年。在亚洲金融危机的警示下，防范金融风险前所未有地被提上国家重要议事日程。要防范金融风险，除了强化内部管理机制的建设以构建防火墙外，另一个重要方面就是开发银行要寻找到中国经济发展的真正潜力所在，以便更好地发挥服务作用。

上世纪 90 年代以来，城镇化是我国发展的最大主题。1998 年我国城镇化率仅有 30.4%，2017 年达到约 58.5%，提升了近一倍。过去 20 年接近一半农民离开了农村变成市民，人口庞大的中国发生了重大的社会变迁，在这个过程中开发性金融支持城建模式扮演了非常重要的角色。这个模式的核心是将开发银行的融资优势和政府的组织优势结合起来，一方面开发银行积极支持地方项目建设，帮助地方政府解决发展中的融资难题，另一方面地方政府发挥组织协调作用，帮助开发银行回收贷款、防范金融风险；其融资机制概括起来说是"政府选择项目入口，开发性金融孵化，实现市场出口"；开发银行贷款具体操作方式是"推动地方政府创建融资平台，融资平台承接开发银行贷款，承担政府项目的投资、融资和建设任务，通过财政资金注入、国有资产注资、土地收益以及特许经营权作为还款保障"。"芜湖模式"被认为是这一模式的始祖和典型代表。"芜湖模式"在《国家开发银行史（1994—2012）》和《政府与市场之间：开发性金融的中国探索》（陈元著）都被浓墨重彩地进行了描述，2011 年还被陈元同志带到哈佛 MBA 的讲堂，成为了开发性金融支持中国城镇化的典型代表。

很多人并不知道，其实上海城建融资模式和"芜湖模式"几乎是同时启动的。

时任开发银行行长、现全国政协副主席陈元同志与上海市主要领导就开发性金融支持上海城市建设的会谈还要早于与安徽省的会谈。1998 年 5 月，陈元同志带领开发银行有关部门的领导在上海西郊宾馆与时任上海市市长徐匡迪及上海市政府办公厅、计委、经委等部门负责人座谈，上海市方面提出希望开发银行支持上海市苏州河治理、轨道交通 2 号线、洋山港工程等十个项目，贷款超过 80 亿元。上海市政府承诺对全部贷款的偿还给予统筹协调。陈元同志非常肯定这次座谈，认为这是一揽子地支持一个城市基础设施发展，开展银政合作的新模式，应该在全国推广。1998 年 9 月，开发银行与上海市政府正式签订了上述项目的贷款备忘录。

1992 年邓小平到上海考察工作时指出"上海的改革开放搞晚了，今后要加快步伐"，这次考察，他提出了加快浦东大开发的任务。当时，上海市已经在城市建设的投融资模式创新上进行了很多积极探索，比如 1987 年上海市成立了上海久事公司，作为全国第一家政府性投融资公司，采取自借自还的方式，承接国务院以"国函（1986）94 号"文批准的上海利用外资加强城市基础设施建设、加快工业技术改造的"94 专项"；1992 年上海市城市建设投资开发总公司在浦东新区成立，该公司获得上海市政府的授权，主要从事城市基础设施投资、建设和运营工作，多年来上海久事和上海城投一直是全国地方政府融资平台改革发展的标杆。比如上海借鉴国外 BOT 模式，请香港某公司对南浦大桥和杨浦大桥进行融资，外环隧道的融资、高速公路的融资也采取了同样模式。这种单个项目独立筹集资金建设的思维已经非常超前，但上海市大发展和浦东大开发，资金需求十分巨大，尤其是随着上海大城市框架的拉开和城市扩容，地铁、高速、桥梁隧道、机场、港口、环境工程等都亟待建设和完善。在这个阶段，开发银行发挥了重要的融资作用。

当时开发银行在上海还没有分支机构，业务由华东信贷局负责，我当时任华东信贷局一处处长，专门负责上海市地区的业务，与上海市城建融资合作的一些具体事项就由我所在处室负责。"上海模式"与"芜湖模式"相比，有其独特的方面：一是上海的发展阶段与芜湖市不同，江泽民、朱镕基等同志打下了良好基础，又有中央的大力支持，上海市的发展程度已经大大领先于其他地区，1998 年上海市人均GDP 达到了 2.52 万元。以当时古北金虹大厦房价为例，1998 年为 4080 元/平方米，而芜湖直到 2008 年市中心房价才达到这个水平，发展差距超过十年。二是上海市当时是全国改革的最前沿，市场化意识较强，而且是全国探索市场化、国际化经验的窗口，所以当时上海市政府坚决不同意在与开发银行拟签订的协议上有对开发银行贷款"财政兜底"的表述，这也是双方合作协议条款谈判时间长达几个月的关键难点。三是上海是中国改革的一块热土，国内国际各种政策、资源都向上海集聚，开发银行只是其城镇化众多引擎中的一股动力，而芜湖市位处中西部地区，其城镇化资金来源非常匮乏，当时商业性金融都对政府项目贷款持观望态度，裹足不前，这就使得开发银行贷款成为地方城镇化的主要资金来源，全国大多数地区当时都是这个状态，这也是"芜湖模式"后来得到各地响应的历史基础。

"芜湖模式"和"上海模式"之所以放在一起比较，是因为能带给我们很多关于改革的启示。小平同志将中国改革模式描述为"摸着石头过河"，这里面至少有三层含义：一是"摸着"，即努力探索，二是"石头"，即对象要立足实际、因地制宜，此河之石非彼河之石，三是"过河"，即要有参照系。正因为有"摸着石头"这两者，所以"芜湖模式"和"上海模式"都成功了。正是因为参照系不同，20年前全国很多地区跟芜湖市处于相同发展阶段，所以其时"芜湖模式"更具有代表性。回头再看，20年过去了，全国城镇化都得到极大发展，投融资体制改革也步入深水区，大家又开始重新审视当年上海的经验，开始认真分析总结上海久事、上海城投等的改革路径。

1998年9月，开发银行与上海市人民政府签署《融资合作备忘录》，从那时起开发银行开始为上海市城市建设提供大额、长期资金支持。1999年3月开发银行上海市分行成立，我也告别工作生活了16年的北京，担任开发银行上海市分行副行长。开发银行与上海市的合作不断深化，在上海市城镇化和现代化发展的过程中，开发银行一直参与其中。比如，2000年，开发银行与上海市政府再次签订融资合作协议，分别贷款支持上海久事公司和上海市城投公司各130亿元。其中上海久事公司的贷款全部用于轨道交通10号线的建设，城投公司的贷款一部分用于短期债务调整，部分用于新项目。再举一例，2002年上海申办世博会，为向国际展览局说明资金落实情况，开发银行及时出具《关于支持2010年中国上海世博会的函》，承诺提供2.4亿美元贷款融资，为上海赢得世博会主办权提供了资金保障。2002年12月上海申博成功后，开发银行成立世博会工作组，从财务顾问、信贷融资和直接融资等三个方面提供综合性金融服务，与上海市世博局签订《中国2010年上海世博会投融资总体方案服务意向书》。2004年1月，开发银行向上海市政府递交了总投资250亿元的《2010年上海世界博览会财务顾问建议书》，成为投融资总体方案的重要成果之一，开发银行还受世博局委托，编制了《中国2010年上海世博会投融资总体方案》。从那时起，将"融资"与"融智"相结合，开始成为开发性金融服务地方投融资体制改革和地方经济社会发展的新探索。在这些过程中我都是主要操办者和组织者。

图12

1998 年的上海陆家嘴，东方明珠已于 1995 年投入使用，成为上海发展的标志。

图13

在开发银行的支持下，芜湖市城市面貌得到了较大改善，图为 2010 年前后的芜湖市。

　　"芜湖模式"和"上海模式"的起步体现了当时城市发展的实际需要，也体现了开发银行的担当。但以"芜湖模式"为代表的地方城建融资模式能够广泛推行并最后走下去，实现"市场出口"，却要感谢中国改革的大时代。"芜湖模式"广泛推行的制度背景是 1994 年的分税制改革。1993 年 12 月 15 日，国务院发布《关于实行分税制财政管理体制的决定》，决定从 1994 年 1 月 1 日起，对中央和地方政府的财权和事权进行重新划分，"财权上收，事权下放"。1998 年时任国务院总理朱镕基同志曾评价说"对财税体制取得的成功，怎么评价都不过分"。分税制确实取得了重大成功，但也带来了一个问题就是地方财政变成"吃饭财政"，地方城建资金紧缺的矛盾日益突出，这是开发银行城建融资的制度条件。"芜湖模式"能够持续滚动下去，没有导致地方政府因过度负债最后逆向绑架中央财政的制度因素我认为是 1998 年的房改。1998 年 7 月国务院发布《关于进一步深化城镇住房制度改革加快住房建设的通知》，文件提出"停止住房实物分配，逐步实行住房分配的货币化"。之后 20 年房地产市场的繁荣为地方政府带来大量"土地财政"，为城市经营打开了一扇门，但也带来了现在房地产泡沫和地方政府债务等问题。不过改革都是在不断发展与变化之中，也没有任何政策能够不与时俱进、不加调整而适用万年的。所以改革永远在路上，永远需要与我国经济发展实践相结合，这也是习近平新时代中国特色社会主义经济思想活的灵魂。

▌政府融资平台改革：湖南样本

2008 年 3 月，我调任开发银行湖南省分行行长。湖南分行在开发银行体系内是一家很有特色的分行，主要特色表现在政府融资平台建设有很多创新。湖南是内陆省份，不同于沿海地区，市场主体相对不足成为制约发展的瓶颈。而要搞投资、搞建设，不能没有投融资的市场主体，这是经济的微观基础。融资平台一方面搭起了政府与金融资本之间的桥梁，使政府信用与市场信用有效对接；另一方面丰富了地方投融资主体，成为地方投融资体系的重要组成部分，在推动城镇化进程和投融资市场建设中发挥了重要作用。

在湖南省，此前平台融资有几个标志性年份：2001 年是第一个标志年，确立了城投公司可作为政府的融资平台在公共基础设施领域使用开发银行贷款，这一年常德、益阳、张家界、株洲、湘潭、郴州、岳阳七家市城投（经投）公司承接开发银行城建贷款授信 22.4 亿元，从此开发银行贷款开始大规模向湖南城市基础设施领域投放。2003 年是第二个标志年，这一年与开发银行合作的市级城投公司从七家增加到十三家，很多区县城投公司开始成立，开发银行运用"市带县"模式把支持公共基础设施建设的贷款范围扩大到了县域，承诺城建贷款 241 亿元。2005 年是第三个标志年，从 2005 年开始，开发银行与湖南省各级政府合作的深度、广度和速度都有大的提升。开发银行开始利用省级平台在全省实现"县域贷款全覆盖"，当年承诺城建贷款 330 亿元。全省 14 个市州和 88 个县通过省级增信全部获得开发银行信贷资金，湖南成为开发银行系统内首个实现县域贷款全覆盖的省份。2007 年是第四个标志年，开发银行在长沙市围绕武广、南湖、滨江三大片区开发提出"长沙融资新模式"，片区开发成为一种新的城建融资模式。所以如果要观察中国城镇化投融资体制改革，湖南是一个很好的样本。

2008 年我国正面临美国次贷危机冲击，当时宏观决策层面对次贷危机的影响估计不足。具体表现就是美国次贷危机已经爆发，中国仍然在坚持严厉的紧缩政策，2007 年连续 6 次上调存贷款利率，2008 年上半年又连续 5 次上调存贷款利率和存款准备金率，直到雷曼兄弟破产倒闭之后，2008 年 9 月 25 日人民银行才启动宽松货币政策，4 个月内存款准备金又下调了 4 次、存贷款利率下调了 5 次。

在 2008 年这种宏观背景下，我们发现严厉的紧缩政策导致湖南各地城投公司，尤其是县级城投公司资金面特别紧张，甚至有可能出现资金链断裂危险，从而涌现大面积半拉子工程，这是谁也不愿看到的。"保证县域经济资金链不断也就保证了银行贷款不出现大规模违约事件"——这是我当时的一个基本信念，也是湖南分行的基本决策。为了确保这一决策实施，湖南分行将当时信贷资产质量等级最高的两笔存量贷款——30 亿元国家电网项目（信用等级 AAA）和 60 亿元的高速公路优质路段项目（信用等级 AA +）以间接银团的方式卖给商业银行换取 80 多亿元流动性，全部用来保障市县项目用款。

图 14

2009 年 3 月，开发银行与湖南省在北京签订《扩内需 促增长开发性金融合作协议》。

湖南的融资平台安然度过了这次危机，但我对比了上海市城投和久事两家政府平台的运作情况，隐隐感觉到湖南省的政府平台融资模式存在很多问题。一是部分城投公司实力较弱，难以匹配地方发展任务。市县融资平台资产规模普遍偏小，少数资产规模较大的市级平台也有资产负债率偏高、经营性资产比例偏低、业务领域单一、盈利能力不足、再融资能力有限等问题。二是很多城投公司职能定位不清晰，法人治理结构不健全；资源分散，资源配置效率低；管理行政分化明显，缺乏整合；多头举债，超水平负债；盲从政府指令，投融资综合效率较低等。三是内部管理制度不完善，缺乏稳定现金流。平台贷款项目"借、用、还"脱节，部分项目抵（质）押专户及偿债资金账户管理执行不到位，部分平台现金流来源不通畅，自身经营收入、土地出让收入、财政补贴等现金流缺乏有效的归集机制。2008 年，按照开发银行融资平台"四项建设"要求（治理结构建设、法人建设、现金流建设和信用建设），当时湖南 14 个市州融资平台达标的只有 2 家，122 个区县级城投公司达标的只有 13 家，整体达标率仅 11%。

之所以出现上述问题，除了城投公司自身原因外，还有地方政府方面的原因。

一是很多地方政府对城投公司发展不够重视，定位不清，资产不实，还本付息机制不扎实；二是部分城投公司与政府的契约关系不清晰，没有足够的抗风险保障，变成了政府的"钱袋子"；三是一些城投公司在资源整合中的作用不足，缺乏协调能力。

针对上述问题，当时我们认为政府投融资平台的发展需要远期目标和近期目标相结合，融资体制和还款机制相结合，充分发挥地域特色，打造成远期强健有力、近期经营健康的市场化主体。为了推动融资平台的发展，2009年1月15日，我提议并由开发银行牵头举办了全省政府及城投公司融资工作座谈会，得到了开发银行总行和湖南省政府的积极响应和大力支持。会上我代表开发银行湖南分行作了主题为《开创开发银行与湖南地方政府合作的新局面》的报告，全面回顾了开发银行与湖南省各地政府的银政合作，对取得的成绩进行了总结，对存在的问题进行了分析，也对开发银行后续工作的支持重点进行了宣介。围绕融资平台建设，我提了两个方面建议：

首先，从长远来看，建议政府整合资源，打造强有力的投融资平台。健全的、强有力的投融资平台至少要具备五个条件：一是政府主导；二是具备市场化的主体地位，实行市场化融资；三是实现短期经济效益和长期社会效益的结合；四是能够集中财力办大事；五是实现可持续发展。对当时的政府融资平台来说，第五点最关键。要在完善政府对平台"输血"机制的同时，不断强化平台自身的"造血"功能，并逐步摆脱对政府资源和财政补贴偿债的依赖，具备市场化运作的资本和信用，形成可持续投融资能力。地方政府可以根据自身特点对各自控制的城市基础设施资产、公用事业资产、市属国有企业资产、地方金融企业资产、财政资金、国债、国有土地、矿产、水利资源和出让资源的收益、税费返还等资源进行整合，通过融资平台有效运营，提高资源配置效率。可以根据经济资源的特点、类别和分工，采取组建专业化运作的城投集团模式，或者采取组建综合性运作的公司模式，又或者采取参股、控股上市公司，组建参股、控股式城投模式。各种模式各有优点，而目的都是提高平台的资本聚集和转化能力。甚至可以跳出行政区域限制，组建跨区域大投融资平台，加大资金的涡流效应。

其次，从短期来看，要加强现金流建设，夯实融资平台造血功能，降低财务风险。需要重点研究几个问题：一是加强平台达标建设，实现治理结构建设、法人建设、现金流建设和信用建设的基本完善。二是进一步理顺平台的"借、用、还"一体化机制。三是尤其要重视平台自身现金流建设。现金流建设是信用建设的结果，是法人治理结构建设的基础，现金流建设在平台建设中具有非常重要的意义，是平台做大做实的出发点和落脚点。四是根据"政府回购协议"落实贷款还本付息具体来源，将不能落实的纳入财政预算，建立偿债准备金和风险准备金制度。平台建设不仅仅是开发银行控制风险的需要，也是政府融资平台发展的需要。开发银行贷款的原则是"既要支持经济建设，又要防范金融风险"，而政府融资平台的原则也需要包涵"既要支持经济建设，又要强化自身建设，还要防范金融风险"的内容。

这个会议当时得到了地方政府的积极呼应，大家对刚刚过去的紧缩还心有余悸，同时认为夯实地方政府融资平台、健全地方投融资体制迫在眉睫。回头来看这些建议，虽然已经过去了 9 年，但大部分建议还有一定的现实意义。

2009 年 3 月 18 日，人民银行和银监会联合发布《关于进一步加强信贷结构调整促进国民经济平稳较快发展的指导意见》（即银发〔2009〕92 号文），文件指出"支持有条件的地方政府组建投融资平台，发行企业债、中期票据等融资工具，拓宽中央政府投资项目的配套资金融资渠道"，各家商业银行也开始大量向地方融资平台提供贷款。银发〔2009〕92 号文最大的作用就是使得全国各级政府融资平台快速搭建，我国政府融资平台从 2008 年末的 3000 多家快速增加到 2009 年末的 8000 多家，一年间增加 1.66 倍。到 2017 年 6 月末增加到 1.17 万家（银监会小口径）。按照楼继伟 2015 年在博鳌亚洲论坛《市政债：化解地方政府债务风险的最优选择》分论坛上的发言，中国地方融资平台大致有 10 万家。商业银行、信托、券商等各类金融机构也都对平台融资蜂拥而上，融资平台贷款飞速扩张，金融乱象不一而足。2008 年末融资平台贷款余额仅为 1.7 万亿元，2009 年蹿升至 7.38 万亿元，到了 2010 年末则高达 9.09 万亿元。开发银行相对谨慎的信贷政策对地方政府平台融资失去了约束力。

融资平台数量增加至原来的 30 倍，意味着一个区域的资源要被摊薄到原来的三十分之一来支持融资平台，那么融资平台做实的难度可想而知。2010 年 6 月，国务院出台了《关于加强地方政府融资平台公司管理有关问题的通知》，从此开始了中央与地方、金融与监管、清理与新增、规范与突破等各种角力，政府融资平台的发展进入一个博弈时代。

中国特色社会主义市场经济是建立在计划经济转型的基础上，相对来说市场化主体是比较缺乏的，培育市场主体恰恰是市场建设的重要内容，而融资平台的泛滥总体来说是对市场主体发育不利的，带来的更多的是政府融资冲动和各种形态的低效建设。林毅夫等经济学家曾分析，从数据来看，在上世纪 90 年代晚期，我国 1 元人民币的投资可以带来大约 0.4 元到 0.5 元的新增 GDP，而 2016 年 1 元投资只能带来 0.07 元的新增 GDP。这就是我对十九大报告中提出的"发挥投资对优化供给结构的关键性作用"感触颇深的原因。

平台市场化转型：任重道远

自 2010 年 6 月国发 19 号文到 2014 年国发 43 号文，2015 年国办发 40 号、42 号文，2016 年中发 18 号文，国家先后出台多个针对性较强的文件，对融资平台发展提出要求。尤其是 2014 年 9 月国务院《关于加强地方政府性债务管理的意见》（国发〔2014〕43 号）发布，明确"剥离融资平台公司政府融资职能"的意见，2014 年 10 月国务院《关于深化预算管理制度改革的决定》（国发〔2014〕45 号）发布，2015 年新预算法施行，中央实行"开前门、堵后门"的方式，赋予地方政府举债权利。2016 年 7 月中共中央、国务院发布《关于深化投融资体制改革的意见》，明确强调"加快地方政府融资平台的市场化转型"。

从制度要求上看，政府融资平台面前的选择只有两项，要么市场化转型要么关停。从国家整体财政金融状态来看，按照 2016 年 12 月的央行资产负债表，截至 2016 年年底，中国总债务 244 万亿元人民币（不含外债），外债规模估计在 1.5 万亿美元，中国合计的债务大概是 255 万亿人民币。根据国家统计局数据，2016 年我国 GDP 为 74.4 万亿，除去金融的实体总负债率超过 250%，而 BIS 国际清算银行的统计口径显示 2015 年中国的非金融行业负债率已经近 260%，全球大投行和评级机构估算 2016 年中国的负债率在 280%—300% 之间。我国已经成为一个金融高杠杆的国家，习近平总书记在全国金融工作会议上强调"严控地方政府债务增量，终身问责，倒查责任"，大量融资平台无序融资的局面不允许再度出现。

为了发挥"融资＋融智"合力，推动湖南政府融资平台转型发展，从 2009 年起我们连续 7 年举办了全省融资平台转型大会，开展了大量的融资平台转型研究和试点工作。2008 年时任湖南省委书记张春贤同志交代我，要借鉴上海的先进经验，为湖南更好地融资和发展当好参谋。我在开发银行湖南分行成立了一个湖南融资问题研究小组，先后奔赴上海、广西、重庆等地调研省级平台建设，后来形成了《关于解决湖南重点融资问题的建议》，获张春贤同志的肯定批示，并推动了湖南省发展集团、湖南开元发展基金的成立。湖南发展集团目前已经成长为下辖上市公司的市场化企业集团，对湖南省交通强省、脱贫攻坚等重大战略投融资发挥了关键性作用。2008 年结合湖南实际情况，我们研究制定了《湖南政府融资平台建设达标管理办法》，获得开发银行总行创新成果一等奖。2009 年我们起草了《湖南省政府融资平台调研报告》，时任省委书记周强同志批示为"湖南政府融资平台改革的重要依据"。2011 年我们的研究成果"创新平台发展路径，打造新型融资模式，支持湖南县域经济发展"获开发银行总行创新成果三等奖；2012 年在全省融资平台转型座谈会上我们推出了《建设市场化投融资主体、推动融资平台转型发展方案》，时任开发银行董事长陈元同志高度重视，指示开发银行总行相关部门来湘调研，推动融资平台转型试点。2013年3月"两会"期间，我向全国人大提交了《关于强化政府融资平台作用　加快新型城镇化战略实施的建议》，受到财政部的积极回应，建立地方政府信用评级制度和风险预警机制等建议被财政部纳入后续地方政府债务管理相关政策。2014年针对国发43号文出台后市场上一片迷茫，我们研究起草了《地方政府融资平台转型路径设计》和《政府融资平台转型政策与解读》，在2015年全省政府融资平台转型大会上推出后，在各市县产生很大反响，开发银行总行党委也授予了创新成果奖。

A

中华人民共和国财政部

财预函〔2013〕83号　　　　　　　　签发人：张少春

财政部对十二届全国人大一次会议
第4299号建议的答复

王学东等10位代表：

　　你们提出的关于强化政府融资平台作用，加快新型城镇化战略实施的建议，全国人大常委会办公厅转交我部会同银监会和人民银行办理。我们在认真研究、反复协商的基础上，拟定了初步答复意见，并征求了你们的意见。根据你们的反馈意见，现正式答复如下：

　　一、关于强化政府融资平台公司的融资职能

　　目前对融资平台公司融资管理已经有一套较为完整的制度安排。2010年6月，国务院印发了《国务院关于加强地方政府融资平台公司管理有关问题的通知》（国发〔2010〕19号，以下简称"国发19号文件"），对融资平台公司融资职能进行了明确。根据文件精神，基础教育、公共卫生等没有经营收益的纯公益性项目，应

▌图15

2013年我向全国人大提交的《关于强化政府融资平台作用，加快新型城镇化战略实施的建议》得到了财政部积极回应。

　　对于融资平台市场化转型的方向，我们提出了建议：一是功能上从政府融资平台向城市运营主体和战略性新兴产业培育主体转变，二是信用基础上从依托政府信用向依托企业信用转变，三是经营理念上从"背靠政府、面向市场"向"背靠政府资源、面向市场经营"转变，四是投资标准上以承接政府公益性项目为主向承接市场性经营性项目为主转变，五是管理模式上从行政模式向现代企业制度转变，六是企业性质上从国有独资企业向混合所有制企业转变，七是目标任务上从"完成政府交办任务"向"兼顾功能承接和有所回报"转变，八是政府对融资平台的控制从"管资产、管帽子"向"管资本、管绩效"转变。

　　在融资平台市场化转型的操作方式上，我们总结了"445444"：一是摸清政策、资产、债务、资金四个底数，二是开展战略定位、发展路径、业务布局、竞争策略四项分析，三是激发政策资源、行政资源、市场资源、金融资源、内部资源五种资源活力，四是从法人治理、集团管控、组织结构、内部运营四个层次完善现代企业制度，五是从法律身份、组织身份、市场身份、企业身份四个方面去塑造融资平台

的企业人格和社会地位，六是从债务中心、利润中心、营销中心、保障中心四个板块去布局融资平台的组织架构。多年来，经过各方的不懈努力，以长沙先导投、株洲城发等为代表的一批湖南地方政府融资平台已经迈出了市场化转型的坚实步伐，围绕土地开发、园区运营、路桥、健康、水务、环境等城市经营领域形成了专业化的运营能力和分业经营的集团架构，基本具备了市场化的自身造血能力。

地方政府融资平台顺应市场而生，是处于建设期经济的国家完善基础设施的重要投融资载体，其改革和转型是一个长期的过程，在其运行过程中也推动着国家投融资体制和法制的完善。以日本为例，日本政府在上世纪五六十年代成立了道路公团、铁道公团、住宅公团等，日本所称的"公团"与我国政府融资平台类似，是一个具有独立地位的特殊法人，其主要领导一般由在政府部门中有一定地位的人担任，它在发展方向上听从政府的意见，而在具体建设经营方面拥有很大的自主权。以日本道路建设为例，日本政府相继成立日本道路公团（1956 年）、首都高速道路公团（1959 年）、阪神高速道路公团（1962 年）以及本州四国联络桥公团（1970年）四家特殊法人，负责国家和城市高速公路网建设和运营，2005 年 10 月 1 日日本道路公团分割民营化，公团解散。1964 年 3 月日本铁道公团成立，2003 年 10 月1 日与运输施设整备事业团整合成铁道建设—运输施设整备支援机构（JRTT）。从日本公团的发展历程来看，公团或城投的发展将会经历三个阶段：基本建设阶段、资产运营阶段、资本化（或民营化）阶段。我国大部分融资平台公司都还处于第一和第二阶段。日本公团给我国的启示是，立法在日本公团发展过程中扮演了重要作用。例如日本铁道建设公团，它是推进日本铁道建设的法人，《日本铁道建设公团法》规范了铁道建设主体的组成、业务、财务、监督等事项，对铁道建设公团的补助等制度也是通过法律来确定。未来法律建设也将是我国融资平台转型发展的重要方向，契约精神和法治体系能否建立是平台市场化转型能否迈开步子以及最后能否成功的关键点。

强化政府融资平台作用　加快新型城镇化战略实施

2013 年 3 月第十二届全国人大第一次会议的建议

从 1978 年的 17.92％到 2012 年的 52.57％，中国城市化率平均以每年百分之一的速度递增，快速的城镇化成为中国发展的重要标志。但目前我国的城镇化率只是达到了世界平均水平，与发达国家通常城镇化率达到 80％相比，我国城镇化水平依然滞后，未来还有 20％—30％的提升空间。十八大提出"四化并举"，"未来几十年中国最大的发展潜力在城镇化"，新型城镇化建设将带来旺盛的投资需求。假设城镇化率继续保持每年 1 个点的增长，到 2015 年，城镇化率达到 55％时产生的基建资金需求为 11.2 万亿元，到 2020 年城镇化率达到 60％时共产生的基建投资需求为 27.8 万亿元。从行业来看，目前已经有 28 座城市的轨道交通规划通过国务院审批，33 个城市完成了轨道交通规划。如果按照地铁建设每公里的造价平均 4 亿—5 亿元计算，至 2015 年，新增里程地铁需要 8000 亿—10000 亿元的资金需求；2016—2020 年，不考虑价格因素，至少有 1.37 万亿元的融资需求。从地区来看，各地地方政府新型城镇化融资需求旺盛，河南省 2011—2015 年城镇化投资需求为 1.72 万亿元；湖南省 2013—2015 年湖南省城镇化基础设施建设投资 7210 亿元，到 2020 年，城镇化基础设施融资建设需求 1.92 万亿元。其中大部分集中在城镇交通网络、产业园区、供水排水、垃圾处理、保障性住房、城镇环境整治、城镇公共服务设施等政府投资类项目领域。

为应对金融危机，2008 年以来，我国实施了适度宽松的货币政策，并推出"4 万亿"经济刺激计划，央行和银监会联合发布了《关于进一步加强信贷结构调整促进国民经济平稳较快发展的指导意见》，各家商业银行开始大量向地方融资平台提供贷款。融资平台优化配置了国有生产要素，并释放出了潜在经济能量，各地融资平台通过支持公共基础设施建设，如高速公路、城市道路、地铁、供水、环境治理，棚户区改造，产业园区等，加速推动了我国的城市化进程。但由于地方政府融资平台快速增长的负债带来了财政和金融风险隐患，2010 年国务院 19 号文下发后，各部委出台了一系列文件，加大了对政府融资平台的监管力度。在举国推动新型城镇化进程的背景下，面对旺盛的融资需求，政府融资平台的功能在逐步弱化，集中表现在：一是融资平台的"两难"身份，不能对新型城镇化建设发挥可持续的推动作用。由于监管认定标准不同，融资平台在"退出"与"不退出"之间徘徊。由于同业政策不同，融资平台在

"全覆盖"与"基本覆盖、半覆盖、无覆盖"之间挣扎。为完成政府关注的某些项目，往往需要转化身份或打造新的主体，如承担保障房任务，必须进入平台，承担标准化厂房建设，又必须退出平台。二是融资平台新增贷款投向受限，效率低下。监管部门将政府融资平台分为监管类与监测类，监管类目前仅能在收费公路、保障性住房、水利项目领域向银行融资，项目领域狭窄，且每一笔贷款需各银行总行统一授信、逐笔审批；监测类平台不得就保障性住房及其他公益性项目申请贷款，监测类平台发挥支持新型城镇化扩容提质、生态环境整治等基础设施建设的功能弱化。三是由于贷款监管风险的"降旧控新"，政府融资平台贷款规模限制较为突出。

作为我国投融资体制改革的产物，政府融资平台发挥了且还必须发挥重要的历史作用。考虑到"十二五"及将来一段时期内我国仍将处于城镇化、工业化快速发展阶段，地方政府尤其是相对落后的中西部地区仍需面对交通、环保、市政等基础设施和水利、保障性住房等民生领域的巨大投融资需求，过于限制甚至不允许对政府融资平台公司发放新的贷款，将切断新型城镇化巨大投资需求和金融巨大供给能力的纽带。目前，各级政府均希望通过强化政府融资平台的融资职能来推动新型城镇化建设，北京、湖南、河南、云南、安徽、兰州、福州等省市2013年的《政府工作报告》已陆续披露，多个省、市都提到"壮大"、"做大做强"地方投融资平台，以解决城镇化投融资难题。为突破新型城镇化建设进程中的融资瓶颈，建议：

一、顺应各地政府需求，依托已有省市县政府平台，强化政府融资平台的融资职能。借鉴国内外对政府负债的管理经验和我国地方政府实际情况，以地方政府债务控制指标为基础，建立地方政府评级制度及风险预警机制。目前，全国70%的省份已经制订了政府债务管理办法，在政府债务总体可控的情况下，建议支持地方政府给现有融资平台配置足够的经济资源并完善治理结构，促使融资平台成为资本规模大、投融资能力强，符合相关政策的独立法人，强化融资平台在新型城镇化资金需求与金融资金供给之间的桥梁作用并提高融资能力。支持金融机构通过建立和完善"以政府合作为基础，以平台建设为手段，以风险分担和补偿为保障"的运行机制，向新型城镇化基础设施提供资金支持。

二、扩大融资平台支持新型城镇化项目建设的领域。为更好地推动新型城镇化建设，建议扩大政府融资平台贷款的领域，将从银监发〔2012〕12号文规定的5类项目延伸至干线公路、农村公路、城镇片区综合开发、产业园区基础设施建设、城乡生态环境整治、特色城镇建设、水环境整合整治、城镇综合交通体系建设等领域。

三、强化监测类政府融资平台承担新型城镇化建设项目的职责，简化监管类融资平台项目评审授信流程。基础设施是城镇化建设的重要内容，也是城镇化建设的主要载体和基础。在政府债务总体可控的前提下，建议允许监测类平台承担新型城镇化建设的公共基础设施项目建设，允许政府以委托代建的方式进行回购。同时，根据项目类别和金额大小，对于承担新型城镇化公益性项目建设的监管类融资平台，允许银行总行下放部分贷款的审批权限至省级分行，以减少贷款审批的行政成本，提高银行评审效率及项目运作效率。

四、设立新型城镇化建设的专项规模并指定专门的银行实施。前几年，人民银行安排了 1100 亿元铁路专项规模给国家开发银行支持铁路建设，这种模式在新型城镇化建设中可以借鉴，建议根据年度投资计划，除年度分配给各大国有银行的规模外，人民银行每年增加 5000 亿—8000 亿元的专项规模配置给指定的金融机构，以保证新型城镇化建设的融资需求。针对新型城镇化基础设施建设资金需求量大、使用周期长、经济效益低的特点，鼓励国家开发银行发挥其融资额度大、贷款期限长等政策性优势，加大对新型城镇化建设的投入。

促进地方政府融资平台规范健康发展

2010 年 4 月 1 日发表于《人民日报》

　　为应对百年不遇的国际金融危机，2008 年底，我国适时出台了 4 万亿元一揽子经济刺激计划。为实现与中央经济刺激计划的对接和配套，许多地方政府在财力有限的情况下，利用地方政府融资平台大量增加基础设施投资。这一做法，对实现"保增长、扩内需"的战略目标发挥了重要作用，但也带来融资规模扩张太快、潜在的财政和金融风险增加以及管理不尽规范等问题。完善相关制度和管理，促进地方政府融资平台规范健康发展，是当前的一项重要任务。

　　地方政府融资平台是在我国投融资体制改革的过程中产生的，目前已成为地方政府运用市场手段建设公共基础设施的重要载体，是经济转型时期政府解决市场失灵问题的重要手段，在孵化重大项目、引导和带动社会资本参与基础设施建设、发展战略性新兴产业、破解社会民生瓶颈问题等方面发挥着重要作用。地方政府融资平台的职能一般包括融资、投资、建设、经营和管理，它们构建了一个较为完整的"投融资的市场"和"建设的市场（如招投标机制、施工监理机制）"，有利于实现建设、经营和管理（项目和资产）的市场化。长期以来，我国积累了规模巨大的政府经济资源存量，通过搭建市场化的投融资平台，推动这些生产要素进行市场化资本运作，可以创造新的财富，实现物尽其用、财尽其力。

　　2009 年，地方政府融资平台在贯彻中央一揽子经济刺激计划方面发挥了重要作用，但快速增长的高额负债也带来潜在的财政和金融风险。这是因为，绝大多数地方政府融资平台承担的是政府公益性项目，项目自身没有收益或收益不足以还贷，融资平台的债务必须由政府安排资金偿还。风险的关键点在于：一是地方政府是否负债过度；二是地方政府是否给平台配置了足够的经济资源，设计的治理结构是否符合市场化要求，有没有实现平台自我造血功能，逐步减轻其对财政还款的依赖。针对这种情况，应通过加强制度建设和深化改革来化解潜在风险，促进地方政府融资平台规范健康发展。

　　建立符合国际规范和我国国情的地方政府负债管理预警机制，设置恰当的警戒线。建立地方政府负债管理预警机制，要充分考虑我国的特殊国情以及各地的实际情况，在警戒线的设置上要有科学依据和稳固基础，综合考虑地方财政、国有资产、地区储蓄等因素，实现对地方政府负债总量适度规模的科学把握。

加强对地方政府融资平台的管理和地方政府债务的监督。一方面，加强对地方政府融资平台的监管，对平台债务实施动态监控，将监控信息向银行和公众公开，接受社会监督，并作为金融机构融资的决策依据。另一方面，引导地方政府加强对自身总体负债风险的监控，做到量入为出、科学规划，坚决杜绝滥设平台、多头举债、多边抵押的问题，自觉接受人大监督。

整合地方政府经济资源，推动融资平台做实做强。将分散的地方政府经济资源进行分类集中，构建或改造成布局合理、功能齐全、运营规范、拥有较好经济效益、具备长远发展能力的地方政府融资平台。平台承接各级地方政府掌握的存量资产，统一归拢以往分散到各个具体项目的专项资金，把沉淀的资产、分散的资金聚集成为平台的资本和融资信用，从而形成具有稳定现金流入预期的优质项目。只有这样，才能用市场化手段融入更多的资金，更好地实现政府投资的政策意图和战略目标。

金融机构应增强风险控制意识，加强自律，避免无序竞争。各金融机构应加大对地方政府融资平台偿债能力的监控，建立对地方政府负债的科学监测体系，确保债务规模不超出风险边界、债务期限结构整体合理。金融监管部门应制定针对地方政府债务风险边界的管理办法，建立统一的执行标准，避免银行之间无序竞争，确保风险可控。

要历史和现实地看待政府融资平台的发展

2010 年 3 月发表于中央党校《理论动态》第 8 期

　　2009 年我国信贷投放呈爆炸式增长，全国新增贷款达到 9.59 万亿元人民币，贷款规模激增倍受关注，已承接了 40% 以上新增贷款的政府融资平台更是成为关注焦点。地方政府债务的急剧上涨造成社会对财政和金融风险的担忧，也加大了中央政府对地方政府债务风险的关注。

　　为应对百年不遇的国际金融危机，去年西方主要国家政府均采取扩大财政赤字策略，增加政府支出以阻止经济的大幅下滑。20 国集团成员国整体债务增加 40%。我国适时出台"四万亿"经济刺激计划，2009 年中央财政赤字达 7500 亿元。各地方政府为实现与中央经济刺激计划的对接和配套，大量增加基础设施投资，在当前地方政府财力有限的情况下，依靠负债是必然选择。受金融危机冲击，我国对外出口大幅下滑，企业产能过剩成为普遍难题，而与一般产品供给迥然不同的却是我国公共品和准公共品供给的明显不足，公共品的较大需求给地方政府提供了投资空间，这在中西部地区尤为明显。竞争性行业产品向商品转化难度的增加降低了市场信用，社会资金在市场信用下滑的情形下转而依托政府信用实现优化配置，这符合市场经济的一般规律。地方政府要扩大投资，在既不能直接向银行负债，又不能大规模发行政府债券的情况下，利用现有政府融资平台或者成立新的政府融资平台承接贷款或者发行企业债就成为现实选择。根据去年 3 月央行和银监会联合发布的《关于进一步加强信贷结构调整促进国民经济平稳较快发展的指导意见》，各家商业银行开始大量向地方政府融资平台提供贷款。可以说，在应对国际金融危机的特定时期，融资平台实现了最大程度的资产形成规模和循环产出效果，为落实"保增长、扩内需"的战略目标发挥了特殊作用。

　　目前，政府融资平台能够成为地方政府巨量债务的承接者，这也是与我国过去 20 年政府投融资体制改革分不开的。1988 年，国务院发布了《关于投资管理体制的近期改革方案》，政府投融资体系由单一的中央投资模式向中央与地方共同投资的模式转变，中央成立了专业投资公司，各省、自治区、直辖市和计划单列市相继成立了地方政府类投资公司。1994 年分税制改革后，随着地方财政支出的不断增加，用于地方建设的资金越显乏力。为突破资金瓶颈和法律障碍，各地政府开始建立了一系列专业投融资公司或事业单位承担能源、交通、市政、环境等公共基础设施的融资、投资、建设、经营、管理等任务，并承接银行或信托资金，成为地方政府获取资金的主要融资平台。2004年国务院发布了《关于投资体制改革的决定》，在合理界定政府投资职能、拓宽项目融资渠道、健全投资宏观调控体系方面作出了开放性规定，各地地方政府投融资平台得到长足发展。政府融资平台从中央到县级不断扩展，拥有独立财权的各级政府大多建立了融资平台。在政府融资平台实现自上而下的扩展过程中，也在地域上形成了从东到西，有弱有强，有成熟或不成熟的不平衡发展梯队。北京、上海等投融资较发达地区的政府融资平台很多已经逐步从政府主导迈向市场主导的轨道，由政府融资平台渐渐演变为市场化的法人主体，其组织形式也由政府全资公司慢慢演变为战略控股或者金融控股集团，融资渠道也不再限于银行类金融机构，可以依靠资本市场融资，其在资金市场中的地位也由弱势方转变为强势方，经营视角从区域性逐渐扩展到全国性。这种不平衡性、梯队性和阶段性正说明政府融资平台的发展是能够随着当地经济状况的发展而自我完善的。这种自我完善的需求和历程也是市场体制建设不断进步的过程。

作为我国投融资体制改革的产物，政府融资平台发挥了重要的历史作用。首先，各地融资平台通过公共基础设施建设推动了我国城市化进程，如支持高速公路建设、城市基础设施，包括城市道路、地铁、供水、环境治理，棚户区改造，地方开发区等。其次，融资平台的发展符合市场经济的规律，即运用市场化的方法实现政府的目的，而不是计划经济下的非市场行为。从市场化角度看，融资平台作为市场主体，它的债务性融资体现了竞争、效率和制衡等市场化特征，如果由政府直接拨款进行公共基础设施的投资和建设，则无论资金来源是财政直接预算资金还是债务性资金，在资金效率和建设成本上都无法体现出市场化融资的巨大优势。融资平台职能一般包括融资、投资、建设、经营和管理，这些功能对有些平台是综合的，有些平台则是分开的。但它们整体上构建了一个较为完善的"投融资的市场"和"建设的市场（如招投标机制、施工监理机制）"，并进而实现了建设、经营和管理（项目和资产）的市场化，既实现了政企分开，又贯彻了政府意志。第三，融资平台的产生和发展是优化配置国有生产要素和释放潜在经济能量的必然要求。长期以来，我国积累了规模巨大的政府经济资源存量，这是我国经济社会发展能够而且应该用好的宝贵财富。为了改变目前国有资源分散、资本缺位、信用不足、总体使用效率较低的状况，我们对各级政府掌握的经济资源进行有效整合运作，搭建市场化的投融资平台，组织和推动这些生产要素进行市场化资本运作，催生新的经济价值和创造新的财富，可以实现资尽其用，财尽其力。第四，从融资角度看，银行等金融机构以及社会资本为了资金安全，对融资平台的运行要进行监督，正是这种联合监督机制的不断发展形成了由政府、平台、资金中介、资金供给方和社会公众组成的市场融资运行机制。而且，在资金融通市场上融资平台要寻求更便宜、更稳定，更长远的资金来源，就必须加强自身信用建设，按照现代企业制度不断完善，做实做强。金融机构为提高资产质量，将金融产品营销给发展得更健康的融资主体，也需要竞相提供优质服务，这就推动信贷市场、债券市场和股权市场的发展。这些都推动了我国市场经济体制改革的不断完善和深化。

去年，地方政府融资平台快速增长的高额负债虽然为我国扩内需、保增长发挥了重要作用，但确实也带来了潜在的财政和金融风险。因为，绝大多数地方政府融资平台承担的是政府公益性项目，项目自身没有收益或收益不足以还贷，融资平台的债务必须由政府安排资金偿还。风险的关键点在于：一是地方政府是否负债过度，也即地方政府是否具有足够的偿债能力和长久信用；二是政府是否给平台公司配置了足够的经济资源，设计的治理结构符不符合市场化要求，有没有实现平台自我造血功能，逐步减轻其对财政还款的依赖。要妥善解决这个问题，既不能操之过急，也不能无所作为，应以发展的眼光加以看待和应对，通过一系列有效的制度建设和改革来化解潜在风险。

首先，中央应统一建立符合国际规范和中国国情的地方政府负债管理预警机制，设置恰当的警戒线。融资平台在我国当前经济体制下已不可或缺，不能贸然限制其发展，而是要规范并促进其发展。要促进其发展就要从加强地方负债管理入手，先行有效控制增量债务风险，保障项目质量，而后有步骤、有策略地化解存量债务风险。当前，社会大众担忧出现财政和金融风险问题，正是因为我国尚缺乏足够公开、透明、有效的地方政府负债规模管理体系和预警机制。融资平台作为投融资市场制度设计的一个要素，实践证明是有效率的，眼下更急切的是要加快完善配套机制。迪拜和希腊等国的债务危机事件给我们一个很重要的启示，就是中国迫切需要建立一个类似欧洲货币联盟的负债警戒线。但是，我国地方负债警戒线的设置要充分考虑中国特殊国情以及各地的实际情况，在警戒线的设置上要有科学依据和稳固基础，综合考虑地方财政、国有资产、地区储蓄等因素，实现对地方政府负债总量适度规模的科学把握。

其次，加强对地方政府的债务的监督和地方政府融资平台的管理。一方面，政府要加强对地方融资平台的监管，对平台债务动态监控，并将监控信息向银行和社会公众公开，一来可以接受公众监督，二来可以作为金融机构融资的决策依据，避免信息不对称带来的风险暴露；另一方面，政府也要加强自身总体负债风险的监控，量入为出，科学规划，坚决杜绝滥设平台、多头举债、多边抵押的问题，接受人大的监督。

第三，整合运作政府经济资源，推动融资平台做实做强。将分散的政府经济资源进行分类集中，构建或改造布局合理、功能齐全、运营规范、拥有较好经济效益、具备长远发展能力的政府投融资平台。平台承接各级政府掌握的存量资产、统一归拢政府以往分散到各个具体项目的专项资金，让沉淀的资产、分散的资金形成平台公司资本和融资信用，从而构建具有稳定现金流入预期的优质项目，才能用市场化手段融入更多的资金，更好地实现政府投资的政策意图和战略目标。

第四，金融机构要加强风险控制意识，保持自律，避免无序竞争。各家金融机构要加大对融资平台偿债能力的监控，建立对地方政府负债的科学监测体系，确保债务规模不超出风险边界、债务期限结构整体合理。金融监管部门应制定针对地方政府债务风险边界的管理办法，建立统一的执行标准，避免银行无序竞争，确保风险可控。

以历史唯物辩证观来看待事物是马克思主义所倡导的基本方法。地方政府融资平台作为我国投融资体制改革的产物，是 20 年来我国城市化快速发展的重要力量，已经成为政府市场化建设公共基础设施的重要载体。它的存在也是我国转型经济时期，政府弥补市场经济制度缺陷和解决市场失灵问题的重要手段，在孵化重大项目，引导和带动社会资本参与基础设施建设、战略新兴产业发展，破解社会民生瓶颈等方面还将会发挥更大的作用。事实证明，我国之所以能够克服国际金融危机的冲击，率先走出低谷，其中地方政府运用"有形之手"借助投融资平台承担了中央一揽子经济刺激计划的主要任务，功不可没。我们做到了西方发达资本主义国家不可能做到的事，这充分体现了中国特色社会主义的巨大优势。

推动融资平台清理规范　加强平台自营能力建设

2011 年 4 月 26 日湖南省融资平台规范与发展工作会议报告

一、湖南省融资平台为我省经济社会发展作出了突出贡献

根据省银监局的统计，我省目前各类融资平台公司共计 493 个，贷款余额约为 2200 亿元，省级平台 10 个、占比 2%，市级 127 个、占比 26%，县级 356 个、占比 72%；其中，开行湖南分行共有融资平台客户 133 个，涉及贷款余额 831.5 亿元，一季度新增 25.6 亿元。其中：省级平台 5 个，贷款余额 212.4 亿元；地市级平台 24 个，贷款余额 412.1 亿元；县级平台 104 个，贷款余额 207.1 亿元。过去十多年，开发银行通过"治理结构建设、法人建设、现金流建设和信用建设"四项建设，成功支持培育了一批融资平台，弥补了我省金融市场、信用、制度的空缺，对当地经济社会又好又快地发展起到一定的促进作用。

（一）推动了湖南城镇化进程，提升了城市发展水平。20 世纪 90 年代末，各级政府开始组建投融资平台承接银行贷款，支持各地政府重大项目，将大量资金注入基础设施及关系国计民生急需的关键领域，包括城市土地开发、城市道路、开发区基础设施、城市污水、自来水、卫生、教育等领域，形成了融资平台支持地方经济平稳较快发展的鲜明特色。"十一五"期间政府投融资平台更是得到快速发展，极大地推动了城镇化进程，各市县城区面积不断扩大，湖南省城镇化率年均提高 1.48 个百分点，高于同期全国平均增长速度，城镇化水平与全国的差距不断缩小。全省 122 个市、县、区均承接了开行城建贷款，城建贷款达到 700 多亿元。据社科院研究表明，开行贷款对湖南城镇化进程的贡献程度，从"十五"时期的 49%，提高到"十一五"期间的 54%，累计加速城镇化进程 7—9 年。

（二）实现多渠道的融资，推动了资本市场的发展。1. 通过开行领先一步的融资支持和平台建设的逐步完善，吸收了大量商业银行的资金投入，特别是为应对金融危机，国家启动了 4 万亿投资计划，商业银行给政府融资平台提供了大量信贷支持，开拓扩大了融资平台的银行融资主渠道。2. 通过引入民间投资、BT、BOT、信托、融资租赁等方式实现融资多元化，广开融资渠道，解决了项目建设资金来源单一的问题，实现了融资体制的创新。3. 通过债券、票据等融资工具实现了资本市场直接融资。到目前为止，怀化、岳阳、益阳、株洲、衡阳、郴州、娄底等政府融资平台相继发债成

功，有力推动了融资平台的多元化融资进程。还有部分平台通过上市实现了融资。

（三）盘活、整合政府资产和资源，推动项目融资和建设的市场化运作。通过多年来持续推动融资平台建设工作，各级政府在不断盘活、整合国有资产，将建设性财政资金、土地、特许经营权、收费权、国有股权、资产转让收益等政府的经济资源整合到融资平台中，明确权属关系，形成公司的资产和现金流，增强公司的信用等级，为项目融资的市场化运作创造了条件。有相当部分市级城投公司已经积聚了较多的政府资源：怀化市城投公司目前已累计储备土地 25343 亩，总出让 7937 亩，银行及债券抵押 11693 亩。常德市城投公司 2010 年末资产规模达 220 亿元，其中土地资产 37.7 亿元，面积 4036 亩，公司尚有评估价值达 38 亿元的 2 万亩林权林地资产。邵阳市城投集团 2010 年营业收入 5.6 亿元，利润总额 2.4 亿元，经营性现金流 2.7 亿元。部分县级城投公司也逐渐做实、做强，实现了"背靠政府，盘活存量，面向市场，滚动开发"的运作原则，在完善政府对城投公司"输血"机制的同时，不断强化城投公司自身的"造血"功能，并逐步摆脱对政府资源和财政资金的依赖，具备市场化运作的资本和信用，形成可持续投融资能力。

（四）推动了地方经济的快速发展。在融资平台的推动下，湖南地方经济发展迅速。以岳阳为例，2002 年到 2010 年，岳阳 GDP 从 394 亿元增长到 1424 亿元，财政收入从 17.3 亿元增长到 47.9 亿元，城区土地价格从平均 11 万/亩增长到 361 万元/亩。益阳社会经济也发生了巨大变化。城市面积由 19 平方公里拓展到 52 平方公里；城市人口由 25 万人增加到 51 万人。GDP 由 2002 年的 209.9 亿元增长到 2010 年的 598.73 亿元，财政收入由 6.8 亿元增长到 45.2 亿元。通过开行与地方政府开展开发性金融合作，把政府的组织协调优势和开行的融资优势相结合，以融资推动实现政府的发展战略，改善投资环境，促进项目建设和市场建设的双成功，从而加速经济增长，促进地方税收和财政的增长，维护了财政的健康安全，实现了开发性金融理论提出的促进健康财政和健康金融的良性互动。省委书记周强曾指出，"开行长期以来的支持，对湖南的经济社会发展作用非常大，对基础设施建设、县域经济发展、新型产业的发展，也就是工业发展、城镇化的发展，都有很大的帮助"。由于创建了多元化的合作模式，开行在推动湖南经济建设快速发展和新型城市化不断前进的同时，自身规模也快速成长，开行的公共基础设施贷款余额从 2000 年期初的 3.3 亿元增长到目前的 831 亿元，增长了 250 倍，同期它在开行信贷资产中的占比也从 3% 增长到 50%。而开行信贷资产总量同期也从 103 亿元增加到 1661 亿元，增长了 16 倍；人员从 74 名正式员工增长到 174 名。效益方面，年内累积税前利润从 2000 年年末的 1.1 亿元增长到去年的 27.6 亿元，增长了 25 倍，同期人均利润从 146 万元增长到 1600 万元，增长了 11 倍；当前不良贷款率 0.01%，连续 9 年保持在 1% 以内。

二、融资平台清理规范取得的初步成效

从 2009 年 12 月银监会下发平台清理规范的通知以来，开行湖南省分行围绕 2010

年国发 19 号文和四部委文件精神，按照银监办发〔2010〕244 号以及湘银监办〔2010〕170 号文件的"六步走"工作要求，对融资平台相关贷款完成了数据分解、四方对账、分析定性和汇总报表四步工作。通过测算平台客户自身现金流对其债务的覆盖情况，完成了对平台贷款的四类风险定性认定。在此基础上，按照政策要求依据自身现金流对债务的覆盖情况，将平台分为"整改公司类贷款、保全分离为公司类贷款、清理回收和仍按平台贷款处理"四类，完善了平台贷款分类管理机制。依照银监会 309 号文件的要求，开行制定并落实了统一会谈实施方案。与此同时，地方政府按照财政部的相关要求，在清理核实平台公司债务的基础上，妥善处理了部分平台公司承担融资的在建项目后续资金，明确了存量贷款的偿还责任、还贷资产以及现金流来源。

随着平台清理规范工作深入展开，各级地方政府及平台公司，更进一步认识和理解开行以"法人建设、治理结构建设、现金流建设、信用建设"四项内容为核心，以平台达标管理为手段的平台建设工作的意义。通过积极响应开行这项工作，地方政府及平台体会到开行的平台工作对加强地方政府债务风险管理，规范融资平台经营，进一步防范平台贷款的风险，起到了积极作用。

（一）坚持做实做强、走市场化道路。融资平台自清理和规范以来，平台公司自身实力已大幅度增强，许多融资平台已经转变观念，正逐步由融资平台，转型为符合现代企业制度要求，自主经营、自负盈亏的一般公司。在平台清理规范中，地方政府及平台公司积极响应开行推动平台的"四项建设"等工作，做实做强平台公司。首先是不断完善法人治理结构，符合现代企业制度要求；其次是注入土地、房产等各项经营性资产；再次是科学管理、有效经营，实现现金流不断增加；最后是合理负债，强化信用建设，完善贷款的抵质押担保，使平台融资和还款能力以及资产质量不断提高。如开行湖南分行融资平台贷款落实的抵质押物可从一个侧面来反映。日前，分行平台类贷款共有抵质押物 1031 个，总评估值约 2209 亿元。其中抵押土地共计 8 万余亩，80％的平台足以覆盖到期本息。如岳阳市城投共抵押土地价值 27 亿元，其中去年增加抵押土地价值 19 亿元；邵阳市共抵押土地 2620 亩，抵押物价值 15 亿元，去年一年增加抵押 1070 亩，价值 8.5 亿元。

（二）通过机制和制度建设，实现平台对土地资源的运作。一方面表现为对土地一级开发权的垄断。政府授予融资平台对当地土地一级市场的特许经营权，垄断土地一级开发。采取一个口子进一个口子出，由融资平台负责全市（县）所有土地的收储，并由其负责储备土地的经营，土地出让收入扣除必要的税费外，全额返还融资平台。另一方面表现为土地资产的注入，平台通过划拨、出让等方式从政府手中取得土地，作为平台公司的无形资产，计入会计报表。平台公司通过土地深度开发经营，实现公司价值。如益阳市本级融资平台规划先行，制定"以城市有效经营资源为基础，以土地经营开发为核心，以做大做强城投公司为目标"的发展策略，在资源集聚、融资模式、管理模式等方面不断创新，以不断增加土地储备为公司发展的主线，通过城投公司与储备中心合署办公，在不违反土地储备法规的前提下，达到了公司储备土地的目的，做到"一个池子蓄水，一个口子出水"，益阳市城投公司目前已拥有办证土地10390亩（其中经营性用地5554.75亩），新增经营性土地3000亩，近期目标是掌控的经营性土地达到8500多亩；加上益宁城际干道规划控地8700多亩（其中经营性用地5000亩），远期目标是控制经营性土地总量达13000多亩。这些土地资源为益阳市城市建设和城投公司的可持续发展奠定了坚实的基础。在目前融资平台清理的困境中，走出了一条能够规划运用土地收益、城市经营资源收入实现自身可持续发展的道路。

（三）市县政府对融资平台的管理机制进一步理顺，融资平台内部管理机制逐步健全。首先体现在决策机制的理顺，大部分地方政府均设立了由财政、发改、国土、建设等各部门人员组成平台经营管理委员会，对重大事项进行独立决策。如浏阳市政府成立了开发性金融领导小组和三个管理委员会，即土地经营管理委员会、重点工程建设管理委员会和债务管理委员会，按照科学、制度化的程序对城建资金管理、土地经营、政府债务管理等重大事项进行决策。其次是健全内部管理机制，公司通过制定财务管理制度、工程建设制度、员工激励和约束机制，确保项目质量和项目进度，合理控制各项财务指标，保证了项目资金的科学管理和合理使用。

（四）融资平台以自身收益覆盖公益项目。政府融资平台清理规范以来，一些融资平台把经营重点转向自身有现金流的项目。当平台公司自身现金流充沛，可以覆盖公益性项目建设债务偿还时，可直接承借；或者平台公司通过政府经营性资产注入、资本金充实、特许经营权授予等方式获得经营性资产，依靠有效经营产生自身现金流，实现公益项目融资需求。

市级平台如长沙市委市政府提出以"大平台、大集团、大服务"为方向，集中优质资源，将长沙城投整合重组为"城投集团"，寻求新的投融资模式，积极拓展公司业务，认真做好项目前期测算，实现一项目一平衡或一片区一平衡。

县级平台如浏阳市城建集团主要负责对城市经营性项目进行开发建设，并确定一个中介机构对项目的成本进行核算，坚持效益优先原则。对于项目资金流入现值等于或大于项目现金流出现值的经营性项目，投资可以回收并获得预期收益，其自身现金流可以承担还款的，不配置相应的资源；对于项目现金流入现值小于项目现金流出现值的准经营性项目，市政府对其补充相应价值的资源，以使现金流入现值和流出现值平衡。

（五）各级政府和平台公司高度重视贷款现金流覆盖。去年11月，根据银监会244号和309号文件精神，省银监局组织开展了政府、平台和银行三方"统一会谈"和地方政府融资平台贷款现场检查。在此次统一会谈和检查中，各级政府和平台公司积极支持开行工作，在落实存量贷款债权、加强平台整改力度、提高平台自身还款能力等方面与银行达成了共识。各级地方政府积极发挥其组织协调优势，规范和做实平台，通过资源整合、经营性资产注入等多方面支持来增加平台自身的现金流，提高平台的还款能力，不同程度地加大开行贷款现金流覆盖，完成了平台贷款清查确认协议，三方签字和四方备案手续。截至目前，分行 133 家平台经过三方会谈确认为"全覆盖"。

三、当前平台面临的形势和存在的问题

（一）目前平台面临的国内主要形势主要包括以下几点：

1. 宏观经济政策趋紧，稳健的货币政策持续。2011 年作为"十二五"的开局之年，国内经济金融形势已摆脱国际金融危机的负面冲击，正在逐步走上正轨，但仍面临复杂且困难的国内外形势。当前，我国经济运行情况基本稳定，但整体呈现出高通胀、高增长、高流动性的"三高"格局。从经济指标来看，1 季度我国 GDP 达到 9.6 万亿元，同比增长 9.7%。城镇固定资产投资 2.2 万亿元，同比增长 31.2%。外汇储备突破 3 万亿元，同比增长 24.4%。但 3 月份 CPI 指数同比增长 5.4%，PPI 指数同比增长 7.3%，创本轮通胀以来新高，央行工作会议将稳物价作为当前和今后一个时期的主要任务之首。从货币政策来看，3 月份我国 M1 达到 26.6 万亿元，同比增长 16.1%，M2 为 75.8 万亿元，同比增长 16.6%。人民币兑美元、日元分别升值 1.01%和 3.01%，对欧元及英镑不同程度贬值。为控制国家通胀压力，降低货币流动性，限制固定资产投资增速，央行 2011 年连续 4 个月上调存款准备金率，达到历史最高水平的 20.5%。2 次上调人民币贷款利率，5 年期以上贷款利率达到 6.8%。1 季度各银行新增贷款 2.2 万亿元，同比降低 13.3%，新增信贷的大幅下降反映国家紧缩货币政策的效果正在逐步体现，2011 年央行工作会议也明确表示将继续采取稳健的货币政策。

2. 平台规范清理政策陆续出台。自 2010 年国发 19 号文正式出台以来，四部委、财政部、银监会等部委陆续发布了财预〔2010〕412 号文、财预〔2010〕437 号文、银监发〔2010〕110 号文、国发〔2011〕6 号文以及银监发〔2011〕34 号文等一系列对融资平台以及政府债务规范清理的指导性文件。

国发 19 号文的主要精神——代表中央对政府类融资平台的规范清理以及下一步建设提出了意见：（1）对只承担公益性项目融资任务且主要依靠财政性资金偿还债务的融资平台公司今后不得再承担融资任务；对同时承担公益性项目融资和建设任务且主要依靠财政性资金偿还债务的融资平台公司应不再保留融资平台职能；对承担有稳定收入的公益性项目融资并依靠自身收益偿还债务的公司要求充实公司资本金，完善治理结构，实现商业运作。（2）文件明确地方各级政府要采取有效措施，落实有关债务人偿债责任。对融资平台存量债务，要按照协议约定偿还，不得单方面改变原有债权债务关系，不得转嫁偿债责任和逃废债务。（3）加强融资管理和信贷管理。落实借款人的准入条件，审慎评估借款人还款能力，凡没有稳定现金流作为还款来源的不得发放贷款。（4）制止地方政府违规担保承诺。政府部门及所属机构等均不得以财政性收入等直接或间接为融资平台公司融资提供担保。

银监发〔2011〕34 号文主要精神——该文件为贯彻落实国发 19 号文等政策要求，提出了以下几点具体意见：（1）健全"名单制"信息管理系统，将平台类贷款审批权

限统一上收总行，制定平台类贷款的审慎准入标准。（2）推进存量贷款整改。对于过去以学校、医院等公益性资产、政府承诺担保、无土地使用权证的土地出让收入等作为抵质押的，及时追加合法有效抵质押品。（3）加强平台贷款现场检查。每季选择一个辖内平台大户进行现场检查。（4）明确了平台整改为一般公司类贷款的具体条件和退出模式。由债权行将借款人现金流计算、三方签字等文件报送至平台所在地监管部门，经审查后有序组织平台贷款退出。

国发〔2011〕6 号文主要精神——《国务院办公厅关于做好地方政府性债务审计工作的通知》决定由审计署对全国地方政府性债务进行全面审计，摸清全国地方政府性债务情况，审计内容包括以下几点：（1）对地方政府债务分类。以借款主体、偿债资金来源以及政府是否承担担保责任为依据，分为地方政府负有偿还责任的债务、地方政府负有担保责任的债务以及其他相关债务。这与 19 号文有一定的对应关系，如果债务划分为以财政性资金还款的一类贷款，平台以后就不能承担融资责任。（2）明确债务来源构成以及资金投向。（3）分析各地方政府负有偿还责任债务的总体风险状况，并对融资平台等重点行业单位进行债务情况和偿债风险分析。

中央及各部委一系列针对政府类融资平台文件的出台，使得政府类融资平台在经历了 2008 年国家 4 万亿投资政策的推动后，进入一个大规模清理规范阶段。监管部门对融资平台的清理规范政策更加明晰和严厉，为使平台公司符合监管部门要求，保持同开行的战略合作，我行建议地方政府及借款人通过追加资本金、注入优质资产、充实公司现金流、追加资产抵质押、加强同地方银监局以及审计部门的沟通汇报力度等方式，争取银监局对我行贷款分类达到"全覆盖"以及审计署对我行贷款债务认定为第三类其他相关政府债务。

3. 信贷规模总量控制，按月调度投放，监管力度加大。

2008 年国家 4 万亿固定资产投资拉动政策的实施使得政府类融资平台贷款余额迅猛增长，导致中央加强了对财政风险、金融风险的关注。根据央行 2011 年工作会议精神，今年将继续执行稳健的货币政策，银行总体信贷规模受到严格限制，全国银行 2011 年全年信贷规模约 7.5 万亿元，开行全年信贷规模约 5500 亿元，较 2010 年有一定程度紧缩，且联合贷款、间接银团、信托等表外业务也受到约束，因此分行全年信贷规模紧张，部分地区的信贷需求可能存在不能全额满足的情况。

对于存量贷款，银监局、审计局等监管部门也加大了对贷款审批、贷款条件落实以及资金使用等方面的监管力度和频度。2010 年 6 月至今，已先后对我行城建类融资平台展开了近十余次的现场检查与会谈工作，严格按照"三办法一指引"的规定，要求我行贷款资本金及时足额到位，信贷资金采取受托支付，落实追加资产抵质押，对我行贷前审查、贷款条件落实以及贷后管理提出了更高的要求。

（二）平台存在的问题主要有以下几个方面：

1. 融资平台缺乏与政府社会经济发展规划相匹配的战略发展规划。部分城投职能定位欠明晰，表现为一是资产有限，业务领域单一；二是资源分散，资源配置效率低；

三是管理上行政分化明显，缺乏整合；四是多头举债，超过负债水平；五是资金借、用、还没有实现一体化。部分平台在经营发展中仅注重短期融资，被动的享受政府信用，完成政府年度下达的投资项目建设任务，缺乏主动提升经营管理能力及开拓市场、建设市场的意识，没有将主动服务政府发展规划的理念与自身发展规划统一起来，未能有效发挥平台对项目带动、产业布局和社会资金引导的作用，缺乏与政府经济发展规划相匹配的长远战略发展规划。

2. 法人治理结构不健全。部分平台存在产权、经营权、收益权脱节或不统一，导致其运行效率低下；部分平台尽管名义上是国有独资企业，但还是行政、事业、企业的混合体，缺少经营管理人才，公司的董事会、监事会等机构的职能没有真正发挥。开行平台类贷款期限较长，多数在 10 年以上，贷款的长期分摊的还款方式与政府任期相对较短形成矛盾，由于没有稳定的领导班子，新一届政府的还款意愿和还款能力的不确定性使公司难以稳定、持续发展。

3. 平台发展水平参差不齐。由于各级平台，尤其是部分县级平台成立时间长短不一，各级政府对城市有效资源的整合力度有别，部分平台存在经营性资产不足等问题，导致平台自主经营能力较弱，难以实施市场化运作，还有少数平台除资本金外无实质性经营资产；部分平台行政色彩过浓，项目管理职能不健全，仅作为一个单纯的借款主体存在，存在空壳化的倾向；部分平台资产负债率相对较高，资产利润率低，公司自身基本没有主营业务收入，收入来源主要靠财政拨款或政府补贴，盈利能力不足。目前还只有 80% 的融资平台达到了分行的达标要求。大多数融资平台的成长、成熟和完善尚需假以时日，需在发展中不断完善其功能。自国家去年开始加强融资平台规范力度后，并未针对如何加强融资平台建设出台具体的办法和意见，导致平台公司对于下一步如何加强公司自身建设，如何进行市场化融资比较迷茫，完全根据银行政策走向开展工作，自主性不强。

4. 内部管理制度不健全。央行在一季度货币政策执行报告中曾指出，目前地方融资平台的财务不透明是个突出的问题，尤其是以非货币出资部门的价值评估存在问题较多。另一方面，地方政府借本次投资开闸加大投资力度，"铺摊子太多"，负债率大幅提高，未来的偿债能力令人担忧。理论上，区县只要有财力，就能负债，但地市一级政府也很难掌握区县融资或负债总量。在公司内部，很多城投公司没有建立内部审计部门，也没有设立对企业经济活动进行综合计划、分析、控制而设置的完整的规章制度，在公司的现行运作模式下，不能真实、准确地反映开行的贷款去向。在财务管理方面，缺乏专职财务管理人员、财务报表缺失、数据不准确等。另外，还存在政府回购及政府补贴资金有名无实，开行资金与其他银行资金混杂等各类问题。

5. 经营性资产抵押覆盖不足。分行融资平台项目共有抵质押物 1031 个，但经营性资产的抵押覆盖率偏低。五个省级平台客户，贷款余额为 212.4 亿元，抵质押物总评估值 231 亿元，全为委托代建权益质押；24 个市级平台贷款余额 412.1 亿元，抵质押物总评估值 1518 亿元，其中，土地房产权抵押总评估值 92 亿元，占比 6%；106 个县级平台，贷款余额207.1亿元，抵质押物总评估值460亿元，其中，土地房产权抵押总评估值96亿元，占比21%；虽然总体资产抵押率达到要求，但经营性资产的抵押覆盖率较低，在当前的政策要求下，与监管部门要求不一致，不利于融资平台的后续融资。

在当前的宏观政策以及监管形势下，如何切实加强融资平台建设，充实平台资产，突破发展瓶颈，在合法、合规的前提下继续推动开行同地方政府融资平台的战略合作，最终实现健康财政、健康金融，双方共赢的局面是我们迫切需要解决的问题。

四、下一步工作打算和建议

随着国发19号文等一系列清理规范融资平台政策出台，国家对于政府类融资平台债务控制的态度已经明朗，对于如何推动融资平台建设的方向也已明确，下面结合宏观政策层面以及开行自身业务特点给大家谈一下近期分行的主要工作计划。

（一）加强现金流建设，确保平台公司能够进入到一般类公司。融资平台公司要争取实现对银行债务的全覆盖，一是要充实资产，注入资源。政府通过对现有资源进行梳理，将有效资产注入平台公司。目前政府所掌握的核心资产主要是土地，需加大土地资源的整合力度，赋予融资平台公司土地备职能，并将已收储的土地按开发成本计价注入平台公司，同时对国有经营性资产（如供水、供气、垃圾回收、矿产资源）等优质资产进行划转，增加投融资平台经营能力，增强平台现金流；二是追加投入，充实平台公司资本金。将投融资平台自身运作获取的经营收益，财政预算内建设资金、上级补贴、规费收入等作为资本金投入；三是落实存量贷款的抵押担保措施。根据国务院及相关监管部门要求，落实合法足额的抵质押物覆盖已有存量贷款，确保满足监管部门要求，以免影响后续贷款的发放，最近的34号文专门要求及时补充存量贷款的抵质押物；四是理顺关系。积极理顺与外部监管部门的关系，配合相关部门对平台清理工作的开展，主动汇报平台公司清理规范的措施与成效，争取获得外部监管部门的认可。

（二）积极配合银监局、审计局等监管部门，继续推动融资平台清理规范工作。2010年我行已经同全省所有政府类融资平台开展了"三方会谈"，并签订了会谈纪要以及贷款分类确认表，所有开行贷款经政府、债权银行以及借款人三方确认均划分至全覆盖贷款类。目前，各级地方政府正在配合审计局开展审计工作，争取将所有开行贷款债务上报并划分为第三类其他相关债务。在平台清理规范过程中的，不要轻信传言，多报、虚报政府债务以期中央核销、代偿或减免，以免影响后续正常的融资需求。有两项工作要关注：一是三方会谈我们的平台都划分为现金流全覆盖，但后续还有很多工作要做，还要进一步加强平台现金流建设；二是审计署债务分类时，虽然三类债务都是政府债务，但是性质不同。分为第一类债务的平台贷款很难进行后续融资。目前中央相关政策的要求可能对中西部省市县来说相对要求较高，但我们还是要朝东部地区看齐，要朝平台公司市场化运营这个定位和方向努力。

（三）发挥政府组织优势，确保开行资产质量，严控借款人财务风险。2008年开始我行城建项目陆续进入还本高峰期，每年还本付息金额较大。同时，2011年作为

"十二五"的开局之年，各地对于项目建设资金需求量大，因此希望各级政府能充分发挥自身的组织协调优势，提早制定平台公司全年融资、偿债计划以及土地出让计划，落实偿债资金来源以及项目建设资金来源，在融资平台全面规范清理的敏感时期，确保开行贷款本息偿还，严控平台公司自身财务风险。在这一点上，部分地方做得很好。例如岳阳市政府去年12月就发布了会议纪要，明确了偿债的流程：每年由市政府召集召开市城建投、市财政局、市国土局举行专题会议协调市城建年度还本付息工作；市城建平台负责测算年度还本付息额度，申报还本付息计划；市国土资源局负责根据市城建投名下可出让土地资源情况，制定年度土地出让计划；市财政局负责制订财政预算补贴安排计划并分期拨付，实现市城建投经营收入、市国土资源部门上缴市财政的市城建投名下的土地收入和市财政预算补贴收入之和完全覆盖市城建投年度还本付息额。关于土地出让收入返还金是否属于财政性资金的问题，我们认为城投公司通过银行贷款，成本投入、项目运营，实现了周边土地增值，相关返还收入是对其成本投入的合理补偿，可以用做银行贷款偿还来源，不能完全划属为财政性资金。

（四）拓宽服务领域、深化双边合作。

1. 抓好项目储备，根据国家以及开行政策导向重点支持。开发银行陆续出台了一系列相关政策，继续帮助和支持符合条件的平台公司发展，同舟共济共同发展是总行的一贯态度。一是支持全省保障性住房建设。湖南省"十二五"期间保障性安居工程建设的目标是：新增保障性住房和棚户区改造住房160万套，预计总投资为1500亿元。为贯彻落实省委、省政府关于加强保障性安居工程建设有关精神，开行将紧紧围绕国家加快发展保障性安居工程的总体要求，坚持规划先行，加强机制和制度建设，在防范风险的前提下，创新融资模式，加大支持力度，推动建立符合湖南省情的、可持续的住房保障机制体系，研究支持保障性安居工程的差别化金融产品，实现中低收入家庭住房贷款业务又好又快发展。开行支持的中低收入家庭住房主要包括廉租住房、经济适用住房、限价商品房、公共租赁住房、棚户区改造、城市危旧房改造（含城中村改造）、农民工公寓、农民安置房和农村危旧房改造等。我行贷款可用于上述中低收入家庭住房及其配套设施的开发建设，以及符合国家相关规定且地方政府有明确政策的中低收入家庭住房房源的购买。对于项目正式审批文件中明确包含项目区拆迁内容的，我行贷款也可用于对项目区进行拆迁、土地整理。二是支持水利基础设施建设。2011年中央1号文件《中共中央国务院关于加快水利改革发展的决定》(中发〔2011〕1号，以下简称中央1号文件)要求把水利工作摆上党和国家事业发展更加突出的位置，今后10年全社会水利投入力争达到4万亿元，从根本上扭转水利建设明显滞后的局面，推动水利实现跨越式发展。中央和省政府1号文件均要求国家开发银行在水利发展规划实施过程中发挥重要作用。开行将通过规划先行，提供贷款、投资、租赁、证券相结合的综合金融服务，联合其他金融机构以组建银团等方式组织和引领社会资金，争取为岑天河水库等省内水利建设重大项目提供全面的融资、融智支持。重点支持农田水利等薄弱环节建设，支持中小河流治理和小型病险水库除险加固，支持工程性缺水地区重点水源工程建设，对于其他有较明确还贷来源的项目开行亦将优先予以支持。三是支持其他国务院批准的重大民生领域项目。对符合公路法的轨道交通等项目、关系国计民生的供水、自来水等项目，省级平台承担的公路铁路以及节能减排、环境整治等领域项目可以继续支持，进一步推动湖南省两型社会的发展进程。

2. 发挥我行"投贷债租证"的特色业务，拓宽平台公司融资渠道。开行作为国内唯一一家能够提供企业债、中期票据、短期融资券等承销服务的全能银行，在中长期贷款业务之外，能够提供企业债、中期票据、短期融资券、股权投资、金融租赁、资产证券化等综合性金融服务，2010 年以来开行成功发行湖南高速、电广传媒中期票据及常德、娄底城投债，承销额达 51 亿元，帮助客户从多种渠道解决了项目建设的资金需求问题。

3. 提供规划服务，做好财务顾问。2010 年，开行率先编制《长株潭城市群"两型社会"建设系统性融资规划》，参与省"十二五"规划。在各地政府及城投公司需要的情况下，我们将为各市县平台提供发展规划服务，提升政府平台投融资能力。为地方提供融资结构设计、债券承销等全方位的财务顾问服务，从融资和融智两个方面对地方经济建设发展提供支持。同时，我们也将为客户做好财务顾问，在项目酝酿阶段一起参与策划，使其符合相关政策要求。

推进融资平台市场化转型　助力湖南经济稳定增长

2012 年 8 月 9 日湖南省政府融资平台座谈会报告

开发银行总行党委和陈元董事长对融资平台市场化转型工作高度重视，强调开发银行要深化与地方政府合作，优化资源配置，创新综合金融服务，开拓新的合作领域，共同做好融资平台规范发展，做促进地方经济社会发展的坚强金融后盾。上半年，分行分组赴全省 14 个地州调研，形成如下意见，供大家参考。

一、政府融资平台的市场化发展已取得很大成效

经过十余年的探索，政府融资平台在服务发展的过程中逐步实现了自身的发展壮大，通过与市场的不断磨合，逐步摆脱了成立之初的政府融资窗口的角色，不仅实现了资产规模的大幅成长，而且取得了市场地位的重大变化，市场化进程取得重大成效。

（一）通过资源整合，融资平台逐步做大做强

通过盘活、整合国有资产，将建设性财政资金、土地、特许经营权、收费权、国有股权、资产转让收益等政府的经济资源整合到融资平台中，明确权属关系，形成平台公司的资产和现金流，增强平台公司的信用等级，为项目融资的市场化运作创造了条件。有相当部分市级城投公司已经积聚了较多的政府资源；部分县级城投公司也逐渐做实、做强，实现了"背靠政府，盘活存量，面向市场，滚动开发"的运作目标。目前各级政府融资平台大都走过了单一融资平台的阶段，大多数都控股了一些子公司。业务领域从单纯的市政建设扩展到土地储备、房地产、水务、绿化物业和文化创意产业等，形成了较大的经营规模，融资能力进一步增强。

（二）通过信用建设，融资平台信用能力逐步增强

一是通过经营管理和信用管理水平的不断提升，融资平台信息披露制度日益健全，信用环境逐步改善，逐步积累了良好的信用状况和信用记录；二是通过政府土地资源等资产的注入、平台自身经营状况的不断改善以及项目经营性的不断提升，部分融资平台已经形成了有效的现金流，开始具有独立的信用能力，独立承担贷款偿还的能力逐步增强；三是通过前期平台清理，融资平台抵质押物逐步做实，平台贷款的抵质押保障增强，从当前的土地抵押来看，80％的平台足以用土地收益覆盖到期本息；四是较好地发挥了政府组织增信的作用，公益性项目贷款的还款机制比较顺畅。整体来看，

在政府和平台的共同努力下，融资平台充分利用政府"输血"，不断强化自身的"造血"能力，进一步夯实还款来源，对政府资源和财政资金的依赖性逐步降低，形成具备市场化运作的资本和信用。

（三）通过法人建设，融资平台初步形成集团化企业架构

据我们了解，我省 14 家市级融资平台，大都采取了集团化运作模式，大部分融资平台至少有 5 家以上控股子公司（除湘西之外）。长沙城投控股长沙水业、岳麓山旅游文化、土地储备开发等 14 家子公司；株洲城发集团控股教育资产投资、城市排水、武广新城开发等 11 家子公司。部分发展较好的县级融资平台也正向集团化方向转变，如长沙县城投控股金山土地置业、星城汽车租赁、星城水利等 5 家子公司；冷水江市城投控股冷水江污水处理、农业发展有限、保障性安居工程等子公司。平台公司董事会、管理层、监督机构逐步健全，企业管理制度、财务制度逐步完善，各层面的人事配备较强，而且市县主要领导重视，组织上得到了保障。

（四）通过市场建设，融资平台逐步实现多元化融资

一方面融资平台已经实现了在信贷市场的多渠道融资，成为承接商业银行贷款的重要主体；另一方面，通过融资体制创新，引入民间投资、基金、BT、信托、融资租赁等方式，进一步丰富了资金来源；三是通过债券、票据等融资工具实现了在资本市场的直接融资。到目前为止，怀化、岳阳、益阳、株洲、衡阳、郴州、娄底、张家界等政府融资平台相继发债成功，还有部分融资平台通过上市实现了股权融资。

看到这些变化，开行的同志都由衷地高兴，这初步实现了陈元董事长提出的开行不仅要送资金还要送制度和机制的目标，开发性金融原理的核心是"政府入口、开发性金融孵化、市场出口"，湖南各地城投的变化就是活生生的演绎。

二、加快政府融资平台市场化转型势在必行

目前我省正处于经济发展方式转变和结构调整的攻坚时期，城市化也步入新的阶段，而政府融资平台经过十余年的发展，自身也面临一系列瓶颈，到了改革转型的关键时期。

（一）融资平台的市场化转型是服务经济发展方式转变的需要

市场主体是经济运行的微观基础，市场主体建设对经济发展方式转变具有直接动力作用。从微观结构来看，我省经济发展不充分的关键因素在于市场主体发育不快、总量不多、规模不大、素质不高。"四化两型"需要建立在加快发展的基础上，而发展要靠多而壮、大而强的各类市场主体来支撑。融资平台作为政府与市场之间的桥梁，作为我省进行重大项目建设的重要载体，其市场化转型是市场主体建设的重要方面。融资平台通过市场化转型，可以发挥更大的资金承载作用，发挥更高的资源配置效率，发挥更好的投入产出效果，支撑我省的跨越式发展。

（二）融资平台的市场化转型是深化投融资体制改革的需要

三十多年来，中央致力于投融资体制的市场化改革，而融资平台对于完善地方投

融资体系，推动地方基础设施建设，做出了重要贡献。在地方政府不能直接负债，缺乏地方债、市政债等融资方式的情况下，政府平台融资一度成为地方进行城市公共基础设施建设的唯一非财政投资方式。2008 年以来在应对美国金融危机的冲击实施的"扩内需、保增长"中，融资平台再度发挥重要的作用。而为了控制地方政府债务负担，防范财政和金融风险，中央在政策层面加强了指导，自 2010 年 6 月国务院下发19 号文到 2012 年 3 月银监会发布的 12 号文，中央及银行监管部门先后出台了 16 个指导意见，这些措施实质上是指导地方政府深化投融资体制的改革，规范政府融资平台的经营和发展。融资平台的改革、转型、规范、发展、创新的基本方向就是市场化定位。

（三）政府融资平台市场化转型是破解关键矛盾、持续发展的需要

目前融资平台有几个重要的矛盾关系制约其长远发展。

一是城镇化的融资需求与融资平台融资能力受约束之间的矛盾。2011 年末我省城市化率为 45.1%，全国为 51.3%，假如我省用四年时间达到全国目前水平，每年就需要增长 1.5 个百分点，以我省常住人口 6500 万计，那么四年城市人口增加将近 400万，相当于再造一个大长沙；而据有关测算，中国每增加一个城市人口大约会引出 50万元的城镇固定资产投资需求，以此估算未来四年投资总额将达到 2 万亿元，年均就要 5000 亿元左右。而目前与开发银行有信贷关系的省内市县融资平台的整体资产负债率达到 45%，众所周知融资平台以非经营性资产为主，要担负起我省城市化发展的融资重任，各级城投的融资能力尚需提高。

二是城市提质升级需要与融资平台相应推动能力不足的矛盾。最近北京暴雨淹城、深圳 11.5 万株城市绿化树被台风吹倒等事件引起广泛关注。自然灾害给我们一个提醒，即便是像北京、深圳这样市政建设走在全国前列的城市，城市基础设施的完善还有很长的路要走。而湖南作为中部地区，正处于城镇化加速发展的时期，城市提质升级空间更大，未来融资平台还要承担很重的城镇建设任务，这就需要融资平台根据当前城市发展的新要求，更新理念，即便是没有政策性要求，也同样要主动转型升级。

三是融资平台发展的速度与发展质量之间的矛盾。目前全省融资平台资产总额近1.5 万亿元，发展速度很快，但是自身发展中不足的问题还依然存在，如职能定位不清、资源分散、业务领域单一、行政分化缺乏整合、多头举债、贷款借用还不统一、项目选择自主性差、企业架构松散、盈利水平低等等。

（四）融资平台市场化转型是降低政府债务，防范金融风险的需要

一是政府平台融资不能过度增加政府负债，虽然我国政府债务还处于国际认可的安全范围内，但我国未来财政支出的负担也很重，负债不能增长过快；二是政府平台融资必须建立在银行债权有保障的基础上，有借有还，平台贷款不能过度增加财政负担，更不能增加金融风险，金融风险传导所引发的系统破坏力要更大；三是融资平台转型是经受市场检验的需要，目前部分融资平台已经实现了多元化的融资，而融资的

市场化必须建立在主体市场化的基础之上；四是平台市场化转型是"融资－投资－经营－还款－再融资"这一良性循环的重要保障，推动这一循环健康运转的本身也即是市场化转型的本质要求。

三、政府融资平台市场化转型的基本思路

政府融资平台的发展主要经历了三个阶段：一是"以政府信用为基石，举债建设"的阶段，平台是政府融资的窗口；二是"盘活存量、城市经营"的阶段，平台开始逐步做实；三是"资本运作、良性循环"的阶段，平台公司市场化程度加深，逐步形成可持续发展的投融资模式。目前融资平台已经到了进一步深化市场化改革的阶段。至于如何推进融资平台市场化转型，经过前一阶段的调查研究，我们提了一个初步方案：

（一）进一步准确把握融资平台市场化的内涵和切入点

一是切实把握监管中"重在增信"的要求，通过增加资本、增加抵质押、置换无效担保、签订补差协议、将政府承诺还款的部分债务纳入当期财政预算等方式提高自身的信用水平，增强自身的还款能力；二是角色和定位转换，把完全依靠政府信用转变为主要依靠企业自身信用，尤其对增量融资要以企业自身信用为主，实现从以政府信用为基础的"融资平台"、"融资窗口"向以企业信用和市场信用为基础的投资平台和"运营主体"转变；三是加强一般公司主体建设，强化现代公司治理要求，完善法人运作机制，合理控制资产负债率，市场化运营，完善现金流建设，注重市场信誉。

（二）进一步明晰政府融资平台的定位

一是对融资平台重新进行职能定位。融资平台作为市场化主体，要以企业市场信用为基础，承担城市发展的投融资及建设；以资本回报率作为最主要的考核指标；项目建设上可以与政府形成委托代建关系。新型平台类似政府发起设立的一支城市开发投资基金，政府通过主导"平台投资决策委员会"以及选派高管等方式，实现管控。

二是深化功能定位。着眼于城市建设中的综合开发和片区开发，经营范围涉及公共基础设施建设、水电气等配套供给、商业性地产开发及经营等城市建设的不同板块，将自身打造成具有效益平衡的城市综合运营商。

三是深化市场定位。对于部分县城，城市化水平相对较低，城市建设仍然以基础性的主干道路等为主，则平台应定位为与这种发展状况相匹配的建设内容，如基本道路和电网、燃气和用水管道等一些基本公用设施；对于部分城市化发展水平较高，城市路网等已经基本完成的地区，平台要以市场化项目为主，如投资城际交通（如高速公路、城际铁路、城市轨道及港口）、生态环保设施、片区开发、板块开发等方面；当城市发展处于高级阶段，平台应主要投资现代服务业（如金融、信息服务和文教娱乐等）。

（三）进一步推动地方政府资源整合与优化

目前，一般类公司和平台类公司的融资被严格限制在不同领域，使城投公司对是否退出平台举棋不定。造成上述困境，主要是由于目前大部分融资平台的转型仍然是以政府信用为基础，只有市场化之形，本质上还只是权宜之计，要实现真正的转型必

须推动融资平台实现由政府信用向企业市场信用的转换。

一是资源整合。激活政府行政资源，将经营性和收益性较好的资产注入融资平台，提升平台的运营空间与融资承载能力。综合不同地区政府平台的做法，可以归纳以下几个方面：（1）赋予平台土地一级开发权。政府赋予融资平台统一的征地、拆迁、安置、补偿等，以及对熟地进行有偿出让的权利；（2）赋予特许经营权。将出租车、路牌广告、停车场、加油站、加气站等特许经营收入赋予平台，增加平台的经营性收入；（3）增加经营性资产。一是注入土地资产。盘整平台存量土地，注入城市新的土地资源；二是将城市水、电、气等生产或销售的经营权注入平台；三是将市（县）政府拥有的国有股权、有一定收益的国有资产、矿产权由融资平台集中持有；（4）增加资金投入。一是增加建设资金投入。市（县）政府每年从预算中安排建设性资金，作为市（县）政府对融资平台国有资本金的增量投入；二是提供专项补贴资金。对融资平台因承担银行贷款任务和市（县）本级其他纯公益性项目融资任务而发生的政策性亏损，市（县）政府每年从财政预算中安排资金对融资平台进行补贴；三是安排税收返还。市（县）政府对城市公益性项目的税收返还给融资平台作为资本金注入。

二是平台整合。推动"小而散"的融资平台升级，构建股权多元化的具有一定规模效应的投融资主体。以提高资源运营效率为原则，推动区域内融资平台的升级整合，强化资源的集中、集约使用，并有序引入民间资本，构建股权结构多元化的城建投资控股集团。

三是建立健全风险缓释机制。由政府建立流动性风险缓释机制，制定政府层面流动性风险预警管理办法，设立政府风险偿债准备基金，作为地方专项还款资金，由平台管理，年终一并予以清算。当平台面临流动性风险时，启动偿债机制，确保应急还款，保障平台市场信誉和金融机构信贷资产安全，确保融资平台转型的稳妥。

（四）进一步推进投资标准的市场化

市场化的投资标准是融资平台市场化转型的重要标志，也是转型的基础。基于平台背靠政府、面向市场的特殊属性，其投资决策标准需要重点考虑两个结合：一是要使投资项目与融资平台自身发展有机结合，要求所投资项目具有造血功能，使项目投资及平台都具备可持续发展的基础；二是要使投资项目与政府的经济社会建设目标有机结合，要求所投资项目体现社会价值和服务功能，推动社会建设的完善。

这要求平台在项目投资的选择上要具有以下标准：

一是资源与项目平衡。符合"量入为出"的原则，使项目建设需求与可支撑的政府资源能够实现在量上、期限上的、结构上的合理配比。

二是项目现金流平衡。一要实现资金来源与资金运用总额平衡，二要实现经营活动、投资活动和融资活动各自产生现金流的结构性匹配。对于公益性项目，项目还款现金流归集的主要来源是政府财政资金，这就要求做好财政预算和融资活动的匹配，防止过度负债；对于经营性项目，关键要做好经营活动现金流的分析判断。

三是投入产出平衡。实现资本投资和产出效果的匹配，对于经营性项目投入产出的微观平衡是重要的投资标准，对大多数公益性项目或者准公益性项目自身经营收益较弱，这就要求多个项目之间能够实现投入产出平衡，这个过程中平台作为主体要进行宏观调控。比如景区与景区外围道路建设这两个不同项目，前者具有稳定并可预计的经营性收入，而后者作为公共基础设施配套则不具备可预计的经营性收入，前者就需要对后者在项目建设上进行"占补"平衡。

（五）进一步推进符合现代企业制度的集团化组织架构

目前省内很多融资平台已采取集团化方式运营，通过财务关系或股权关系形成了母子公司结构。但大部分城投集团与真正市场化主体仍存在差异：一是在定位上，大多数城投集团母公司还高度依赖政府信用，仍没有形成自身的市场信用，有母子公司之形却缺乏市场主体之实；二是在功能上，很多城投集团母公司仍然承担着公益性项目的融资和建设任务；三是在股权结构上，大部分城投集团还是政府独资，公司治理上行政色彩浓厚；四是母子公司关系上，母公司对子公司管控能力不强，管控机制行政化，公司治理机制缺位。

新型集团化组织架构要兼顾政府公益性投融资功能和经营性市场化投融资功能。将目前履行政府公益性投融资功能和融资任务的政府融资平台划作集团的全资子公司，承接原有融资平台的债权债务关系以及投融资功能，承担公益性项目的子公司与政府之间形成委托代建关系，集团公司其他的全资、控股或参股子公司都是市场化运作主体。新型平台集团公司还要按照现代企业制度的要求，建立起董事会、监事会等管理和监督架构，加强人才队伍建设，实现母公司对子公司的有效管控。

四、继续支持融资平台的发展

在过去十几年中，我们努力践行开发性金融理念，通过与各级政府合作，逐步推动了政府融资平台的建立和发展，实现了县域全覆盖，为全省城市化进程、重大基础设施建设和县域经济发展发挥了决定性的作用。目前政府融资平台的发展遇到瓶颈，但开行通过融资平台服务地方政府的意愿是一贯的。我们将通过指导融资平台的转型，发挥开行独特优势，加大新项目的信贷支持，深化与各级政府的合作，开创银政合作的新局面。初步考虑以下几点：

（一）进一步拓宽项目资本金和还款资金来源

开行将发挥"投贷债租证"多种金融服务功能支持平台筹集各类资金。1. 盘活土地资产。根据辖区内的统一规划，利用土地储备贷款，有序地将不具备出让条件的生地转化为熟地，统一开发、统一出让，实现土地资源的资本化；2. 盘活城市存量资产。通过引入融资租赁等金融产品，盘活城市排污管网、标准化厂房、租赁型保障性安居工程等固定资产，实现存量资产资本化；3. 资本市场融资，运用企业债券、中期票据、信托计划、资产证券化、上市等直接融资方式，扩大资本筹措规模；4. 利用城市开发基金、夹层融资等创新性金融产品以及民间资本等外部资金，扩大资本金来源；5. 有效利用信用空间。对在银行抵押和质押的资产或权益进行清理，对于过度抵押和质押的资产进行信用释放，提升再贷款的资产支撑能力。

（二）继续支持城市基础设施及民生项目的建设

对于公益性项目，开行将通过 BT、PPP 等制度设计推动融资平台融资能力的提升，同时也将按照国家政策要求，继续支持土地储备、保障性安居工程、农田水利工程以及续建大型项目。

对于经营性项目，开行将根据项目情况，继续发挥自身特色，帮助平台完善信用结构，落实还贷资金，发挥基金投资、中长期贷款、债券、融资租赁等综合金融服务能力，选择合适融资方式，满足项目的融资需求。

（三）提供板块化专项融资

发挥开行独特优势，通过提供经营性项目贷款，推动公用事业发展；通过提供文化产业专项贷款，实现文化旅游大发展；通过农业发展贷款，推动农业产业化；通过共同成立产业发展基金，推动教育、金融、高新技术产业等板块发展。

（四）鼓励城建行业全链条融资

一是紧扣城建行业上中下游整个产业链，从上游的规划设计，中游的房地产开发，下游的道路绿化、物业管理、城市环卫等，提供全程融资，推动城建行业的发展。二是大力支持片区开发。片区开发是城市发展的趋势，也是融资平台业务发展的方向，守盛省长 2012 年 4 月在省政府常务会上指出，地市级和县城、中心镇的开发建设可以走大汉集团整体开发的路子，把房地产开发、基础设施建设配套与城镇建设结合起来整体推进，既解决统筹城乡发展问题，又促进城镇整体开发、块状发展、组团发展。开行从 2007 年以来就在长沙南湖、武广、滨江新城三大片区探索推动整体开发的模式，已经取得了一些经验。开行一方面可以发挥中长期融资优势，另一方面可以通过城市开发基金投资的形式与政府平台成立合资公司支持片区综合开发，包括土地一级市场、一级半市场、二级市场、甚至三级市场。

（五）提供规划咨询和综合金融服务方案

为提高客户服务水平，加强客户的综合服务管理，开行大力推动综合金融服务能力建设。一是进一步制定完善了整套制度流程，在充分考虑客户各种业务需求的基础上，结合开发银行的业务和产品特点，为客户设计差别化、个性化的规划咨询或综合服务方案；二是成立了综合服务工作组，我和各位副行长任组长，希望能进一步发挥"融资、融智和融制"的作用，提高服务客户的能力和水平。

进一步创新融资模式　服务湖南新型城镇化

2013年2月向湖南省人民政府提交的建议报告

一、融资推动湖南省新型城镇化建设的意义

（一）创新融资模式能加速我省城镇化进程。金融对于加速城镇化进程中的要素集聚与发展有着至关重要的作用。据测算，开行省分行成立以来的多次融资创新及大额融资支持加速了湖南城镇化5年的发展。湖南提出"十二五"期间建设6个特大城市、6个大城市、40个县市、50个中心镇以及500万农村人口市民化的目标，资金需求达2万亿元，创新融资模式可以加快落实这一工作任务。以推动中心镇建设为例，如果发挥金融支持的作用在3年内推动50个中心镇单位扩容3万人，可以实现150万农民就地市民化，提升全省农村人口城镇化水平4-5个百分点。

（二）创新融资模式能够破解民生领域的瓶颈。加强保障房、污水、垃圾处理、燃气供应等民生设施建设，提高公共服务设施覆盖面是新型城镇化的重要着力点，《湖南省城镇污水垃圾处理及供水设施建设专项行动实施方案》提出全省城镇污水垃圾处理及供水设施建设到2015年就需投资529亿元，这些项目是兼顾社会效应和经济效益的关键性项目，资金问题一直是最大的难题，创新融资模式可以进一步推进这一难题的破解，加速我省城镇化进程中关键领域的提质。

（三）创新融资模式能够提高城镇化投融资效率。一是提高政府资源使用效率，撬动更多资金参与新型城镇化建设。通过模式创新，发挥好财政性资金和开行资金的引领作用，带动更多市场化资金投入新型城镇化建设；二是提高金融资本自身使用效率。开行通过进一步完善大额集中授信、统一信贷管理等模式，提高新型城镇化项目建设和资金使用的规范化、阳光化。

（四）创新融资模式能够推动城镇化社会管理水平提升。通过模式创新，引入多重监督机制，变单一的行政监督为行政监督和债权人、股权人等市场监督相结合的双重监督。将融资、投资、建设、经营和管理等职能整合成"投融资的市场"和"建设的市场（如招投标机制、施工监理机制）"，推动新型城镇化建设、经营和管理（项目和资产）的市场化，就能实现政府意志和市场效率的平衡。

二、对融资推动湖南省新型城镇化建设模式的思考

在支持湖南城镇化进程的过程中，开行已经创造了"片区开发"、"统贷统还"、"统贷分还"、"省县共贷"以及"投贷结合"模式，积累了一定的经验。

（一）**片区集中开发模式。**该模式的特征在于充分利用政府的组织协调优势，以规划为指导，以独立的市场主体通过大额授信的方式推动整个片区的开发建设。2007年以"长沙模式"为标志，开行配合政府设计了"统一规划、统一拆迁、统一出让、统一建设"的开发建设模式，"做实融资平台，完善偿债资金，老贷全额回购，新贷差额增信，实行社会化融资，项目效益平衡"的融资模式，承诺并发放贷款145亿元。

（二）**统贷分还模式。**该模式是针对多个空间分散、单体融资能力弱的县域主体，通过省级政府组织增信来集中融资的创新。2005年开行设计了支持湖南县域经济发展的"统借分还、企业还款、差额扣收"项目融资模式，以省县域经济与产业发展融资管理中心作统借平台，累计授信270亿元，支持全省88个县、区的基础设施项目。

（三）**统贷统还模式。**该模式与统贷分还的区别在强化了省级融资平台的统筹管理与风险防控作用。2008年，开行以湖南财信控股为统贷平台，设计了支持全省"十一五"城镇污水管网项目融资模式，通过"统一评审，总体承诺，分散建设，统筹还款"，累计授信57.6亿元，支持全省各县113家污水处理厂4065公里配套管网的项目建设。

（四）**省县共贷模式。**该模式的重点在于强调市县的参与度，明确其担保与偿还责任。2012年开行授信300亿元支持全省"十二五"保障性项目融资模式。该模式由湖南省保障性安居工程投资公司，市县保障性安居工程投融资主体作为市县项目的共同借款人，加大市县参与度，以"统贷分还，差额抵扣"的方式，授信42.85亿元。

（五）**投贷结合模式。**该模式是市场化运作的典范，通过引入股权投资监督机制，有效提升了投资主体的管理水平，同时通过投资和配套贷款的结合，进一步推动了城镇开发建设的进程。自2010年开元城市开发基金成立以来，通过与市县政府融资平台成立合资公司开展土地一级开发或片区集中开发的模式，已投资项目6个，撬动开行贷款近50亿元，成为市场化运作的典范。

回顾开行历次的融资模式创新，都是围绕两条主线而进行，一是针对湖南经济社会发展热点的融资需求；二是顺应投融资体制市场化改革的内在要求。当前新型城镇化建设的推进对融资提出了更高层次的需求，开行将一如既往地发挥自身优势，创造性地提出应对方案。

三、下一步工作设想

（一）**利用统贷模式，集中资源支持重点民生领域建设**

一是继续挖潜已有省级平台统贷优势，批量支持湖南省新型城镇化建设。继续以湖南省保障性安居工程投资有限公司统贷保障房项目（融资需求270亿元）；探索以湖南省公路建设投资有限公司支持全省干线公路及农村公路项目（融资需求377亿元）。

二是利用湖南发展集团统贷，批量支持新型城镇化进程中的公益性和准公益性的同质项目。如《湖南省城镇污水垃圾处理及供水设施建设专项行动实施方案》中计划到2015年，投资699亿元用于全省设市、县城及重点镇市政基础设施建设，主要包含污水处理、垃圾处理、供水设施、燃气设施四大板块，融资需求370亿元，可以采用统贷融资模式集中运作。

（二）进一步推进投贷结合，服务新型城镇化建设

一是考虑募集开元发展基金二期，专项用于小城镇开发。现有政府融资平台受监管政策约束，融资功能和领域很狭窄，很多已经不具备大规模承载融资的能力。近期，湖南分行与开元基金就如何构建市场化融资主体、推动我省新型城镇化建设问题，到省内六个市县进行了调研，各地均表示希望城投公司与开元基金合作，成立市场化的公司承接原有城建平台的融资功能；目前部分地区已愿意拿出项目建设资本金的一部分先投到开元基金，再由基金与城投公司合资成立市场化的公司，承接银行贷款，如此政府同一笔资金借道开元基金既发挥了资本金的作用，又发挥了改造融资平台股权的作用。二期基金总规模预定为40亿—100亿元，募资主要面向各地市县政府，遵循"募投同比、投贷同时、投贷协同、政策同步"原则，专项基金的设立可以撬动200亿—500亿元的贷款。

二是研究成立长沙市小城市发展基金，在长沙进行投贷结合试点。目前分行与长沙市金融办研究针对长沙市委、市政府确定的"十大中心镇（小城市）"项目设立长沙市小城市发展基金，初步拟定基金规模50亿元、首期10亿元。基金设立方案已提交市人民政府，市长张剑飞对设立基金开展十大小城镇建设给予认可，表示在研究城乡一体化发展政策时统筹考虑。

开行湖南省分行融资平台情况汇报

2013 年 9 月 5 日向财政部调研组的汇报报告

政府融资平台对湖南省城镇化和工业化发展发挥了重要作用。如果没有政府融资平台的推动，恐怕湖南省目前的城镇化率还保持在十年前的水平。在融资平台的推动下，湖南省一大批高速公路、城市道路和农村公路开通，一大批工业园区完成建设，一大批污水处理设施、垃圾处理设施得以建成，这个过程中湖南省政府债务也逐步积累。在当前这样一个新的发展阶段，如何正确认识、运用、保护和管理融资平台是一项极其重要的工作。

一、我行融资平台管理的主要工作

近几年我国融资平台监管政策，基本围绕融资平台的"防风险、挤泡沫、去杠杆"和"推进市场化改革"两条主线进行。中央意在不发生系统性、区域性金融风险的前提下，通过改革进一步释放制度红利，加强市场在金融资源优化配置中的基础性作用。为符合形势发展的要求，开行在推动融资平台向市场化方向改革转型方面进行了多方面探索。

（一）构建融资平台达标体系，通过"四项建设"推动平台做实。湖南分行早在 2008 年就采用打分卡的形式构建了政府融资平台分类评价指标体系，开展分类评价。2011 年根据宏观经济政策和监管要求的变化，分行对评价指标体系进行了动态调整，修订为《政府类公司分类评价指标体系》。整个指标体系包括基础打分、调整因素和评价展望三部分，从治理结构建设、法人建设、现金流建设和信用建设四大类 16 个指标对融资平台进行综合评价，根据分类评价的结果，采取"一户一策"的方法，推动平台做实资产，防范风险。对于这套体系，我们是完全开放性的，在全省融资平台规范与发展大会上对外发布，采取了要点突出、科目必要、指标清晰、便于对照的设计原则。通过这套体系，检测和揭示政府类融资平台建设存在的缺陷和不足，推动政府类融资平台向市场化法人转变。

（二）研究制定改革转型方案，推动融资平台市场化转型。2010 年国务院 19 号文明确提出"要通过引进民间投资等市场化途径，促进投资主体多元化，改善融资平台公司的股权结构"。银监会等部门也出台了一系列推动措施。开行湖南分行在总结中央政策的基础上，根据地方实际，于 2012 年上半年研究出台了《建设市场化投融资主体推动融资平台转型发展》。提出了"五基五化"的思路：一是以产业链整合为基础，拓宽平台发展空间；二是以资源整合为基础，提高平台融资能力；三是以产权关系为基础，推动法人建设；四是以市场化主体建设为基础，推动企业发展转型；五是以专业化发展为基础，形成优势互补、分工明确的发展格局。在这种思路的指导下，开行积极为长沙、益阳、岳阳、株洲、湘西等地方政府提供规划顾问服务，具体从三个方面推动融资平台市场化建设，一是通过增信措施推动平台的市场化，我行通过增加资本、增加抵质押、置换无效担保、签订补差协议、将政府承诺还款的部分债务纳入当期财政预算等方式提高自身的信用水平，增强自身的还款能力；二是通过明确平台与政府的界限，实现平台的角色转换。把完全依靠政府信用转变为主要依靠企业自身信用，尤其对增量融资要以企业自身信用为主，实现从以政府信用为基础的"融资平台"、"融资窗口"向以企业信用和市场信用为基础的"投资平台"和"运营主体"转变。三是加强一般公司主体建设，引入大型企业、民间资本等各类资金，采取并购、重组等各种方式，充实公司资本金，完善治理结构，提高现金流覆盖率，降低资产负债率，提高企业自我积累、自我发展能力，实现城市建设投入产出的良性循环。

（三）全面动态管理，加强平台风险监控预警。积极创新平台风险管理模式，通过建立全面动态的平台风险监控预警机制，实现了由"被动应付风险"向"主动监控化解风险"转变，有力地保障了平台的健康发展。一是建立融资平台风险监控机制。为有效防范平台贷款风险，分行自 2008 年就建立了平台公司分类评价体系，通过不断的动态调整，这套机制在推进融资平台转型发展过程中发挥了重要作用。分行还定期跟踪分析各级政府负债空间，初步建立起覆盖省市县三级的政府负债预警机制，分析了湖南省财政体制"省直管县"改革政策对分行的影响，解读了融资平台等外部政策，开展融资平台贷款风险压力测试工作；二是加强指标监控，建立风险动态报送机制。分行以服务国家战略、积极稳妥支持城镇化为前提，从"平台公司债务"和"地方政府债务"两个维度评价和控制风险，提出"平台公司债务控制指标"和"地方政府债务控制指标"两套风险指标控制体系，对平台债务风险进行有效防控。并不定期发布平台客户风险提示和风险动态，从信用风险、合规风险、操作风险等不同层面对平台存在的一些问题进行风险揭示，提出相关风险缓释措施和建议。

（四）紧跟宏观政策变化，实时指导融资平台的融资工作。一是，2009 年以来，分行累计召开了四次全省范围内的融资管理工作会议，邀请省政府金融办、人民银行、银监局等管理部门，一起与全省各级政府融资平台进行沟通交流，在不同时点，回答了诸如开行改革转型、融资平台的清理整顿、新监管政策下的平台信贷政策和融资平台的市场化转型等大家关注的问题，通过指导融资平台职能转变、资产整合、项目策划等方面的工作推动融资平台健康发展；二是，分行设立了政府融资平台清理领导小组，赴全省几十个市县，了解各地融资平台存在的现实问题，及时提供开行的意见和建议，与各地政府一起推动融资平台清理整顿的平稳过渡；三是，研究出台一系列报告和融资规划，协助政府和平台公司做好顶层设计。目前分行已经为全省几十家平台公司编制了专门的系统性融资规划，为其合理融资和负债制定系统性方案。《对湖南省重点融资问题的建议》和《湖南省政府融资平台调研报告》等一些重要成果分别得到时任张春贤书记和周强书记的高度肯定。

二、融资平台在经济社会发展中的作用

（一）应对国际金融危机，承接"扩内需、保增长"重任。2008 年国际金融危机对我国经济形成很大冲击，沿海地区中小企业大量倒闭，社会投资不足，经济面临较大困境。政府融资平台一方面借助政府信用从银行承贷资金，另一方面又投向城市公共基础设施、高速公路等重点领域，通过投资拉动经济平稳过渡。尤其是中央提出 4 万亿投资计划，如果没有政府融资平台作为主体，很难得到有效实施，那么我国经济就有硬着陆的危险。

（二）创新中国特色投融资体制，丰富投融资主体。湖南是内陆省份，不同于沿海较发达地区，市场主体相对不足是发展的瓶颈制约。而要搞投资、搞建设，不能没有融资和投资的市场主体，这是经济运行的微观基础，融资平台一方面搭起了政府与金融资本之间的桥梁，使政府信用与市场信用进行有效对接，另一方面，融资平台丰富了地方投融资主体，成为地方投融资体系的重要组成部分。目前我省融资平台已从以前的无人问津变为当前商业银行、债券市场都比较关注的领域，而且这么多年保持了良好的还本付息，这是我省投融资体系建设的重要成果。

（二）加速城镇化进程，提升城市化品质。政府融资平台承载了市政建设、县域经济、重大产业基地建设、节能减排、城镇污水垃圾处理、水利、保障性住房、棚户区改造等一大批重点项目的建设。十余年仅仅在开行的支持下政府融资平台就支持了全省 245 条市州土干路、294 条区县主干路和 89 个路网改造项目的建设，支持了全省 73 个开发区和工业园基础设施建设。这些工作对于湖南城市化水平的提升，产生了很大的促进作用。湖南省城市化率从 2002 年的 32％达到目前 50％，城镇化率年均提高 1.48 个百分点，高于同期全国平均增长速度。全省城镇化水平与全国平均水平的差距由 2002 年的 8.39 个百分点缩小到 2012 年的 6.1 个百分点。在城市化率提升的同时，城市品质也在不断提高，以前有人说，湖南城市化是"地表光，地下脏"，通过一些污水处理厂、垃圾处理厂等生态环保工程的建设，湖南城市品质不断提升。

（四）支持民生工程，助力"和谐湖南"。城市化是不是让生活更美好，关键看民生工程搞得好不好。政府融资平台介于政府和市场之间，运用市场化的方式极大完善了政府公共服务设施的建设。通过融资平台，仅开发银行就发放了城镇污水垃圾项目贷款 76 亿元，保障性住房贷款 120 亿元，节能环保贷款 276 亿元，支持了全省 42 家教育卫生单位的改扩建工程，支持了全省"十一五"污水处理管网建设项目、17 个污水处理项目和 12 个垃圾处理项目。这些项目的建成优化了城市居民的生活环境，改善了城市的生态质量，为推动和谐湖南做出了重要的贡献。

三、存在的主要问题

为进一步推动我省投融资体系改革完善，我们认为我省在融资平台发展及政府负债管理方面还存在以下问题需引起重视。

（一）**部分融资平台短期资金供需紧张，流动性压力加大**。随着政府债务的不断攀高，部分融资平台面临着"新开工项目需求和到期债务还款"两大资金压力重叠的问题，短期资金供需矛盾较大。尤其随着国务院 19 号文发布以来，随着国家对政府融资平台和地方债务的清理整顿，对平台的监管政策日趋收紧，特别是从 2012 年 11 月 5 日开始，在不足 2 个月的时间内，相关部委围绕地方政府性债务以及融资问题连续下发五个文件，融资平台的外部融资环境进一步趋紧，商业银行纷纷压缩甚至退出融资平台贷款。另外，随着国家对土地资源的强化监管和用地指标的限制，土地作为平台优质资产的来源越来越难以获得，土地出让收入受国家政策影响下降很快，特别是市一级的平台，普遍存在土地资产与自身融资规模不匹配的问题，难以提供充足的土地抵押融资，融资能力下滑。

（二）**部分地方政府负债过度，一些融资平台偿债能力不足**。虽从湖南省审计署公布的湖南省债务审计结果来看，湖南省主要债务指标仍处于较低水平，整体风险可控，但部分县级政府债务负担过重，个别市、县政府债务率已经超过 100%，甚至超过 200%。与此同时，一些融资平台也潜藏着偿债风险，以省本级和市本级的 14 家融资平台为例，有 5 家平台公司资产负债率超过 70%，从盈利能力看，省、市本级有 6 家盈利，6 家亏损，2 家持平。14 家公司的资产中市政基础设施等不能变现的资产 1896.4 亿元，占资产总额的 51.96%，这些资产难以产生直接效益。

（三）**融资平台市场化程度不足**。一是经营性资产不足，经营性收入有限。我省平台很多资产都是道路、桥梁等"沉没资产"，无法给公司带来利润和现金流。我行 138 家平台公司中经营性资产（主要指土地、房屋）占比高于 80% 的平台占 15%，在 50% 至 80% 之间的占 58%，低于 50% 的占 27%，比如长沙市城市建投，2012 年集团母公司总资产达到 387 亿元，但其经营性资产不到 10 亿元，自身造血的基础薄弱，对财政资金依赖较大。二是融资平台的发展质量不高。以浏阳城投为例，浏阳城投 2008 年总资产为 35 亿元，目前已达 90 亿元，拥有存量土地 6000 多亩，公司也由过去单一的投资公司演变为下设 7 个内部部室、4 家子公司、两家控股公司的集团公司，资产负债率不到 40%。发展速度虽然很快，但也存在一些问题。如部分资产变现能力不强。总资产中有部分资产为城市道路、公园等固定资产，不具备变现能力；6000 亩存量土地按目前市场价折算价值约 150 亿元，但由于种种原因，这些地并没有完成拆迁，由生地变成熟地还需要付出大量人力、物力；人员结构不优，城投员工 50% 为退伍安置军人，高级管理人才相对较少。三是公司缺乏市场化经营理念，效益观念淡薄，市场化转型困难。

（四）**省市县三级融资平台融资能力和抗风险能力不均衡**。一是贷款分布不均衡。贷款主要集中在省级和地级市平台，县级贷款占比较小。目前我行 138 家平台中省级平台和市级平台银行贷款余额占全部平台贷款余额的 50％以上，地市级平台余额占 45.62％，县级平台占 26.73％，若剔除湖南省县域经济项目（由省级平台提供质押，享有省级信用），该比例将降至 5％。二是融资能力差异大。目前省级平台和市级平台能够通过债券市场进行直接融资，县级平台融资仍主要依靠银行贷款。非信贷融资分布极不均衡，长沙市融资平台非信贷融资占比超过 30％，而县级平台则在 5％以下。国家发改委规定仅省、市两级平台和全国"百强县"允许发行企业债，湖南省大部分县级平台不具备发债资格，融资模式较为单一，仍以信贷融资为主。三是各级平台风险抗压能力差异较大。经压力测算，目前经济发达的地市级平台情况并不理想，主要是这部分平台对外融资能力较强，债务增长速度显著快于其收入的增长速度，平台的融资杠杆率比较大，个别平台甚至已经达到最高，继续融资的空间很小。同时，湘西等落后地区抗压能力较弱。这些落后地区属于典型的"吃饭财政"，平台难以得到有力的财政支持，对债务的消化能力较弱，在整合资源上也"相形见绌"，自然抵御外部风险的能力就弱。

（五）非银行性融资发展过快，缺乏有效监管。除传统的信贷融资外，融资平台非信贷融资近年来发展迅猛，特别是国家对平台进行清理以来，企业债、中票、短融、信托等多样化融资工具成为规避监管、弥补资金缺口的重要选择，据统计"影子银行"资金已经占全口径融资额的四分之一以上。以某城投为例，开行通过十几年的贷款投放才形成贷款余额不到 30 亿元，而最近该城投通过两期企业债就融资 33 亿元，超过了开行十几年形成的债务规模，这种短期、集中、大额的融资对公司的投融资效率和资金管理提出了很大的挑战。

四、工作建议

（一）建立整体风控体系，统筹平台债务的管理。在"影子银行"和多元化融资的大背景下，要控制平台总体债务，保持平台债务连续性和稳定性，需要建立"统一规划、综合控制、统一监督"的平台债务管理机制，对平台举债程序、举债形式、举债规格与期限、举债用途进行统筹管理，降低债务总量风险和现金流风险。一是对各平台进行总体资信评价，以此来明确负债边界，强化债务总量约束；二是统筹安排各种不同债务的期限结构，防控现金流风险，实现"既要控制平台债务总量、又要防止平台资金链断裂"的目标；三是实现对平台债务评估规划、跟踪监测、应急管控等全过程管理；四是各种债务资金同步到位、交互使用，缩短平台的项目建设周期，降低平台整体融资成本，为平台尽快盘活存量资源、实现转型争取有利空间。

（二）充分发挥银行的作用，配合地方政府的债务管理。一是在债务管理中建立融资平台债务"牵头管理行"制度。湖南省已出台了政府债务管理办法，提出进行额度控制，设定地方政府的债务上限。在此基础上，设计银行贷款规模控制卡。建议由各级地方政府根据与金融机构合作情况及意愿，确定一家银行为融资平台债务牵头管理行，并报同级财政、银监及人行部门备案，以使贷款规模控制卡设计和使用过程中，牵头行能发挥更多管理作用。同时，财政部门在下发融资举债核准通知时应征询融资平台债务牵头管理行的意见。这样便于对平台债务的统筹管理。二是金融机构应对平台政府性债务融资额度加强审核。金融机构在批准融资前，应到财政部门对平台政府性债务融资核准通知中的已有融资额度进行核对，拟批准的融资额度与本年度已有的政府性债务融资额度累计不得超过年度可融资规模。对本年度融资额度已达到年度可融资规模的举债单位，各级金融机构不得批准新的项目融资。三是加大政府债务公开力度。建议对各金融机构开放政府性债务管理信息系统的查询权限，同时建立政府性债务的定期公布机制，以便于各金融机构动态掌握政府债务情况，科学合理地制定执行信贷政策。

（三）统一政府性债务管理统计口径和标准，完善债务管理体制。一是明确政府性债务归口管理部门。在多元融资的推动下，融资平台债务来源渠道已经扩展到银行、证券、保险、信托等诸多领域，因此需要明确债务归口的管理部门，控制总体债务的风险边界。二是统一债务的统计口径。只有各级政府在统计口径上保持一致，债务数据才能为政府和金融机构决策提供更科学的风险数据依据。三是建立统一、受认可的政府债务率指标。我们发现各金融机构目前对政府性债务的统计范围及政府债务率的计算方式尚无统一标准，不同省份债务率口径也不一致。建议由财政部门牵头，会同人行、银监等部门，组织各主要金融机构建立全省统一并受认可的政府性债务认定标准及政府债务率的计算方法，作为开展融资平台信贷业务的重要依据。

（四）落实偿债准备金制度，切实防控债务风险。偿债准备金制度是防范财政金融风险的有效手段，要进一步强化落实偿债准备金制度。建议省、市、县三级均应建立偿债准备金制度，偿债准备金余额原则上不低于未来一年类到期本息金额的30％。偿债准备金实行专户管理，并将专户开设在最大债权银行。

第三章
见证新预算法的出台

预算法是财政发展到一定历史阶段的产物。17 世纪末，英国新兴资产阶级出于与封建势力进行斗争的需要，通过立法，规定政府必须向议会提出财政收支报告，经议会同意后执行。这种经议会批准的财政收支报告，是最早的国家预算法律性文件。世界许多国家如西班牙、泰国等国制定有专门的《预算法》；日本、智利等国则在《财政法》中规定预算问题；美国虽然没有专门的《预算法》，但年度预算一经议会通过即成为法律，具有普遍约束力。中国清宣统二年（1910）开始试办预算，翌年九月，钦定《十九信条》第十四条规定：本年度之预算，未经国会议决，不得适用前年度预算；又预算案内规定之岁出，预算案所无者，不得为非常财政之处分。中华民国时期，1913 年北洋政府拟定的《天坛宪法草案》设专章对国家预算的收支、编审、执行程序和决算作了规定。其后，国民政府统治期间，颁布了《预算法》和《决算法》。

新中国成立时，新的预算法规同时产生。1949 年 9 月通过的《中国人民政治协商会议共同纲领》中规定：建立国家预算、决算制度，划分中央和地方的财政范围。1951 年，政务院颁布《预算决算暂行条例》，规定了国家预算和决算程序。1978 年以后，预算法制得到加强，国家颁布了一系列预算法规，有效地保证了预算活动的顺利进行。《中华人民共和国预算法》于 1994 年 3 月 22 日由第八届全国人民代表大会第二次会议通过，并于 1995 年 1 月 1 日起施行。该法共 11 章 79 条，对国家预算总原则、管理职权、预算收支范围、预算编制、预算审查与批准、预算调整、决算、监督和法律责任等作了规定。2014 年 8 月 31 日，第十二届全国人民代表大会常务委员会第十次会议表决通过了《全国人大常委会关于修改〈预算法〉的决定》，并决议新预算法于 2015 年 1 月 1 日起施行。至此，预算法在出台 20 年后，历经四次审议，终于完成了首次修改。

▌图 16
2015 年 1 月 1 日开始施行的新预算法。

2014 年 3 月我向第十二届全国人大第二次会议提交了《关于修改预算法修正案二审稿的议案》，对预算授权、预算公开、国库管理、财政专户、地方政府发债等问题提出了一些修改建议，并受邀多次参加全国人大常委会，对预算法修正案进行讨论，有幸参与并见证了新预算法最后修正案制定的过程。

预算法为什么要修正

1994 年《预算法》的出台处于我国从计划经济体制向市场经济体制转轨时期，受到一定的条件限制，虽然其实施以来，对我国预算管理和预算体制改革起到很大的推动作用，但随着我国经济不断发展，人民群众民主法制意识不断增强，我国预算体制的改进事在呕呕。

社会实践的需要

我国预算管理的主要法律依据是预算法及其实施条例，实施已二十来年，它们在国家组织预算收支、预算管理方面起到了非常重要的作用。但如果单从《预算法》角度看，有些规定过于原则，缺乏操作性，实践中主要靠规范性文件来约束，随意性较强，对预算编制、审批、调整、监督等规定，已经不适应现实的需要。关于法律责任的规定只有三条，主要是追究责任人的行政责任，而对预算违法行为没有相应的处理规定。在法律执行中，预算调整成为预算执行的普遍现象，对于违反预算法的行为也较少追究法律责任。在监督环节，存在人大监督不到位，地方审计力度明显弱于中央等问题。正是由于预算法比较原则，所以预算编制在有些方面划分不清晰，超预算如何解决缺乏相应法律规定，全国人大、国务院、财政部门以及地方政府、人大、财政部门权限缺乏细化，各级人大对于预算的审批权还较弱。1994 年版预算法存在的不足导致很多现象，比如"跑部钱进"、预算外收入随意支出、土地财政、年终突击花钱、财政专户资金大量沉淀等等。

债务管理的需要

按照《全国政府性债务审计结果（2013 年 12 月 30 日公告）》，至 2013 年 6 月底，全国各级政府负有偿还责任的债务 20.7 万亿元，负有担保责任的债务 2.9 万亿元，可能承担一定救助责任的债务 6.7 万亿元，2012 年底全国政府性债务总负债率 39.43%，总负债率虽然看起来低于国际通常使用的 60% 的控制标准，但我国政府性债务管理中存在很多问题引起各界高度关注。一是地方政府负有偿还责任的债务增长较快。截至 2013 年 6 月底，省市县三级政府负有偿还责任的债务余额 10.6 万亿元，比 2010 年底增加 3.9 万亿元，年均增长 19.97%。其中：省级、市级、县级年均分别增长 14.41%、17.36% 和 26.59%。二是部分地方和行业债务负担较重。到 2012 年底，有 3 个省级、99 个市级、195 个县级、3465 个乡镇政府负有偿还责任债务的债务率高于 100%；其中，有 2 个省级、31 个市级、29 个县级、148 个乡镇政府负有偿还责任债务的借新还旧率超过20%。三是地方政府性债务对土地出让收入的依赖程度较高。截至2012年底,11个省级、316个市级、1396个县级政府承诺以土地出让收入偿还的债务余额3.5万亿元,占省市县三级政府负有偿还责任债务余额9.4万亿元的37.23%。四是部分地方和单位违规融资、违规使用政府性债务资金。审计发现,部分地方违规通过BT、向非金融机构和个人借款等方式举借政府性债务2458亿元;地方政府及所属机关事业单位违规提供担保3359亿元;融资平台公司等单位违规发行债券423.54亿元;国发〔2010〕19号文件下发后,仍有533家只承担公益性项目融资任务且主要依靠财政性资金偿还债务的融资平台公司存在继续融资行为;财政部等4部委2012年底明确要求地方政府规范对融资平台公司的注资行为后,仍有部分地方将市政道路、公园等公益性资产和储备土地等以资本金形式违规注入71家融资平台公司,涉及金额544.65亿元;部分地方违规将债务资金投入资本市场22.89亿元、房地产市场70.97亿元和用于修建楼堂馆所。而要解决这些问题,一是要建立规范的政府举债融资机制,健全政府性债务管理制度;二是要建立健全地方政府性债务管理责任制,严肃责任追究;三是要进一步转变政府职能,稳步推进投融资、财税等体制机制改革;四是要建立健全债务风险预警和应急处置机制,妥善处理存量债务,防范债务风险。而这些都需要在预算法中得到明确。

体制改革的需要

预算权是公民的重要权利,预算审查、批准、执行监督、决算监督是宪法和法律赋予各级人大及其常委会的重要职权。因此,预算体制改革既包括经济体制改革,也包括政治体制改革,是我国深化经济体制和政治体制改革的重要突破口。1994年,我国实行分税制改革,改革基本完成后便产生了1994年版《中华人民共和国预算法》。限于当时的主客观条件,预算法中没有明确划分各级政府之间的事权,分税制只是在中央和省级为代表的"地方"之间初步建立,省以下并没有真正落实分税制。问题与矛盾的积累造成基层政府财政保障能力不足,地方隐性负债问题日益突出。早在2002年,全国人大常委会预算工作委员会就已经开始筹备预算法修改的草案,直到2004年,第十一届全国人大才把预算法修改列入立法规划修订。2006年,时任全国人大常委会预工委法案室主任的俞光远曾表示,新修订的预算法力争当年8月提交一审。但是,直到2011年11月27日,预算法修正案草案一审稿才正式提交十一届全国人大常委会第二十四次会议审议。2012年6月29日,十一届全国人大常委会第二十七次会议对预算法修正案草案二次审议稿进行审议,同时对外公开并征求各方面意见。相隔1年零10个月后,2014年4月23日,十二届全国人大常委会第八次会议才启动对预算法修正案草案第三次审议程序。导致这次审议推迟的原因是，等待党的十八届三中全会召开，看改革总体方案中对于预算制度改革如何考虑。党的十八届三中全会提出，要实施全面规范、公开透明的预算制度。随后，"充实、完善公开内容"，"明确公开时间"等，被写进了预算法修正案草案三审稿。现在回过头来看，预算法修改的路径也从改革的角度出发，沿着七个方面展开：以推进预算公开为核心，建立透明预算制度；完善政府预算体系，研究清理规范重点支出同财政收支增幅或生产总值挂钩事项；改进年度预算控制方式，建立跨年度预算平衡机制；完善转移支付制度；加强预算执行管理；规范地方政府债务管理；全面规范税收优惠政策。

新预算法议案的酝酿

2012 年 6 月预算法修正案草案二审稿提交十一届全国人大常委会会议审议，7 月公开向社会征集意见。在公开征求意见后，《预算法》修正案草案因涉及政府行为监督、部门权力划分等敏感问题而引发巨大争议。包括"人民银行经理国库权"、"政府发债"等问题在内，社会各方在征求意见期内充分表达了观点，意见达 30 余万条之多。我对预算法修订情况十分关注，因为开发银行是地方政府融资平台融资的重要提供者，地方政府债务管理如何规范对于开发银行开展银政合作具有重要影响，故此开发银行对于预算法也一直在进行跟踪研究。我觉得自己也应该为预算法的修订及完善贡献力量，为此我查阅了大量的文献资料，研究了历年中央及部门预算草案。

我一直认为学术界公正科学的理性研究是预算法等各种大法制定的基础，为了进一步了解学术界对《预算法》修订案草案的争议，我专程赴北京拜访了中央财经大学王雍君教授。王雍君教授是国内著名的财税专家，长期从事公共财政管理方面研究，对预算法修订有着长期研究。我们约在中央财经大学见面，因为我曾在中央财大读研究生，当时又在湖南工作，而王雍君教授正好是湖南人，所以我们一见如故，而且对很多问题都有共识。我们认为当时《预算法》的修改幅度比较大，特别赞同十八届三中全会对《预算法》修改提出的任务，比如十八届三中全会公报指出，实施全面规范、公开透明的预算制度，建立跨年度预算平衡机制，建立权责发生制的政府综合财务报告制度，建立规范合理的中央和地方政府债务管理及风险预警机制，同时要完善一般性转移支付增长机制。这些精神成为《预算法》修订的重要方向，但十八届三中全会并没有具体指明《预算法》如何修订以及如何落实，这需要进一步探索。王雍君教授强调了预算全面性及预算透明度的重要性，我则从亲身经历的角度提出人大审批监督功能应进一步强化，国库应由人民银行经理，应明确地方政府可以负债，并应将还本付息列入预算等。

在与王雍君教授讨论后，我对预算法修订的情况更加了解，后来结合工作中的实际情况形成了《关于修改预算法修正案二审稿的议案（草稿）》。在草稿中，我建议，要赋予地方政府适当举债权。1994 年颁布的《预算法》第 28 条规定："地方各级预算按照量入为出、收支平衡的原则编制，不列赤字。除法律和国务院另有规定外，地方政府不得发行地方政府债券。"2011 年 12 月，预算法修正案一审稿突破了现行预算法框架，赋予了地方政府举债权，并提出了五个方面的正面规范内容，但 2012 年 6 月公布的预算法修正案二审稿删除了上述条款，退回到与 1994 年《预算法》一字不差的状态。这一调整反映了从严规范地方债务，防范金融风险的重要信号。然而，按照现行的分税制，地方政府的财权与事权未能完全匹配，在缺少财源、收支矛盾突出的情况下，地方政府无法平衡好财权与事权的关系，只能绕开法律的规定，通过成立地方政府融资平台公司贷款、发行企业债、影子银行等方式来代替地方政府负债，由此形成诸多隐性债务，根据当时审计署公布的全国政府性债务审计报告，截至 2013 年 6 月底，地方政府逐步形成了 10.6 万亿元的债务余额，已成为财政和金融潜在风险。从健全分税制财政体制，从规范政府间财政关系，从增强地方政府财政自主权的长远角度来考虑，地方政府应该有发债权，通过"开前门、治存量、关后门、修围墙"有利于减少地方政府对地方平台公司的依赖，让地方融资在"阳光"下运作，便于中央政府和投资者及其他利益相关者的监督，提高地方政府的管理质量和运作效率。我还建议，不应删除"人民银行经理国库"这一条款，而且国库由财政部门管理和监督的提法不妥，简而言之"不能让管钥匙的和管账的都在一个部门"，否则容易让财政部门"管事、管钱、管账"三权归于一身，使国库管理外部独立监督退化为内部关联控制。我认为"财政专户纳入国库单一账户体系管理"的提法也不妥，等于承认财政专户的合法性，部分预算资金直接游离于国库之外，这与"国库集中收付制度"改革相悖。为了进一步弄清楚上述问题，我专程拜访了人民银行长沙中心支行国库处，了解国库运行的现状。他们同意我的看法，也认为《预算法修正案（草案二次）》在国库管理方面的提法有些不妥。在谈到财政专户管理问题时，他们举了湖南益阳市财政专户调查的一个案例：专户类别分为社保基金专户、补贴资金专户、非税收入专户、基建资金专户等几类，其中社保基金专户占总量的 31%，辖区内各级财政在人民银行国库的资金库存余额为专户资金的 80.4%。专户的产生造成了国库资金的体外循环，逐渐形成了人民银行国库之外的"第二国库"。出现这种现象的原因是国库集中收付体制改革严重滞后；政出多门，部门利益、团体利益至上，随意性强；政策、法规不完善，缺乏约束力、强制性，执行过程不能进行强力监管；监管缺乏法律依据，致使相关部门在监管过程中出现"监而难管、管而不力"，形成走过场、无人负责的现象。

又经过一段时间的酝酿，2014年3月，我正式向全国人大提交了《关于修改预算法修正案二审稿的议案》，对预算授权、预算公开、国库管理、财政专户、地方政府发债等问题提出了修改建议。此后，我所提议案的很多建议被三审稿以及四审稿采纳。比如，关于预算公开的法条已对预算公开的时间、内容做出了较为详细的规定；关于预算授权的法条也删去了二审稿关于后三本预算的编制、执行和实施步骤授权国务院另行规定的空白授权；关于地方政府发债的法条由禁止地方政府发债改为许可；关于财政专户的法条中去掉了"国库单一账户体系"的提法。在2014年6月人大常委会上，我提出保留"人行经理国库"的建议，四审稿也被采纳吸收。

▌图17
2014年3月第十二届全国人大第二次会议上我提交了《关于修改预算法修正案二审稿的议案》。

在参与预算法修改的过程中，我深刻感受到我国无论是部门还是公民法律意识都大大提升了，我亲历了一些人大代表为了国家长治久安，为了推动法制建设，深入一线、调查研究、不断呐喊，我也特别钦佩那些法制专家和学者，甘于清贫、孜孜以求，对于法制建设不足的那种深切忧虑，对于法制建设取得进步的那种无比欢欣，这或许就是当代中国知识分子的良知。比如全国人大代表、暨南大学管理学院会计系教授卢馨2014年3月在发言中表示，预算是财政的核心内容，关系到千家万户的民生福祉，每年代表审议预算报告都是"内行看不清，外行看不懂"，而且审议时间太短，造成内行看不完，外行看了白看。她认为，预算公开程度有相当大的差距，无论预算量大还是预算量小的部门，预算公开的内容都差强人意，难以让人了解政府的钱到底用在哪里去了。她建议，尽快修订预算法和实施细则，在预算法中进一步明确法律责任，增加问责制，整合现有的法律法规使预算公开法制化，推动政府预算依法公开，从法律层面上明确预算公开的主体、内容、范围，从法律上明确详细程度、公开的形式和步骤、相关主体的责任，为完善政府预算编制与公开，提供法制的保障。正是因为他们，我深刻地认识到中国特色社会主义民主法制蕴含着的无比活力，这也是中国特色社会主义民主法制能够不断完善的重要基石。

预算法修正的主要内容

2014 年 8 月 31 日，习近平总书记签署中华人民共和国主席令（第十二号），正式公布《全国人民代表大会常务委员会关于修改〈中华人民共和国预算法〉的决定》，自 2015 年 1 月 1 日起施行。至此，预算法在出台 20 年后，历经四次审议，终于完成了首次修改。虽然这次采用的是修改的性质，框架结构没有变化，但是条款上的变动是比较大的，修订后的《预算法》由原来的 79 条增加至 101 条，改动内容全面贯彻了党的十八大和十八届三中全会精神，充分体现了财税改革的主要思路，比较好地总结了 20 年来我国财政体制改革的实践经验和创新，比较好地回应了社会各界的关切。

一是匡正立法宗旨。原预算法规定，"为了强化预算的分配和监督职能，健全国家对预算的管理，加强国家宏观调控，保障经济和社会的健康发展，根据宪法，制定本法。"新的预算法规定，"为了规范政府收支行为，强化预算约束，加强对预算的管理和监督，建立健全全面规范、公开透明的预算制度，保障经济社会的健康发展，根据宪法，制定本法"，并增加了许多有关控制政府权力、规范政府预算管理、加强人大对全口径预决算审查监督的内容。预算法从过去的政府管理法转变为规范政府法、管理政府法，从过去"帮助政府管钱袋子"转变为"规范政府钱袋子"，政府从管理监督的主体，同时也转变为被管理、被监督的对象。这充分体现了依法治国、依法行政的时代精神。

二是充实预决算原则。原预算法第 3 条规定，各级预算应当做到收支平衡。新修改的预算法确定了统筹兼顾、勤俭节约、量力而行、讲求绩效和收支平衡的原则，并就原则的落实进行了明确详细的规定。比如讲求绩效方面，新的预算法第 49 条将"提高预算绩效"列入预算草案及预算执行情况审查结果报告的内容。第 57 条补充规定，各级政府、各部门、各单位应当对预算支出情况开展绩效评价。

三是完善全口径预决算体系。原预算法在实施过程中，伴随我国经济发展和财政形势的变化，预算外资金取消了，逐步建立了四本预算的预算体系。这个重大变化在新预算法修改的过程中体现出来。新预算法总则里增加了五条内容，首先是政府的全部收入和支出都要纳入预算，预算体系包括一般公共预算、政府性基金预算、国有资本经营预算、社会保险基金预算四本预算，并且还明确了这四本预算之间的相互关系，一般预算是主体，基金预算要与一般预算相衔接，以及四本预算的主从地位。新《预算法》还增加规定，预算、决算的编制、审查、批准、监督，以及预算的执行和调整，均依照本法规定执行。

四是规范地方政府债务。新预算法允许地方政府举借债务，并从限制举债主体、控制举债规模、明确举债方式、限定债务资金用途、列入预算并向社会公开、严格控制债务风险等方面健全地方政府债务管理制度，有利于防范和化解地方政府债务风险。

五是规范财政转移支付制度。1994年分税制改革以后，整个转移支付体系越来越繁杂，专项转移支付越来越多，一般性转移支付占比越来越小。针对这些问题，新预算法对财政转移支付制度进行比较系统的规范，包括：明确财政转移支付种类；明确财政转移支付应当规范、公平、公开，以推进地区间基本公共服务均等化为主要目标；明确财政转移支付要以为均衡地区间基本财力、由下级政府统筹安排使用的一般性转移支付为主体，减少并限制专项转移支付等。新修改的预算法首次规定财政转移支付制度，为进一步完善分税制、建立事权与支出责任相适应制度奠定了法制基础，有利于优化转移支付结构，提高转移支付资金分配的科学性、公平性和公开性，减少"跑部钱进"现象和中央部门对地方事权的不适当干预，也有利于缩小地区间财力差距、推进基本公共服务均等化、促进区域协调发展。

六是建立预决算公开透明制度。预算公开是这次预算法修改的一个亮点，1994年还没有强调预算公开的意识，原预算法不涉及公开的要求。近年来社会各界对预决算公开的呼声越来越高，各地在推进预决算公开方面也做了大量工作，取得了明显成效。为巩固和扩大这一改革成果并使之规范化、制度化，新《预算法》总则的第一条便提出，要建立健全全面规范、公开透明的预算制度，并对预决算公开透明做出了比较全面、明确、具体的规定。比如，规定公开内容包括经本级人大或者常委会批准的预算、预算调整、决算、预算执行情况的报告及报表，经本级政府财政部门批复的预算、决算及报表，各级政府、各部门、各单位进行政府采购的情况，以及对预算执行和其他财政收支的审计工作报告。同时要求，公开政府预算、决算时，应当对本级政府财政转移支付安排执行情况以及举借债务的情况等重要事项做出说明；公开部门预算、决算时，应当对部门预算、决算中机关运行经费的安排、使用情况作出说明。基本上，除了国家保密法规定属于国家秘密的内容以外，新《预算法》规定预算活动的全部内容都应公开。新《预算法》中对公开时间和公开主体也有明确的要求。同时，新《预算法》对违反预算公开应该承担的法律责任做了一些规定。

七是提高预决算编制科学性。新《预算法》要求把一年预算的编制扩展到多年预算的编制，考虑到现实情况，现在施行中期规划，但中期规划不是预算，只是一个事业发展的规划，不过通过框架性的规划安排下一步的预算，可以把预算和事业的发展更好地衔接起来，预算编得更实，也更有利于预算更快地执行。同时，新《预算法》要求预算收入预测数据和支出预算定额真实准确，预算编制程序和方法合理规范，预算资金安排和数字指标稳妥可靠，并就政府预算编制、部门和单位预算编制、政府收支分类科目、中央债务余额管理、预算稳定调节基金、结转资金和结余资金、决算草案编制等进行了详细规定。

八是增强预算执行和预算调整规范性。预算经过人大审查批准之后，就成为具有法律效力的财政收支计划。新《预算法》要求依法组织收入，严格落实支出安排，确保资金及时用于预算项目，不断提高财政资金使用效益。具体在预算审批前支出、收入指标、收付实现制、国库集中收付管理、超收收入使用、增列赤字、预算调整等方面做出补充规定。

九是完善预决算审查监督制度。新《预算法》完善了预决算审查监督的一系列规定，就预算草案细化、预算草案初步审查、预算草案重点审查、预算草案审查结果报告、预算批复、预算调整方案初步审查、编制决算草案、决算草案初步审查、决算草案重点审查、决算批复、预算执行监督等工作环节做出了明确具体的规定。

十是强化法律责任制度。针对法律责任规定比较模糊问题，新《预算法》将法律责任从 3 条 3 款增加到 5 条 25 款。如果政府及有关部门、单位违反预算法规定，除了责令政府及有关部门、单位改正，构成犯罪的，依法追究刑事责任之外，新预算法对负有直接责任的主管人员和其他直接责任人员还规定了具体的法律责任，包括视情节追究行政责任，依法给予降级、撤职、开除处分，责令改正，追回骗取、使用的资金，有违法所得的没收违法所得，对单位给予警告或通报批评等。这为后续新《预算法》的有效执行提供了有力保障。

▌ 预算改革在路上

预算法首次大修充分体现了中国法制建设民主化过程

从 2004 年第十一届全国人大把预算法修改列入立法规划到 2014 年 8 月 31 日，

十二届全国人大常委会第十次会议表决通过了《关于修改〈中华人民共和国预算法〉的决定》，历时十年、两届人大、四易其稿、征求 30 余万条意见……有"经济宪法"之称的预算法首次大修在博弈中尘埃落定。正如财政部财政科学研究所前所长贾康所说："基于中国的国情和中国配套改革的进程，预算法本次也只能采取有限修改的原则，追求有限目标。"无数专家学者、相关从业人员、人大代表在预算法修正中贡献了自己的智慧。虽然不易，但历经十年预算法修正案能够通过仍是一个重大成就。2014 年 8 月 26 日上午张德江委员长参加的分组审议中，与会人员普遍认为，修改预算法是落实党的十八大和十八届三中全会决定精神，深化财税体制改革、推动建立现代财政制度的一项重要举措，是必要的、适时的。修正案草案吸收了近年来预算改革探索的成功经验，回应了当前人民群众最关心的问题，与中央决定的财税体制改革总体方案衔接较好，将成为对推动改革具有全局性影响的一部重要的法律。与会人员认为，修正案草案增强了预算的完整性、科学性和透明度，强化了政府债务管理，完善了财政转移支付制度，规范了预算执行，加强了预算监督，理念、制度先进，规定具体、明确，既注重增强法律的可操作性和可执行性，又充分发挥法律的引领和推动作用，比较成熟。此轮对预算法的修改，是改革的需要，是建立现代预算管理制度的需要，也是中国法制建设民主化的重要成果。

要推动预算法配套制度体系的进一步完善

不过《预算法》的修改，只是解决了政府依法理财的法律基础，做到有法可依，但是要从根本上促进政府依法理财，还有很多工作要做。一是需要加强审计。要促进政府依法理财，就需要按照《预算法》规定进行审计。各级人大也要重视审计结果，督促有关部门查处违法违规行为，促进政府依法理财，进而促进政府依法行政。二是强化预算约束。2014 年 6 月 30 日，中共中央政治局召开会议审议通过《深化财税体制改革总体方案》，强调"强化预算约束"，这一改革精神虽然已经写进了预算法修正案草案总则，但预算约束问题任重道远。三是在中央预算的支出里面要编制到项目。审议四审稿时，全国人大常委会委员任茂东仍然坚持这一规定。他指出，1999 年第九届全国人大常委会通过的《加强中央预算审查监督的决定》规定，中央本级预算的经常性支出按中央一级预算的单位编制，中央预算建设性支出、基金支出按类别以及若干重大项目编制。15 年过去了，现在还做不到。四是全口径预算。党中央提出全口径预算，但是修改后的预算法并没有在法律中落实全口径预算精神。在法律上构建公共预算、政府性基金预算、国有资本经营预算、社会保障预算组成的"四本预算"体系，在预算完整性方面取得了进步，但距离全口径预算的目标还有差距。目前预算体系只体现了"收"和"支"，没有体现资产负债。这可能会导致很多支出转换为另外的资产，而一旦转移为另外一种资产，就脱离了人民与人大的监督视野。五是权力权衡。修改后的预算法规定："各级预算的编制、执行应当建立健全相互制约、相互协调的机制。"这样的规定符合"权力制衡"原则指导下的制度建设方向，但是，如何在具体方案上落实相互制约和相互协调的运行机制，还有待未来根据客观条件变化而逐步完善与明确。六是绩效预算。即以结果是否实现预期目标为标准和导向，通过建立绩效预算评价体系，实现对财政资金的全程科学管理。我国在这方面已经形成明确导向，但实际工作层面还刚刚起步，许多重要事项尚在探讨中，所以这次预算法修改中，仅规定了"各级预算应当遵循讲求绩效和收支平衡的原则"，没有就建立和完善绩效预算管理制度、推行绩效预算作进一步的规定。这些相当复杂的问题，需要在日后实践中，根据经验来分步补充修改和细化预算法中关于绩效的相关制度。

政府隐性债务问题仍有待解决

预算法 2014 年 8 月底修订通过后，地方政府债务管理进入新纪元，地方政府举债有了合法的"前门"——由省级政府在限额内，通过发行政府债券方式举债。国务院 2014 年 9 月份印发的 43 号文，以及财政部出台的地方政府债务限额管理等系列文件，均反复强调明确政府和企业责任，政府债务不得通过企业举借，企业债务不得推给政府偿还，切实做到谁借谁还、风险自担。2016 年 11 月 4 日，财政部相关负责人以答记者问的形式，再次重申新预算法等相关规定，表示新预算法生效后，地方政府债务仅限政府债券形式，且实行限额管理，2016 年全部地方债额度为 17.18 万亿元，融资平台债务并不属于政府债务。

但实际情况复杂得多。2015 年之后，融资平台通过各种融资渠道仍在继续举债，包括银行信贷、城投债、信托、融资租赁等。以公开可统计的城投债为例，截至 2016 年 10 月底，融资平台中城投债发行超过 3700 支，债券额度超过 3.7 万亿元。新预算法勾画出的地方债管理新蓝图并未全部实现。一是来自政府端的挑战。新预算法等规定城投公司不得替政府举债，但地方为了稳增长需要，在城投公司被限制的情况下，就通过城投公司的子公司、孙公司来替政府举债，方式跟之前类似，就是换了其他主体。二是来自金融端的挑战。由于经济下行压力加大，银行贷款资金投向民营企业意愿下降，融资平台从 2015 年下半年又进入融资成本低、资金充裕的环境，地方政府刚好可以加大基础设施等投入。三是来自模式效率的挑战。新预算法实施之后，平台公司仍有现实意义。在推行 PPP 模式的过程中，大家讨论比较多的就是 PPP 模式和传统融资平台模式孰优孰劣？对于中西部欠发达省份，政府投融资需求较大，通过平台公司、以政府购买服务形式进行基础设施投入，节省了 PPP 模式的很多中间流程，更有效率。四是来自政企关系的挑战。政府和融资平台公司的关系为股东和法人的关系，融资平台债务依法不属于政府债务，其债务由自身负责偿还，地方政府作为出资人，在出资范围内承担有限责任。但融资平台并不具备清晰的法律内涵，在现实中进行债务分割比较困难，融资平台实际功能上既替政府举债也为自身一些经营项目举债。融资平台在决策上往往听命于政府部门，担任基础设施、公共服务项目等投融资职能，平台债务还款来源主要是土地出让收入、财政资金、债券置换资金以及金融资金，大部分融资平台自有现金流还是非常不足。

继 2016 年 5 月地方政府性债务审计 9 条意见出台之后，2017 年 8 月 29 日，浙江省审计厅根据国务院加强地方政府性债务管理的意见，出台了进一步加强市县政府性债务审计工作的 9 条意见。新 9 条对债务审计的重点、风险评估方法、评价标准、责任认定和处理意见作了明确。2017 年 10 月 16 日，浙江省审计厅又下发了政府性债务审计工作指南和调查表。这次债务调查采用新口径、新标准，进一步扩大政府性债务审计监督范围，从政府支出责任视角出发，重点关注 BT 项目、PPP 项目、政府购买服务、反借补偿款、明股实债等 5 类可能存在政府变相融资的违规行为。首次将 PPP 项目、政府购买服务纳入债务审计重点范畴，推进债务"一个笼子"。

从上述分析以及浙江情况来看，政府隐性债务恐怕还不能简单采取"鸵鸟政策"。财政部的宣告还不能解决所有问题，债务置换也无法解决所有问题。新预算法出台后，财政金融体制改革依然重责在身，党的十九大所提出的财政金融体制改革目标依然任重道远。毕竟隐性债务的产生有着深刻的经济社会背景，其化解也需要调动整个经济社会各方面要素的综合效力，需要客观、全面、动态地观察和分析，根本出路在于全面深化改革，多措并举、标本兼治。这些措施应包括：

一是"治存量"，全面清理存量债务，做好风险防范预案。要秉着实事求是、客观公正的原则，从政府支出责任视角出发，推广应用浙江经验，扩大政府性债务审计监督范围，摸清 BT 项目、PPP 项目、政府购买服务、明股实债等各类政府隐性债务的规模、主体、结构、期限、利率，科学评估地方政府隐性债务风险。要做到心中有数，掌握风险底数，深入分析成因，找准问题根源；做到手中有策，严格控制增量，稳妥化解存量，并通过提前落实还款来源、设立偿债风险准备金、制定资产处置方案等方式，制定风险化解预案，守住不发生区域性系统性风险的底线。

二是"关后门"，加强银政双方硬性约束，坚决遏制政府隐性债务增长。既加强对金融机构监管，让监管"长牙齿"，从资金来源、投资渠道、内部管控等方面，坚决遏制金融机构通过明股实债、虚假 PPP 或政府购买服务、违规担保等方式向地方政府和融资平台违规过度融资，改变对地方政府融资平台"刚性兑付"和"隐性担保"的市场预期；又加强对地方政府的约束，进一步压实责任，落实属地监管责任，建立问题倒查和责任追究机制，引导树立正确政绩观、正确发展观，坚决防止简单以生产总值增长论英雄，坚决防止靠过度举债保增长的做法，确保政府债务可承受、可持续。近期，我们可喜的看到，随着十九大、中央经济工作会议、全国金融工作会议的召开，金融监管机构、地方政府、金融机构和社会各界都将控制地方政府隐性债务、防范化解债务风险放在非常重要的位置，相继出台了一系列的监管政策和处置措施，相信伴随这些政策的实施，地方政府隐性债务将得到有效遏制。

三是"开前门"，完善地方政府债券发行管理的相关办法。完善对地方政府发债程序、信用评级制度、资产负债财政状况等信息披露制度，完善债券偿债机制、资金使用效益评估、债务风险防范机制和风险预警体系。推进政府会计制度改革，编制政府资产负债表，摸清资产和债务存量。完善地方政府信用评级方法与模型，设立偿债风险准备金和偿债基金，形成缓冲地方债券信用风险的"蓄水池"；构建风险应急处置机制，设置全国性的债务稳定工具，发挥人大和审计、监察等部门的监督职能，加强对举借债务的事前审批、事中监控和使用跟踪，加大对违法违规融资的查处力度，严肃问责，倒逼政府自觉规范举债行为。

四是"修围墙"，理顺各级政府间和政府与市场的关系。要按照中央《深化财税体制改革总体方案》要求，加快推进财税体制改革，进一步理顺中央和地方收入划分，合理划分政府间事权和支出责任，加快构建房地产税等地方税收体系，促进权力和责任、办事和花钱相统一。要大力推进地方政府融资平台市场化转型，围绕城市运营主体和战略性产业培育主体两大职能，切实做实做强融资平台，充分发挥融资平台在政府与市场之间的桥梁作用，以市场化方式服务地方政府的发展目标，避免地方政府过度举债并参与市场活动。

关于预算法修正案（草案二次审议稿）的议案

2014 年 3 月第十二届全国人大第二次会议的议案

【案由】

《预算法》自 1995 年颁布实施之后，在加强国家预算管理、保障社会经济运行、确保政府职能正常运转等方面起到了积极作用。但其颁布至今已实施了 19 个年头，随着经济社会发展和依法治国理念的深入，条文背后的理念意旨和一系列制度规则已经不能适应当前形势下经济社会发展的需要，亟需修改。

【案据】

2011 年 12 月全国人大常委会进行了《预算法》修正案的一审，2012 年 8 月全国人大常委会对《预算法修正案（草案二次审议稿)》（以下简称《草案二》）进行了二次审议。《草案二》确定了"预算公开"原则，明确我国的预算编制形式是"复式预算"，明确"乡镇一级均设立预算"并由本级人大监督等，这些方面较原法律条文有较大进步，但与其承载的推进我国政府公共预算改革的使命相比，这一法律草案还是显得程序性调整居多、实质性变动较少。

（一）"预算授权"原则体现不足，人大审批监督功能应进一步强化

《预算法》作为一部"授权法"，修订的中心任务，就是体现《宪法》确立的至高无上的"预算授权"原则，但《草案二》中没有"非经授权不得开支公款"这类条款。相反，《预算法》将具体操作性条款的制定过多地留给了国务院，凸显了修改过程中部门立法的特性，削弱了人大对政府财政的审批监督功能。例如，尽管《草案二》对全口径预算做了规定，提出了预算分为 4 本预算，但对除公共预算之外的另 3 本预算如何编制，应先在预算法中给出明确意见，然后再依法授权国务院作出规定，提高预算法的权威性。

（二）删去人民银行经理国库的条款，国库由财政部门管理和监督的提法欠严谨

《草案二》第 54 条删去了《预算法》中关于人民银行经理国库的条款，同时赋予财政部门管理和监督国库的权限，这与现行《中国人民银行法》规定的人民银行具有经理国库职责相矛盾。《草案二》如若通过，人民银行则失去了代表政府对国库资金的监督权，脱节的监督和管理交由财政部门自身补位，导致国库管理外部独立监督退化

为内部关联控制。财政部门在财政事务中已经拥有过多的裁量权，不应"管事、管钱、管账"三权归于一身，央行负责管理政府现金与银行账户是一种有效的隔离机制。

（三）"财政专户纳入国库单一账户体系管理"等于承认财政专户的合法性，部分预算资金直接游离于国库之外，这与"国库集中收付制度"改革相悖

由于中央银行能确保政府资金安全，有利于货币政策与财政政策协调配合，国库单一账户通常选择开立在中央银行。世界主要市场经济国家普遍实行国库单一账户制度，集中管理所有政府资金收支。财政专户本是预算管理低效模式下的历史遗留问题，将财政专户纳入国库单一账户体系管理，是将国库单一账户体系和国库单一账户概念混淆。这种过渡时期的管理方式不符合 2001 年开始的"以国库单一账户为基础，资金缴拨国库集中收付为主要形式"的改革方向，且允许政府收支可分别纳入央行国库、商行财政专户进行分散管理为公共资金转移、逃避监管打开方便之门，地方财政部门权力寻租的空间加大。建议逐步清理取消开设于商业银行的各种财政专户。

（四）预算公开范围狭窄，程序缺位，仅体现了有限进步

虽然《草案二》明确了预算公开原则，但其只是一个原则性的条款，对于预算信息应当什么时候公开，公开到何种程度，不公开应如何处理等问题并没有具体规定，因此缺乏法律上的可操作性，仅是一个象征性的进步。《草案二》未将"公开透明"写进预算遵循原则，第 11 条尽管要求预算、预算调整、决算信息在人大批准后向公众公开，却同时引入了"涉及国家机密的除外"这一含糊概念。近年来，政府部门预算编制过粗、部分收入没有纳入预算、年底突击花钱等现象频发，反映出人大对政府部门预算的监督力度不够。《草案二》虽在第 17、18、79 等多项条款明文赋予各级人大有关预算监督的权利，但实质上却删除了《预算法》第 69 条"各级政府应当在每一预算年度内至少二次向本级人民代表大会或者其常务委员会作预算执行情况的报告"。

（五）明确政府可以负债，并将还本付息列入预算

现行《预算法》第 28 条规定："地方各级预算按照量入为出、收支平衡的原则编制，不列赤字。除法律和国务院另有规定外，地方政府不得发行地方政府债券。"《草案二》第 31 条重申上述规定，没有改变。按照现行的分税制，地方政府的财权与事权很不匹配，在缺少财源、收支矛盾突出的情况下，地方政府无法平衡好财权与事权的关系，地方政府大多通过融资平台公司举债来代替地方政府发债，随着时间的积累，举债规模越来越大，政府实质债务负担加重，给财政金融带来风险隐患。在信贷资金控制情况下，近来部分政府融资平台开辟新的资金来源渠道，借道信托、券商、基金子公司等渠道，以理财计划等方式延续资金供给，导致财政兜底违规之风再现，地方债不降反增，融资成本高企。地方政府也逐步形成了以土地出让金收入作为偿债来源的负债体系，对土地财政依赖严重。现行《预算法》不允许地方政府编制预算赤字，并没有实质上避免政府负债，也无助于其风险防范机制的构建与强化，应坚持"正面规划"的修法路线。同时，鉴于 2013 年审计署的债务审计结果已经给了政府性债务一个较为完整清晰的认定，建议预算编制时将地方政府举借的债务和还本付息数额在本

级预算中单独列示。

【方案】

《草案二》较之 1994 年制定的《预算法》，进行了一定程度的修改，条文也由 79 条增加到 95 条，进一步增强了预算的全面性、公开性、问责性，这些内容至少从法律价值和规范层面表现出预算法修订的关键所在。结合研究情况，现对《草案二》修改建议如下：

提请修改的条款包括第十一条、第十五条、第二十五条、第三十一条、第五十一条、第五十四条、第五十六条、第六十八条、第八十三条、第八十六条。具体条文修改建议如下：

修改第十一条

建议修改为："经本级人民代表大会或者本级人民代表大会常务委员会批准的预算、预算调整、决算，应当在批准之日起 15 个工作日之内向社会公开，公开方式应尽可能便于社会公众获取信息，但涉及国家秘密的内容除外。

按经济分类的预算公布到款级科目；公务接待费、公务用车购置和运行费、因公出国（境）费等机关运行经费的预算和决算情况应当公布到项级科目，审计机关应当予以重点审计并公布审计结果。

公开的范围可区别为主动公开和依法申请公开，具体划分由国务院规定。

各级政府财政部门负责本级政府总预算、预算调整、决算的公开。各部门负责本部门预算、决算的公开。预算、预算调整、决算公开的具体办法，由国务院规定。"

【修改理由】预算法应该规定收入的款、项、目的具体程度，以便从法律上呼应政府透明度，另外，"及时"应有明确的法律界限。

修改第十五条

建议将"预算年度自公历 1 月 1 日起，至 12 月 31 日止"修改为"预算年度自公历 4 月 1 日起，至下一年 3 月 31 日止"。

【修改理由】预算年度选择最基本的原则是"立法机构通过政府预算之日起"，这在现代预算中被称为"事前批准原则"，许多国家直接写入宪法。此外，目前这种按照自然年度确定的预算年度，也使得政府的预算执行时间最多只有 8 个月。修改后，至少可多出 4 个月。

修改第二十五条

建议将"政府性基金预算、国有资本经营预算和社会保障预算的收支范围，按照国务院的规定执行"，修改为"政府性基金预算、国有资本经营预算和社会保障预算的收支范围，由国务院负责提交方案，经全国人大常委会审批之后生效执行。政府性基金预算、国有资本经营预算和社会保障预算，与公共预算遵循相同的申报、审查和辩论程序，由国务院规定，报全国人大审查批准后执行"。

【修改理由】此条与宪法不符。宪法规定预算由人大审查和批准，意味着预算的"范围"应由法定预算程序决定，并依法执行。确定预算收支范围是保障预算完整性的关键性条款，应由人大负责。

修改第三十一条

建议将"地方各级预算按照量入为出、收支平衡的原则编制，不列赤字。除法律和国务院另有规定外，地方政府不得发行地方政府债券"，修改为"地方各级预算按照量入为出、收支平衡的原则编制。如有赤字，按照法律和国务院的规定，并经同级人民代表大会批准，地方政府可以举借债务。债务范围包括银行贷款和发行地方政府债券。"

并增加以下条款："除法律和国务院另有规定外，地方政府不得为他人债务提供担保；对地方政府债务实行限额管理，并设定地方政府债务风险控制标准，严禁超过控制标准的地方政府发债；地方政府如发债，主体是省市级政府；省级政府发债的审批程序为：国务院确定省级政府债务的限额，报经全国人民代表大会批准后下达，省级政府按国务院下达的限额举债，作为赤字列入本级预算。市级政府发债的审批程序为：省级政府确定市级政府债务限额，报经省级人民代表大会批准后下达，市级政府按照省级政府下达的限额举债，作为赤字列入本级预算；地方政府举债应当有稳定的债务偿还资金来源；地方政府本年度举借的债务和还本付息数额应当在本级预算中单独列示。"

【修改理由】目前地方政府都在变相借债，因此，还不如直接允许它们举借债务，提高债务透明度，增加市场约束，也方便管理和控制。

修改第五十一条（五十六条同）

建议将"财政专户纳入国库单一账户体系管理"修改为："有预算收入上缴义务的部门和单位，应当依照法律、行政法规和国务院的规定，将应当上缴的预算资金及时、足额上缴国家金库（以下简称国库）和依法设立的财政专户，不得截留、占用、挪用或者拖欠。

前款规定的财政专户，是指由法律、行政法规和国务院规定的特定专用资金设立的专户。财政专户纳入国库单一账户管理。

国务院财政部门应将财政专户收支情况纳入信息管理系统，并与国库实现信息共享。"

【修改理由】国库单一账户体系管理和国库单一账户管理是两回事。所有预算资金都应纳入国库实账户管理，避免政府部门以虚账户之名，行实账户之利。

修改第五十四条

保留原预算法条款"中央国库业务由中国人民银行经理，地方国库业务依照国务院的有关规定办理"。建议将"各级政府及其财政部门应当加强对本级国库的管理和监督"，修改为：

"县级以上各级预算必须设立国库；具备条件的乡、民族乡、镇也应当设立国库。

中央国库业务由中国人民银行经理，地方国库业务依照国务院的有关规定办理；

各级国库应当按照国家有关规定，及时准确地办理预算收入的收纳、划分、留解、退付和预算支出的拨付。

各级国库库款的支配权属于本级政府财政部门。除法律、行政法规另有规定外，未经本级政府财政部门同意，任何部门、单位和个人都无权动用国库库款或者以其他方式支配已入国库的库款。

各级财政部门经人大批准的计划收支预算以及追加预算应当及时提交给同级国库部门以便审核，各级国库部门应当加强对预算资金使用的监督。

各级政府、财政部门以及人民银行应当加强对本级国库的管理和监督。

国库管理的具体办法由国务院规定。"

【修改理由】国库由中国人民银行经理有利于资金的监管。人大是国库的户主，政府和财政部门是操作账户的受托人。另外，《中华人民共和国银行法》对中国人民银行的职责明确规定有"经理国库"，如果新的《预算法》把"中央国库业务由中国人民银行经理，地方国库业务依照国务院的有关规定办理"这一条款拿去，也使两个法律相矛盾和冲突。故即使在现行体制下，也要保留这一条款，除非同时修改《银行法》和《预算法》。

修改第六十八条

建议将"不同预算科目间的预算资金需要调剂使用的，必须按照国务院财政部门的规定报经批准"，修改为"不同预算科目间的预算资金需要调剂使用的，必须报经各级人民代表大会常务委员会批准。"

【修改理由】行政部门的科目调剂权应受人大（法律）的限制。

修改第八十三条

建议将此条修改为："各级人民代表大会、财政部门、审计部门、央行国库应和其他财政监督机构应加强对公共资金收付过程的监督，向本级政府和上级财政及时报告预算执行情况、公共资金收付和政府银行账户管理情况。"

【修改理由】加强各部门对公共资金收付过程的监督。

修改第八十六条

建议增加条款："公民、法人或者其他组织对本法规定公开的预算、预算调整或决算有权依法申请公开，对公开义务机关公开行为不服的可以依法提起行政复议或行政诉讼。"

【修改理由】增加公众监督的权利。

预算法修订要赋予地方政府适当举债权

2014 年 3 月 8 日第十二届全国人大第二次会议小组讨论发言

　　现行预算法第二十八条规定："地方各级预算按照量入为出、收支平衡的原则编制，不列赤字。除法律和国务院另有规定外，地方政府不得发行地方政府债券。" 2011 年 12 月，预算法修正案一审稿突破了现行预算法框架，赋予了地方政府举债权，并提出了五个方面的正面规范内容，但 2012 年 6 月公布的预算法修正案二审稿删除了上述条款，退回到与现行《预算法》一字不差的状态。这一调整反映了从严规范地方债务，防范金融风险的重要信号。然而，按照现行的分税制，地方政府的财权与事权未能完全匹配，在缺少财源、收支矛盾突出的情况下，地方政府处于两难境地，无法平衡好财权与事权的关系，各地方政府普遍都有或多或少的债务，根据审计署 2013 年 12 月 30 日公布的全国政府性债务审计报告，截至 2013 年 6 月底，地方政府逐步形成了 10.9 万亿元的债务余额，虽然结果显示目前我国政府性债务风险总体可控，但也存在一定的隐患。

　　其一，由于地方政府没有发债的权利，其只能绕开法律的规定，通过成立地方政府融资平台公司举债来代替地方政府发债，例如 10.9 万亿元的地方债务余额中，以融资平台为举债主体的债务达到了 37.4%，其规范性、透明度、可持续性目前都存在着较多问题。其二，在监管标准日益严苛的情况下，部分资产质量较差、盈利能力较低的区县平台开辟新的资金来源渠道，借道信托、券商、基金子公司等渠道，以理财计划等方式延续资金供给，导致财政兜底违规之风再现，地方债不降反增，融资成本高企，相互之间风险渗透的信用链条业构成了以政府为主的中国特色的影子银行体系，风险加剧。其三，地方政府逐步形成了以土地出让金收入作为偿债来源的负债体系，对土地财政依赖严重。根据审计报告，截至 2012 年底，省市县三级政府承诺以土地出让收入偿还的债务余额 3.5 万亿元，占其负有偿还责任债务余额 9.4 万亿元的 37.2%，土地收益偿债的不稳定性使政府偿债风险增大。从健全分税制财政体制的发展目标，规范政府间财政关系，增强地方政府财政自主权的长远角度来考虑，地方政府应该有发债权，此举也有利于减少地方政府对地方平台公司的依赖，加强地方政府自身的财务管理，让地方政府债务的显性化，地方融资在"阳光"下运作，便于中央政府和投资者及其他利益相关者的监督，提高地方政府的管理质量和运作效率，丰富证券市场投资工具。综上，建议递交预算法修改提案，修改预算法第二十八条，修改为"地方各级预算按照量入为出、收支平衡的原则编制，不列赤字。按照法律和国务院的规定，并经全国人大批准，地方政府可以举借债务"。

据统计，世界53个主要国家中，有37个国家允许地方政府举债，占比达到70%。我国从发行地方债的可行性来说，首先，部分地方债券发行和管理已经积累了丰富的经验，我国目前已经发行了国债、企业债券、金融债券，同时中央通过转贷模式、代发代偿模式、自发代偿模式的地方政府债券发行试点，也让地方政府积累了发行债券的经验、培养了发行债券的专业人才。其次，"准地方政府债券"为正式的地方债券提供了参考和借鉴。例如1999年2月，上海市发行5亿元浦东建设债券用于上海地铁二号线一期工程。1999年7月，长沙市发行1.8亿元债券，筹集长沙市二环线的建设。这些债券虽然是企业融资行为，但是因为其项目资金的运作和管理与一般的企业不同，这些债券实际相当于"准地方政府债券"。再次，无论是政府还是市场均对对地方政府债券有巨大需求。在我国推进城镇化的过程中，巨大的资金投入使得地方政府对地方债态度积极。而2013年我国成居民储蓄率居全球首位，超过50%，也显示中国的投资者也迫切需要新的投资品种，因此，地方债也是弥补我国投资渠道狭窄，扩大债券市场规模，健全中国资本市场的一种有效手段。目前各界也在为地方政府发债创造条件，例如中国社科院金融研究所已于2013年9月与中债资信评估公司签署了中国地方政府评级合作框架协议，监管层正在研究探讨建立地方信用评级制度；党的十八届三中全会决议明确提出"编制全国和地方资产负债表"，一些省份目前已在试编，国家统计局也已表示将加快推进这项工作；银监会也正在研究成立地方性资产管理公司承接债务呆坏账。但与此同时，发行债券中仍有一些需要注意的问题，第一，债券发行投向需明确，如果地方发债的目的是基础设施和公共设施的建设，地方政府才被允许发行债券；第二，在没有明确地方政府是否可以破产的情况下，中央对地方政府债券发行规模要严格控制；第三，对债务资金的使用要建立监督机制。

因此，如果地方政府在"开前门"的同时，能做好"治存量，关后门，修围墙"的情况下，赋予地方政府适当举债权是可行的，并应同时在预算法中加入正面规范的内容。因此，建议《预算法》第二十八条的修改可以增加以下几个方面的正面规范：第一，不允许地方政府为其他单位和个人进行担保或者承诺。这可以把地方政府债务中隐性负债的数量大大降低，从法律上减少地方政府隐性负债的规模和数量。第二，对地方政府债务实行限额管理。明确规定地方债数量规模的控制机制。第三，明确规定地方政府发债的主体是省级政府。市县级政府的如果需要举借债务筹集资金，可以委托省级政府代发。第四，明确地方政府发债的审批程序。例如国务院确定地方债务的限额，报经全国人民代表大会批准后下达，省级政府按国务院下达的限额举债，作为赤字列入本级预算调整方案，报本级人大常委会批准。鲜明地规定"预算管债"的基本制度规则和地方债与地方预算赤字的技术处理规范、特别明确人代会作为"最高权力机关"对此的审批监管职能。第五，明确要求地方政府设立偿债准备金和建立风险监管体系。第六，地方政府本年度举借的债务和还本付息数额应当在本级预算中单独列示。在此基础上，可以扩大上海等地方自主发行债券试点并尝试地方政府共同发行债券模式。

国外的债券发行经验表明，完善的法律制度是有效管理地方债，防范地方债务风险的前提和保障，因此，在对《预算法》等相关法律加以修订的基础上，应尽快制定《地方政府公债法》，对公债发行主体、发行程序、适用范围、偿还机制、资金使用绩效考核等做出明确规定，使地方债管理有法可依。

将地方债务管理纳入法治化轨道

2014 年 3 月 9 日第十二届全国人大第二次会议小组讨论发言

　　1994 年，我国开始全面实施分税制财政体制，根据中央政府和地方政府的事权确定其相应的财权。但在实际的实施过程中，由于政府的事权层层下放，而财权则被上级政府控制，呈现倒金字塔结构。在这种扭曲的体制下，地方政府处于两难境地，无法平衡好财权与事权的关系，各地方政府普遍都有或多或少的债务，根据审计署 2013 年 12 月 30 日公布的全国政府性债务审计结果来看，截至 2013 年 6 月底，地方政府逐步形成了 10.88 万亿元的债务余额，虽然我国政府性债务风险总体可控，但也存在一定的风险隐患。具体表现在以下几个方面：一是地方政府负有偿还责任的债务增长较快。截至 2013 年 6 月底，省市县三级政府负有偿还责任的债务余额 10.58 万亿元，比 2010 年底增加 3.87 万亿元，年均增长 19.97%。其中省级、市级、县级年均分别增长 14.41%、17.36% 和 26.59%；二是部分地方和行业债务负担较重。截至 2012 年底，有 3 个省级、99 个市级、195 个县级、3465 个乡镇政府负有偿还责任债务的债务率高于 100%；从行业债务状况看，截至 2013 年 6 月底，全国政府还贷高速公路和取消收费政府还贷二级公路债务余额分别为 1.94 万亿元和 0.44 万亿元，债务偿还压力较大；三是地方政府性债务对土地出让收入的依赖程度较高。截至 2012 年底，11 个省级、316 个市级、1396 个县级政府承诺以土地出让收入偿还的债务余额 3.49 万亿元，占省市县三级政府负有偿还责任债务余额 9.36 万亿元的 37.23%；四是部分地方和单位违规融资、违规使用政府性债务资金。审计发现，部分地方违规通过 BT、向非金融机构和个人借款等方式举借政府性债务 2457.95 亿元；地方政府及所属机关事业单位违规提供担保 3359.15 亿元；融资平台公司等单位违规发行债券 423.54 亿元；部分地方违规将债务资金投入资本市场 22.89 亿元、房地产市场 70.97 亿元和用于修建楼堂馆所 41.36 亿元。

　　由于现行预算法规定"除法律和国务院文件另有规定外，地方政府不得发行地方政府债券"。地方政府又面临融资难的问题，基础建设的资金无从着手，只能绕开法律的规定，通过成立地方政府融资平台公司发行企业债等方式来代替地方政府发债，由此形成诸多担保债务，此类隐性债务目前占地方债务的大部分，已成为地方债务的潜在风险。从健全分税制财政体制，从规范政府间财政关系，从增强地方政府财政自主权的长远角度来考虑，地方政府应该有发债权，此举也有利于减少地方政府对地方平台公司的依赖，加强地方政府自身的财务管理，让地方融资在"阳光"下运作，便于引入中央政府和投资者及其他利益相关者的监督，提高地方政府的管理质量和运作效率。

因此，建议赋予地方政府适当举债权，将地方债务管理纳入法制化轨道。这需要重点解决以下几个问题：

一是确定地方政府债券发行权。需要对预算法进行修改，让地方政府发债合法化。《预算法》的修改可以从这几个方面着手：第一，把不允许地方政府发债改成不允许地方政府为其他单位和个人进行担保或者承诺。这可以把地方政府债务中隐性负债的数量大大降低，从法律上减少地方政府隐性负债的规模和数量。第二，对地方政府债务实行限额管理。明确规定地方债数量规模的控制机制。第三，明确规定地方政府发债的主体是省级政府。市县级政府如果需要举借债务筹集资金，可以委托省级政府代发。第四，明确地方政府发债的审批程序。第五，从法律上要求地方政府设立偿债准备金。第六，地方政府本年度举借的债务和还本付息数额应当在本级预算中单独列示。在此基础上，可以扩大上海等地方自主发行债券试点并尝试地方政府共同发行债券模式。

二是完善和改进相关的经济体制。首先需要推进财税体制改革，合理划分中央与地方的事权与财权，构建地方税体系。从长期看，解决地方政府债务问题的根本在于深化财税体制改革，深化转移支付改革，结合深化分税制改革，构建地方税体系，实现"标本兼治"。其次改革干部考核制度。中组部已经改进了地方领导干部政绩考核工作，明确将加强政府债务考核。在实际考核中要把债务考核指标与干部的升降、惩罚联系起来。把化解债务的能力应该作为选拔任用干部、调整不胜任干部的依据。

三是加强地方政府债务管理。第一，摸清存量，控制增量。要对地方政府债务情况进行摸底并实时掌控好地方政府债务的增量。第二，增加财政收入，提高偿债能力。对不承担兜底责任的债务，地方政府应督促地方政府融资平台公司完善法人治理结构，提高融资平台公司的经营能力，用自身收益来逐步偿还债务。第三，落实地方政府债务偿还责任。对政府部门、机构和全额拨款事业单位形成的债务，以及那些差额事业单位、融资平台公司因提供公共服务而形成的债务，地方政府应该承担直接偿还责任；对融资平台公司因基础设施、公益性项目建设而产生、且有偿债资金来源的债务，地方政府应督促其严格履行还款义务，避免向政府直接债务转化。第四，强化地方政府债务约束机制。主要包括让市场对地方政府债务融资进行约束；让信息披露机制对地方政府融资进行约束；对地方融资平台进行约束。另外具体实施时，还可以考虑建立债务管理委员会，将所有政府债务包括显性、隐性债务一律纳入政府财政部门的统一管理，并进行全过程的管理和监控；设立"政府债务专网"，把地区政府性债务核实后登记进网络，并要求有关部门及时更新发生的债务及有关信息数据；建立全国性的债务稳定工具，专款专用，当局部地方出现债务危机的时刻，在要求地方满足一些基本条件的情况下，给予资金救助缓解债务危机。

四是建立地方政府债务风险防范机制。首先建立偿债机制和多层次风险预警体系。在偿债机制上，建立偿债风险准备金和偿债基金，形成缓冲地方债券系统性信用风险的"蓄水池"；同时逐步建立我国的债券保险金融机构，淡化中央政府的财政担保作用。例如美国的地方债券引入了债券保险机制，通过保险的加入，可以为地方债进行外部增级，降低债券风险。在风险预警体系上，可建立"红黄绿灯"多层次预警体系。可以参考美的俄亥俄州模式和哥伦比亚"红绿灯"模式。其次，构建多层次监管体系，加强地方政府债券的事前、事中、事后监管。具体来说，事前重点监管发债权限、按照评级结论设置额度等；事中加强债券收支和债券信息披露的监管；事后建立行政问责机制，加大对违规行为的惩罚力度。可以借鉴美国的"五位一体"的风险控制框架，即法律法规约束、行政手段监控、信用评级、债务担保、增强债券透明度并接受监管机构监督的风险控制框架。

五是化解地方政府债务风险的配套措施。首先，做好地方政府信用评级，可以参考美国的信用评级经验，完善信用评级方法与模型，对其债务偿还能力以及付息的意愿进行审核，建立一套适用于地方政府的信用评级体系。其次，加强商业银行的管理，实施金融创新化解地方债务。可以用债贷组合的方式来防范风险，对地方政府发债，金融机构可发挥综合金融协调人的角色，对其配备以一定比例的贷款，以债贷组合的方式支持地方融资，发挥贷款本身的事中，事后的监测优势，共同防范地方债务风险。

完善预算公开及预算管理

2014 年 8 月 27 日第十二届全国人大常委会第十次会议讨论发言

今年"两会"期间，我向大会提交了《关于修改预算法修正案二审稿的议案》，对预算授权、预算公开、国库管理、财政专户、地方政府发债等问题提出了一些修改建议。此后，看到三审稿以及这次四审稿采纳了其中的很多建议（比如，关于预算公开的法条已对预算公开的时间、内容作出了较为详细的规定；关于预算授权的法条也删去了二审稿关于后三本预算的编制、执行和实施步骤授权国务院另行规定的空白授权；关于地方政府发债的法条由禁止地方政府发债改为许可；关于财政专户的法条中去掉了"国库单一账户体系"的提法）。在今年 6 月的常委会上，我提出保留"人行经理国库"的建议，现在四审稿也已采纳吸收。下面，针对地方政府发债、财政专户等问题，我再提几点看法：

一、关于地方政府发债

一是建议预算法对目前大量存在的地方政府债务予以考虑，为其存续提供事实法理依据。预算法四审稿规定，除发行地方政府债券外，地方政府及其所属部门、单位不得以任何方式举借债务。而根据审计署报告，截至 2013 年 6 月底，地方政府债务总计 17.9 万亿元，其中负有偿还责任的 10.9 万亿元，这些债务很多是通过信贷、信托、融资平台发行城投债等形成，是已经审计认定的，也是客观存在的政府债务。如果预算法禁止地方政府及所属部门除发债之外以任何方式举债，那么这 10.9 万亿元存量债务将如何定性？其归属于政府债务的法理依据如不存在，将导致经济发展实践与立法出现矛盾冲突，更与中央关于 2014 年深化经济体制改革重点任务"建立以政府债券为主体的地方政府举债融资机制"精神相违背。因此，建议预算法对此进行考虑，不要简单否定其他方式形成的债务。

二是明确发债主体为"经国务院批准的地方政府"，而不仅限于省一级政府。目前，无论是地方政府通过平台公司融资，还是地方债由中央代发等做法，一个主要弊端都是各种隐性担保带来的偿债责任不清。这次试点 10 个地方政府债券自发自还，无疑是一个进步。但目前主要是在省级政府层面试点，实际是省级政府在全省范围内统借统还发债资金，资金使用和债务主体仍存在一定脱节。从国际经验看，地方债的发行主体主要是作为资金最终使用者的市政当局。从建立权责清晰、激励相容的内生风险约束机制出发，下一步很有可能扩大市级政府直接发债试点（目前试点的 10 个地方中，深圳、青岛属于副省级城市，已经突破省级政府作为发债主体的规定），对确需由上级政府代发的，也会明确资金使用主体的偿债责任，真正实现债券发行、使用、偿还主体统一。对此，预算法在修改时要作出前瞻性考虑，留有余地。

三是在资金用途上，应允许发债资金"借新还旧"，将其纳入法制化轨道。现行修正案四审稿将发债资金用途严格限定于"一般公共预算中必须的建设投资的部分资金"，并"不得用于经常性支出"。然而在实践中，国债偿还和国际经验允许"借新还旧"，财政部做的预算报告中也明确可以用于"置换存量债务"。审计署统计，2013 年6 月到 2014 年 3 月，9 个省本级为偿还到期债务已经举借新债 579.31 亿元。2014 年至 2016 年政府负有偿债责任的债务合计金额为 5.5 万亿元，未来三年应偿还的债务占据未来整体应偿还债务的 65.6%，这 5.5 万亿元的偿债资金来源将进一步考验地方政府的偿债能力。因此，应在预算法中明确，在严格管理的前提下，允许地方政府发行债券"借新还旧"。

四是完善预算法中的地方政府发债相关条文。鉴于预算法已经明确地方政府可以发债，勾勒出未来地方发债的制度框架，而为了规范发债行为，使其法制化、透明化，就应该对与发债相关的信用评级、信息披露等事项作出针对性的规定，细化相关规定。或出台解释办法，对地方政府信用评级制度、资产负债财政状况等信息披露制度、债券偿债机制、债务风险防范机制和风险预警体系等作出详细规定。

二、关于预算公开

现代市场经济国家，多在预算法、财政法中明确规定公开原则和制度，有不少国家甚至将其上升为宪法规定。三审稿、四审稿在预算公开方面均比二审稿有很大改进，主要是明确了预算公开的内容和预算公开的时间，并规定对未依法公开预算的，要对主管责任人员和相关责任人员追究行政责任。这些，都让我国预算公开制度朝正确方向迈进了一大步。但仍然存在一些不足，一是没有对公开的明细化程度做出明确的法律规定（例如没有明确规定预算收入、支出分别公开到类、款、项、目四级中的哪一级），并明确涉密内容不公开，但又没有指明涉密范围，这会使公开不能起到应有的作用；二是预算主体多元化，而部门预算由各部门分别公开，不便于公众获得信息，也增加了公开的行政成本；三是现行规定并未从权利角度规定老百姓的预算知情权及其救济途径。建议对此进行考虑。

三、关于财政专户

"财政专户"写入预算法修正案已经引起了很多争议，综合考虑，还是建议其存续不宜以法律形式固化。原因主要是：

一是实际上存在使一些政府收支游离于人大审计监督之外的制度性风险。国库资金体外循环问题严重，财政专户数量多，资金量大，人大和审计难以全面掌控。据了解，近年来地方开设了大量财政专户，已游离在国库管理之外。审计署统计，2012 年对 18 个省本级财政收支审计发现，财政专户多达 478 个，存款余额相当于其国库库款的 44%。人民银行长沙中心支行统计，2012 年末，湖南各地财政专户达 9282 个，余额 1496 亿元，为同期人民银行国库存款的 2.7 倍。

二是管理混乱，产生许多违法违规的问题。容易诱发商业银行、信用社在招揽存款中的诸多不当竞争行为的出现，发生利用财政专户资金开设受贿或贪污、挪用专户资金的问题。

三是财政专户是历史过渡时期的产物，不宜写入法律。随着不断发展的信息技术在财政、金融领域的普及及应用，央行方便、快捷地为财政提供全方位服务的技术水平日益提升，将财政资金纳入国库管理的技术条件日渐成熟，在这种情况下，是否仍然要脱离国库设立财政专户必须要慎重考虑。

四、关于国库管理

人民银行经理国库体制是一项合理的制度安排，有利于权力制衡，有利于提高财政资金运用的效率，建议保留"人民银行经理国库"的条款。

一是人民银行经理国库有助于完善国家预算监督内控制约体系。人民银行机构实行垂直领导，地方干预少，能对国家预算收支进行有效监督。实践中，各级人大、人民银行、审计机关分别负责对预算的事前审议、事中监督、事后审计，能构筑完整有效的国家预算监督体系。财政部将"管事、管钱、管账"三权归于一身，恐怕会产生监督管理上的问题，其主要职能应是为政府当好会计，而人民银行是为政府当好出纳，两者各司其职、相互制衡，这是对国家财政资金高度负责的一种有效制度安排。

二是人民银行经理国库有利于货币政策和财政政策协调。人民银行的主要任务是通过调控货币供应量来实现宏观调控目标，而国库资金在一定程度上能影响人民银行基础货币的投放。人民银行通过经理国库，能有效掌握库款的动态变化，及时调整货币政策，实现货币政策与财政政策的协调配合。

三是人民银行经理国库具有专业优势。人民银行不以盈利为目的，无论是保障财政资金安全，还是在支付结算服务方面，都有其优势。人民银行经理国库这一制度安排已经历了三十年长期实践的检验，建立起了一套有效的国库业务管理模式和监督制度，在专业人才和技术方面都有一定的积累。

四是人民银行经理国库具有法律基础。"经理国库"是《人民银行法》赋予人民银行的基本职责之一，现行"两法两条例"（指《预算法》、《中国人民银行法》、《预算法实施条例》、《国家金库条例》）也明确由人民银行经理国库，如果仅在《草案》中删除"人民银行经理国库"的条款，将与其他法案和条例相冲突，无法有效衔接。

建立健全财政监督制约机制

2014 年 6 月 25 日第十二届全国人大常委会第九次会议讨论发言

　　我完全拥护刘家义审计长关于 2013 年度中央预算执行和其他财政收支的审计报告，年度审计工作确实发挥了对财政监督的不可替代的作用。楼继伟部长的报告简明扼要，我就报告内容和下一步工作提两点意见：

　　第一，在推进财税体制改革方面，应该增加一条"建立健全财政监督制约机制"。这一点在审计意见中已提出来，但在决算报告中没有完全体现。审计明确指出，要进一步建立健全财政资金分配使用和监督相分离的监督制约机制，依法规范财政收支行为。审计出来的问题很多类似性都存在了多年，为什么始终杜绝不了？这应该是制度和机制的问题，因此，财税体制的改革也应以问题为导向，解决审计提出的普遍性问题。其中，建立和完善监督机制就是重要一环。

　　在实践中，各级人大、人民银行、审计单位分别对预算的事前审议、事中监督和事后审计形成一个基本监督体系，但是力度不够，有些方面甚至削弱。如人民银行经理国库的条款，在预算法修改中删除了，本来是应该坚持的，也可以用各级人大与当地人行机构联网。

　　第二，加强地方政府性债务管理。这一段比较笼统。一是没有办法避免地方政府超能力举债，即没有给地方政府设红线。二是地方政府性债务分门别类纳入政府预算统一管理，即还本付息纳入预算，防止政府违约的风险。建议举债即使不纳入预算，也要经同级人大批准。

把地方性债务纳入预算管理　规范政府举债融资机制

2014年3月10日发表于《金融时报》

从全国政府性债务审计报告可以看出，地方性债务增长快、规模大、到期时间集中，给财政金融带来风险隐患。虽然按照现行预算法看，我国地方政府并无举债权，但是地方政府债务问题已经客观存在，需要推动其"阳光"化。建议修改现行预算法，建立规范的政府举债融资机制，把地方性债务纳入预算管理，推行政府综合财务报告制度，防范和化解债务风险。具体来说，需要从以下几方面综合推进：

首先，规范地方政府举债融资机制。一要减少隐性债务。严格规定地方政府不得为其他主体的负债提供担保，从法律层面推动地方政府隐性负债规模的减少。二要控制债务规模。对地方政府债务实行限额管理，设定地方政府债务风险控制标准，严禁超过控制标准的地方政府发债。三要规范负债责任主体。规定被赋予发债权的地方政府主体是省、市级政府，科学制定地方政府发债的审批程序。四要健全政府偿债机制。从法律上明确地方政府本年度举借的债务和还本付息数额应当在本级预算中单独列示。建立偿债风险准备金和偿债基金，形成缓冲地方债券信用风险的"蓄水池"，探索建立债券保险机构，为地方债外部增级，降低债券风险。

其次，建立地方政府债务风险防范机制和风险预警体系。在风险防范机制方面可借鉴美国的"五位一体"风险控制框架，即法律法规约束、行政手段监控、信用评级、债务担保、增强债券透明度并接受监管机构监督的风险控制框架。在风险预警体系建设上可借鉴美国俄亥俄州模式和哥伦比亚"红绿灯"模式的多层次预警体系，加强地方政府债券的事前、事中、事后监管。与风险预警体系相对应，要构建风险应急处置机制，设置全国性的债务稳定工具，当地方出现债务危机时，在要求地方满足一些基本条件的情况下，给予资金救助缓解债务危机。

再次，加强地方政府债务的管理和创新。一要积极推动各级政府资产负债表和公共部门构建财务报表体系，推行政府综合财务报告制度，摸清资产和债务存量。二要做好地方政府信用评级，发挥市场在政府债务管理中的作用。完善政府信用评级方法与模型，建立一套适用于地方政府的信用评级体系，逐步使政府信用评级成为地方政府发债的关键指导性指标。三要加强金融创新，推动地方性债务风险的化解。

此外，还要推进财税体制改革，重构地方税体系，保障地方财力增长。分税制在省以下之所以不能贯彻执行，原因在于层级过多，20多个税种在中央到地方的5个层级之间无法实现准确分级。因此，构建科学的地方税体系，重点是实现政府合理的事权有合理的财权相匹配。构建一级政权有一级合理事权，呼应一级合理财权，配置一级合理税基，进而形成一级规范、完整、透明的现代意义的预算，并配之以一级产权和一级举债权的三级分税分级、上下贯通的财政体制。

新预算法仍须进一步优化改进

2014 年 9 月 12 日发表于《中国财经报》

　　修订后的预算法由原来的 79 条增加至 101 条，其中，规范地方政府举债融资机制是这次修法的一大亮点。现行预算法希望通过适度放开地方政府举债权限、设立多道"防火墙"规范地方政府举债行为等一系列规定明确，"开明渠、堵暗道"的地方融资方式，推动地方政府负债进入法制化、透明化轨道，实现对地方政府债务的从严从紧管理。

　　自 2009 年财政部代理发行、代办还本付息开始，到今年上海等 10 个地区试点地方政府债券自发自还，都是向着规范透明的融资方式的努力，不断推动财税相关领域改革的深化。通过逐步扩大地方政府发债规模这一正规途径，将在一定程度上满足地方资金需求，实现债务转换，化解风险。发行中长期债券可以防范资金错配风险，使政府在资金安排上更加稳健。

　　发行债券属于直接融资，成本要低于间接融资。从试点情况看，部分省、市发行的债券利率接近甚至低于同期限中债银行间固定利率国债收益率的均值。地方政府发债要基于自身的资产负债状况和建设实际，同时要求良好的信息披露，投资者以"用脚投票"的方式起到监督制约作用。

　　国务院 2014 年深化经济体制改革重点任务明确，要"建立以政府债券为主体的地方政府举债融资机制"。实际上，美国、英国、德国等国家的地方政府也主要以发行市政债券作为基础设施建设的融资渠道。可以说，允许地方政府发行债券，是施行分税分级财政体制国家的普遍做法。在某种程度上，我国"自发自还"的地方政府债券已经具有市政债的一般特征，在性质上接近市政债中的一般责任债券，但还不是西方意义上的市政债，主要是发行主体、发行量、资金使用受到中央约束；发债主体和使用主体不匹配，由省级政府统筹；地方政府没有建立起完善透明的资产负债表，风险定价存在缺陷；缺乏对地方政府的破产清算机制等。随着全国各地启动省级政府资产负债表的试编工作，各地的政府财务"家底"将能全面反映出来。这是一项紧随地方发债工作而必须跟进的一项改革安排。

　　从推动国家治理现代化、构建法治政府的目标要求来看，现行法规仍有探索改进空间。这次预算法修改虽然在赋予地方政府依法适度举债方面迈出了很大步伐，但总体来看仍然是一个原则性框架，需要随着国家改革的推进逐步补充完善或出台相关细则。这些细则应包括：

一是应对目前大量存在的地方政府债务存续提供法理依据。现行预算法规定，除发行地方政府债券外，地方政府及其所属部门不得以任何方式举借债务。而根据审计署报告，截至 2013 年 6 月底，地方政府负有偿还责任的 10.9 万亿元，这些债务很多是通过信贷、信托等形式形成，是已经审计认定、客观存在的政府债务。如果禁止除发债之外以任何方式举债，那么这 10.9 万亿元存量债务将难以定性，导致经济发展实践与立法不完全一致。从现实情况来看，未来也很难实现单靠发债满足地方融资需要，因此应该考虑建立以政府债券为主体的地方政府举债融资机制。

二是应进一步明确发债主体为"经国务院批准的地方政府"，而不仅限于省一级政府。从建立权责清晰、激励相容的内生风险约束机制出发，下一步应扩大市级政府直接发债试点，对确需由上级政府代发的，也应明确资金使用主体的偿债责任，真正实现债券发行、使用、偿还主体统一。

三是应将"借新还旧"纳入法制化轨道。实践中，国债偿还和国际经验都允许"借新还旧"，财政部今年做的预算报告中也明确可以用于"置换存量债务"。审计署统计，2013 年 6 月到 2014 年 3 月，9 个省本级为偿还到期债务已经举借新债 579.31 亿元。2014—2016 年政府负有偿债责任的债务合计金额为 5.5 万亿元，占整体应偿还债务的 65.6%，这将进一步考验地方政府的偿债能力。

四是完善地方政府债务管理的相关办法。完善对地方政府发债程序、信用评级制度、资产负债财政状况等信息披露制度、债券偿债机制、资金使用效益评估、债务风险防范机制和风险预警体系。推进政府会计制度改革，编制政府资产负债表，摸清资产和债务存量。完善地方政府信用评级方法与模型，设立偿债风险准备金和偿债基金，形成缓冲地方债券信用风险的"蓄水池"；构建风险应急处置机制，设置全国性的债务稳定工具，发挥人大和审计、监察等部门的监督职能，加强对举借债务的事前审批、事中监控和使用跟踪，加大对违法违规融资的查处力度，严肃问责，倒逼政府自觉规范举债行为。

改进财政收支管理机制

2014 年 6 月对财政管理及收支机制的调研报告

当前财政收入从历史高增长逐渐转为中低速增长，2012 年至 2014 年财政收入增速持续下滑，2013 年跌至 10.1%，2014 年 1 月至 4 月累计收入比去年同期增长 9.3%，跌破 10%。收入增幅趋缓同时，财政支出却呈刚性增长，近两年支出增速均高于收入增速，2014 年 1 月至 4 月累计支出比去年同期增长 9.6%，涉及民生特别是医疗、社保等基本公共服务支出都只增不减，一定时期内，财政将面临"减收"和"增支"双重压力，收支矛盾比较突出。在此背景下，改进财政收支管理机制，提升财政资金使用效率尤为必要。

一、影响财政资金使用效率的几个突出问题

（一）财政预决算拟合度较低

一是财政连续多年超收超支，财政收入实际增长率远远大于预算目标。2008 年到 2013 年我国财政收支每年都超收超支，2008 至 2013 年累计超收 34625 亿元，累计超支 18792 亿元。2009—2011 年以及 2013 年财政收入均制定增长 8% 的预算目标（2008 年为 14%，2012 为 9.5%），而实际执行情况却远远大于 8% 的预算目标。

二是非税收入占超收比例较重。从 2013 年预算收支执行情况看，2013 年财政收入超收 2512 亿元，超支 1498 亿元。从税收看，2013 年税收收入超收 1322 亿元，占到了整个超收比例的 52.63%。而企业所得税超收 1072 亿元，又占到税收超收比例的 81%。2013 年非税收入超收 1190 亿元，占到超收比例的 47.37%。

三是 2013 年国有土地使用权出让收入严重超收。2013 年地方政府性基金中的国有土地使用权出让收入超收 13846 亿元，是公共财政超收收入的 5.5 倍，2013 年国有土地使用权出让收入预算制定增速目标为 -3.9%，受益于房地产市场的好转以及开发商拿地热情的高涨，2013 年实际的国有土地使用权出让收入增速为 44.6%，大大超过预算目标。预算与实际执行情况的增速差距达到近 50 个百分点。

财政预决算拟合度低直接导致三个方面的问题。一是预算对财政收支的约束力减弱。超收伴随着超支，如果不追加支出预算，又会形成财政资金大量沉淀，不仅不符合社会主义公共财政的要求，影响各项建设和事业的发展以及人民群众生活水平的提

高，而且按照货币的时间价值计算，也造成财政资金的损失浪费。在预算执行过程中，如果中央政府需要动用超收收入追加支出，需要编制超收收入使用方案，向全国人大报告，但实际情况是先支用后通报或者边支用边通报，预算监督不力。例如审计署曾审计发现财政部在向全国人大报告 2011 年中央预算执行情况时，少报 19.22 亿元超收收入安排情况。而地方政府的超收收入由政府自行决定，只需将执行结果报告全国人大，而不需要事先报批，政府有超收冲动。二是预算执行中调整项目用途导致监管难度增加。例如在 2013 年中央本级支出执行情况的说明中，我们看到 21 个进行说明的项目中，除了国防执行时预算的 100% 以外，其他的项目在执行中都有变动，其中执行中变动超过 10% 的项目有 8 个，变动超过 5% 的有 13 个。对于变动原因，基本上解释都很含糊，一是基本建设支出增加，例如交通运输预算为 486.44 亿元，执行为 722.96 亿元，主要是公路水路以及铁路的运输基本建设支出增加；二是相应项目的税收超收，例如车辆购置税支出预算执行为预算的 355%，原因是车购税收入增加，相应增加支出，可是相应增加的支出用于什么地方，却没有解释。至于未完成预算支出的原因，主要解释为转列其他相关科目。例如其他文化体育与传媒支出预算数为 15.62 亿元，执行数为 5.78 亿元，完成预算仅 37%，其解释原因为年初预算列本科目的"加强重点媒体国际传播能力建设"等支出执行中转列其他科目，本科目相应减少，而这个其他科目是什么，调整预算项目到底用到何处，报告中并未说明。又如中央巡视组曾经指出，援外项目调整预算项目过多，违规支出情况比较严重。援外项目廉政风险较大，援外项目在境外监管较难，在援外企业资质审批、项目立项、预算管理、招投标等环节问题比较突出。而根据商务部 2014 年预算报告显示，2014 年全年商务支出预计达 257 亿元，其中对外援助支出预算达 211 亿元，占商务部整体预算开支的 82%，是商务部最大的支出项。三是现行预算制度与实际执行相脱离，背离预算制度控制政府收支的初衷。一方面，税收年年超收，另一方面企业仍感觉税负重。2012 年《中国企业家》杂志社对全国范围内的百家企业税负状况进行了深入调查。调查结果显示，63% 的企业认为自身的税负较重；在利润较微薄的制造业，有 23% 的企业表示其税收与利润的比率在 100% 以上；而在利润相对较高的服务行业，则有 57% 的企业表示这个比率达到 50% 以上。2013 年工信部发布的《全国企业负担调查评价报告》显示企业税费负担较重。被调查企业总体毛利率达到了 19%，但平均利润率只有 5.1%。而日前中国光大银行与北京国家会计学院联合发布的《中小企业税收发展报告》也显示，融资难、税费负担重是中小企业未来面临的两大核心挑战，税负已成为中小企业面临的主要困难。税收超收格局与财政体制改革"进一步扩展小微企业税收优惠范围，减轻企业负担"有所背离。在国务院要求不断推进政府职能转变和作风转变，实施清费正税和简政放权工作的背景下，非税收入超收严重不符合中央精神。

（二）以流转税为主体的税制结构不利于经济发展模式的转变

以流转税为主体的税制结构使地方政府的收入主要来源于企业而不是辖区居民，这会导致地方政府更热衷于招商引资和为企业及投资者服务，而相对忽视了为辖区居民提供公共服务。由于收入主要来自生产和交易的规模，而不是企业利润，一些项目哪怕亏损，不能收回投资，但只要能够维持经营就会产生税收收入，这也会导致地方政府重规模和产值而轻效益，盲目上项目，重复建设，导致部分行业产能过剩，也不利于政府经济发展模式的转变。

一是对商品和服务课征的流转税比重较高，个人所得税比重偏低，限制了税收自动调节收入分配和稳定经济作用。国内增值税、消费税、进口货物增值税、消费税、营业税、城建税、关税、资源税、车辆购置税等流转税占税收收入的比重在60％以上，而个税仅占6％，而美国联邦税中个人所得税比重则达到了45％。

二是流转税中对商品和服务普遍课征的一般流转税比重较高，调控功能较强的选择性课征的特殊流转税比重偏低。对商品和服务普遍课征的增值税和营业税占税收收入的比重分别为26％和16％（合计42％）。而调控功能较强的选择性课征的消费税和资源税占税收收入的比重分别为8％和1％。

（三）经济建设支出比重过高，社会福利性支出比重较低

单纯分析公共财政支出资金，我国经济建设性支出比重已大幅下降，社会福利性支出比重上升很快。但以土地出让金为主体的政府性基金、地方融资平台资金基本上都属于经济建设性支出，因此以全口径综合考察经济建设支出比重近40％，远超发达国家10％左右的比重（此处指OECD成员国，与中国类似从计划经济向市场经济转型的匈牙利、捷克、波兰，这一比重为14.72％）；我国社会福利性支出比重约40％左右，远低于发达国家60％—70％的比重（转型三国这一比重为62.73％）。在基本政府职能支出比重方面，和发达国家较为接近，为20％左右（这里我们把全口径财政支出分为基本政府职能支出、经济建设支出、社会福利性支出三部分）。

（四）政府投资领域缺乏明确规划

一是地方政府投资冲动导致顺周期运行的问题。经济繁荣时，地方政府可支配财力增加，作为资本金通过信贷体系放大投资能力，政府投资规模进一步膨胀；经济萧条时，虽然地方政府同样希望扩大投资，但受可支配财力缩水的约束，缺乏扩大投资规模的能力。

二是投资补贴过度、基础设施建设速度过快易诱发产能过剩。我国的政府投资活动一般不直接投向竞争性产业，而主要集中于基础设施建设，这样遗留两个问题：一是国有企业的利润只有很小部分纳入公共财政（在前面阐述公共财政预算、政府性基金预算和国有资本经营预算衔接不够时，已提到该问题），相当于变相增加了国有企业的投资能力；二是地方政府招商引资竞争程度过于强烈，大建开发区，对企业部门投资补贴过度，将市场化的投资成本压低到不正常的水平，这两者都会扭曲市场决策，导致一些行业出现产能过剩，一个典型的表现就是当前的光伏等新能源产业。

三是"土地财政"加"地方融资平台"的筹资模式负面效应凸显。正常的预算管理制度无法管理这类体外循环资金，进而导致城市建设行为缺乏必要的公共约束，浪费、腐败，以及好大喜功的市政建设难以避免；土地出让收入是地方融资平台运转的基础，但也带来了地价、房价不断攀升的现实；筹资模式不透明、不规范导致筹资成本和金融风险较高；未来以环境、水利为主体的公共投资难以像现在这样持续产生显性回报，融资机制不具有可持续性。

二、提升财政资金使用效率的途径

（一）提升财政预决算拟合度

财政预算拟合度低主要源于以下原因：一是规范财政超收的法律不健全。《预算法》对连续多年的超收超支所带来的管理漏洞没有涉及；1999 年制定的《全国人大常委会关于加强中央预算审查监督的决定》中只规定了要"加强对预算超收收入使用的监督"，没有规定要限制大幅度的"超收"，没有规定对"超收"行为加以审查。二是人大对财政超收的监督乏力。地方人大代表在组成结构、内部机构设置、专家配备、会期等方面存在一些问题，制约了人大的预算监督能力。三是预算编制方法影响。我国预算编制采用的是以 GDP 为参照系的基数法，而同时，在实际执行中税收依照的却是以应收尽收为原则，作为一个必然结果，实际增幅与计划增幅之间有差额。四是实际执行过程中的人为影响。在实际执行中，由于我国的税务系统中实行将税收额度与个人绩效、升迁提拔相结合，且财政超收部分由政府自行支配，这成了地方自主"增收"的动力之一；而政府在编制本级预算的时候，为避免财政赤字，有意低估预算收入，也在某种程度上人为地造成预算超收。对此，应从以下几个方面予以改进：

1. 完善财政超收的预算法制建设。以预算法的修订为契机，加强预算法制建设，填补财政超收收入的预算法律规定。

2. 采用科学的预算编制方法。政府预算，多数地区，包括中央本级一直采用基数法编制预算，这种方法较为简单，便于操作，但是从较为严重的财政超收及岁末突击花钱现象，我们可以发现，这种编制方法越来越不适应公共财政的要求，应该广泛采用科学的预算编制方法，例如可以借鉴国外的应用得比较成熟的编制方法零基预算法等。

3. 增加预算编制时间，提高预算编制的质量。由于预算编制的时间短，出现了预算编制内容不细化，直接导致了预算编制的粗糙、不精确、不科学。从国外情况看，许多国家的预算编制要经过 10 个月到 1 年的时间，短的也有半年。例如美国的预算编制是提前一年就已经完成，建议在预算法中规定我国预算编制提前半年至一年。

4. 加强人大预算监督制度建设。优化人大代表的结构，加强人大代表的预算审查能力建设，延长人大审查预算时间，提高审查质量。

（二）逐步提高流转税比重

1. 逐步提高直接税比重，调整消费税征收范围、环节、税率，把高耗能、高污染产品及部分高档消费品纳入征收范围。

2. 逐步建立综合与分类相结合的个人所得税制，"分类所得课税模式"，是指个人取得的各种所得划分为若干项目，对不同性质的所得项目，分别扣除费用，采用不同税率计税。"综合所得课税模式"是在缴纳个人所得税时，不用工资、劳务费、财产租赁费等分类计税的办法，而是用全部收入，经综合分析来确定应纳税所得额。

3. 加快房地产税立法并适时推进改革，加快资源税改革，推动环境保护费改税。

（三）加大社会福利性支出比重

适度控制总体规模，逐步压缩经济建设性支出的规模，继续加大社会福利性支出比重。当前我国财政支出规模较高，支出结构中经济建设性支出比重较大等现象，主要是由我国基础设施建设高峰期和社会福利体系建设双碰头的特殊国情所决定。财政支出规模过大不利于经济增长，但未来以环保、水利等为主要方向的公共投资压力依然不轻，继续加强社会福利体系建设是"改善民生"施政目标的必然要求。为此应严格控制一般行政性支出，继续加大社会福利性支出比重，从而在总体上适度控制财政支出规模。随着基础设施建设高峰期的逐步度过，财政支出结构要向以社会福利性支出为主体，经济建设性支出比重不断降低的组合转变。

（四）规范政府投资管理

1. 制定富有前瞻性、科学合理的城市规划和专项规划，确立中长期的项目建设计划（例如我省的9312投资促进计划），并严格实施。对于规划确需修改的，应经过公开讨论、人大会批准等严格的程序。

2. 建立以市政债和地方债为主体的新筹资机制。可考虑由市级政府在公开债券市场发行以一般性税收为还款保证的"市政债"，省级政府和县级政府捆绑在一起发行"地方债"，为地方重点项目建设融资。与此同时，应继续发展为基础设施建设提供融资的政策性金融机构。除政策性金融外，应切断地方政府直接从银行系统融资的渠道。在控制地方债务风险方面，应按照十八届三中全会《决定》的要求，建立权责发生制的政府综合财务报告制度，建立规范合理的中央和地方债务管理和风险预警机制。具体来说，地方政府如希望从公开债券市场筹资，必须公开透明本级政府的中长期财务信息，包括预算安排、政府资产负债表等。地方政府发行市政债和地方债，应由中央政府实施总量控制和核准。这种总量控制权限，将成为新形势下落实财政政策，实施宏观调控的抓手。

3. 建立中长期资本预算制度，加强事后审计监督。缺乏统一完整的资本预算制度，地方政府可以随意动用相当一部分预算外管理的财政资金和债务资金，使得政府债务管理失控，财政政策调控失效，这是政府投资领域诸多问题的制度性原因。为此，应推动地方政府建立中长期资本预算制度，包括政府直接投资以及用于招商引资的投资性补贴。与四本预算同步，每年均单独编制资本预算，涵盖所有的政府直接投资项目计划及其中长期的资金安排，项目所涉及的公共财政、政府性基金、债务性资金（和后面的债务预算结合）均应包括起来。资本预算应经人大审批，同时向社会公布。审计机构应加强事后审计监督，及时对每年的资本预算执行情况及单个投资项目进行审计。

4. 以体制改革削弱地方政府不合理的投资冲动，调整投资结构。在政绩考核上，应降低经济增长及其相关指标的权重，增加福利水平的指标；在中央与地方之间的财力分配上（例如税收分配），使地方政府所获得的分成收入与扩大投资之间的关联度下降（涉及税制改革）。

第四章

见证新型城镇化建设

著名经济学家、前世界银行副行长约瑟夫·斯蒂格利茨曾预言，中国的城镇化将是深刻影响 21 世纪人类发展的两件大事之一。我国正在进行的城镇化是史无前例的，其规模、难度和影响力堪称世界之最。城镇化是这些年拉动中国经济高速增长的强劲引擎，也必将是未来 30 年我国建设现代化强国的最根本动力和本质特征。1998 年以来，开发银行把支持领域从国家重点项目拓展到城市基础设施，成为助力中国城镇化建设的主力银行，我也有幸成为见证者和参与者。

新型城镇化：我国现代化的必由之路

　　我国城镇化大体经历了以下阶段：新中国成立初期，城镇化水平只有 10.6%，经过改革开放前的缓慢发展，到 1978 年我国城镇化水平只提高到了 17.9%。1979—1985 年，我国城镇化进入恢复发展阶段，尤其是沿海一批经济特区城市的建立，有效带动了全国城市的发展。1986—1998 年，中小城市和小城镇快速发展。国家在这一时期为了防止大城市人口规模的过度增长，降低了中小城市和小城镇的设置标准，中小城市和小城镇数量迅速增长。2000 年以后，我国城镇化继续保持快速发展势头，出现了京津冀、长三角、珠三角三大城市群，三大城市群以 2.8% 的国土面积积聚了全国 18% 的人口，创造了 36% 左右的国内生产总值，吸引了 80% 左右的外商投资，实现了 75% 左右的国际贸易。到 2017 年末，我国的城镇化率提高到 58.5%。城镇化成为推动我国经济快速增长的重要引擎，也是提升我国社会治理和参与国际竞争的重要载体，在我国现代化进程中发挥着重要作用。

　　从经济增长角度分析，新型城镇化是经济增长的重要抓手。根据新经济增长理论，经济增长的本质是技术进步，而创新是推动技术进步的唯一途径，创新需要良好的土壤，城市可以发挥自身规模优势，推动更多资金、信息与人才在城市网络中聚集和流动，进一步增强创新活力，加快创新成果扩散，推动经济持续发展。

　　从社会需求角度分析，新型城镇化是解决民生问题的重要平台。1978—2017年，我国城镇化率从 17.9% 提高到了 58.5%，城镇人口从 1.72 亿人增加到 7.93 亿人，城市人口增加量平均每年超过 1600 万，后续还会不断有人融入城市。如此多的人居住在城市，如果能解决好城市的问题，实现以人为本的城镇化，那么民生的问题也就解决了。解决好目前城市人口二元结构问题尤其是"三个 1 亿人"（促进约 1 亿农业转移人口落户城镇，改造约 1 亿人居住的城镇棚户区和城中村，引导约 1 亿人在中西部地区就近城镇化）问题，使农村进城人员平等享受现代文明成果，是对底层弱势群体的最大关怀，也是我国最大的民生问题。

从国际治理角度分析，新型城镇化是进一步提高我国参与全球治理能力的重要途径。目前，平衡世界需求结构、促进国际贸易和投资、应对气候变化以及改革汇率体系是全球需要共同应对的四个主要议题。随着我国新型城镇化建设发展，城市人口和收入水平不断提高，必将带来巨大的内需消费和产业结构调整，这既有利于解决国际需求不足问题，也会促进国际贸易收支趋于平衡，增加对外投资，还可以为国内汇率改革创造良好的环境；同样，新型城镇化不断解决城市中遇到的各种"城市病"问题，对资源环境压力逐渐减小，这会为中国承担世界气候变化的更大责任提供空间，也会为世界应对气候变化赢得更充裕的时间。世界期盼一个更加负责任的中国，中国的新型城镇化也能够为赢得更大的国际担当提供条件。

从文明发展角度分析，新型城镇化是推动人类文明进步的阶梯。目前世界有超过 50% 的人口生活在城市，据预测，2050 年之前，仍将有 30 亿人加入城市居民的行列。城市之所以具有如此吸引力，概括起来包括两个方面：一是可以实现就业，获得服务，以及拥有更美好生活质量的机会。二是能够留住历史记忆，传承文化脉络，体现地域风貌，具有民族特色。城市作为人类文明进步的产物，不仅提高了生产效率，提升了人民的生活质量，而且大大加快了文明普及程度。

▍规划先行：统筹城市发展的方向

城市规划的起源

在漫长的城市发展历史中，人类逐步认识到必须综合安排城市的各项功能与活动，必须妥善布置城市的各类用地与空间，改善自己的居住生活环境，满足生产、生活与安全的需要。因此，城市规划应运而生。城市规划最先出现在近代欧洲，当时欧洲一些发达国家相继出现了城市人口剧增，住房、市政设施、环境卫生状况恶化等城市问题。近代城市规划立足于解决这些问题，英国于 1848 年颁布《公共卫生法》，1851 年颁布《劳动者阶层住宅法》，德国 1875 年颁布《普鲁士道路建筑红线法》，英国 1894 年颁布《伦敦建筑法》，1919 年颁布《城乡规划法》等构成了近代城市规划发展的基石。近代城市规划，作为源于对恶劣城市环境的改造和对劳动者阶层居住状况改善的措施，逐步转变成为管理城市的重要手段。进入 21 世纪，西方规划主要关注城市经济的衰退和复苏、社会公平、应对全球生态危机和响应可持续发展等问题，规划回归到对城市环境质量及文化发展的探索。

我国城市规划体系的发展

新中国成立后，百废待兴，规划先行顺应了我国国情，也符合历史发展潮流。改革开放前，我国城市规划主要是在配合重点工程建设中起步。改革开放后，城市规划进入快速发展阶段。1978年，国家召开了第二次城市工作会议，要求全国各城市根据国民经济发展计划和各地区具体条件，认真编制和修订城市总体规划、近期规划和详细规划。1984年，我国第一部城市规划法规《城市规划条例》颁布实施。1989年，全国人大常委会通过了《中华人民共和国城市规划法》，完整提出了城市发展方针、城市规划原则、城市规划制定和实施体制以及法律责任等，使城市规划和管理开始走向法制化的轨道。20世纪90年代，城市规划的作用开始转变为实现经济和社会可持续发展。进入21世纪，城市规划向社会经济事业各领域逐步深入，城市规划日益成熟。2016年2月，《中共中央国务院关于进一步加强城市规划建设管理工作的若干意见》从规范规划工作流程、塑造城市特色风貌、提升城市建筑水平、推进节能城市建设、完善城市公共服务、营造城市宜居环境、创新城市治理方式等方面对我国城市规划体系提出了更高要求。

按照现行城市规划体系，城市规划分为一般性（综合性）规划和专项规划。综合性规划体系包括总体规划和详细规划两个阶段，包括城市总体规划、分区规划、控制性详细规划和修建性详细规划等。专项规划包括城市交通规划、城市绿化规划、城市居住用地规划、城市工业用地规划等。

在实践操作过程中，规划作为经济政策的工具之一，带着明显的政府指令性特征，与我国新型城镇化发展的实际要求之间还存在较大差距：一是规划理念过于侧重经济效率。对一个经济追赶型的国家来说，对经济效率的追求往往大于对城市品质、社会公平、民生保障的考虑，这长期影响着我国的规划理念。二是规划目标缺乏科学预测。由于上级部门和上位规划当中缺乏强制性的指导意见和有效的执行监督，各地在制订城镇化规划时"各自为战"，与人口、资源禀赋脱节，存在盲目扩张的情况。三是城市总体规划和专项规划之间、专项规划和详规之间缺乏宏观整体性。四是规划和项目脱节。实际上大部分规划对于后续项目立项及建设缺乏指导性，除落实到土地利用上的控制性详规外，城镇化规划真正实施落地的不多。针对规划出现的问题，各级政府和理论界均在研究探索解决方法：一是在明确划分中央事权和地方事权的情况下，如何利用城市规划实现区域整体发展最优化。二是如何将规划有效转化为实际项目。三是在城市发展到一定阶段后，如何推进规划思想和观念的更新，引导城市向更高质量发展。

开发银行编制的融资规划成为政府规划体系的重要补充

为探索解决我国规划体系的上述问题，早在 2003 年开发银行就开始积极参与国家和地方政府规划体系建设，主动提出"规划先行"，并将其融入"政府热点、雪中送炭、规划先行、信用建设、融资推动"的开发性金融 20 字方针中。此后，开发银行始终把规划先行作为保持自身发展主动权的着力点，作为与各方开展合作的切入点，通过规划先行统筹全局发展，统筹配置各种要素资源。2008 年底，受国际金融危机影响，中央出台了"保增长、扩内需、调结构"的一系列措施，其中大部分项目属于中长期公共设施建设，具有投资规模大、建设周期长、公益性强等特征，此时开发银行适时提出系统性融资规划，希望统筹开发银行和社会资源，更有效地服务国家保增长要求。

系统性融资规划是运用开发性金融原理和方法，对区域、行业及战略客户未来发展提供的系统性金融安排，除包括资金供求、融资总量、融资结构、融资方式等传统物质建设因素外，还包括市场建设、信用建设、制度建设等金融基础设施的系统性设计和各类融资载体的完善提升。系统性融资规划具有三大特征：一是系统性。规划根据区域、行业和客户的发展规划和目标，统筹各方面融资需求，充分挖掘和利用区域、行业及战略客户内外部资源，运用开发性金融方法推动制度建设、信用建设和市场建设，通过开发银行投、贷、债、租、证等多种融资支持模式的系统组合，引领和动员社会资金满足区域、行业及战略客户未来发展的融资需求，有效缓解政府区域、行业规划实施过程中的资金约束，促进区域、行业及战略客户顺利实现规划发展目标。二是针对性。以区域、行业及战略客户发展规划的系统实施和规划目标的全面实现为核心，结合区域、行业、战略客户的特点和未来发展需求，确定开发银行针对不同区域、行业及战略客户的支持重点领域、支持模式及各种业务政策建议，将规划有效转化为实际项目，体现开发性金融作用。三是可操作性。一方面，系统性融资规划能为政府部门或战略客户制定相关政策和发展计划提供依据，另一方面，系统性融资规划中提出的开发银行重点支持领域、融资模式、支持时序及各项业务政策能充分考虑开发银行现有和未来资源与能力，具有较强的可操作性。

系统性融资规划的三个特质解决了目前我国规划存在的部分问题，是政府规划体系的有效补充和有力支撑。首先，融资规划根据开发银行和社会的资源与能力，按照轻重缓急，找准发展方向，择优选择项目实施顺序，着重解决城市面临的人口、资源和环境等方面的挑战；其次，融资规划根据资源的有限性原则，协调各项专项规划，使之成为在系统性融资规划下的统一整体；最后，融资规划能够根据有效测算，为政府提供规划落实的事前反馈机制，协调国民经济和社会发展，提高城市布局的经济效益。

《长株潭城市群系统性融资规划》打响第一炮

2010 年 6 月 22 日，由开发银行和湖南省人民政府主办的"长株潭城市群系统性融资规划成果发布暨实施研讨会"在长沙举行，这标志着《长株潭城市群系统性融资规划》成为我国首部正式发布的系统性融资规划。该规划的编制最早可追溯至 2008 年 12 月 22 日国务院批准《长株潭城市群资源节约型和环境友好型社会建设综合配套改革试验总体方案》及《长株潭城市群区域规划 2008—2020 年》。当时开发银行刚刚提出系统性融资规划，时任开发银行董事长陈元同志对《长株潭城市群系统性融资规划》高度重视，亲自部署。2009 年开发银行与湖南省政府联合成立"长株潭城市群系统性融资规划工作组"，陈元同志亲任规划工作组组长。一年多时间，工作组先后调研了湖南省 27 个部门和地市，广泛征求国家发改委、中国社科院等外部意见，并举行了由时任中国社科院副院长李扬等 15 位国内著名规划和财经专家参加的外部专家论证会，于 2010 年形成了《长株潭城市群"两型社会"建设系统性融资规划》并报送湖南省委省政府，并由湖南省政府以《长株潭城市群"两型社会"建设系统性融资规划》的名义向全省正式印发。

▌图18

2010 年 6 月，我组织召开《长株潭城市群系统性融资规划》成果发布暨实施研讨会，湖南省政府及环长株潭城市群八个地市领导出席会议。

融资规划运用开发性金融基本原理，以系统思维，对长株潭城市群未来的资金供求、融资模式以及政策措施等进行系统性设计，从战略高度统筹谋划了长株潭城市群"两型社会"建设投融资体系建设。融资规划有效破解了长株潭城市群"两型社会"建设任务重、资金约束大、有效项目少的难题，推动了湖南省信用、市场、制度和项目建设，为长株潭城市群的可持续发展奠定了重要基础。时任湖南省"两型办"主任徐湘平认为，《长株潭城市群"两型社会"建设系统性融资规划》是长株潭"两型社会"建设的重大成果，标志着长株潭 3＋5 城市群两型社会建设与开发银行的合作迈开了基础性的坚实步伐；标志着开发银行在实施国家战略中的定位，是对政府规划体系的创新和补充，具有预见性、策略性、效益性、计划性和针对性；在两型社会建设过程中，要实现国民经济规划、城市总体规划、区域规划、土地规划和融资规划等"多规合一"。

在融资规划的推动下，2010 年 9 月开发银行与湖南省政府以"加快推进两型社会建设"为主题举行高层联席会议，签订了总合作额度 2500 亿元的开发性金融合作协议，并商定共同设立"两型"城市发展基金，总规模 200 亿元，重点投资环长株潭城市群片区开发、重大基础设施建设等。之后开发银行对长株潭城市群的支持一直沿袭了融资规划的思路和方法，仅在规划实施当年，开发银行对城市群项目累计承诺授信 809 亿元。长株潭融资规划合作模式也被其他地区参考，形成了全国影响，这种模式也在湖南"十二五"规划、湘江流域重金属污染治理规划、武陵山扶贫规划和各地市融资规划的编制中得到推广，推动了湖南地方规划体系的完善。同时，财政部等在研究如何规范政府融资平台时也借鉴了长株潭系统性融资规划采用系统思维进行平台建设和制度建设的思路，为我国投融资体制改革作了有益探索。

▎图 19

2010 年 9 月，开发银行与湖南省举行高层联席会议，双方签订《转变经济发展方式 推进两型社会建设开发性金融合作协议》，合作额度 2500 亿元。

重大项目：推动城镇化发展的引擎

2008 年初，在我调入湖南前的任职谈话中，时任开发银行董事长陈元同志嘱咐我：湖南是与开发银行最早开展合作、也是合作效果最显著的省份之一，希望你能继续巩固提升与湖南省的良好合作关系，不要让地方政府失望。

此时正值全球金融危机爆发，经济存在诸多的不确定性和不可预见性，湖南作为中部内陆省份，我们认为以内需拉动为主的经济发展格局不会改变，投资在相当长的一段时期将会是"保增长、扩内需、调结构"的主要支撑。我们第一时间围绕湖南的省情积极思考如何进一步提升开发银行服务湖南经济社会发展的能力。通过深入调查研究，我们认为要发挥开发银行大额、中长期投融资优势，以湖南重大项目建设为突破口，助力湖南"四化两型"建设。2009 年 9 月 14 日，湖南省委、省政府出台了《关于加快推进重大项目建设的意见》，把重大项目建设提高到促进经济社会发展、实施"四化两型"的战略层面。我们的想法与省委省政府的政策措施非常契合，开发银行抢抓先机，有幸参与到了湖南重大项目建设过程中。在此背景下，从"十一五"后期开始，湖南充分利用国家扩内需的政策机遇，实施重大项目战略，突出以重大项目为抓手，完成了一批事关国计民生的重大基础设施和基础产业项目的建设和布局，为湖南经济社会发展奠定了良好基础。

高速公路就是发展路

在人类历史上，交通运输工具的革新和城镇化有着紧密的联系。正是基于交通运输工具的不断更新，才使得区域和国家间的长途运输、城市之间的区域内运输、城市内部的运输效率不断提高，从而在更大的地理空间上拓展了城市的功能。高速公路是连接城市群之间最主要的通道，作为中部省份，当时湖南城际交通相对滞后。2005 年底张春贤同志从交通部部长调任湖南省委书记时，全省高速公路通车里程 1403 公里，仅占全国高速公路通车里程的 3.5%，在全国排第 15 位，在中部地区排名末位。到任后张春贤同志提出："十一五"期间，湖南要继续加快交通基础设施建设，以大交通促大开放、大发展。2008 年 1 月，湖南省发生百年罕见的冰冻灾害，致使全省 16 条高速公路和 7 条国道、36 条省道交通先后阻断，公路受阻里程达 6248 公里，毁损里程达 2669 公里。当时，温家宝总理说"湖南通，则全国通"。

面对政府的迫切需求和高速公路建设的庞大资金缺口，开发银行主动作为、积极创新，推动湖南高速公路融资领域一系列变革，确定了"组建交通银团、巩固市场地位、分散规模压力、共同抵御风险"的合作思路。仅 2008 年和 2009 年，开发银行作为银团牵头行对开工条件成熟的汝郴等 13 条高速公路，在最短的时间内率先承诺贷款 707 亿元。开发银行组建银团的模式和率先承诺的做法既调动了商业银行的积极性，建立了银行与借款人以及银行同业之间新的市场规范，更重要的是满足了湖南高速公路快速发展的资金需求，对高速公路快速发展发挥了显著作用。到 2014 年我离开湖南，湖南高速在开发银行的贷款余额超过 1000 亿元，累计获得开发银行承诺授信 1600 亿元，湖南高速公路通车里程也达到了 5493 公里，规划的 25 个出省通道打通了 21 个。六年的时间，湖南实现了高速公路通车里程翻两番，在全国排名从 15 位跃居全国前 5，打造了高速公路发展的"湖南速度"，也为湖南加快形成"3＋5"城市群"一个半小时经济圈"，促进湘中、湘西、湘北等区域经济社会发展做出了重要贡献。

随着湖南高速公路网络日趋完善，新增高速公路建设需求逐步下降，自 2015 年开始，开发银行积极思考如何优化湖南高速公路的融资结构。我们发挥开发性金融优势，在自身支持湖南高速公路发展的基础上，通过银团贷款、债券、信托委贷等综合金融服务引领其他各类社会资金 300 亿元支持湖南高速公路发展。同时，我们聚焦脱贫攻坚，为武陵山、罗霄山国家级贫困片区的龙永、永吉等近 660 公里高速公路提供贷款以及专项基金共计 111 亿元。随着这些高速公路陆续通车，有效改善了贫困地区的交通路网结构和出行条件。湖南省交通运输厅原党组书记、厅长贺仁雨曾多次讲道："开发银行好比是中国的世界银行。对湖南交通事业的支持，对湖南经济社会发展的支持，充分体现出开发银行的社会责任！"

农村干线公路连接致富路

农村干线公路是我国公路网的重要组成部分，是服务"三农"、统筹城乡发展、助力新型城镇化的重要基础设施，也是开发银行持续关注和支持的领域。1978 年，全国农村公路里程只有 58.6 万公里，公路等级很低，大量乡镇和村庄都不通公路；从 1979 年到 2002 年，农村公路得到了较快发展，到 2002 年底，全国农村公路达到 133.7 万公里；2003 年到 2009 年，交通运输部提出了"修好农村路，服务城镇化，让农民兄弟走上油路和水泥路"的工作目标，农村公路建设步入了一个快速发展的新时期，到 2009 年底，农村公路通车总里程已达到 336.9 万公里。"十一五"期间（2006—2010 年），湖南省计划投资 282 亿元，加快全省农村公路建设，除了中央和省级财政投入外，仍存在超过 50 亿元资金缺口，由于农村公路风险大且无现金流收入，商业银行望而却步，开发银行主动作为，对湖南省农村公路授信 50 亿元，分四批与湖南省交通厅签订农村公路合同。在开发银行的支持下，全省完成新建农村公路 94958 公里，湖南 96.8% 的乡镇和 75.6% 的建制村通了水泥路，96.8% 的建制村通了公路。

2009 年 5 月，为解决干线公路收费不合理和公路建设资金来源问题，湖南省按照国务院《关于实施成品油价格和税费改革的通知》，出台了《关于实施成品油税费改革完善交通体制加快交通发展的意见》，对湖南省交通建设、融资及管理体制进行改革，二级公路全部取消收费。同年 8 月，湖南省公路建设投资有限公司成立，负责承接原省本级干线公路和农村公路存量债务，以及为改革之后的全省新增项目进行融资。开发银行根据干线公路项目建设新情况，积极与湖南财政部门衔接，策划将全省 146 个项目压缩成一个项目、一次授信，实现了多个同质项目统一大额授信的突破，于 2009 年 11 月正式承诺贷款 292 亿元，保障了湖南"十二五"期间全省干线公路建设的资金需求。

公共服务打造幸福城市

城市是一个令人向往的地方，经济发达、社会和谐、环境优美等本应是城市的特征。但是，我国城镇化也遇到了"大城市病"的问题。一些城市空间无序开发、人口过度集聚，重经济发展、轻环境保护，重城市建设、轻管理服务，交通拥堵问题严重，公共安全事件频发，城市污水和垃圾处理能力不足，大气、水、土壤等环境污染加剧，城市管理运行效率不高，公共服务供给能力不足。

一直以来，湖南城市基础设施与公共服务存在总量不足、标准不高、运行管理粗放等问题。以污水处理项目为例，2006 年是"十一五"规划第一年，当时湖南城市污水集中处理厂只有 21 座，88 个县城仅建了 2 个污水处理厂，湖南省城镇污水处理率 18%，全国倒数第二！面临这种形势，2008 年时任省长周强开启"湖南城镇污水处理设施建设三年行动计划"，并称之为一场"攻坚战"：投资 149 亿元，用 3 年时间，在全省建设 119 个污水处理厂及配套管网 5500 公里，实现全省县城以上城镇污水处理全覆盖。那个时候商业银行普遍认为污水处理项目没有多大收益，支持"污水处理三年行动计划"的积极性都不高。相反，开发银行急政府所急，对全省各市县污水管网项目一次性授信，评审承诺 57.6 亿元。至 2010 年 8 月，"三年行动计划"基本完成，湖南全省城镇污水处理率 59.2%，跃居全国第八，得到住房和城乡建设部高度肯定和大力表扬，被誉为"湖南模式"并向全国推广。同年，湖南省政府授予开发银行湖南分行"湖南省实施城镇污水处理设施建设三年行动计划先进集体"称号，时任湖南省委书记周强表示："没有开发银行的大力支持，就没有三湘大地的绿水蓝天！"

此外，开发银行还支持了湖南省保障性住房、城镇路网、产业园区、供水排水、环境整治、健康养老等公共服务和民生工程，大大改善了湖南城镇面貌和品质，加速了湖南城镇化进程。在此过程中，我发现我国城市老龄化趋势日益严重，养老将成为未来中国最大的民生问题。因此，2013 年 3 月我在第十二届全国人大第一次会议上建议支持养老产业发展，主要包括准确界定养老产业，推动养老服务专业化、标准化、信息化，出台养老产业土地、税收优惠政策，推动养老产业投融资模式创新，制定养老产业中长期发展规划等，得到了相关部门的高度重视和正式答复。2013 年 9 月国务院发布《关于加快发展养老服务业的若干意见》，2017 年 2 月国务院发布《“十三五”国家老龄事业发展和养老体系建设规划》，成为我国养老产业发展的政策框架和指导纲领，这两个文件采纳吸收了上述建议并在后续的具体政策中得到了落实。

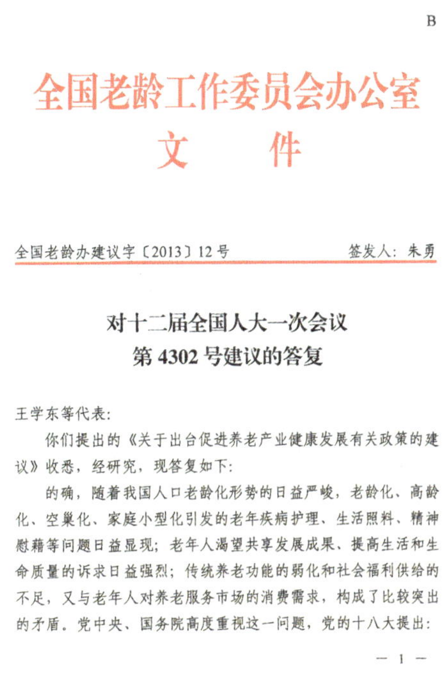
B

全国老龄工作委员会办公室
文　　件

全国老龄办建议字〔2013〕12 号　　签发人：朱勇

对十二届全国人大一次会议
第 4302 号建议的答复

王学东等代表：

你们提出的《关于出台促进养老产业健康发展有关政策的建议》收悉，经研究，现答复如下：

的确，随着我国人口老龄化形势的日益严峻，老龄化、高龄化、空巢化、家庭小型化引发的老年疾病护理、生活照料、精神慰藉等问题日益显现；老年人渴望共享发展成果、提高生活和生命质量的诉求日益强烈；传统养老功能的弱化和社会福利供给的不足，又与老年人对养老服务市场的消费需求，构成了比较突出的矛盾。党中央、国务院高度重视这一问题，党的十八大提出：

— 1 —

图 20

2013 年，我向全国人大提交的支持养老产业发展的建议得到了全国老龄办的积极回应。

产城融合：支撑城镇化发展的关键

产业集聚理论认为，生产过程是集聚经济的根源，企业、机构和基础设施在某一区域内的联系能够带来范围经济和规模经济，从而带动一般劳动力市场的发展和专业化技能的集中，并促进区域供应者和消费者之间强化相互作用、共享基础设施以及其他区域外部性。

不论是国外的城市化过程还是国内东部沿海的城镇化建设过程，都表明城镇化战略必须立足具有支撑作用的产业和产业集群，尤其是具有区域特色的产业集群。以具有区域特色产业集群为依托的城镇化发展模式，不但可以促进区域农村人口转移，而且能够促进第二、第三产业发展，带动产业结构优化，提高产业发展的综合竞争力。同时，区域产业结构的调整反过来也会因为受到区域城镇化进程的推进而获得良好的发展契机，随着城镇化的进一步发展，将进一步拉动有效需求，提高人民生活水平，为产业发展提供更好的要素资源，从而进一步促进产业发展繁荣。

制造业是强国之基

2015 年 5 月 8 日，国务院印发《中国制造 2025》，指出制造业是国民经济的主体，是立国之本、兴国之器、强国之基。同时，明确我国制造业要向智能化、精致化、绿色化、服务化转型升级。党的十九大报告也指出："加快建设制造强国，加快发展先进制造业，推动互联网、大数据、人工智能和实体经济深度融合，在中高端消费、创新引领、绿色低碳、共享经济、现代供应链、人力资本服务等领域培养新增长点、形成新动能。"

从国际看，一方面，欧美发达国家推行"再工业化"战略，谋求在技术、产业方面继续领先的优势，美国、德国、英国、法国、日本都宣布了新的计划，大力推动制造业复兴，抢占制造业高端，也就是抢占制高点。另一方面，印度、越南、印尼等发展中国家则以更低的劳动力成本承接劳动密集型产业的转移，抢占制造业中低端，我国制造业面临来自欧美发达国家和东南亚等发展中国家的前后挤压。从国内看，一方面，在经历了几十年的高速增长后，我国制造业在劳动力、土地、能源等方面的成本优势都在降低，使主要依靠低成本获利的"中国制造"逐渐失去了竞争力。另一方面，我国制造业所处的阶段尚未有明显的改变，在经济下行压力下，市场对产品要求不断提高，而产品不足以满足市场需求，实体经济转型升级面临挑战。

在这样的背景下，要想实现经济转型升级、形成经济增长新动力、塑造国际竞争新优势，重点在制造业。开发银行自成立以来，一直推动与湖南制造业深度融合发展，其中与装备制造业和钢铁行业的合作就是开发银行服务制造业的一个缩影。

湖南是装备制造业大省，自 2008 年开始，开发银行就推动与三一集团开展全方位合作。2010 年国务院发布了《关于加快培育和发展战略性新兴产业的决定》，把高端装备制造作为七大战略性新兴产业之一重点发展。2011 年，时任开发银行行长蒋超良同志与三一集团董事长梁稳根座谈时表示，开发银行将不遗余力地支持民族装备制造业发展；同年 9 月，开发银行与三一集团签订了 300 亿元《开发性金融合作协议》。2012 年，在广州举行的中德企业家座谈会上，时任开发银行董事长陈元同志与三一集团董事长梁稳根座谈时就三一集团收购德国普茨迈斯特公司项目达成一致，最终开发银行提供的 8.56 亿美元资金为三一集团成功收购德国普茨迈斯特公司提供了有力保障。收购全球混凝土机械第一品牌普茨迈斯特的壮举，改写了全球混凝土机械行业的竞争格局，进一步提升了三一集团研发创新和国际化水平。收购德国普茨迈斯特公司项目只是开发银行与三一集团合作的一个缩影，自 2008 年以来，开发银行为三一集团发展提供资金超过 500 亿元，有力支持了三一集团国内外产能建设、产品销售、海外并购和转型发展，见证了国家装备制造业发展壮大。到2017年，三一集团在全球工程机械制造商50强中位列第11名。

▌图 21

2011 年 9 月，开发银行与三一集团签订《开发性金融合作协议》。

开发银行支持湖南钢铁行业发展亦是如此。2003 年以来，为了抑制过热投资，国家先后对钢铁、电解铝等行业扩张进行了限制。华菱集团作为湖南省最大的钢铁企业，为压缩过剩产能，2007 年开发银行与其签订了 39.8 亿元"十一五"技改项目贷款和 4.6 亿元软贷款，帮助华菱集团引进生产线，转型生产冷热轧宽钢带、宽厚板、无缝钢管、线棒材等高端钢材产品。国际金融危机爆发后，国家出台 4 万亿投资拉动，基础设施投资较大，对低端钢材需求旺盛，高端钢材市场反而形势不佳。

2009 年，面对国际金融危机，钢铁行业为拉动经济发展，重新成为十大振兴行业之一。为缓解当时国内铁矿石紧张局面，开发银行为华菱集团提供 4.2 亿美元，帮助华菱集团完成对澳大利亚铁矿石资源企业 Fortescue Metals Group Ltd. 公司（简称"FMG 公司"）17.34% 股权收购。该项目为我国钢铁企业获取紧缺的铁矿石资源、建立铁矿石海外供应基地和稳定的供应渠道提供了可行的途径；该项目还打破了当时世界三大巨头对铁矿石贸易市场的垄断，提升了我国钢铁企业在进口铁矿石价格谈判中的话语权。到 2014 年底，开发银行已累计向华菱集团承诺贷款 63 亿人民币、19 亿美元，支持华菱集团走高端、精品、差异化发展之路。双方的合作方式也从最初的人民币贷款扩展到外汇贷款，从项目贷款扩展到利用香港贸易平台整合铁矿石采购，从境内贷款扩展到海外并购。2016 年，中央提出供给侧结构性改革，华菱集团计划退出炼铁产能 220 万吨、炼钢产能 390 万吨。在甩掉落后产能的包袱后，目前华菱集团产能约 2200 万吨，整体技术装备已达全国先进水平乃至世界领先，其中华菱湘钢是全球最大的宽厚板制造基地，华菱涟钢拥有世界先进水平的薄板坯连铸连轧生产线以及配套的冷连轧和涂镀加工生产线，华菱衡钢在无缝钢管行业制造实力全球排名第五、中国第二。

产业园区是兴国之要

产业园区是产城融合的重要载体，是区域经济发展的龙头、企业聚集的主要平台。产业园区建设事关经济发展全局，加快产业园区发展，对推进新型城镇化有着十分重要的意义。

1984 年，邓小平同志视察深圳时，在对兴办经济特区的决策给予充分肯定之后，提出："我们建立特区，实行开放政策，有个指导思想要明确，就是不是收，而是放。""除现在的特区之外，可以考虑再开放几个点，增加几个港口城市，这些地方不叫特区，但可以实行特区的某些政策。"至此，产业园区逐步在各地起步发展。1985 年，国家批准兴建了大连、秦皇岛等 14 个经济技术开发区，标志着以开发区为代表的工业园区正式诞生。经过一段时间的摸索后，1992 年开始开发区进入快速发展和稳步成长阶段。2001 年，中国加入世界贸易组织后，工业园区与世界经济的联系就更加紧密了。目前，工业园区已经成为工业发展的主战场，同时城市也进入快速扩张期，在空间格局上，工业园区已经从孤岛演化成新城区或者"城中区"，产城一体化的诉求日益高涨。

开发银行对工业园区的支持始于 1999 年我国与新加坡合作的最大项目——苏州工业园区，基于这一成功实践，开发银行随后在全国大范围地支持园区和开发区的建设。

2009 年，为应对国际金融危机影响，湖南省委、省政府发布了《关于进一步促进产业园区发展的意见》。同年 7 月，比亚迪落户长沙环保科技园，投资约 70 亿元，拟建成年产 1 万辆电动大巴和 40 万辆微型车汽车产业基地。针对比亚迪配套基础设施项目和产业基地项目的双重需求，开发银行提供 60 亿元资金，支持配套基础设施建设和比亚迪汽车产业基地建设，将公益类的基础设施项目与有自由现金流的产业项目有机结合，减轻了地方政府的债务压力，为服务产业类客户提供了一种新思路。

自 1988 年组建第一家工业园区——长沙高新区以来，截至 2016 年，长沙已形成拥有长沙高新区等五个国家级园区和隆平高科技园等九个省级园区的格局，集聚了全市 72.4% 的工业总产值、61.1% 的工业增加值。目前,"五区九园"规模工业企业已达 1389 家,园区规模达到 8368 亿元。

伴随着工业园区的发展,开发银行支持的一批批企业不断成长。三一重工、中联重科、比亚迪等一批具有核心竞争力的龙头企业逐步涌现,推动园区产业由单纯的企业集聚向主导产业突出、配套产业链齐备的产业集群发展,初步形成了以主导产业为框架、支柱企业为支撑、配套产业为依托的园区产业集群体系,充分发挥了产业规模效应。

除长沙工业园区外,开发银行还支持了株洲千亿轨道产业基地、衡阳富士康配套产业基地等项目建设,为重大央企对接项目、重大产业转移项目快速落地湖南"筑巢引凤"。

县域经济:补齐城镇化发展的短板

古人云,"郡县治,天下安"。县一级承上启下,要素完整,功能齐备,在国家治理中居于重要地位,是发展经济、保障民生、维护稳定、促进国家长治久安的重要基础。推进县域城镇化既符合我国经济发展的特征,也是新型城镇化发展的有效途径。

以县域城镇化补齐我国城镇化发展短板

一直以来,英国、美国等先发国家的城镇化道路,既体现了其作为工业革命领先者的特点,也体现了其所处时代的历史特征。他们在城镇化过程中,形成了"高投入、高消耗、高污染"的粗放发展模式和"先污染、后治理"的道路。二战以后全球迎来新一轮城镇化浪潮,日本、韩国、香港、新加坡等抓住机遇,在相对较短的时间内高质量地完成了城镇化。他们立足本国本地区资源文化禀赋,充分尊重市场机制,发挥政府引导作用,注重创新和教育,实现了城镇化可持续发展。而巴西、阿根廷等拉美国家,出现了典型的"过度城镇化"问题,大量贫困人口在城市聚集,贫民窟普遍存在,经济增长缓慢,社会问题突出,落入"中等收入陷阱"。比较特别的是沙特、伊朗等石油生产国,主要依靠资源驱动达到了较高城镇化水平和较高收入水平。

从上述欧美、日韩、拉美、资源型国家的四种典型城镇化发展模式看,我们只能走自己的城镇化发展道路。先发国家在资源环境几乎不受约束的条件下,走了"先污染、后治理"的道路,我国既不具备那样的资源条件,也不具备那样的内外部环境，不可能走污染治理的老路。我国本身规模巨大，虽然过去30年的增长模式与之前的"亚洲四小龙"等有相同之处，但是目前全球外部环境的变化使得出口难以长期成为经济增长的主要引擎。过度城镇化模式我们更不能学习，我们也没有资源优势按资源驱动模式发展城镇化。

面临这种情况，我们只能根据自身的现实禀赋，走符合自身条件的城镇化道路，而县域城镇化就是其中的一个重要环节。首先，农民工在大城市融入难的问题，使得他们有可能回流到原籍县域发展，这为县域城镇化创造了条件。其次，根据我国的行政管理体系，城市一般分为直辖市、省会城市、市级城市和县级城市，行政级别高的城市一般可以通过行政资源的配置获取更多的资源发展城市，而行政级别低的县域城市一般得不到充足的资源支持，导致了我国城市发展是以大城市为主导，县域城市发展不充分。为了优化我国城市结构，需要推动县域城市发展。再次，城市群的发展理念为县域城市发展提供了新的空间，也为县域城镇通过与城市群的核心城市、中心城市进行互补合作，发挥自身功能，提高县域城镇化水平提供了机遇。最后，县域城镇具有天然联接农村的优势，可以为农村人口逐步过渡到大中城市搭建桥梁，各方面的阻力和压力都较小。因此，当前县域城镇化应成为我国新型城镇化战略的重要突破口。

以基础设施推动县域城镇化

从1998年开始，我国四大国有独资商业银行相继进行股份制改造，为了引进战略投资者，实现上市，纷纷撤并机构，从县域经济退出，县域经济金融"失血"、"缺血"的现象较为严重。

湖南作为农业大省，县域人口占80%，县域国土面积占90%，县域国民生产总值占60%以上。原湖南省委书记杨正午曾多次说过：省委省政府一直想把湖南的县域经济搞上去，但长期苦于缺乏资金支持。当时主管金融的副省长徐宪平的阐述更是一针见血：湖南县域经济发展存在诸多问题，但归根结底核心在于县域经济缺乏安全、行之有效的金融支持模式，无法实现资金回流县域。

开发银行秉承"政府热点、雪中送炭、规划先行、融资推动、信用建设"的开发性金融理念，积极推动县域融资平台建设。2002年，开发银行投入1.1亿元率先在浏阳开展开发性金融合作试点，当时整个浏阳市财政收入7.1亿元，地方财政收入才3.73亿元，而且当时浏阳市的经济体量在湖南县域经济体量中排名第二位。2003年，通过"市带县"模式，开发银行向湖南57个县的113个城镇基础设施项目提供贷款27亿元。2005年，开发银行与湖南省政府合作构建"省县直管、统借分还、企业还款、差额抵扣"的县域经济融资"湖南模式"，对全省88个县、9个县级区提供 150 亿元长期贷款，使湖南成为第一个实现开发性金融合作县域全覆盖的省份。2007 年后，开发银行又通过直贷等模式继续支持县域发展。2008 年开发银行制定了一整套融资平台达标管理办法，推动县域平台真正市场化运作。2010 年 4 月 1 日，我在《人民日报》发表了《促进地方政府融资平台规范健康发展》一文，对融资平台特别是县域融资平台转型发展指出了明确的路径："整合地方政府经济资源，推动融资平台做实做强。将分散的地方政府经济资源进行分类集中，构建或改造成布局合理、功能齐全、运营规范、拥有较好经济效益、具备长远发展能力的地方政府融资平台。"截至 2014 年底，开发银行为湖南县域基础设施项目累计提供了 947 亿元贷款，成为支持湖南县域经济发展的主力银行。

▍图 22

2013 年 5 月，我代表开发银行与湖南省住建厅、商务厅、发展集团、公建投签订支持湖南新型城镇化融资合作协议。

以中小企业做强县域城镇化

没有产业的城市就是一座空心城，支持中小企业发展有利于保持国民经济平稳较快发展，有利于扩大就业和推动经济转型升级，是推进城镇化建设的重要动力和支撑。在支持县域基础设施的同时，开发银行注重培育县域企业尤其是中小企业发展，引导中小企业集群发展。

2002 年，国务院制定《中小企业促进法》时，湖南共有 18.5 万多家中小企业，其中中型企业所占比例只有 2%，98% 的企业是小型企业。从三次产业结构看，湖南中小企业依然是明显的"二、三、一"分布，其中二产业约占 65%，服务业所占不到35%，产业集群发展不够，分散化经营现象严重。

"融资难"长期以来一直是制约中小企业发展的瓶颈，湖南省汨罗市作为全国循环经济首批试点县和全国城市矿产示范基地，再生资源回收利用一直是汨罗市的传统产业和支柱产业，由于废旧物资的收储、处置、加工、贸易周期较长，资金占用量大，所以该行业的融资需求非常旺盛。但由于企业规模普遍较小、资信条件不够、缺乏有效抵质押物，加上当地金融生态建设滞后、信用意识较弱等因素的影响，融资难成为制约汨罗再生资源行业实现产业升级和地方经济快速发展的主要瓶颈。开发银行自2004年开始，以湖南汨罗为试点，深入实际开展中小企业贷款业务，把基础设施领域的开发性金融实践成果拓展到基层金融领域，积累经验，以点带面，逐步扩大中小企业贷款业务。在2004年试点的基础上，开发银行探索出"四台一会"模式（管理平台、融资平台、担保平台、公示平台和信用协会），以"平台统贷 + 专业担保 + 组织增信"的统贷模式支持当地中小企业发展，引领商业银行资金、社会资金和人才队伍进入该地区，有效优化和改善地方金融生态和信用环境。其中，管理平台是帮助开发银行收集信息并作出初步风险判断的机构，管理平台发挥贴近项目的优势，为开发银行识别风险、控制风险提供帮助；统贷平台即统一向开发银行借款，承担统贷统还责任，并且协助贷后管理和本息回收，统贷平台一般具有较强的经济实力或者对当地中小企业具有比较强的把握能力和控制能力。担保平台承担担保职能，是信用结构的重要组成部分，作为第二还款来源分担风险。公示平台是合作机构对开发银行中小企业贷款实行"三公"原则（受理公开、发放公示、还款公告）而建立的各种社会公示途径和机制的总称。信用协会是中小企业和个体工商户自发成立的社会团体，由当地有权威的企业家组织管理，会员之间相互监督，充分发挥群众组织的民主监督制约优势。同时，在"四台一会"基础上，我们创新小额经营户联保贷款模式，支持个体工商户创业，最小一笔贷款金额仅为几千元，真正做到用批发和标准化方式解决零售问题。

2011年8月，中国人民银行组织新华社、中新社、中央电视台、金融时报等10家中央级媒体集中报道汨罗、浏阳"四台一会"的成功经验，将其作为支持中小企业亮点工程宣传推介。宣传开发银行成功经验的背后，是国务院在2009年和2012年罕见密集出台促进中小企业发展相关意见，以缓解国际金融危机对中小企业造成的影响；同时当时人民银行、银监会先后出台了《商业银行小企业授信工作尽职指引（试行）》、《关于小额贷款公司试点的指导意见》等多项措施，试图缓解中小企业融资难融资贵的顽疾。

至2014年底，开发银行在长沙等8个地市构建了14个合作机制，向全省中小企业和个体经营户共提供贷款174.5亿元，缓解了中小企业融资难的问题，积极推动了湖南中小企业发展。2015 年以来，开发银行出于战略转型和开发性金融功能回归需要，逐步退出了中小企业等竞争性领域。

以棚户区改造助力县域城镇化

棚户区改造是党中央、国务院的重要决策部署，是一项重大民生工程、发展工程和改革工程。2007 年《国务院关于解决城市低收入家庭住房困难的若干意见》（国发〔2007〕24 号）提出加快集中连片棚户区改造。2008 年，中央启动保障性安居工程，全国棚改工作正式启动。此时，开发银行已经开始通过经济适用房、拆迁安置房等方式陆续支持城市保障性安居工程建设。

在 2010 年开发银行湖南分行年度工作会上，我们提出棚户区改造及保障性住房建设是新型城市化的重点、改善民生的热点，兼具建设、产业、消费三个阶段的特点，一定要抢抓机遇、大力支持。2011 年，国务院在北京召开了全国保障性安居工程工作会议。湖南省政府与国务院保障性安居工程协调小组签订了《保障性安居工程建设目标责任书》：计划 2011 年建设（改造）保障性住房 44.72 万套，"十二五"期间，计划建设（改造）保障性住房 160 万套，至此湖南首次明确提出棚改 5 年计划。到 2015 年后，又提出了 2015—2017 年新三年棚改计划。

面对党中央国务院的重大决策部署，面对民生重大难题，开发银行充分发挥开发性金融先锋先导作用，多方筹集资金，大力支持湖南省棚户区改造工作。

一是运用统贷模式大额快速授信。2011 年开始，为解决湖南保障性安居工程融资问题，开发银行与省财政厅、省住建厅、长沙市政府研究确定了统贷融资模式，运用该模式，开发银行以新成立的湖南省安居公司、湖南省棚改公司、长沙市棚改公司为依托，为三家公司共提供棚改授信 1005 亿元。

二是运用市县直贷模式点对点授信。开发银行自 2007 年起以市县平台直贷模式，对棚改项目成熟一个授信一个，支持全省保障性安居工程建设。截至 2017 年底，累计承诺金额 1346 亿元。

三是运用综合金融服务多方筹集资金。积极采取债贷组合、投贷结合等多种综合金融服务，满足棚户区改造项目融资需求。推动发行"债贷组合"企业债券 4 支，为棚户区建设募集资金 63 亿元；以"投贷结合"的方式，推动长沙市政府发起设立了总规模 100 亿元的棚户区改造专项基金，有效缓解了棚户区改造项目资本金压力。

同时，我们联合湖南省相关部门，完善工作机制，将棚改资金用好用足。先后与财政、住建、长沙市政府等出台了《湖南省棚户区改造国家开发银行专项贷款资金管理办法》、《长沙市棚户区改造项目贷款资金管理办法》等，明确项目核准、合同签订、贷款发放等方面的条件，督促资金使用。

截至 2017 年底，开发银行共为湖南提供保障性安居工程提供授信 2351 亿元，资金到位金额 1198 亿元，改造危旧建筑物建筑面积 7443.3 万平方米，受惠人数 220 万人以上。开发银行久久为功，取得了较好的效果。

落实重点领域项目的财政贴息政策

2013 年 3 月第十二届全国人大第一次会议的建议

保障性安居工程和铁路是关系国家发展战略全局的民生工程和基础工程，是当前和今后几年各级政府的重要任务和重点实施项目。近年来，我国保障性安居工程和铁路建设投资均保持高位运行，随着我国新型城镇化及工业化的发展，"十二五"的后三年，这两个领域仍然将是政府投资的重点。

保障性安居工程和铁路的融资及建设模式区别较大。保障性安居工程建设以地方为主，而铁路建设一般采用省部共建的模式。但在资金来源方面，它们有一个共同点，即均采用"中央财政资金（包括铁路建设基金）引导＋地方配套＋债务融资"的模式，其中，银行贷款在各自投资中占比最大。据统计，2012 年，全国铁路建设贷款占完成总投资的 46％，保障性安居工程贷款占比则超过 60％。

另一方面，中央财政对这两个领域的支持力度也在不断增大。2012 年，中央财政对保障性安居工程支出 2253 亿元，铁路建设支出（包括铁路建设基金）1030 亿元。中央财政资金的投入方式，一般是作为项目资本金，这可以调动地方政府和相关部门的积极性，但却没有充分发挥财政资金的引导作用和杠杆作用，也容易使地方政府产生"给多少钱、干多少事"的心理。

为此，建议中央财政改变支持方式，将部分资本金补贴变更为财政贴息，基于以下三点理由：

第一，有助于引导和撬动信贷资金。如前所述，银行贷款仍是保障性安居工程和铁路建设资金的主要来源。这两个领域贷款都具有大额、长期、利率控制严格等特点，银行贷款意愿普遍不高。对此，将部分财政资金用于贴息，能够充分发挥财政资金的杠杆作用，引导和撬动信贷资金投入到关系到国家战略全局的项目上来，与中央保持一致。

第二，有助于降低系统性金融风险。保障性安居工程和铁路都是政策性强的贷款项目，按银行的信贷管理要求，其担保措施、还款来源等贷款条件偏弱，中央财政进行贴息可以有效缓解项目还款压力，降低系统性金融风险。

第三，有助于推进铁路投融资体制改革。2012 年 5 月，铁道部发布《关于鼓励和引导民间资本投资铁路的实施意见》（铁政法〔2012〕97 号），鼓励和引导民间资本投资铁路，实现铁路投资主体多元化。制定落实铁路贷款贴息的相关政策，有利于降低社会资金投资铁路项目的融资成本，充分调动民间资本投资铁路项目的积极性，从而推进铁路投融资体制改革。

事实上，根据2010年财政部、国家发展和改革委员会、住房和城乡建设部联合下发的《关于保障性安居工程资金使用管理有关问题的通知》（财综〔2010〕95号），明确提出"中央补助公共租赁住房资金可用于项目贷款贴息"，但各地对该条款的执行情况参差不齐，绝大多数地方更喜欢将补助资金用作项目资本金。

为此，建议中央进一步明确保障性安居工程和铁路项目的贴息政策，统一制定管理办法，统一标准，严格落实。在具体方案设计上，可考虑地区差异和项目收益在贴息幅度、年限上加以区别。比如：考虑地区差异，对西部地区贴息100％，中部地区贴息80％，东部地区贴息50％；考虑项目收益，对处于发达地区或收益较好的项目贴息5年或至项目盈利为止，对处于欠发达地区或收益较差的项目则给予贷款期限内全程贴息。

养老产业的发展须出台明确的支持政策

2013 年 3 月第十二届全国人大第一次会议的建议

在不久的未来，养老将是中国最大的民生。目前我国老龄人口存在以下基本特点：一是老龄人口基数和比例大。到 2011 年末，我国 60 岁及以上老年人口已达 1.85 亿，占总人口 13.3%，据预测，到"十二五"末，老年人口将达到 2.21 亿，平均每年增加 860 万，老龄化水平提高到 16%，到 2025 年突破 3 亿，2033 年突破 4 亿；二是困难老人数量基数大。我国 80 岁以上高龄老人已超过 2000 万，失能、半失能老人超过 3300 万；三是家庭养老功能明显弱化。目前我国平均每个家庭只有 3.1 人，家庭小型化加上人口流动性的增强，城乡家庭"空巢"率已达 50%，部分大中城市甚至达到 70%。

与此相对应的是我国老龄事业面临着很多客观问题：一是老龄消费需求规模大，但养老资源不足。据测算，到 2030 年，我国老龄消费支出将由 2010 年的 8961 亿元增至 5.1 万亿元，涨幅超过 4.5 倍。但我国养老资源还严重不足。目前我国每千名老年人仅拥有 17.7 张养老床位，很多中西部地区甚至不足 10 张。根据《社会养老服务体系建设规划（2011—2015 年)》，2015 年我国将达到每千名老年人拥有 30 张养老床位数，但这仍低于全球平均 50 张的水平。而且，面对高龄、失能、生活不能自理等情况老人的床位更少，无法满足老龄人口多种养老需求。二是老龄产业的市场空间很大，但发育不足，服务需求多元，但服务供给单一。以老年人护理服务和生活照料市场为例，据测算，2020 年市场规模将超过 5000 亿元，可新增社会就业岗位超过 710 万个。但由于资金、政策、体制等问题的约束，市场发展的速度与需求增长的速度相比还很滞后。虽然从 20 世纪 90 年代以来，我国政府先后出台一系列政策推动养老产业发展，养老服务业、老年住宅业、老年旅游业和老年生活用品业发展较快，但总体来看，仍基本停留在日常生活照料方面，服务形式单一，难以满足不同文化层次和不同经济状况老人的服务需求。例如，我国城市社区提供送餐服务的覆盖率仅为 19.5%，城市和农村上门包护服务覆盖率分别为 55.1% 和 8.2%。三是老龄产业内在发展需求强烈，但引导产业健康发展的政策不足。虽然目前我国陆续出台了《关于老年服务机构有关税收政策问题的通知》、《关于加强老龄产业的决定》、《关于加快发展养老服务业的意见》、《民政部关于鼓励和引导民间资本进入养老服务领域的实施意见》等一系列加强发展养老产业的政策文件，但在具体实施中，往往还是原则性较强，缺乏具体指导性和操作性，效果并不显著。而且养老产业中长期规划也缺失，缺乏产业发展的明确定位、方向指引和健康秩序，难以与养老服务体系的建设要求相适应。四是养老产业资金投入不足。我国的人口老龄化是在"未富先老"、社会保障制度不完善、历史欠账较多、城乡和区域发展不平衡、家庭养老功能弱化的形势下发生的，用于扩大养老资源供给的资金需求规模庞大，单纯依靠政府投资已不现实，需要发挥市场机制的作用，引导社会共建。但目前我国的养老机构多为政府出资兴建的福利养老院，养老服务业的投资主体单一，尚未形成成熟的产业化模式。

十七届五中全会明确提出"优先发展社会养老服务"，修订后将自 2013 年 7 月 1日起施行的《中华人民共和国老年人权益保障法》也提出"积极应对人口老龄化是国家的一项长期战略任务（第四条）"，"国家建立和完善以居家为基础、社区为依托、机构为支撑的社会养老服务体系（第三十六条）"，"国家采取措施，发展老龄产业，将老龄产业列入国家扶持行业目录。鼓励、扶持和引导企业开发、生产、经营适应老年人需要的用品（第五十一条）"等，这些都为养老产业的发展指明了大方向。为了进一步加快落实中央精神和法律导向，建议根据《中华人民共和国老年人权益保障法（修订）》，由中央制定并出台《促进养老产业健康发展管理办法（或指导意见)》，来破解我国"老龄化、高龄化、空巢化和失智化"与"缺钱、缺人、缺政策、缺体制"间的矛盾。

《促进养老产业健康发展管理办法（或指导意见)》重点需要解决以下重点问题：

一是对养老产业进行准确界定。明确养老产业的产业形态，范畴和市场运行的一般机制。在政府搭台、社会参与、市场化运转的总原则下，明确各方责任和义务。

二是推动养老服务专业化、标准化、信息化建设。我国养老产业的快速发展及养老产业体系的建立，呼吁更加完善的法律框架为其保驾护航。（1）对于养老机构，要对其医疗保障、照料护理体系的相关资质认定与监管，行业准入和退出，经营管理和机构评级等建立相关法律法规，使养老产业的发展保持规范。对此，其他国家的经验可供借鉴。如澳大利亚 1997 年通过《澳大利亚老年人服务法案》，制定了 44 条标准，从居住者权利，到居住者生活方式，几乎无所不包；奥地利、德国等也对养老院制定相关规定，规范养老院的管理与发展；美国 1987 年通过的《养老院改革法案》也对标准化和规范化明确要求。这些国家在相对提高养老院服务标准的同时，对养老院的服务程序、服务质量、服务内容等做出详尽规定；（2）要加强对养老机构的监督管理，设置专门的监督管理机构，实施对养老服务机构的服务程序、服务质量和服务内容等方面的监督管理。

三是出台养老产业税收优惠政策。政府应积极出台养老产业优惠政策，继续加大扶持力度，为养老产业的健康发展营造良好氛围。（1）赋予养老机构土地税收优惠；（2）制定税收优惠政策引导，鼓励民间资本和社会游资进入养老产业，并加强有效监管；（3）通过税收优惠鼓励"长期养老护理保险"的购买。在日本和德国，这个险种被纳入法定的社会保险中，而美国把其纳入商业保险中，通过税收优惠，鼓励企业团体购买；（4）借鉴著名的美国《税收改革法案》的401（K）计划（为雇员建立一种延迟纳税的储蓄计划），对养老金缴费和投资收益免税，促进养老缴费，增加老年人收入水平，提升老年人消费能力，扩大养老产业消费需求。

四是推动养老产业融资创新，探索建立投资长效机制。（1）金融机构应加大对养老产品、生产企业、民办养老机构及其建设项目的信贷支持，适当放宽贷款条件，提供优惠利率；（2）对于规模较大、前景较好、市场急需的养老服务项目，财政部门可安排专项资金予以支持，给予必要的贴息贷款和信用担保；（3）国家安排专项信贷资金委托某一政策性银行管理，定向支持养老产业发展；（4）赋予政府融资平台承接养老产业贷款的功能。参照水利、保障房项目的模式，纳入银监会对政府融资平台专项指导意见，允许将养老产业作为地方融资平台新增贷款投向，拓宽养老产业发展的投融资主体；（5）鼓励建立产业投资基金。为确保养老产业投资稳步增长，鼓励由地方政府和金融机构共同组建养老产业发展基金，引导民间资本的投入，拓宽养老产业的融资渠道，推动养老产业上游产业的技术、资金、队伍等方面的发展。

五是制定养老产业中长期发展规划。明确养老产业未来重大战略方向，在条件好、发展成熟的地区先行试点建立养老产业示范区，逐步形成全国范围内的养老产业布局。

关于加大海外铁矿资源开发力度，转移
国内过剩钢铁生产能力的建议

2013 年 3 月第十二届全国人大第一次会议的建议

我国钢铁行业经过近十几年的飞速发展，粗钢产量从 2000 年的 1.3 亿吨增长到 2012 年的 7.16 亿吨，产品质量也取得了快速发展。然而，如今的钢铁业正面临着发展的瓶颈期，一方面是产能扩张难以抑制，另一方面却是行业利润率的大幅下滑。伴随着国内钢铁产能明显过剩，钢铁企业经营陷入困顿，钢铁业的利润高增长时代已很难再现，正在步入一个较长的调整期。在过去的 2012 年里，钢铁企业亏损、贸易商破产与转型渐渐成为业内习以为常的用语。

一、我国钢铁行业的形势

（一）我国钢铁行业发展的基本面没有改变，粗钢产量在一段时间内仍将维持高产，但增速放缓。党的十八大提出了"两个翻一番"的宏伟目标，提出了要走中国特色的新型工业化、信息化、城镇化、农业现代化的道路，以上目标都将为钢铁产品提供巨大的市场空间和消费需求。从长期来看，我国钢铁工业发展的基本面没有改变，预计粗钢产量在一段时间内仍将保持平稳增长，但增速放缓。

（二）产能过剩问题是当前钢铁行业面临的主要困境，但同时也为钢铁行业转型升级、结构调整、兼并重组和淘汰落后产能创造了最好的机遇。目前由于宏观经济存在下行压力，全社会对钢材的需求开始减弱，能源和资源的约束进一步增强全行业效益持续下滑，钢铁企业生产经营困难重重。在下游需求未表现好转和产能过剩矛盾初步化解前，钢铁企业微利的局面难以改变。虽然当前的问题突出，但也为钢铁行业转型升级、结构调整、兼并重组和淘汰落后产能创造了最好的机遇。同时向海外转移过剩产能也不失为一项重大的战略考虑。

（三）铁矿石对外依存度高，现货定价模式吞噬了钢铁行业微薄的利润。我国的铁矿储量排名世界前五名，但只有海南铁矿有少量的品位在 40%–50% 之间的富矿，其他的多为贫矿，需要加工处理，铁精矿获取成本高，这造成我国铁矿石对外依存度高。按照现在的铁矿石现货定价模式，只要钢材价格稍有上涨，进口铁矿石便立即跟涨，且涨幅远远高于钢材价格。钢材价格与进口铁矿石价格涨跌不同步，吞噬了钢铁企业微薄的利润，使钢铁企业采购进口铁矿石成为高风险的游戏，许多企业就是因为没有"踩准点"而陷入亏损。

二、向海外加大铁矿资源开发，转移国内过剩钢铁生产能力是提高我国钢铁企业国际化水平，提升市场竞争力的必然选择

（一）从客观事实看，通过积极参与国际竞争，可以进一步提高我国钢铁企业的国际化水平。我国粗钢生产规模长期位居世界第一，但竞争力不强，其中一个重要方面就是我国钢企过于集中在本土经营，在全球资源、产品市场缺乏话语权，技术、管理相对落后，在国际竞争中处于不利地位。要实现钢铁工业发展方式转变须加强国际化经营，我国钢企需要通过"引进来"和"走出去"，积极参与国际竞争，进一步提高国际化水平，提升竞争能力。

（二）从主观意愿看，我国已经形成了宝钢、鞍钢、武钢等一批具有国际竞争力的钢铁企业，有能力、有意愿、有需求参与到国际竞争当中。目前，我国宝钢、鞍钢、武钢等大型钢铁企业技术装备水平达到国际先进水平，产能规模均位居全球前十，从技术装备水平、资金实力、产能规模国内受限、产品出口避免双反及企业自身国际化发展等因素来看，这些企业已具备参与国际竞争的能力和意愿。国家支持钢铁企业"走出去"除投资矿业外，也应该将在海外布局转移国内过剩钢铁产能作为支持的重点。

三、相关建议

（一）国内过剩产能向境外转移应与我国钢铁产业结构调整、节能减排统筹考虑。长期来看，全球今后钢铁的主要消费市场仍以中国为主。钢铁需求的增长也主要在中国，因此向国外转移过剩的钢铁产能要与我国的钢铁产业结构调整结合起来统筹考虑。一方面是鼓励大型钢铁企业开展跨地区、跨所有制的联合重组，提高行业集中度，淘汰相应规模的落后产能。另一方面应支持一批有国际竞争力的企业"走出去"，在一些铁矿富集产区、能源、交通条件有利的地区进行产能布局。

（二）铁矿石开发配套基础设施建设要与矿山建设同步进行。我国企业在海外投资很多年了，但很多铁矿石企业没有成功开发的主要原因就是基础设施受制于几大铁矿石企业。也就是有资源，但运不出来，港口和铁路被外资控制的。因此在铁矿开发必须重视外围配套基础设施的建设和优化。长期来看，受我国进口铁矿石快速增长的影响，需要加强我国的远洋运输能力建设，提高造船技术，加大对港口、码头等基础设施建设的投入。

（三）组建海外铁矿投资联合体或海外铁矿开发基金。以铁矿石为代表的金属资源，在现实中具有"金融属性"。在中国铁矿石资源依托世界，最终实现全球化铁矿资源供给战略的时候，稳定铁矿石产品市场，防止其价格大起大落既保护投资者的潜在利益，同时也有利于国家战略的实施。必须认识到设立国家海外矿业投资联合体或海外矿业开发基金的重要性，非常需要一支既有国际化的多金属矿业公司背景，又有大型基础设施设计建设能力的工程公司，还需要有投资专业经验的金融力量的队伍发挥作用，通过铁矿石资源开发、基础设施建设、产品深加工，与东道国合理分配矿业收益，促进资源开发地区的经济社会发展，这样才能真正赢得铁矿开发者与钢铁业消费者之间的公平贸易，实现可持续发展。

（四）出台鼓励境外资源开发及配套基础设施的财政、金融、保险等政策。世界经验表明，企业在跨国投资初期的成功往往离不开母国政府的政策支持，资源、能源类的跨国投资尤其如此。我国应当全面系统地学习和借鉴国际经验，通过出台一系列的政策，更好地支持我国企业顺利投资境外的资源和能源。财政政策方面，可以效仿日本，设立对外投资准备金，亏损企业可以获得项目累计投资额的12％的补贴资金。担保政策方面，可以效仿美国，对海外投资企业提供专业担保。对包括外汇货币不可兑换风险、财产没收风险、运营干扰、政治动乱风险所造成损失提高担保等。税收政策方面，可以效仿韩国，采取如亏损提留、国外收入所得税信贷和资源开发项目东道国红利所得税减让等。信贷政策方面，可以效仿韩国、日本通过开发性金融机构为投资项目提供长期、低息的优惠贷款。国家开发银行长期服务于国家战略，可以提供长期，大额的贷款，通过"投、贷、债、租、证"等综合金融服务手段，帮助我国企业"走出去"，实现国家战略。

拓宽资金渠道，推进重大项目、民生项目建设

2013 年 3 月 4 日第十二届全国人大第一次会议湖南团第四次讨论会上发言

　　温总理的报告求真务实，令人鼓舞、催人奋进。过去的五年，政府积极应对国际国内各种复杂局面与挑战，取得的成绩来之不易。这是一届勤政的政府，一届人民满意的、感到无比自豪的政府，也是人民拥护的政府。报告对今年的工作总体要求，主要目标和经济政策是稳健、审慎和可行的，比如 GDP7.5%、物价控制在 3.5% 是适当的，对今年的政府工作建议突出了改革发展的主线，我完全赞同这个报告。

　　昨天克强副总理来我团与大家一起审议政府工作报告，在肯定总理报告的同时，高度肯定了湖南这几年的发展成就。他对湖南的情况很熟悉、很重视、很支持，也很关心湖南武陵山区的扶贫攻坚，关心基层农村交通建设，关心农村的医疗教育，关心湖南产业发展区域发展战略。

　　克强副总理对湖南下一步的发展提出的三个"勤"很有针对性，对代表的意见耐心、认真地听取，展现了领导人的亲民、睿智、大度形象，我非常感动也深受鼓舞。

　　湖南这五年的成绩得到了克强副总理的肯定，我们身在湖南，更是感同身受。这五年，湖南的经济增长平均 13.3%，高于全国平均水平，达到 2.215 万亿元，城乡面貌发生了巨大变化，生活水平极大提高。在座的各位都是湖南的代表，我认为之所以能取得这样的成绩，一是有中央的正确领导，二是我们有坚强的、得力的、人民信得过的省委、省政府。这几年，省委、省政府坚持科学发展观，真抓实干，制定了一系列正确的发展举措。对于转型、创新和民生发展，我们不仅有"四化两型"的发展战略，有"四个湖南"的战略路径，还有"长株潭两型社会试验区"的战略。省委、省政府还制定了一系列推动县域经济发展，承接产业转移、新型城镇化实施纲要，以及农业现代化、武陵山扶贫、湘江流域治理、环洞庭湖开发与治理等政策。所有这些措施都体现了省委省政府高瞻远瞩、英明决策和驾驭全局的执政能力，不仅为湖南的发展提供了澎湃动力，也为今后的发展打下了坚实的基础。

　　我提四个方面的建议：

　　第一，扩大中央财政代发地方债，规模从 3500 亿元扩大到 5000 亿元。可以考虑从 1.2 万亿元赤字中多切一块给地方，也可以增加赤字总规模。一般认为人大代表要建议限制中央负债，为什么我要提出扩大负债？主要是考虑如下两点：一是地方重大

项目配套，民生需求大。也是刚性需求，中央不替地方发债，地方也要想办法通过负债解决，既然都是负债当然由中央发更好，成本可控，流程规范。二是目前我国赤字率为2％，可控，还有空间。

第二，在建立地方政府性债务水平警戒线的基础上，有序放松地方政府融资平台的融资渠道、融资方式，信贷支持范围。湖南省政府已经出台了《关于规范和加强政府债务管理的意见（湘政发〔2013〕9号）》，据了解全国有七成的省市出台了这样的文件，对这样的省市应使用差别信贷政策。

第三，加大对企业"走出去"的保护和支持力度，包括但不限于金融、投资、法律等方面的政策支持。

第四，把"公积金"中心改组为全国性的住房保障银行，提升公积金的使用效率，加大居民的住房保障。

破解城镇化投融资难题

2013 年 3 月 10 日发表于《湖南日报》

新型城镇化建设将带来旺盛的投资需求，必须"壮大"、"做大做强"地方投融资平台，以解决城镇化投融资难题。

从 1978 年的 17.92% 到 2012 年的 52.57%，中国城市化率平均以每年百分之一的速度递增，快速的城镇化成为中国发展的重要标志。

"新型城镇化建设将带来旺盛的投资需求。像湖南，2013—2015 年全省城镇化基础设施建设投资需 7210 亿元，其中大部分集中在城镇交通网络、产业园区、供水排水、垃圾处理、保障性住房、城镇环境整治、城镇公共服务设施等政府投资类项目领域。"全国人大代表，国家开发银行湖南省分行党委书记、行长王学东一直关注着城镇化建设中的投融资问题。

作为我国投融资体制改革的产物，政府融资平台发挥了且还必须发挥重要的历史作用。"十二五"及将来一段时期内，我国仍将处于城镇化、工业化快速发展阶段，地方政府尤其是相对落后的中西部地区仍需面对交通、环保、市政等基础设施和水利、保障性住房等民生领域的巨大投融资需求。因此，必须"壮大"、"做大做强"地方投融资平台，以解决城镇化投融资难题。

一、背景

国家加大了对政府融资平台的监管力度，由此也逐步弱化了政府融资平台的功能。

为应对金融危机，2008 年以来，我国实施了适度宽松的货币政策，各家商业银行开始大量向地方融资平台提供贷款。各地融资平台通过支持公共基础设施建设，如高速公路、城市道路、地铁、供水、环境治理，棚户区改造，产业园区等，加速推动了我国的城市化进程。但由于地方政府融资平台快速增长的负债带来了财政和金融风险隐患，国家各部委此后又出台了一系列文件，加大了对政府融资平台的监管力度，由此也逐步弱化了政府融资平台的功能。

由于监管认定标准不同，融资平台在"退出"与"不退出"之间徘徊。因各金融机构政策不同，融资平台在现金"全覆盖"与"被无覆盖"之间挣扎。为完成政府关注的某些项目，往往需要转化身份或打造新的主体。如承担保障房任务，必须进入平台；承担标准化厂房建设，又必须退出平台。

同时，监管部门将政府融资平台分为监管类与监测类，监管类目前仅能在收费公路、保障性住房、水利项目领域向银行融资，项目领域狭窄，且每一笔贷款需各银行总行统一授信、逐笔审批；监测类平台不得就保障性住房及其他公益性项目申请贷款，监测类平台发挥支持新型城镇化扩容提质、生态环境整治等基础设施建设的功能弱化。

此外，由于贷款监管风险的"降旧控新"，政府融资平台贷款规模限制较为突出。

二、建议

强化政府融资平台的融资职能，扩大融资平台支持新型城镇化项目建设的领域。

目前，全国70%的省份已经制定了政府债务管理办法，在政府债务总体可控的情况下，建议支持地方政府给现有融资平台配置足够的经济资源并完善治理结构，促使融资平台成为资本规模大、投融资能力强，符合相关政策的独立法人，强化融资平台在新型城镇化资金需求与金融资金供给之间的桥梁作用并提高融资能力。

为更好地推动新型城镇化建设，建议扩大监管类政府融资平台贷款的领域，将原来规定的5类项目延伸至干线公路、农村公路、城镇片区综合开发、产业园区基础设施建设、城乡生态环境整治、特色城镇建设、水环境整合整治、城镇综合交通体系建设等领域。

在政府债务总体可控的前提下，建议允许监测类平台承担新型城镇化建设的公共基础设施项目建设，允许政府以委托代建的方式进行回购。同时，根据项目类别和金额大小，对于承担新型城镇化公益性项目建设的监管类融资平台，允许银行总行下放部分贷款的审批权限至省级分行，以减少贷款审批的行政成本，提高银行评审效率及项目运作效率。

针对新型城镇化基础设施建设资金需求量大、使用周期长、经济效益低的特点，建议鼓励国家开发银行发挥其融资额度大、贷款期限长等政策性优势，加大对新型城镇化建设的投入。

铁路建设须引入社会资本支持

2013 年 3 月 12 日接受中国广播网、湖南电视台采访

再过不久，"铁道部"这三个字将成为历史名词。然而，作为我国金融市场最大的债务人之一，其留下的 2.66 万亿元债务将何去何从？更加牵动公众关注的是，铁路政企分开后，巨额债务会不会导致火车票价的上涨？对此，记者今天专访了全国人大代表、国家开发银行湖南分行行长王学东。

备受瞩目的《国务院机构改革和职能转变方案》中，铁道部将不再保留，对于中国铁路总公司的组建，在采访中不少公众都表现出对火车票价上涨的担忧。

其实这样一个担忧不是没有道理。根据已经披露的国务院机构改革方案，我国将实行铁路政企分开。一方面，撤销铁道部，组建国家铁路局，由新成立的交通运输部管理；另一方面，组建中国铁路总公司，承担铁道部的企业职责。

最新数据显示，截至 2012 年 9 月末，铁道部总资产 4.30 万亿元，总负债 2.66 万亿元。那么这部分债务是如何形成的？全国人大代表、国家开发银行湖南分行行长王学东认为："铁道部的债务问题应该历史来看待。有一部分债务是因为承担了公益性设施建设留下来的，也有一些债务是属于经营性需要。作为下一步改革，成立中国铁路总公司，也得看国家如何给他定位。从目前的方案上看，还有一部分公益性任务，但是从改革方向来看，还是应该逐步走向市场，把企业作为自负盈亏、自担风险的企业，如果是完全还依靠国家补贴，靠过去传统模式运作，改革的目的也不完全达得到。"

公开资料显示，去年 7 月，铁道部部长盛光祖与国家开发银行董事长陈元在北京就加快推进铁路建设、深化双方开发性金融合作举行会谈。双方还签署了《铁道部、国家开发银行开发性金融合作协议》，国家开发银行承诺将加大对铁路建设的资金投入。那么政企分开以后，新成立的中国铁路总公司在投融资的道路上还能走得一帆风顺吗？全国人大代表、国家开发银行湖南分行行长王学东认为："铁道部现在承担了 2 万多亿元的债务，如果这些债务全部压给中国铁路总公司，在做新的铁路建设时负担是相当沉重的，他要考虑到还本付息的问题，要考虑新的负债问题。过去的负债都是铁道部出面借的钱，因为铁道部是国务院的一个部分，大家都放心，这里面有国家的信用。在过去这么多年中，铁道部的融资没有出现大问题，如果以后靠一个企业来融资，他的成本会提高，话说回来，就是借钱没那么容易了。"

铁道部部长盛光祖曾表示，机构改革之后铁路投资不会受到影响。他还表示，未来的铁路建设要分类，公益性的由政府和社会资本投入，经营性的鼓励包括民营资本在内的社会资本积极投入。王学东代表分析，民营资本进入铁路建设已经有了很好的范本，但是吸引民间资金进入铁路仍需通过改革来解决："民营资本的进入铁道部一直是欢迎的，为什么进不来呢？铁路是一个大的系统工程。货运的组织、各个方面的运营必然涉及全路网的问题，也不是哪一条线能够单独解决的。再一个方面，铁路的价格是全国统一定价的，民营企业进来后，能不能赚钱，不取决于民营企业本身，而取决于国家的政策。吸引民间资金进入铁路的问题长期以来没有解决，将来也要看铁路改革的深度、程度和将来运营的情况。不排除个别线路，比如蒙西铁路走出了社会投资的良好开端，但是我们不可能拿出这么多线路做尝试，毕竟是一个大的系统。"

之前微博上也流传了一个段子，铁道部 2 万多亿元的负债，如果均摊到每一个老百姓身上，每个人要掏出将近 2000 块钱帮铁道部买单。当然段子只是一个玩笑话，对于各方关注的铁道部原有债务处理，我们仍在期待有进一步的解决方案出台。王学东代表认为，为了更有利于铁路政企分开，铁道部的负债有可能被国家拿走，以便于改革后成立的铁路总公司能够轻装上阵。不讨他也分析，未来票价上涨可能性很大："从目前的运营的成本情况来看，如果在下一步铁路的货运、客运价格如何不上涨，对企业来说相当困难。当然老百姓的心态大家都是不愿意上涨，因此我觉得在这个问题上应该有一个平衡点，或是逐步解决的过程。但是涨要看怎么涨？涨是肯定的，物价本身在上涨，要看涨的幅度大家能否承受，什么时候能承受。在涨的到位的情况下，有可能做到自负盈亏，在不到位的情况下，国家有可能还要提供一些补贴。"

破解城镇化融资难题首要在于做好顶层设计

2013 年 3 月 13 日接受红网采访

　　湖南省正在加快落实《湖南省推进新型城镇化实施纲要（2012—2020 年)》。而新型城镇化需要大量的资金用于基础建设。新型城镇化钱从哪里来？该怎么管好花好这些钱？今天，全国人大代表，国家开发银行湖南省分行党委书记、行长王学东做客红网设在北京的"实干 2013"红网全国两会嘉宾访谈室。他认为，解决新型城镇化融资难，首要是做好顶层设计。

我国城镇化水平依然滞后

　　王学东说："目前我国的城镇化率只是达到了世界平均水平，与发达国家通常城镇化率达到 80% 相比，我国城镇化水平依然滞后，未来还有 20%—30% 的提升空间。"

　　他认为，新型城镇化是全方位的，既有工业化与新型城镇化的相辅相成，又有新型城镇化与新农村建设的相互结合。在新型城镇化过程中，既要解决工业化的问题，来解决城市居民就业，又要使城市的生活水平和服务配套延伸到乡镇甚至农村，也就是说，城镇与农村的生活水平达到基本相当。

　　目前，城市与农村在社会保障、基础设施建设配套等方面存在差距，而这些差距存在着巨大的投资需求。

　　据测算，湖南省 2013—2015 年湖南省城镇化基础设施建设投资 7210 亿元，到 2020 年，城镇化基础设施融资建设需求 1.92 万亿元。融资大部分集中在城镇交通网络、产业园区、供水排水、垃圾处理、保障性住房、城镇环境整治、城镇公共服务设施等政府投资类项目领域。

通过顶层设计破解融资难题

　　王学东认为，新型城镇化要处理好市场与政府之间的关系，哪些由市场解决，哪些由政府来主导或推动，应该要理清。

　　他说，解决好这一问题，政府第一步应该做好规划，而规划应该以人为本。而对于经营性市场化的问题，则可以引导社会投资，交由市场来解决，比如房地产开发、产业与服务的项目等。

　　他还认为，新型城镇化在顶层设计上应加强制度方面的建设，建立一系列与新型城镇化相适应的制度保障。政府主导建设基础设施，必然通过负债来解决资金问题，也必然通过融资平台。因此，他提出在融资方面应该建立政府负债警戒线，把政府债务控制在一定水平，把每年的本息列入财政预算，而这需要制度上的保障。他建议，中国每个省都可以制定符合实际的、合理的负债警戒线。

政府还可以通过市场化运作，多渠道的融资主体来解决融资难的问题。

只要在制度建设、项目建设和资金使用上有保障，融资风险就是可控的。

湖南将作为国开行首批新型城镇化融资创新试点

王学东透露，国开行与湖南省政府即将签署《支持湖南新型城镇化合作备忘录》，湖南将作为国开行首批新型城镇化融资创新试点，发挥国开行贷款、债券发行、直接投资、融资租赁、证券融资等综合金融服务优势，加速湖南新型城镇化建设。

早在 2010 年，国开行就与湖南省政府合作成立了规模为 100 亿元的"开元城市开发基金"，推动城市开发及产业园区建设。根据本次国开行与湖南省政府签署的协议，国开行将募集基金二期，重点投向产业园区、园区基础设施建设等领域，为湖南产业发展提供多元化的融资渠道。

截至目前，国开行在湖南城镇化领域已累计投入 1272 亿元中长期贷款，项目遍布 122 个县（市、区），囊括了重大基础设施、重点产业、城市路桥、水电气供应、医疗教育、环境治理、工业园区等类型。

"国开行已经在湖南开创了多个领域融资的'湖南模式'，相信本次试点将又在全国领先一步。"对于试点前景，王学东充满信心。

第五章

见证金融风险防范与监管

2018 年 1 月 5 日，在新进中央委员会的委员、候补委员和省部级主要领导干部学习贯彻党的十九大精神研讨班开班式上，习近平总书记要求增强忧患意识，防范风险挑战要一以贯之。习总书记指出，当前我国正处于一个大有可为的历史机遇期，发展形势总的是好的，但前进道路不可能一帆风顺，越是取得成绩的时候，越是要有如履薄冰的谨慎，越是要有居安思危的忧患，绝不能犯战略性、颠覆性错误。面对波谲云诡的国际形势、复杂敏感的周边环境、艰巨繁重的改革发展稳定任务，我们既要有防范风险的先手，也要有应对和化解风险挑战的高招；既要打好防范和抵御风险的有准备之战，也要打好化险为夷、转危为机的战略主动战。而在 2017 年中央经济工作会议上，习总书记明确指出，打好防范化解重大风险攻坚战，重点是防控金融风险，并对防控金融风险进行具体部署。金融风险已成为事关国家安全，甚至是影响全面建成小康社会和开启全面建设社会主义现代化国家新征程的奋斗目标达成的全局性问题，金融风险防控也越来越受到监管部门、金融机构和社会各界的高度关注。

如何认识当前金融风险的演化历程

2008 年国际金融危机爆发后，我国为拉动内需、稳定经济增长，开启了新一轮金融扩张，此后我国金融风险的演化发展大体可以分为四个阶段：

2008 年到 2010 年：风险潜伏阶段。该阶段是"四万亿计划"的实施期。为应对国际金融危机影响，党中央、国务院出台了一系列扩大内需、促进经济平稳较快增长的政策措施，全面实施积极的财政政策和适度宽松的货币政策，成功避免了中国经济增速快速回落，化解了经济面临硬着陆的风险。但这轮强刺激也带来了产能过剩、债务过快增长、通胀及资产价格上涨等副作用，为后续金融风险埋下了伏笔。

2011 年到 2014 年：风险基本可控阶段。2011 年以后，伴随我国经济的企稳回升，为应对通货膨胀、产能过剩等问题，我国经济工作重心转向调整优化经济结构，实施积极的财政政策和稳健的货币政策，并对地方政府融资平台进行规范整治。这一时期，金融体系围绕规避监管进行了一系列创新，表现为银行表外业务集中爆发（如影子银行）。由于地方政府投资惯性、僵尸企业难以出清、金融过度创新等原因，全社会杠杆率仍在逐渐攀升。

2015 年到 2017 年上半年：风险上升阶段。经过多年的债务积累，我国全社会杠杆率不断上升，金融风险日渐显性化。尤其是 2014 年三季度后，从数据上看，社会融资增长与经济增长开始出现较大偏离，金融体系从社会上融入的资金量与实体部门从金融体系融入的资金量之间也出现较大偏离，金融脱实向虚、资金空转问题加剧。中国社会科学院发布的《中国国家资产负债表2015》显示，截至2015年底，我国债务总额为168.48万亿元，全社会杠杆率高达249%，当年提高13.6个百分点，而2014年仅提高3.5个百分点。2015年12月，习近平总书记在中央经济工作会议上系统阐述供给侧结构性改革经济思想，将去杠杆作为五大重要任务之一，并明确提出防范化解金融风险，"对信用违约要依法处置。要有效化解地方政府债务风险，做好地方政府存量债务置换工作，完善全口径政府债务管理，改进地方政府债券发行办法。要加强全方位监管，规范各类融资行为，抓紧开展金融风险专项整治，坚决遏制非法集资蔓延势头，加强风险监测预警，妥善处理风险案件，坚决守住不发生系统性和区域性风险的底线。"这是最高决策层首次就金融风险问题进行系统研究和部署。

2017年7月至今：全面风险管控阶段。2017年7月15日，五年一度的全国金融工作会议在北京召开。习近平总书记发表了重要讲话，围绕服务实体经济、防控金融风险和深化金融改革三大任务，从历史到现实、从理论到实践、从宏观到微观、从机构到产品、从发展到风险、从技术到人才等等，全面阐述了金融治理的思想，十九大、中央经济工作会议习近平总书记又进一步强调了防控金融风险的任务，我国金融业进入全面风险管控阶段。此后，一行三会、财政部等监管部门就整顿金融乱象、地方政府债务管理等问题先后出台30余个政策文件，全面加强金融风险管控，取得了初步成效。2018年1月24日，中共中央政治局委员、中央财经领导小组办公室主任刘鹤在2018达沃斯论坛上发表主旨演讲时指出，我们已经开始妥善处置一系列风险因素，从去年四季度开始，中国的宏观杠杆率增速已经有所下降，我们争取在未来3年左右时间，使宏观杠杆率得到有效控制，金融结构适应性提高，金融服务实体经济能力增强，系统性风险得到有效防范，经济体系良性循环水平上升。

如何认识我国金融风险产生的原因

回顾我国金融风险演化历程，不难发现我国金融风险的成因主要包括：

一是杠杆率过高、增速过快。习近平总书记在全国金融工作会议上归纳了"八个风险"，即金融杠杆率和流动性风险、信用风险、银行风险、法制不健全执法不严造成的违法犯罪风险、外部冲击风险、房地产泡沫风险、地方政府隐性债务风险、部分国企债务风险等。除了外部风险、违法风险，其他风险的根源都与杠杆率过高、债务过重有关。到 2017 年 9 月，我国居民负债为 44 万亿元，企业负债为 104.7 万亿元，政府部门负债为 46.7 万亿元，全社会总负债为 195.4 万亿元，相当于 2016 年 GDP 的 242%。而在 2008 年这些数据分别为居民负债 5.7 万亿元、企业负债为 25.6 万亿元、政府负债为 9.7 万亿元，全社会总负债只有 41 万亿元，相当于 GDP 的 130%。我国债务增速远高于我国经济发展速度，这与我国处于建设期的经济发展阶段和以投资拉动为主的经济结构是一脉相承的。

二是地方投融资决策机制不完善。投资理念上，部分市县领导甚至党政一把手缺乏科学的政绩观，单纯追求项目投资产生的 GDP，只顾项目建设，不顾项目效果、不考虑资金来源。决策流程上，市县党政一把手的项目决定权过大，且缺乏有效监督，项目的可行性研究、财政可承受能力论证等往往被领导意志所左右。项目安排上，缺乏科学规划和规划的严格实施，项目之间缺乏统筹协调，部分项目超前建设或重复建设。资金筹集上，为完成主要领导关注的重点项目，存在预算软约束、鼓励融资平台举债甚至考核融资，对地方政府负债加强监管后，地方政府在与社会资本合作过程中，通过承诺回购、承诺最低收益等方式变相融资，增加了交易成本，使得风险更为隐蔽。资金使用上，与民营投资相比，政府项目投资对资金成本、资金沉淀、项目造价、项目预算等不敏感，资金使用效率较低，真正用到项目施工上的钱占比不高，造成资源浪费。

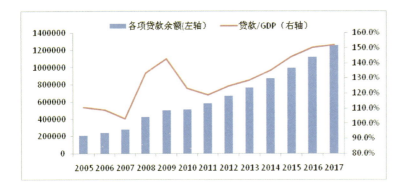

图 23

近年来，我国债务增速明显高于 GDP 增速，贷款余额与 GDP 的比值不断攀升。

三是金融体制存在扭曲。当前，我国 M2 与 GDP 的比例超过 200%，与日本的水平大体相当，超过美国 91% 的两倍。但从利率水平看，2017 年我国 1 个月的 SHIBOR 拆借利率平均水平为 4.09%，同期日本的可比利率水平为 -0.01%，美国为 1.1%。我国货币环境更为宽松，资金成本反而更高，表明金融体制存在扭曲。宏观层面，主要是金融机构竞争过度，功能失序。各类金融机构不断增加，大量资金涌入政府类项目，既增加了政府债务负担，也模糊了不同金融业态的运行轨迹。部分金融机构甚至不断突破底线，置很多风险合规要求于不顾，这势必导致大量项目被过度包装、超额融资或者资金挪用问题，同时中小企业融资难融资贵的问题还是没有得到有效缓解。中观层面，金融过度创新造成一系列金融乱象，名目繁多的中国特色衍生品令人眼花缭乱，同业、通道、嵌套、资金池、万能险、P2P、非标、现金贷等层出不穷、相互叠加，结果是不断抬高资金成本，加剧实体经济困难。微观层面，金融机构内控和激励机制不合理，经营理念普遍重业务发展、轻风险防控，导致大量的合规风险、操作风险。

四是金融脱实向虚逐步累积。在经济繁荣期，融资结构会从有助于经济稳定的状态转向加剧经济动荡的状态，其拐点被称为"明斯基时刻"。2012年以前我国社会融资规模和经济增长较为契合，融资结构处于促进经济增长的状态。2014年到2016年，社会融资增长与经济增长之间开始出现较大偏离。另外，2012—2016年我国GDP增长率分别为7.9%、7.8%、7.3%、6.9%和6.7%，同期我国工业增加值增速为8.1%、7.7%、7%、6.0%和6.0%，而金融业增加值同期增速为9.4%、10.6%、9.9%、16.0%和5.7%，金融业增加值占到GDP的6.51%、6.92%、7.25%、8.44%和8.35%，不仅高于巴西和俄罗斯等新兴市场经济国家，也高于美国、英国等传统经济发达国家，大大高于日本、德国等制造业国家。2014年，全国规模以上工业企业主营业务平均利润率只有5.91%，2016年也只有5.97%，但许多金融产品承诺年收益率却达到7%，有些产品甚至高达15%以上。

五是金融监管有待完善。国际金融危机以惨痛的代价告诉世界，金融监管要有前瞻性，不能只在出现问题后才采取行动，要有预判、有预案；金融监管体系要有适应性，要根据金融体系的发展水平、结构变化和风险变迁动态演进，关键是要有效捕捉风险并与时俱进地配置监管资源，使监管能力建设与金融创新相适应；金融监管要"长牙齿"，不能只说不做。但是目前我国金融监管在这些方面还有较大的提升空间，金融监管在指导金融业分类发展、各归本位、适度竞争等方面还有很多工作要做。

六是内外部经济环境的变化。毋庸讳言，金融风险的演化既有金融自身的原因，也受大的经济形势的影响，既有主观原因，也有客观原因。从外部来看，近年来我国经济高速增长，中国对世界经济增长的贡献率持续位居全球第一，2016年更是高达33.2%。中国古代哲学讲"日中则昃，月盈则亏"。事物发展的周期性规律说明，当事物发展到一定程度，就会向相反方向发展。经济增长的成功与经济风险的积累是一个硬币的两面，中国在对冲世界经济衰退风险的同时也使得全球经济中的风险因素在中国积累。从内部来看，近年来我国经济增速逐步放缓，经济结构在不断发展，需求侧出口增长放慢，基础设施等投资空间缩小，资金大量挤向土地财政和房地产，积累了泡沫；供给侧与企业去杠杆叠加，如果缺乏有效协调，很容易酿成"管出来"的风险。

如何认识当前金融风险的主要特征

经济的现代化、国际化和信息化带来了金融的极大活跃，也使金融风险特征日益多元。

一是金融风险的规模更大。经过改革开放以来的不断深化金融改革，我国金融体系、金融市场、金融监管不断发展，金融机构实力大大增强，金融开放度不断提升，我国已成为重要的世界金融大国。无论是金融资产、社会融资总量、债务总量、金融业的增加值、金融机构和金融从业人员数量都大大提升。2017年4月中央政治局就维护国家金融安全进行第四十次集体学习时，习总书记强调，金融安全是国家安全的重要组成部分，是经济平稳健康发展的重要基础。维护金融安全，是关系我国经济社会发展全局的一件带有战略性、根本性的大事。

二是金融风险的载体更广泛。第一阶段，在改革初期较长一段时间，金融体系改革发展的重点是强调金融体系动员资金的功能，以使资金适应劳动力、土地以及其他要素的发展需要。迅速动员储蓄、集中力量"办大事"的间接融资体系总体上适应了这一阶段经济增长的要求，金融风险主要体现在企业在银行的不良贷款上。第二阶段，进入21世纪，随着间接金融体系的壮大和国民经济的总体发展，国家开始实施经济再平衡战略，这个过程中实施了西部大开发、中部崛起、振兴东北老工业基地、扶贫开发等国家专项战略，金融体系改革发展的重点是在强调动员资金能力的同时要求金融具备政策研判和项目规划策划能力，这个过程开发性金融发挥了独特作用，也将金融风险主要锁定在政府类项目或大型央企国企身上。第三阶段，2008年我国实行"四万亿"战略后，金融供给快速膨胀又迅速被严监管，这一时期，金融体系围绕规避监管进行了一系列创新，表现为银行表外业务集中爆发（如影子银行），风险向整个金融体系及居民理财资金扩展。第四阶段，随着间接金融体系资金在实体中不断累积，"不缺短钱缺长钱，不缺资金缺资本"问题开始凸显。尤其是2014年9月国发43号文发布后，政府融资平台融资受到限制，加之经济下行，企业信用下滑，市场出现"信贷资产荒"，大量资金开始通过基金、资管计划、理财等通道进入资本市场、房地产市场及形成政府隐性债务的各种项目中，金融风险的传播途径更多、涉及面更广。

三是金融风险处置的方式更复杂。数据显示，1997年6月四家国有独资商业银行不良贷款比率达25.6%，有学者估计实际比率可能达到40%左右。1998年3月财政部通过发行特别国债的方法，为国有商业银行补充资本金2700亿元。1999年4月人民银行先后批准设立信达、华融、长城、东方资产管理公司，通过人民银行把 5739 亿元再贷款从商业银行划转给相应的资产管理公司,资产管理公司向商业银行发行 8200 亿元债券,共剥离商业银行不良贷款 13939 亿元。2003 年后处置不良资产时以市场化为导向,采取不良贷款处置权招标拍卖等方式,引入竞争机制。在股份制改革过程中,四家大型商业银行共核销、剥离处置不良资产约 2 万亿元。2003 年起国家运用外汇储备向四家国有商业银行注资近 800 亿美元。在国有独资背景下,银行不良贷款处置方式基本上属于公有制经济下"左口袋"和"右口袋"的关系。但当下,除政策性金融外,我国金融体系总体上实现了股份制和市场化,民营金融、互联网金融得到发展,对于新时期债务风险处置,习总书记就曾一针见血地指出"过去通过设立四大资产管理公司化解,这次情况更复杂、产权关系多元化,微观企业个别问题又同宏观问题高度关联"。2017 年 7 月在中央金融工作会上,习总书记进一步指出,金融风险处置需要"健全市场规则,强化纪律性"。

四是风险预警的难度在增大。在信息化背景下,经济社会各要素的信息传递越来越便捷,但信息的真伪却越来越难以甄别,金融市场中无论是对的还是错的行为所形成的信号传播速度加快、传播面变大,而且"噪音"(不科学、不和谐、不正确的信息)因其奇特性更具备传递性,并借助互联网和 AI 等更容易形成"蝴蝶效应"。马云发表的"大数据能有助于我们认识市场经济无形之手"的观点引起很大争议,他认为"由于大数据,让计划和预判成为可能"。对金融风险来说,这种观点有失偏颇,大数据依赖的是先验的信息,后验判断是路径依赖于先验信息的,而风险是一种"不确定性",没有确定的路径依赖,即便大数据能够观测太平洋哪只蝴蝶在扇动翅膀,但却无法判断这一煽动是否会造成风暴。从这个意义上说,金融风险的监测和预警固然必要,但更为重要的是完善顶层设计,调动更多主体自我监管的积极性。

五是金融风险系统性增强。"金融是现代经济核心"的地位使得我国金融与经济关系非常紧密,但维持这一紧密关系的信用结构却严重依赖于"政府背书":国有企业融资依赖政府信用,融资平台融资依赖政府信用,开发区融资依赖政府信用,农民扶贫贷款依赖政府信用,生源地助学贷款依赖政府信用,中小企业融资担保也依赖政策性担保机构,由于我国 IPO 行政审批的特点,上市公司也打上了政府背书的色彩。政府信用、隐性担保、刚性兑付成为我国金融体系运行的重大包袱,这使得我国金融系统性风险变得很严峻,一旦政府信用这根稻草被压断,一系列风险都会暴露,而政府信用支撑下的融资模式雷同,路径相似,更容易形成"多米诺骨牌效应"。

如何领会习近平总书记金融风险防控思路

深入学习贯彻中央金融风险防控思路的关键就是深入学习贯彻习近平新时代中国特色社会主义经济思想的金融治理和金融风险防控思路。回顾习总书记关于金融风险的有关论述，我们可以发现其思想有一个与时俱进、问题导向、实事求是的过程，这个过程分三个阶段。

认为金融风险基本可控、需加强监管的阶段

2012年到2015年，习近平总书记对于金融问题主要关注点为潜在金融风险的防范和化解、金融支持实体经济、国际金融合作、发展资本市场等。2015年12月，习总书记在中央经济工作会议上指出"要加强全方位监管，规范各类融资行为，抓紧开展金融风险专项整治，坚决遏制非法集资蔓延势头，加强风险监测预警，妥善处理风险案件，坚决守住不发生系统性和区域性风险的底线。"2016年1月18日，习总书记在省部级主要干部学习贯彻党的十八届五中全会精神专题研讨班上发表重要讲话，指出"我一直强调领导干部要成为经济社会管理的行家里手，是有针对性的。在市场、产业、科学技术特别是互联网技术快速发展的情况下，领导干部必须有较高的经济专业水平。资本投入、安全生产、股市调控、互联网金融管控等都是高风险、高技能的，如果判断失误、选择不慎、管控不力，就会发生问题甚至大问题，严重的会影响社会稳定。一段时间以来，在安全生产、股票市场、互联网金融等方面连续发生的重大事件，一再给我们敲响了警钟。"2016年5月，习总书记主持召开中央财经领导小组第十三次会议强调，"要推进国有企业改革，加快政府职能转变，深化价格、财税、金融、社保等领域基础性改革，为推进供给侧结构性改革创造条件。"2016年8月，习总书记主持推进"一带一路"建设工作座谈会，指出"当今世界，金融力量是国家竞争力的重要体现。要以'一带一路'建设为契机，创新国际化的融资模式，深化金融领域合作，打造多层次金融平台，建立服务'一带一路'建设长期、稳定、可持续、风险可控的金融保障体系。"

认为金融风险上升、需与风险赛跑的阶段

2016年10月，习总书记主持中央政治局常委会会议、中央政治局会议，分析前三季度经济形势，指出"加强对各类融资行为的全方位监管，坚决守住不发生系统性和区域性风险的底线"，"在我们面临的各类风险中，当前最突出的是两个问题。一个是企业杠杆率过高和银行呆坏账上升，另一个是房地产泡沫扩大。这两个问题关系经济平稳健康发展全局，必须高度重视。"2016 年 12 月，中央经济工作会议上，习总书记大篇幅论述金融问题，指出"要增强同风险赛跑的意识，下定决心处置一批风险点，但要有序推进，保持金融市场总体稳定。对违规行为和不良资产，要敢于亮剑，敢于揭开盖子，硬碰硬处置"，并提出八大风险，提出金融和实体经济失衡，提出监管协调机制。

将金融安全上升到国家安全的阶段

2017 年 4 月，习总书记提出"金融安全是国家安全的重要组成部分"，"维护金融安全，是关系我国经济社会发展全局的一件带有战略性、根本性的大事"，"金融活，经济活；金融稳，经济稳"，"切实把维护金融安全作为治国理政的一件大事"，提出了维护金融安全的六项任务，提出加强党对金融工作的领导。

2017 年 7 月，全国金融工作会议上，习总书记发表了重要讲话，从历史到现实、从理论到实践、从宏观到微观、从机构到产品、从发展到风险、从技术到人才等等，这是一篇具有里程碑意义的鸿篇巨著，在这篇讲话中全面阐述了金融治理的思想。指出金融是国家重要的核心竞争力，金融安全是国家安全的重要组成部分，金融制度是经济社会发展中重要的基础性制度。必须加强党对金融工作的领导，坚持稳中求进工作总基调，遵循金融发展规律，紧紧围绕服务实体经济、防控金融风险、深化金融改革三项任务，创新和完善金融调控，健全现代金融企业制度，完善金融市场体系，推进构建现代金融监管框架，加快转变金融发展方式，健全金融法治，保障国家金融安全，促进经济和金融良性循环、健康发展。同时，提出金融工作四大原则（回归本源、结构优化、强化监管和市场导向），要对监管层落实"严格问责"，"有风险没有及时发现就是失职、发现风险没有及时提示和处置就是渎职"，地方政府举债行为进入"终身负责制"时代。

2017 年 10 月，中国共产党第十九次全国代表大会胜利召开，习总书记在报告中提出"要坚决打好防范化解重大风险、精准脱贫、污染防治的攻坚战，使全面建成小康社会得到人民认可、经得起历史检验。"2017 年 12 月，中央经济工作会议确定，按照党的十九大的要求，今后 3 年要重点抓好决胜全面建成小康社会的防范化解重大风险、精准脱贫、污染防治三大攻坚战。打好防范化解重大风险攻坚战，重点是防控金融风险，要服务于供给侧结构性改革这条主线，促进形成金融和实体经济、金融和房地产、金融体系内部的良性循环，做好重点领域风险防范和处置，坚决打击违法违规金融活动，加强薄弱环节监管制度建设。

习近平金融风险管理思想的哲学精神

一是与时俱进精神。与我国金融发展实践紧密结合，《吕氏春秋》讲"世易时移，变法宜矣"，2012年12月中央经济工作会议将金融风险描述为"潜在金融风险"，到目前金融风险成为国家意志层面的"三大攻坚战"，说明随着我国金融业发展和金融风险的积累，习总书记代表中央及时转变应对之法。

二是实事求是精神。对于金融风险，习总书记多次强调要"揭开盖子"，并阐述了金融八大风险、十大乱象等。其实事求是精神还体现在对金融风险处置的辩证关系上，比如2016年5月指出"债务处置问题也绕不过去。过去通过设立四大资产管理公司化解，这次情况更复杂、产权关系多元化，微观企业个别问题又同宏观问题高度关联，要提出可行方案，既有效处置债务，也防止借处置'僵尸企业'逃废债务。"2016年12月在中央经济工作会议上指出"我们正处在化解金融风险的时间窗口，如果冷静面对、积极稳妥处置，就会赢得主动；如果思想麻痹、措施不力不当，风险就会扩散。"

三是坚守底线的精神。习总书记一直强调"坚决守住不发生系统性和区域性风险的底线"。强调"要增强同风险赛跑的意识，下定决心处置一批风险点，但要有序推进，保持金融市场总体稳定"，强调"维护金融安全，是关系我国经济社会发展全局的一件带有战略性、根本性的大事"。

四是敢于担当的精神。比如坚定地指出"对违规行为和不良资产，要敢于亮剑，敢于揭开盖子，硬碰硬处置。对少数兴风作浪的'大鳄'、'内鬼'，要依法进行惩处，不能让他们随心所欲、呼风唤雨，火中取栗。"比如对干部的要求"有风险没有及时发现就是失职、发现风险没有及时提示和处置就是渎职"、"要突破重点难点，坚持重点论，集中攻关，以点带面。要把工作做细做实，有针对性制定政策、解疑释惑；具体工作要从实际出发，盯住看，有人管，马上干。要平衡好各方面关系，把握好节奏和力度，注意减少风险隐患。"

五是坚持改革的精神。改革就是在发展中解决问题。习总书记指出，"经济运行中出现的银行呆坏账上升和资产泡沫有关系，但从实体经济冷转变到资产泡沫热，并不具有必然性。我们要正视这些趋势性问题，看到其潜在危险性和杀伤力，按照新常态这个大逻辑提出的要求，分析原因，及时纠偏，在发展中解决前进中的问题，化解突出矛盾和风险，有效解决经济循环不畅问题，实现经济持续健康发展"。

我的金融风险防控工作

金融业内的人常会说"金融就是经营风险的行业"。作为一名金融从业者，我对金融风险并不陌生，对金融风险的敏感已成职业习惯。2008年美国次贷危机前夕，我从上海来到湖南，处理的第一个棘手问题就是防止县域贷款项目资金链断裂，密切预防地方重大项目的建成风险。虽然次贷危机对东部沿海地区的产业造成了一些冲击，但并没有对中西部地区带来大的实际冲击，反而湖南等中西部地区通过"稳增长、扩内需、调结构"实施了一轮"弯道超车"，经济实现了较快增长。

2009 年我被派到中央党校参加一年期中青班学习。一年的脱产学习带给我一段宝贵的时间来思考中国经济与世界经济的关系，对后金融危机时期我国经济政策进行细致观察。根据中央党校的安排，我将思考成果进行了整理，为党校学员作了"国际金融危机下对中国经济发展的思考"的专题讲座，讲座分析了当时中国经济的六个特征，并从"消费型国家重消费——生产型国家重生产——资源型国家重供给资源"的国际经济分析体系来分析国际经济内在的失衡性和危机的必然性，并就"危机过渡政策、国家货币政策、国家财政政策、国家产业政策、国家对外经济政策"五个方面提出了政策反思，讲座取得了很好效果，后来从我国经济发展的结果来看，当时很多担忧都不幸"一语成谶"。这个讲座的一些观点整理成一篇论文后来登在《中共中央党校学报》，名为《金融危机下的宏观经济政策反思》。

2012 年随着政府融资平台融资政策的不断收紧，各类银行表外融资（主要是影子银行业务）开始迅猛发展，引起了我的担忧。后来我们组织进行了一系列经济金融风险的专题研究，形成了一些早期成果，如《中国经济与风险对策》、《影子银行发展情况调研报告》、《关于贯彻十八届三中全会精神保持经济平稳增长的思考》、《国内外去产能与化解不良资产的经验借鉴》等，这些研究成果都以不同形式递交湖南省委省政府、开发银行总行等作为参考建议，使有关部门对风险问题高度重视。

2014 年在我刚调至国银租赁时就面临着前所未有的风险防控考验。一方面，大量不良资产暴露，符合"双名单"风险特征的项目就有几十个，租赁资产超过百亿元，占公司 2014 年租赁资产的比重接近 8%。另一方面，公司原总裁出了腐败问题，接受司法调查。如此沉重的包袱确实让我大吃一惊，靠现有每年 20 多亿元的利润来消化这些不良几乎不可能，必须多方着手来处置。通过打包转让、租金催收、法律诉讼、委外催收等多元化方式，在开发银行总分行的大力支持下，国银租赁存量 90 亿元不良及风险资产得到彻底化解。2016 年 7 月 11 日，国银租赁在香港联交所正式挂牌交易，得到了资本市场和国际投资者的认可，我也顺利完成了总行交予我化解风险、推动公司市场化改革及实现上市的任务。但回顾这一过程，我对"风险代价"有了更深切的体会，对金融风险和金融市场有了更大的敬畏。

在我任职全国人大代表的五年间，对于经济金融风险的关注一直是我参政议政的重要方面。我先后在第十二届全国人大第二次、第三次、第四次会议和全国人大常委会第九次、第十六次会议上向全国人大提交了《重视企业融资贵及民间融资问题，解决监管缺位》、《强化金融监管协调是防范系统性金融风险的关键》、《规范民间融资发展要强化监管、堵疏结合》、《提升不良金融资产处置效率是防范系统性风险的有效途径》、《用市场化方法处置企业债务和不良资产，积极稳妥推进去产能、去杠杆》、关于《中华人民共和国商业银行法修正案（草案）》的有关意见等6篇建议，就影子银行、金融监管、民间融资、不良金融资产处置、银行业综合经营等问题建言献策，包括丰富完善地方资产管理公司，提升不良资产处置效率；强化监管、堵疏结合，规范民间融资发展；创新监管方式，规范影子银行业务；完善金融监管协调机制等内容。

这些意见建议得到了人民银行、银监会等有关部门的高度重视和积极回应，部分建议被纳入后续出台的监管政策和工作措施。比如，在2015年第十二届全国人大第三次会议我提交建议时，全国只有江苏、广东等10家省级国有资产管理公司，但目前已扩容至30余家，既有省级地方资产管理公司（AMC），也有地市级的AMC，且股东结构上日趋多元化、专业能力和资本实力上不断提升，成为地方政府、金融机构和企业通过资产出售、债务重组、债转股等市场化方式处置不良资产的重要力量。再比如，近五年来我国金融风险越积越高，有一些所谓的"金融创新"从实质看都是在高激励的刺激下进行"走钢丝"和"钻空子"，亟需加强监管创新和监管协调配合。在多次会议上我都对此提出要解决金融监管联席会议制度存在的对各监管主体缺乏有效约束力、缺少有效争端解决机制以及外部监督机制等问题，这些问题导致金融监管联席会议在运作中难以将防范系统性风险贯穿于金融创新全过程。2017年全国金融工作会议召开，提出成立国务院金融稳定发展委员会，我感到无比振奋。国务院金融稳定发展委员会的成立必将发挥金融监管合力，将金融乱象真正治住，使中国金融更多地在阳光下行走，成为中华民族伟大复兴中国梦的重要支撑！

重视企业融资贵及民间融资问题，解决监管缺位

2014年6月第十二届全国人大常委会第九次会议讨论发言

　　国务院关于加强金融监管，防范金融风险工作情况的报告是一个实事求是、积极有为的报告。过去一年多来，国务院有关部门在加强金融管理，发挥金融对经济增长的支持作用和利用审慎贷款政策加强宏观调控，取得了显著成效，有力地促进了经济结构调整和金融稳定。

　　对金融风险的隐患我再补充两点，希望能引起重视：

　　一是企业融资成本长期居高不下与企业债务率过高，两者共同加大了金融机构信贷风险。特别是在经济下行期间，企业盈利能力下降，债务负担急剧上升。今年一季度湖南省金融机构贷款平均利率一度突破8％，5月份为7.92％。另外，信托、债券去年成本基本上在8.9％左右。民间融资更高，6月份略有下降。高成本在很大程度上是金融机构存在考核要求，对利润收益的过度追求。说到底，这是金融风险的主要诱因。所以，当务之急是制定措施把社会融资成本整体降下来，以增强企业活力和可持续发展。今天人行贷款政策司领导也在，比如基准利率能否下调一点？

　　二是民间融资或高利贷必须引起高度重视。要解决监管缺位的问题，按107号文应该是地方政府监管，但很多地区，政府不敢碰，怕形成负担。只有引起社会稳定问题，才出面处置，这是一种被动的方式，要强调监管的主体责任。

影子银行监管须创新监管方式

2014 年 6 月第十二届全国人大常委会第九次会议发言材料

一、我国影子银行的发展情况

影子银行指传统银行体系之外的信用中介机构和业务。根据《国务院办公厅关于加强影子银行监管有关问题的通知》（以下简称国务院 107 号文），我国影子银行主要包括三类：一是不持有金融牌照、完全无监管的信用中介机构，包括新型网络金融公司、第三方理财机构等。二是不持有金融牌照、存在监管不足的信用中介机构，包括融资性担保公司、小额贷款公司等。三是机构持有金融牌照、但存在监管不足或规避监管的业务，包括货币市场基金、资产证券化、部分理财业务等。与国外影子银行以大量标准化、高流动性的信用资产为主不同，我国影子银行是金融脱媒的过渡性产物，金融脱媒和监管套利是其主要特征。从具体的金融产品类别看，同业、表外和理财产品是最受关注的影子银行类型。

根据央行数据，我国 2013 年体系内影子银行（仅包括委贷、信托和未贴现的银行承兑汇票三项）融资规模达 5.17 万亿元，占整个社会融资规模的 30％，从 2005 年到 2013 年，平均每年的复合增长率达 50.3％。根据金融稳定理事会（FSB）发布的《全球影子银行监测报告》，截至 2012 年底我国影子银行资产余额达 3 万亿美元左右，同比增长 42％。根据中国社会科学院发布的《中国金融监管报告 2013》，2012 年底中国影子银行体系资产余额达到 14.6 万亿—20.5 万亿元，占 GDP 比重为 29％—40％。无论如何，近年来影子银行的快速膨胀是毋庸置疑的，其在满足经济社会多层次、多样化金融需求的同时，也暴露出业务不规范、管理不到位和监管套利等问题。

二、影子银行的潜在风险

2008 年国际金融危机表明，影子银行风险具有复杂性、隐蔽性、脆弱性、突发性和传染性，容易诱发系统性风险。近两年，我国影子银行发展既迅速又缺乏有效规范，需引起高度关注。

一是资金投向过多集中于一些风险暴露较高的行业或企业。影子银行代替传统银行信贷成为我国房地产行业与地方政府融资平台的重要融资渠道。在商业银行房地产开发贷款逐年下降的情况下，房地产企业自筹资金比重由 2010 年底的 36.52％上升到 2012 年三季度的 41.68％，很大一部分是来自于房地产信托、房地产投资基金、民间借贷等影子银行体系。在地方融资平台融资结构中，银行贷款占比已由 2010 年的 80％下降到 2012 年的 69％。为了筹措资金，地方融资平台除发行城投债外，主要是通过影子银行融资。

二是部分影子银行产品已初步具备庞氏融资的苗头。2013 年全国规模以上工业企业主营业务利润率仅为 6.11％。在企业经营效益增长普遍乏力的情况下，金融市场上部分理财产品动辄 8％甚至 10％以上的收益率，较难实现债务融资自偿，因而以滚动发行、融新还旧为主要特征的资金池理财业务得到较快发展，并有进一步滑向庞氏融资的风险，需引起警惕。

三是融资期限错配，流动性风险较为突出。从银行理财产品期限结构看，1 至 3 月占 60％左右，3 至 6 月占 22％，6 至 12 月占 10％。从理财资金的投资期限看，具有高流动性的债券与货币市场工具占 34％、同业存款占 22％，其他项目融资类（主要包括委托贷款、信托贷款，其期限多为 1—3 年）占 30％，其他权益类投资占比 11％，存在明显的期限错配问题。而这些融资产品对应的抵押品又往往是土地、房屋、机器设备等不动产，即使设置了较高的抵押率，但处置起来难度大、程序复杂，一旦出现大面积信用违约或资产价格下跌，将面临巨大的流动性风险。

四是风险传染效应很强。由于银行理财在影子银行体系中的比重较大，加上与其他影子银行中介机构业务交叉紧密，从而形成了影子银行风险在整个金融体系中的传染效应，主要表现在银行表外与表内的风险传递，银行体系之间以及银行与其他影子银行中介机构之间的风险传递。2013 年 6 月，我国银行间市场出现的流动性风波，就是由于部分商业银行同业业务出现期限错配和流动性风险，激发市场避险情绪，导致同业拆借利率大幅上升，恐慌情绪蔓延到货币市场、债券市场和股票市场。另外，随着银行理财业务与信托、券商、基金、租赁、财务公司等金融机构之间交易链条拉长、交易模式复杂化以及监管分割，形成监管空白和漏洞，致使流动性风险和交易对手风险传染效应加大。

三、当前加强影子银行监管政策及成效

（一）当前影子银行监管政策

国务院 107 号文对影子银行从落实责任分工、完善监管制度和办法等方面对加强影子银行监管进行了部署。

一是按照谁批设机构谁负责风险处置的原则，逐一落实各类影子银行主体的监督管理责任。第一，各类金融机构理财业务，由金融监管部门依照法定职责和表内外业务并重的原则加强监督管理。银行业机构的理财业务由银监会负责监管；证券期货机构的理财业务及各类私募投资基金由证监会负责监管；保险机构的理财业务由保监会负责监管；金融机构跨市场理财业务和第三方支付业务由人民银行负责监管协调。第二，已明确由国务院有关部门制定规则、地方人民政府负责监督管理的，实行统一规则下的地方人民政府负责制。其中，融资性担保公司由银监会牵头的融资性担保业务监管部际联席会议制定统一的监督管理制度和经营管理规则，地方人民政府负责具体

监督管理；小额贷款公司由银监会会同央行等制定统一的监督管理制度和经营管理规则，建立行业协会自律机制，省级人民政府负责具体监督管理。第三，第三方理财和非金融机构资产证券化、网络金融活动等，由央行会同有关部门共同研究制定办法。

二是按照"分业经营、分业监管"的原则加强市场主体监管，严格监管超范围经营和监管套利行为；根据"业务规模与风险承担能力相适应"的原则督促相关机构建立内部控制、风险处置制度和风险隔离机制。第一，规范发展金融机构理财业务。督促各类金融机构将理财业务分开管理，建立单独的理财业务组织体系，归口一个专营部门，实施单独建账管理，建立单独的业务监管体系。商业银行要按照实质重于形式的原则计提资本和拨备。商业银行代客理财资金要与自有资金分开使用，不得购买本银行贷款。不得开展理财资金池业务，切实做到资金来源与运用一一对应。证券公司要加强净资本管理，保险公司要加强偿付能力管理。第二，加快推动信托公司业务转型。明确信托公司"受人之托，代人理财"的功能定位，推动信托公司业务模式转型，回归信托主业。运用净资本管理约束信托公司信贷类业务，信托公司不得开展非标准化理财资金池等具有影子银行特征的业务。建立完善信托产品登记信息系统，探索信托受益权流转。第二，规范金融交叉产品和业务合作行为。金融机构之间的交叉产品和合作业务，都必须以合同形式明确风险承担主体和通道功能主体，并由风险承担主体的行业归口部门负责监督管理，切实落实风险防控责任。第四，规范管理民间融资业务。小额贷款公司是以自有资金发放贷款、风险自担的非金融机构，要通过行业自律组织，建立小额贷款业务规范，不得吸收存款、不得发放高利贷、不得用非法手段收贷。银行业金融机构按规定与小额贷款公司发生的融资业务，要作为一般商业信贷业务管理。典当行和融资租赁公司等非金融机构要严格界定业务范围。典当行要回归典当主业，不得融资放大杠杆。融资租赁公司要依托适宜的租赁物开展业务，不得转借银行贷款和相应资产。第五，稳健发展融资性担保业务。要按照代偿能力与业务发展相匹配的原则，指导融资性担保公司稳健开展担保业务，明确界定融资性担保公司的融资性担保责任余额与净资产的比例上限，防止违规放大杠杆倍数超额担保。非融资性担保公司不得从事融资性担保业务。银行业金融机构不得为各类债券、票据发行提供担保。第六，规范网络金融活动。金融机构借助网络技术和互联网平台开展业务，要遵守业务范围规定，不得因技术手段的改进而超范围经营。网络支付平台、网络融资平台、网络信用平台等机构要遵守各项金融法律法规，不得利用互联网技术违规从事金融业务。第七，规范发展私募投资基金业务。要按照不同类型投资基金的本质属性，规范业务定位，严禁私募股权投资基金开展债权类融资业务。

（二）影子银行监管取得的成效

今年以来，随着对影子银行监管的加强，其发展出现放缓。2014 年一季度金融机构表外融资尤其是信托贷款增长明显减缓，在社会融资规模中占比明显下滑，委托贷款、信托贷款和未贴现的银行承兑汇票三项合计增加规模占比较去年同期下滑 5 个百分点（其中信托贷款增加 2802 亿元，占比 5.0%，同比低 8.4 个百分点；委托贷款增加 7153 亿元，占比 12.8%，同比高 4.3 个百分点；未贴现的银行承兑汇票增加 5592 亿元，占比 10.0%，同比低 0.9 个百分点）。影子银行增速的放缓标志着影子银行监管的逐步到位，同时也是经济去杠杆的结果，有利于我国金融风险防控和经济转型升级。但同时也要注意，如果未来影子银行增速继续放缓甚至过快收缩，如何满足那些从正规金融体系难以获取融资的经济主体的资金需求，如何防范部分领域资金链断裂的风险需引起各方重视。

四、对规范影子银行发展的建议

国务院 107 号文对影子银行设定了基本监管框架，相关监管机构纷纷根据自身监管职责出台相关文件对影子银行加强监管。但是其核心思想和逻辑基本上还是通过"谁家的孩子谁来抱"的方式，以短期禁止、限制和设定上限为基本手段来实现守住金融风险底线的目标。其实，当前影子银行确实存在风险，但风险并不可怕，金融市场的本质就是管理风险。长远来看对于影子银行的发展还是应该纳入全面深化金融改革的框架下统筹考虑，从源头上做到疏堵结合。

（一）加快利率市场化进程，规范影子银行资金来源

有了市场化的利率定价，大量的理财产品就能转化为存款。同时，加快建立存款保险制度和银行破产机制，就能去除隐性担保，有序打破刚性兑付，这有助于投资者通过不同利率来区分存款和真正理财产品的区别。这将从资金来源上对影子银行发展起到制约和规范作用。

（二）创新监管方式，加强金融监管协调

一是加强监管协调，去除银行、证券等不同部门间理财产品不同标准而导致的监管套利。二是加强同业存款交纳存款准备金、表外资产入表并接受同等拨备和资本充足率监管等措施，降低银行同业和表外业务的动力。三是逐步淡化存贷比考核。满足存贷比考核是银行开展同业、表外等业务的最大动力，其实有《巴塞尔协议Ⅲ》的流动覆盖比率和净资本稳定比率，全世界范围内已很少有金融监管体系使用这个相对僵硬的指标。

（三）加快建设多层次资本市场，满足多元化融资需求

市场上多元化的融资需求是影子银行存在的根源。要大力发展债券市场等直接融资工具，加快资产证券化进程，加大金融产品创新，逐步改善当前影子银行体系以非标资产为主、风险不透明的状况。

强化金融监管协调是防范系统性金融风险的关键

2014 年 6 月第十二届全国人大常委会第九次会议发言材料

一、我国金融监管发展情况

(一) 我国 2013 年金融运行整体情况

按照稳中求进的总基调,我国继续实施积极的财政政策和稳健的货币政策,货币金融环境基本稳定。一是货币总量平稳增长。2013 年末,M2 余额为 110.7 万亿元,同比增长 13.6%,增速比年内最高点回落 2.5 个百分点,比上年末低 0.2 个百分点,继续保持适度增长的态势。二是社会融资规模扩大,融资结构多元发展。2013 年全年社会融资规模为 17.29 万亿元,比上年增加 1.53 万亿元。从结构看,人民币贷款占全年社会融资规模的 51.4%,为年度历史最低水平;委托贷款和信托贷款增加较多,拉动表外融资占比大幅上升,全年实体经济以委托贷款、信托贷款和未贴现的银行承兑汇票方式合计融资占社会融资规模的 29.9%,占比较上年高 7 个百分点;企业债券融资少于上年,股票融资继续处于较低水平。三是金融机构存贷款平稳增长,存贷款利率小幅波动。2013 年末,金融机构本外币各项存款余额为 107.1 万亿,同比增长 13.5%;全部金融机构本外币贷款余额为 76.6 万亿,同比增长 13.9%。存贷款利率小幅波动,非金融企业及其他部分贷款加权平均利率为 7.2%,比年初上升 0.42 个百分点。

(二) 我国 2013 年以来金融监管方面的政策举措

长期以来,我国金融监管部门一直较注重合规性监管,注重对进入门槛和业务种类的审批,但我国金融创新不断涌现和系统性金融风险防范压力的加大对金融监管尤其是宏观审慎监管提出了新的要求,对影子银行等监管成为新的监管重点。

1. 建立金融监管协调部际联席会议制度。2013 年 8 月,国务院批复央行提交的《关于金融监管协调机制工作方案的请示》,同意建立由央行牵头,银监会、证监会、保监会和外汇局参加的金融监管协调部际联席会议制度。

2. 加强系统性风险监测评估。密切监测和评估地方政府融资平台、房地产贷款、产能过剩行业、交叉性金融产品、跨市场金融创新快速发展等风险。继续组织开展金融稳定压力测试,完善压力测试方法,丰富承压指标。强化系统重要性金融机构监管,2013 年银监会制定了《商业银行全球系统重要性评估指标披露指引》,要求表内外资产余额为 1.6 万亿元人民币以上或者上一年度被认定为全球系统重要性银行的商业银行从 2014 年起披露全球系统重要性评估指标。

3. 强化对影子银行的监督。2013 年，央行将中央银行金融统计对象范围拓展至影子银行体系。银监会不断加大对影子银行的监管力度，规范银行理财产品的规模、投资范围、透明度、信息披露、会计核算和销售等。2013 年 12 月，国务院下发《国务院办公厅关于加强影子银行监管有关问题的通知》，明确界定影子银行的范围和分类，落实影子银行各领域、各门类的监管职责，完善金融机构准入管理和产品监管，健全监管协调、信息统计、信用体系建设等配套措施。

4. 规范金融机构同业业务。2014 年 5 月，央行、银监会、证监会、保监会、外汇局联合印发《关于规范金融机构同业业务的通知》，就规范同业业务经营范围、加强和改善同业业务内外部管理、推动开展规范的资产负债业务创新等方面提出了 18 条规范性意见。

序号	公布时间	来源	内容
1	2013/3/25	银监会	银监会发布《关于规范商业银行理财业务投资运作有关问题的通知》（8 号文）
2	2013/9/4	银监会	发布《关于印发银行业消费者权益保护工作指引的通知》
3	2013/9/29	银监会	发布《关于中国（上海）自由贸易试验区银行业监管有关问题的通知》
4	2013/9/30	银监会	关于就《外资银行行政许可事项实施办法（征求意见稿）》公开征求意见的公告
5	2013/9/30	央行	中国人民银行召开 2013 年反洗钱形势通报会
6	2013/10/11	银监会	中国银监会就《商业银行流动性风险管理办法（试行）》公开征求意见
7	2013/11/8	证监会 银监会	证监会、银监会公告〔2013〕39 号《关于商业银行发行公司债券补充资本的指导意见》
8	2013/11/14	银监会	中国银监会令 2013 年第 1 号修订《中资商业银行行政许可事项实施办法》
9	2013/11/22	银监会	中国银监会令 2013 年第 2 号修订《消费金融公司试点管理办法》
10	2013/11/27	银监会	中国银监会令 2013 年第 3 号《银行业金融机构董事（理事）和高级管理人员任职资格管理办法》
11	2013/12/3	央行	《征信机构管理办法》
12	2013/12/5	银监会	银监办发〔2013〕289 号《中国人民银行工业和信息化部中国银行业监督管理委员会中国证券监督管理委员会中国保险监督管理委员会关于防范比特币风险的通知》

序号	公布时间	来源	内容
13	2013/12/8	央行	《同业存单管理暂行办法》
14	2013/12/10	银监会	关于就《商业银行保理业务管理暂行办法》公开征求意见的公告
15	2013/12/16	银监会	关于就《金融租赁公司管理办法（征求意见稿）》公开征求意见的公告
16	2013/12/31	央行 银监会	央行银监会公告〔2013〕第21号——公告提出信贷资产证券化发起机构需保留一定比例的基础资产信用风险，该比例不得低于5%等要求，
17	2014/1/7	八部门	银监发〔2013〕48号银监会、发展改革委、工业和信息化部、财政部、商务部、人民银行、工商总局、法制办《关于清理规范非融资性担保公司的通知》
18	2014/1/8	银监会	银监发〔2014〕1号《中国银监会关于印发商业银行全球系统重要性评估指标披露指引的通知》
19	2014/1/10	证监会	修订《公开发行证券的公司信息披露编报规则第26号——商业银行信息披露特别规定》
20	2014/1/16	保监会 证监会	保监会银监会联合发布《关于进一步规范商业银行代理保险业务销售行为的通知》
21	2014/1/21	央行 证监会	央行证监会联合发布《关于开展金融市场基础设施评估工作的通知》
22	2014/2/19	银监会	银监发〔2014〕2号《商业银行流动性风险管理办法（试行）》
23	2014/3/12	保监会	保监会发布《关于规范保险资金银行存款业务的通知》
24	2014/3/13	央行	要求暂停支付宝和财付通的二维码支付和虚拟信用卡业务，就《支付机构网络支付业务管理办法》草案最后一次征求意见。
25	2014/3/17	银监会	中国银监会令2014年第3号发布《金融租赁公司管理办法》
26	2014/3/19	银监会	中国银监会令2014年第4号发布《中国银监会农村中小金融机构行政许可事项实施办法》
27	2014/4/18	银监会	中国银监会令2014年第5号发布《商业银行保理业务管理暂行办法》
28	2014/4/18	银监会、证监会	中国银监会、证监会发布《关于商业银行发行优先股补充一级资本的指导意见》
29	2014/5/16	银监会	发布《关于规范商业银行同业业务治理的通知》

二、金融监管协调机制

（一）金融监管协调机制的发展历史

早在 2000 年，央行、证监会和保监会就以三方监管联席会议的方式，每季度碰头讨论。2003 年 4 月底银监会成立之后，"三会"于 2003 年 6 月签署《在金融监管方面分工合作的备忘录》，明确了分工合作框架和协调机制。当年 9 月，第一次联席会议召开。此后，金融监管部际联席会议一度暂停。2008 年以来，国务院再次启动一行三会金融工作旬会制度并成立了应对国际金融危机小组，主要研究金融改革、发展和稳定以及系统性金融风险防范的方针政策。

与前两次联席会议制度内容相比，此次国务院的批复中，突出了央行的牵头地位，同时确定联席会议重点围绕金融监管开展工作，但强调并不改变现行金融监管体制，不替代、不削弱有关部门现行的职责分工。此外，此次联席会议将通过季度例会或临时会议等方式开展工作，建立了简报制度，及时汇报、通报金融监管协调信息和工作进展情况。但目前金融监管联席会议制度存在对各监管主体缺乏有效约束力、缺少有效争端解决机制以及外部监督机制等问题，在运作中难以将防范系统性风险贯穿于金融创新全过程。

（二）金融监管协调机制的现实背景

首先，在金融业综合经营快速发展的背景下，建立金融监管协调机制是完善监管体制的重要途径。我国自 2003 年以来形成的分业监管体制总体上符合我国经济金融发展的阶段特点，但随着我国金融业改革发展，金融业综合经营尤其是资产管理等业务快速发展，现行体制也暴露出监管缺位和监管重叠同时存在，以及监管尺度和标准不统一等问题。如保监会发布的《商业银行代理保险业务监管指引》，银行可以代理保险产品，但该指引并非行政法规，无强制执行力，对于监管主体也仅作原则性规定。因此，银行工作人员往往变相夸大收益、淡化甚至隐瞒风险，混淆保险产品和银行理财产品，2013 年发生的多起金融从业人员销售虚假保险理财产品或私募股权理财产品的案件正暴露出其中的问题。

其次，建立金融监管协调机制，是推动金融创新与金融监管相互协调促进的有效保障。近年来，我国金融创新取得一定成效，各类金融机构相继推出跨行业、跨市场的新型金融产品，金融市场配置资源的效率得到一定提升。与此同时，在创新过程中也存在一些博弈宏观调控政策和金融监管规则的问题。比如，由于监管约束趋严，商业银行通常借助非银行金融机构的资产管理功能，通过"买入返售"等途径，将部分业务从监管要求高的市场转移到监管要求低的市场，寻求监管套利。比如为规范银信合作，2010 年《信托公司净资本管理办法》建立了信托业务风险资本与净资本的对应关系，《关于规范银信理财合作业务有关事项的通知》控制融资类银信合作业务比例不得超过 30%，使银行通过信托渠道转移资产或变相放贷的行为得到一定遏制。然而，2012 年随着证券公司各项业务风险资本准备标准下调和资产管理产品投资范围扩大，银证合作快速发展，又释放了银信合作受限的压力。金融同业类似监管套利行为大量存在，反映出分业监管体制下监管合作协调不足，导致监管效果下降。

第三，建立金融监管协调机制，是防范系统性风险的迫切需要。当前，我国经济发展面临的国内外形势错综复杂，产能过剩、部分领域债务水平过高等都会造成潜在的金融风险。货币市场、信贷市场、资本市场、保险市场之间存在紧密联系，不同行业、市场相互影响，防范系统性风险就需要将金融体系视作一个整体，考虑不同行业和市场相互间的传导和影响，加强政策及执行的统筹协调，强化系统性监测和宏观审慎管理，才能守住不发生系统性、区域性风险的底线。

第四，建立金融监管协调机制，与国际社会在金融危机后所形成的共识和采取的行动相一致。国际金融危机后，二十国集团（G20）、国际货币基金组织（IMF）、金融稳定理事会（FSB）、巴塞尔银行监管委员会（BCBS）、国际证监会组织（IOSCO）、国际保险监督官协会（IAIS）等国际机构提出，各国不同金融管理部门之间应建立和完善协调机制，明确承担防范系统性风险的责任主体。

（三）对金融监管协调机制发展的建议

1. 加强货币政策和金融监管政策之间的协调。由于货币政策需要通过金融市场和金融机构进行有效传导，货币总量也由银行体系创造，而一些金融监管政策的实施，可能对传导的途径和效应乘数产生影响。因此，货币政策作为保持经济平稳增长的重要宏观调控工具，要求金融监管与之相协调，以便发挥出预期的效果。以同业业务为例，2013年以来金融机构同业业务快速发展，目前同业业务已成为金融机构管理流动性、整合有效资源、增加收益的重要渠道。同时，快速增长的同业业务对货币政策实施和金融风险防范都带来新的挑战。如有的商业银行借助同业业务隐匿表内贷款，规避信贷总量与投向管理；有的商业银行借助同业业务做大表内存款，应对存贷比考核及内部业务考核要求，这加剧了特定时点存款市场波动，对M2产生扰动。此外，同业资产负债期限错配问题在一些金融机构突出，造成了流动性风险隐患，也对客观评估资产质量和资金投向造成不利影响。从这些例子可以看出货币政策与金融监管之间的协调十分重要。为确保货币政策的实施效果，要对金融机构和金融市场主体是否严格执行货币政策进行监管和检查，同时也需要对监管措施和货币政策调控的影响做出判断和评估。

2. 促进金融监管政策与法律法规之间的协调。防止监管套利是国际金融危机的重要教训，影子银行的产生和快速发展在很大程度上与监管政策的不一致相关。目前我国金融体系中也存在这一问题。因此，重大监管政策规定出台前的充分沟通、不同监管当局对同类业务监管政策内在逻辑的一致以及监管标准的协调十分必要。以2013年3月25日银监会发布《关于规范商业银行理财业务投资运作有关问题的通知》（8号文）为例，为规范银行理财业务，银监会要求理财产品与投资资产对应，同时规定非标准化理财产品占理财产品余额和总资产的比重分别不得超过35%和4%。此前市场普遍认为，随着该通知的实施，银行在投资非标债权资产受限后，会将大量资金配置到标准债权资产上来，这对规范银行理财业务和债券市场发展将产生正面影响。然而，

8 号文之后商业银行发展出新的规避模式，即将银行非标资产转手给券商、基金、信托和保险等第三方机构，然后再运用自有资金或者同业拆借资金将这部分转售的非标资产回购回来，这反而加剧了银行的流动性风险。从这个例子可以看出在分业监管模式下加强监管协调的重要性。

3. 加强维护金融稳定和防范化解系统性、区域性金融风险的协调。当前，系统性风险呈现出跨行业、跨市场和跨境的特点，理财、信托等业务就比较典型，维护金融稳定涉及多个部门。其中央行要发挥最后贷款人作用，必要时需提供流动性支持，银监会、证监会、保监会等部门要各司其职，切实在本领域加强监管。未来主要为小微企业和个人提供金融服务的金融组织如社区银行、小额贷款公司、担保公司、消费金融公司等将快速发展，防范金融风险还需要协调地方政府机构如金融办发挥相应监管作用。

4. 强化交叉性金融产品、跨市场金融创新的协调。近年来交叉性金融业务迅速增长，针对部分新型金融业态和新型金融工具，需要协调监管政策和措施，建立风险研判的评估制度，以促进其健康发展。比如，随着互联网、电子商业、电子交易等技术飞速发展，互联网与金融业的相互融合和渗透日益深化。互联网金融作为一种新的金融模式，横跨多个行业和市场，交易对象广泛。这对金融监管、金融消费者保护和宏观调控提出了新的要求，需要相关部门统一认识，明确政策导向、监管规则和监管责任。

5. 加强金融信息共享和金融业综合统计体系建设的协调。加强信息共享机制建设是完善金融监管协调机制、切实发挥协调机制作用的重要抓手。要明确信息采集范围，统一采集标准，实现数据信息共享的规范化和常态化，建立覆盖全面、标准统一、信息共享的金融业综合统计体系。当前央行正在积极推进建立涵盖银行、证券、保险理财与资产管理的统计体系，加快这一体系的建立，将极大地增强对整个金融体系的监测、分析能力，为预测、判断、评估和防控金融风险提供有力支撑。

三、金融危机以来国外金融监管改革经验借鉴

国际金融危机后，国际社会对强化宏观审慎管理和金融稳定职能形成共识，美国、英国等主要发达经济体进行了全方位的金融监管体制改革。

（一）美国

1999 年，美国通过《金融服务现代化法案》，确立了被称为"伞形金融监管"的监管体制，这一体制最突出的特点是"多头"与"双重"。所谓"多头"是指美国的金融监管属于功能监管模式，并且带有浓重的分业监管色彩，联邦机构如美联储、财政部、储备管理局、存款保险公司、证券交易委员会等都负有相应的监管职责，所对应的监管对象与行业细分程度较高。而"双重"是指联邦政府与各州政府均拥有金融监管的权力。这一复杂而庞大的监管体系曾为美国金融业的快速发展做出了突出贡献，但在金融危机之后却引发了美国甚至全世界的思考，为什么这样的监管体制无法在第

一时间识别出全局性系统风险爆发的可能？普遍认为，在金融业全球化、混业化高速发展的今天，金融产品尤其是复杂金融衍生品已经轻松跨越了不同的金融行业的界限，很容易成为分业监管模式下的漏网之鱼。早在 2008 年 3 月，美国财政部公布了《金融监管体系现代化蓝图》。该计划重点提及了建立适应新形势的审慎监管局，重铸美国金融监管体系。2010 年 6 月，美国参众两院通过被称为《多德－弗兰克法案》的金融机构改革法案，该法案显著扩大了美联储在金融监管上的权力，其核心是将美国金融监管权力改组为两部分，即审慎监管机构和消费者权利保护机构。

（二）欧盟

欧盟在金融危机中也遭受重创，并于危机发生后立即着手进行金融监管体制改革。2009 年 6 月 19 日，欧盟理事会通过了《欧盟金融监管体系改革》方案，确立了欧盟金融监管体制改革的基本框架。其最重要的一点即在于建立统一的欧洲系统性风险委员会以加强金融监管机构的宏观审慎监管能力以及系统风险的识别与应对能力。

（三）英国

在 2008 年金融危机之后，英国也进行了监管机构的大改革。2010 年 6 月 21 日，英国金融服务委员会被并入英格兰银行，这极大地加强了英格兰银行对金融业的监管能力。2013 年 4 月 1 日，《金融服务法》生效，英国新的金融监管体制正式运行，确立了英格兰银行负责货币政策、宏观审慎管理与微观审慎监管的核心地位。法案还规定银行集团需设立独立的实体分别开展零售银行业务和投资银行业务，提高损失吸收能力，促进有序的银行业市场竞争，加强支付结算系统监管。

四、对我国金融监管发展趋势的判断与建议

1. 宏观层面，加快构建健全的宏观审慎监管框架是适应我国金融改革发展快速推进的当务之急，建立并做实金融监管协调机制是其中的重要环节。一方面，利率汇率市场化改革的深化，金融市场广度和深度的增强，金融机构国际化和综合化经营的内在驱动，金融创新和新的金融业态和经营方式的不断涌现，使我国注重合规性监管、进入门槛和业务种类审批的微观审慎监管难以充分适应市场需求；另一方面，单一的微观审慎监管也难以适应日益加大的防范系统性金融风险和维护金融稳定的压力。十八届三中全会《关于全面深化改革的决定》指出，要落实金融监管改革措施和稳健标准，完善监管协调机制。《金融业发展与改革"十二五"规划》提出构建健全的宏观审慎监管框架的目标。宏观审慎监管框架是指以防范系统性金融风险为目标，主要采用审慎工具，以必要的治理架构为支持的相关政策。宏观审慎监管框架是宏观的、逆周期的政策，目的是更好地防范和管理跨时间维度和跨行业维度的整个金融体系的风险，弥补微观审慎监管和传统货币政策工具在防范系统性金融风险方面的不足。这一框架主要涉及对银行资本、流动性、杠杆率、拨备等审慎性要求，对系统重要性金融机构流动性和资本的额外要求，会计标准、信用评级、衍生产品交易和清算体系等方面的改革以及"影子银行"监管等内容。与微观审慎监管相比，宏观审慎监管要更多地着眼于整个金融系统的稳定性，而不是单个金融机构的稳健性；从监管范围来看，传统的微观审慎监管过多强调对于银行的监管，而宏观审慎监管还强调对于影子银行的监管；从监管措施看，二者共享许多监管工具，如宏观审慎监管和微观审慎监管都强调对银行资本充足率的监管，但是宏观审慎监管还有着保证金监管、差别资本充足率监管、债务期限结构监管等其他监管措施，其监管工具更多样化。因监管功能、范围、措施的广泛性，宏观审慎监管必须建立在完善金融监管协调机制的基础上。

2. 中观层面，探索将金融控股公司作为金融业综合经营的重要模式，明确金融控股公司的监管主体，加强整体监管。"母公司控股、子公司分业经营"的金融控股公司模式有利于发挥综合经营优势并实现风险的有效管控，也能较好地适应分业经营和分业监管现状，可作为我国金融业综合经营试点的重要模式。要从有利于防范和化解整体风险的目标出发，统筹考虑对金融控股公司的机构监管和功能监管。需加快制定金融控股公司监管规则，强化资本充足监管，避免资本重复计算和资本套利，有效控制杠杆程度。规范关联交易，遵循市场公允定价和透明度原则，避免跨行业风险交叉传染。加强风险集中度监管，完善公司治理，强化对股东和管理层的资格要求，保护小股东和客户合法权益。

3. 微观层面，需正确处理鼓励金融创新和新的金融业态发展与防范金融风险、维护金融消费者权益的关系。对于新的金融业态，监管者应当及时全面深入分析其商业模式和风险特征，把握好监管的边界，在风险可控基础上确定对金融创新的适当容忍度。监管者应持续评估金融创新的发展态势、影响程度和风险水平，根据评估结果采取不同的监管方式并动态调整，构建多层次、富有针对性和有效性的监管框架。既留有适当的试错空间，为金融创新提供正向激励，避免抑制银行的创新自主性和灵活性，又在全局上做到心中有数、心中有度，确保风险可控。比如互联网金融，互联网金融创新必须坚持金融服务实体经济的本质要求，服从宏观调控和金融稳定的总体要求，合理把握创新的界限和力度，而且要切实维护消费者合法权益，维护公平竞争的市场秩序。

规范民间融资发展要强化监管、堵疏结合

2015 年 3 月第十二届全国人大第三次会议的建议

一、民间融资带来的问题日益凸显

一是金融发展的不均衡导致民间金融快速发展。以湖南为例，湖南省的金融发展呈现出典型的"非均衡发展"态势，在区域分布与相关领域特别显著。从区域上来看，长株潭地区集中了全省50％的存款以及63.27％的贷款余额，而湘西州的对应数据分别为2％及1％。同时，中小企业、公共设施与民生领域由于缺乏有效抵质押及其他贷款条件，难以获得商业银行支持。究其原因，既有经济金融的自然集聚效应，也有行政干预人为促进金融资源集聚于重点区域、领域的因素。湖南省金融非均衡发展导致了局部的金融压抑，使民间融资快速发展。目前民间借贷不仅在中小企业之间，还逐步蔓延到地方政府融资平台。部分地方政府融资平台以较高利率吸收民间资金满足投融资需求，形成了复杂的债务关系。

二是民间融资风险日渐积聚。（一）民间融资资金乘数效应明显。较之前的民间借贷一对一、面对面的直接融资行为，目前大部分民间借贷更像一种多层次间接融资行为。大额的民间借贷资金大部分通过中介"中转"和利率叠加，有的甚至通过中介人转手两三个来回，风险叠加效应明显。（二）民间借贷中介机构成为高危区。部分民间借贷中介机构错位经营、账外经营、超业务范围开展一些非法金融活动，有的非法吸收存款或变相集资，发放信用借款，甚至发放高利贷。由于其资金是面向社会募集的，大多涉及二至三个层级，风险集中度高，容易形成整体性连带事故。一旦资金无法归还或挪作他用，出现"一笔资金收不回—中介资金断裂—关联企业或个人资金断裂"的恶性循环，很有可能引发群体性事件。（三）民间融资呈短期化趋势。根据我们的调研，民间融资参与者认为，长期借出款项风险较大，更趋向于短期放款，借款主要是补充流动资金，期限基本上在一年以内。（四）民间融资偏离服务实体经济。由于部分民间借贷偏离实体经济甚至空心化，给民间借贷发展带来诸多不确定性。

三是民间融资对正规金融形成较大冲击。目前，民间融资对正规银行体系冲击加剧，存在诸多风险隐患。首先，民间融资欠透明，导致贷前审查和贷后尽职管理难度加大。其次，民间融资高息导致企业融资成本上升，加剧企业资金压力，甚至直接导致企业的破产倒闭。再者，民间融资在债权处置上较为极端，导致债务人跑路或投案

自首等，银行信贷风险缓释机制很难发挥作用。据某国有银行反映，今年以来该行部分客户通过民间融资粉饰资产负债表，应付银行贷前审查，而银行在贷款审查时单纯从报表或面访等角度无法判断该企业是否涉及民间借贷，企业一旦获取贷款便将资金用于偿还民间借贷，导致经营困难，该行今年多笔公司类贷款不良概缘于此。

二、对加强民间融资监管的建议

民间融资的存在有其一定的历史性、合理性和必然性，但同时由于借贷双方信息不对称、利率高企、运行不规范、监管真空等多重因素影响，对经济金融发展和社会稳定产生了较为严重的影响，政府需加强对民间融资的引导。

（一）制定适合民间融资市场的监管机制，规范民间金融市场

一是针对目前民间融资现状及特征，出台相应的法律，明确民间融资监管部门和主体责任，引导民间融资回到正常的法律规范轨道，如明确其借贷最高额、利率等。二是要加强对民间融资风险的监测，建立民间融资信息采集机制，定期收集有关数据，重点监测民间融资资金规模、来源、区域分布、市场利率、流动性状况、信用程度、风险状况等，分析民间融资对宏观经济和微观经济可能产生的影响，并据此实施调节，同时建立对民间融资的风险防范机制，包括建立大额民间融资保险（放心保）制度和担保制度等，防范民间融资风险对社会稳定和整个金融体系安全带来的冲击。三是依照法律处置民间融资风险，改变出了问题找政府"兜底"的行政主导特点，要遵循"谁家的孩子谁家抱"的原则，由法院依照相关法律处置债权债务纠纷，政府并无承担民间融资损失补偿的义务。四是逐步将民间融资主体纳入人民银行征信系统，结合现有的中小企业信用信息采集方式，采取政府主导，人民银行、工商、民间借贷中介机构、信用担保公司等部门单位联动，为民间融资主体建立包括登记注册、财务、购销等信息在内的信用档案，为民间借贷双方提供征信记录查询服务，降低信用风险。五是加强舆论宣传教育，引导民间资金合理流向。民间融资活跃的地区，要统一组织开展相关法律法规和金融知识的宣传活动，切实增强社会公众对非法活动的风险意识和鉴别能力，引导和促进依法、理性投资。工商部门要加强对各种形式民间借贷的业务宣传、广告的管理，防止借其他名义开展非法融资活动。宣传部门要加强舆论引导，形成对非法金融活动保持高压严打的社会氛围。

（二）在试点地区探索建立民间资本管理公司和"社区金融"模式等，让民间融资从"地下"走到"地上"

一是推广山东、温州等地经验，选择试点地区设立民间资本管理公司，让民间金融浮出水面，加强对民间资本管理公司经营管理，使以合法身份更好地支持区域性经济发展。同时，对社会上违法违规、未获批准从事民间融资业务的投资类公司进行清理整顿，对存在违法犯罪活动的坚决依法查处，对达到民间资本管理公司标准的推动其转型为民间资本管理公司。二是成立"财会服务所"。对集中在一定区域内但财务管理松散的行业或中小企业实行会计代理，由地方财政部门派出会计人员实行统一做账，

解决财务不透明、税收流失等问题。三是成立"信用服务所"。行业协会从会员单位按资产一定比例募集担保基金，存入开户银行，依法或经过合法约定，对会员提供企业信用征信、评估评级、信用管理、信用培训等各项服务，最后形成企业信用报告，切实解决银行贷款担保难问题。

（三）引导民间资本投资的合理流向，防止民间融资背离国家的宏观调控政策和产业发展方向

要拓宽民间资本的投资渠道。要鼓励和引导民间资本以股本参股、债权分红、租赁承包、兼并收购等多形式投向高新技术、医疗卫生、教育文化、公共事业、农业产业化建设等项目，放宽对民间投资的产业准入条件，增加民间投资的项目选择范围。要积极开展产品创新，开发民间融资的替代产品，如推出个人委托贷款业务等。银行可根据委托人确定的对象、用途、期限、利率等代为发放、监督使用协助收回贷款。通过个人委托贷款业务，资金出借者不但风险更小，同时也可作为个人理财的渠道之一，银行为委托人提供更多的投资理财机会，最终使民间融资由地下操作变为规范的市场融资行为。

（四）进一步深化金融体制改革，充分发挥正规金融机构对民间金融市场的主导和示范作用

一是中央银行要从宏观上建立起资金调控机制，确保农村资金用于农村。二是建立商业银行对欠发达区域的再投入制度。三是加快农村金融体制改革，特别是在深化农村信用社改革过程中，要允许民间资本参股、允许民间资本控股。四是切实改善金融服务，增加有效信贷投入，尽量满足自市场、有效益、守信用的中小民营企业和"三农"经济的资金需求。五是加快金融产品市场开发和创新，不断地满足社会资金投资多元化需求。

提升不良金融资产处置效率是防范系统性风险的有效途径

2015 年 3 月第十二届全国人大第三次会议的建议

伴随中国经济进入增速换挡、结构调整的新常态，各类经济运行中积累的隐性风险逐步显性化，局部地区部分领域金融风险日渐聚集。从资金供给端看，2014 年月末，全国商业银行不良贷款余额 8426 亿元，较年初增加 2506 亿元，不良贷款率 1.25%，较年初上升 0.25 个百分点，已居近五年以来最高；信托业、融资租赁、融资担保等非银金融机构的风险管理压力不断加大；中诚信托、"11 超日债"、多支中小企业私募债违约等局部个案不断挑战市场神经。从资金需求端看，受宏观经济金融形势影响，房地产、政府融资平台、光伏、钢铁、矿产等领域企业生产经营困难增多，销售收入、营业利润增速普遍下滑，现金流出现困难，不良资产攀升。在此经济转型升级的"阵痛期"，如果能妥善处置、化解这些不良资产，不仅能有效释放大量的金融资源，为经济发展提供源头活水；而且将最大限度地避免错杀一批本身资质尚可但由于资金临时短缺陷入财务困境的企业，不轻易走向"杀马分肉"的极端路径，这对盘活存量资产，保障企业、金融机构、投资者、社会效益最大化有着重要意义。

一、我国不良资产处置现状

早在上世纪末，我国在国有企业改制、清理"三角债"等经济活动中积累了宝贵的不良资产处置化解经验，也形成了一些好的制度体系。但总体说来，目前我国不良资产处置效率依然不高，主要表现在以下方面：

一是专业化的不良资产处置机构紧缺。1999 年起，为解决银行体系巨额不良资产问题，我国设立了四大国有资产管理公司，旨在支持国有银行改革发展和国有企业脱困。但伴随着我国市场经济的发展与金融业态的创新，不良金融资产的存在形态、产品特征、责任主体、产生根源都在不断变化，四大国有资产管理公司难以覆盖各行政区域、各金融业态、各种规模的不良资产，很多银行或其他金融业态的不良资产缺乏专业化处置渠道，只能通过直接追偿、法律诉讼等非市场化手段处置，甚至倒逼地方政府为维护信用环境和社会稳定对不良资产直接买单。

二是不良资产处置的法律法规体系有待完善。2005 年银监会、财政部印发《不良金融资产处置尽职指引》，2007 年 6 月我国正式施行《企业破产法》，2012 年银监会、财政部发布《金融企业不良资产批量转让管理办法》。这些文件对有效处置不良资产、稳定经济金融秩序有着重大意义。但从实践看，不良资产处置过程中仍然存在债务人恶意逃废债务，债务重组因债权人利益不一致难以有效实施，债务重组期间债务人缺乏必要的保护等问题，致使一些不良资产失去了通过债务重组、破产重整保护获取重生和再发展的机会，甚至引发区域性及系统性风险。

三是市场化处置不良资产的思想理念有待增强。由于宏观经济的周期性与微观经济的"盲目性"，不良资产是金融运行中的必然存在，美国等西方国家早就树立了将不良资产作为特殊资产经营的理念。与国际比较，当前我国很多金融机构、政府、企业、社会公众虽然重视风险管控，但对不良资产缺乏正确的认识，不愿意以公开透明的市场化方式处置不良资产，甚至试图隐瞒各种不良资产，成为有效提升不良资产处置效率的重要障碍。

二、提升不良资产处置效率的对策

（一）加快丰富完善地方资产管理公司，建设专业化的不良资产处置平台

不良资产处置离不开地方政府的行政力量，其具体途径是设立地方资产管理公司。建议在现有的江苏、广东等 10 家省级国有资产管理公司基础上，继续鼓励和支持在全国各省市推广，采取政府主导、市场化运作的方式，将其作为中央和地方政府预防区域系统性金融风险的工作平台进行运作与实施，利用其专业团队，批量承接金融机构不良资产，为企业量身打造债务重组方案。同时，为提高资产管理公司债务重组能力与效率，支持其做优做强，建议针对资产管理公司的地位、作用、经营范围和方式制定专门的法律法规，保障资产管理公司在不良资产处置中拥有接管与重组企业、企业破产清算、排除外界干预等方面的特别司法权力，并在经营管理中允许其采取债务重组、破产清算、债转股、出让等多种方式处置不良债务，支持其拥有稳定的资金来源渠道与合理的业务创新空间。

（二）赋予不良金融资产主体更多的自主权，鼓励创新市场化的不良资产处置方式

建议赋予银行、信托、金融租赁等金融机构更多不良资产管理自主权，鼓励金融机构采取债务重组、拍卖、债转股、资产证券化等市场化处置方法手段。如允许金融机构按规定程序自主决定对不良贷款本金和利息进行减免，为开展债务重组创造有利条件；加快信贷资产证券化试点推广工作，积极探索创新 CDS 等证券产品，建立健全信用风险交易市场；同时，可适度加大金融机构的坏账减免核销力度，放松核销的自主性，改税后列支核销为税前列支核销，提升金融机构自身消化不良资产的能力。

（三）加大不良贷款处置执法力度，严厉打击恶意逃废债行为

建议最高人民法院、最高人民检察院、公安部、人行、银监会等部门出台严厉打击恶意逃废债的政策法规，与金融机构联合建立全国联网的恶意逃废债"黑名单"，推动实施严厉打击恶意逃废债专项行动，加大对恶意逃废债的立案侦查力度与速度，共同防止债务人假借"破产"等手段致使资产流失和债权悬空，最大限度地保全资产。

关于用市场化方法处置企业债务和不良资产，积极稳妥推进去产能、去杠杆的建议

2016 年 3 月第十二届全国人大第四次会议的建议

一、案由

近年来，伴随全球经济增长放缓和我国经济发展进入新常态，我国部分传统产业产能过剩现象开始显现并日渐严重，目前钢铁、媒体、水泥、玻璃等产能利用率均低于 75%，按照国际普遍标准已属于严重过剩。2015 年以来，产能过剩问题已引起党中央、国务院和社会各界的高度关注。这一轮我国的过剩产能主要集中在国民经济产业链中上游，且多为资本密集型行业，过剩产能的背后往往是大量金融资源的投入和"僵尸企业"。据测算，我国每 1 亿吨钢产能背负着约 2500 亿元的融资，钢铁行业总负债已达 3 万亿元，行业平均负债率超过 70%，煤炭行业平均负债率也高达 67.7%。过剩产能行业企业财务成本高企，全行业挣扎在盈亏线上，大量企业持续亏损、现金流紧张甚至出现资不抵债，2015 年四季度末我国商业银行不良贷款升至 1.67%，已连续 17 个季度上升，区域性、行业性金融风险不断积聚。因此，急需按照党中央、国务院的有关部署，通过妥善处置过剩产能行业的企业债务，统筹解决好产能过剩和金融风险化解问题，积极稳妥地推进去产能、去库存、去杠杆。

二、案据

2015 年中央经济工作会议要求积极稳妥化解产能过剩，要按照企业主体、政府推动、市场引导、依法处置的办法，尽可能多兼并重组、少破产清算。2016 年李克强总理在山西强调要更加注重运用市场化办法化解过剩产能，突出解决好"钱"、"债"、"人"这三个关键问题，要加强金融扶持，用市场化方法及时处置企业债务和不良资产，防范金融风险。更加注重市场化方法是党中央、国务院对于处置过剩产能行业企业债务问题提出的总体方针。与 20 世纪 90 年代末我国处置过剩产能行业企业债务问题相比，目前我国过剩产能行业债务占 GDP 和财政总收入的比重远低于 1998 年的水平，过剩产能行业企业资产负债率也低于 1998 年的水平、债务处置中企业承受能力更充分，我国商业银行经过多年改革发展内部管理能力和资本能力均大大提升、处置企

业债务和不良资产的能力和实力明显增强，金融资产管理公司和各类金融市场、金融中介的快速发展也增多了债务处置的外部支持渠道，这些都为用市场化方法处置过剩产能行业企业债务创造了良好的基础条件。然而，与当前过剩产能债务处置的急切需求，与不良贷款率不断上升的严峻形势相比，我国处置企业债务和不良资产时在政策法律、市场主体、产品手段等方面均储备不足。

一是由银行自身主导企业债务和不良资产处置受到制约。银行是企业债务和不良资产处置的第一责任人和受益人，由其主导企业债务和不良资产处置有着先天优势，而且银行在机构人员、客户关系等方面相对其他机构仍占据一定优势。但目前商业银行处置企业债务和不良资产仍以直接清收和诉讼清收为主，手段相对单一，与中央"多兼并重组、少破产清算"的要求不相适应。主要原因包括：第一，《贷款通则》规定"未经国务院批准，贷款人不得豁免贷款"，贷款展期受到"展期期限累计不得超过3年"制约，且不良贷款的核销需要层层审批和严格控制，这较大的限制了银行与债务人庭外协调解决的回旋空间。第二，在法院受理企业破产申请前，银行难以在企业债务风险暴露早期依法成立债权人委员会并与企业间达成具有法律效力的"庭外调解协议"，及时有效地开展企业重组和债务重组。第三，企业债务和不良资产处置涉及经济社会的诸多方面，根据《破产法》有关规定，破产财产须优先偿还职工安置费用和税款等诸多费用后才能用于偿还银行债权，且破产的审判执行均在企业所在地，而地方政府又缺乏专门的债务处置机构或委员会保护债权人的利益，致使银行在企业债务和不良资产处置方面处于相对弱势地位。第四，不良资产证券化的试点仍限于资产管理公司，银行不能充分利用金融市场分散不良贷款处置风险。在企业债务和不良资产处置中受到的种种制约使得部分银行一定程度上对不良资产缺乏正确的认识，不愿意以公开透明的市场化方式处置企业债务和不良资产，甚至通过各种方式潜藏不良资产，错过企业债务和不良资产处置的最佳时机。

二是缺乏市场化的企业债务和不良资产处置机构、中介机构。1999年起，为解决银行体系巨额不良资产问题，我国设立了四大金融资产管理公司，2014年起我国先后批准设立了3批、共15家地方资产管理公司，在化解银行不良贷款、处置企业债务中发挥了重要作用。但伴随我国经济的发展与金融业态的创新，企业债务和不良资产处置的规模、种类和方式方法都在快速增加，银行、资产管理公司急需通过委托处置、与外部投资人发起设立联合公司处置债务等方式加快债务处置效率、提高不良资产回收率。但受有关法律和政策限制，目前市场化的企业债务和不良资产处置机构、中介机构依然紧缺，资产管理公司难以覆盖各行政区域、各金融业态、各种规模的不良资产，银行或其他金融业态的不良资产缺乏专业化处置渠道，不得不通过直接追偿、法律诉讼等非市场化手段处置，甚至倒逼地方政府为维护信用环境和社会稳定对不良资产直接买单。

三是支持企业债务和不良资产处置的政策法律有待完善。目前我国尚未出台专门的企业债务和不良资产处置的法律法规，《公司法》、《破产法》、《合同法》、《担保法》等一般性法律以及《贷款通则》、《金融资产管理公司条例》、《金融企业不良资产批量转让管理办法》等法规文件构成了我国企业债务和不良资产处置的法律法规主框架。这些法律法规一度对有效处置不良资产、稳定经济金融秩序有着重大意义，但企业债务和不良资产处置的相关法律法规散落在各种一般性法律法规中，已难以适应目前以市场化方法及时处置企业债务和不良资产推动过剩产能化解的现实需要。比如《金融资产管理公司条例》规定"资产管理公司免交在收购国有银行不良贷款和承接、处置因收购国有银行不良贷款形成的资产的业务活动中的税收"，但是资产管理公司委托外部机构或与外部机构成立联合公司共同处置不良贷款形成的资产却未被纳入税收优惠；又如按照《公司法》规定，债权资产未被纳入公司注册资本，这限制了资产管理公司或其他债权人成立联合公司推动企业重组和债务重组。这些都不利于我国开展市场化处置企业债务的主体创新和产品创新。

三、建议

（一）建议国务院出台支持企业与银行债务重组专项政策并择机以特别法的形式上升《企业与银行债务重组法》，大力鼓励通过企业重组和债务重组妥善处置企业债务和不良资产。一是鼓励在企业陷入财务困境早期，银行依法成立债权人委员会与企业达成具有法律效力的"庭外调解协议"，及时有效地开展企业重组和债务重组。债权人委员会有权根据债务人的承诺和重组计划，采取包括豁免部分账款及利息、贷款展期、提供新的信贷等措施推动企业重组和债务重组。二是对参与企业债务和不良资产处置的资产管理公司外包机构、资产管理公司与外部投资人联合设立的债务处置公司、购买不良贷款抵质押物的机构、参与企业重组的战略投资者以及银行等市场主体参照资产管理公司免征不良资产收购、登记、处置中的相关税费或给予税费优惠，鼓励多元化市场主体积极参与企业债务和不良资产处置。三是在企业重组和债务重组的过程中允许资产管理公司和国内外投资者以收购的债权为注册资本与企业成立新的公司，推动企业重组。四是放宽银行不良资产管理政策，适当延长贷款展期期限，适当提高银行不良资产自主核销限额，实施并完善不良资产核销税前列支政策，增强银行主导债务重组的能力和自主性。

（二）建议各级政府组建统一领导债务重组和不良资产处置的委员会。委员会由政府主要领导挂帅，财政、金融、国资委、法院等相关部门作为委员，委员会办公室设在财政部门。委员会负责领导、协调解决企业债务和不良资产处置中的税费优惠、并购重组、产权转让审批、法律障碍等问题，提高处置效率。

（三）建议鼓励设立过剩产能债务重组基金。按照财政资金注资设立政府投资基金的有关要求，发挥财政资金的撬动作用，引导银行、保险、社保等各类金融机构、战略投资者等社会资金参与设立过剩产能债务重组基金，基金下设煤炭、钢铁等过剩产能行业债务重组子基金。债务重组基金作为战略投资者通过收购陷入财务困境企业的债权、股权，参与行业内的企业重组和债务重组。

（四）建议扩大不良资产证券化试点范围。在前期四大资产管理公司依托信贷资产试点资产证券化的基础上，逐步将不良资产证券化试点范围扩大至商业银行及其他金融机构，允许各类市场主体参与不良资产支持证券投资、受让不良资产等，鼓励发展信用评级、信用增级、资产评估、贷款服务、财务顾问等专业中介机构，建立和完善评级机制和信息披露制度。

　　（五）建议加强债务重组和不良贷款处置监管力度，严厉打击恶意逃废债行为。在鼓励用市场化方法处置企业债务和不良资产的同时，要加强对处置过程的监督管理，充分发挥金融信用信息基础数据库作用，建议由最高院、公安部、金融监管、产权登记等部门与金融机构联合建立全国联网的恶意逃废债"黑名单"，联合出台严厉打击恶意逃废债的政策法规，推动实施严厉打击恶意逃废债专项行动，加大对恶意逃废债的立案侦查力度与速度，共同防止债务人假借破产重整、债务重组等手段致使资产流失和债权悬空。

金融危机下的宏观经济政策反思

2009 年 4 月发表于《中共中央党校学报》

内容摘要：本文在当前国际金融危机背景下，从全球视角对我国货币政策、财政政策、产业政策和对外经济政策的执行效果进行了理论分析与深刻反思，指出应落实科学发展观，立足国内市场保持经济平稳发展，加强政策制定的预见性、科学性、配套性和系统性，要在大方针政策和微观经济活动之间建立有效的宏观政策传导机制，充分利用这次危机所带来的巨大战略机遇，为获得长期发展战略竞争优势未雨绸缪，在国际政策博弈中牢牢争取把握主动权，实现自我发展。

金融危机的范围之广、速度之快、对全球经济冲击之深、其走势之不确定都堪称百年不遇。我国经济所受到的外部冲击也超过了半个世纪以来的任何一次经济危机。在科学发展观的指导下，以正确的视角审视危机、以科学的方法应对危机并认真总结危机应对的政策效果，是摆在每位经济工作者面前的重要任务。

一、经济稳定向好，但反转未至

目前各国经济发展有好有坏，有的从危机中恢复得快一些，有的恢复得慢一些，有的刚渡过一个危机又滑入另一个危机，总的来看，全球经济形势依然严峻。相比全球经济疲软，我国经济在政策刺激下显示出一些好的迹象。但考虑到我国经济经过多年的开放发展，已经积累了一些市场经济的弊端，即便没有金融危机冲击也要进行自我调整，断言我国经济已走出金融危机的阴影并迅速反转，为时尚早。

首先，我国经济关键指标离健康还很远。到 2009 年 5 月份我国外贸进出口总额同比下降 25.9%，已经连续 7 个月下滑，现 10 年来最大跌幅。出口在 GDP 中所占比重从 2008 年的 32% 降为 2009 年第 1 季度的 25%，出口对 GDP 增速贡献率为负。我国目前外需不足而内需又历来较弱，投资拉动成为经济增长的主要动力。当前政府主导型的投资能量虽已得到部分释放，但民间投资仍然不足，公共支出对私人投资带动效应不明显。如浙江省 1—4 月全省限额以上国有控股投资同比增长 30.9%，而民间投资仅增长 7.9%，社会投资未明显启动。虽然消费占 GDP 比重从 2008 年的 36% 骤升到 2009 年第 1 季度的 45%，但在缺乏社会保障、房价高企、居民预防性储蓄较高、社会失业加重的情况下，被动式增长的消费缺乏拉动经济持久增长的底气。与此同时，我国工业生产在低点徘徊，发电量和工业增加值指标并不乐观。而反映经济活跃程度的物流指标 2009 年第 1 季度同比、环比增幅均为负值，即便剔除 2008 年同期雪灾因素后，同比降幅仍达 30％，公路、铁路、水运下降尤为明显①。

其次，我国经济运行中的新问题已经出现。在财政大量投资和信贷巨量投放的推动下，虽然国民经济的部分领域出现好转，但我国已经面临通货膨胀压力。虽然 CPI 指数同比连续 4 个月为负，但 2008 年我国处在明显通胀期，考虑到翘尾因素，目前相对 2007 年已经是通胀了，预计下半年 CPI 指数也会揭示出明显通胀。与此同时，随着财政收入下滑和财政支出增加，我国的财政压力也相应增大。

短期来看，我国部分经济领域，如金融、钢铁、建材、水泥和房地产等似乎已经明显复苏，但短期复苏是否有利于国民经济的长远发展和实质性复苏仍待斟酌。应当看到，为迎接下一个经济增长周期做好坚实准备，理顺阻碍发展的体制机制，优化失衡的国内外经济结构才是最为关键的。

二、当前宏观经济政策反思

我国经济的根本问题是经济结构失衡，当前的首要任务是确保经济发展、解决就业困难和维护社会稳定。如何既能确保就业，又不继续加深结构失衡，实现"近期保增长、远期调结构"的总体经济政策目标，需要有一个政策衔接机制。目前的经济刺激计划尚未着力于对这种内在衔接机制的深度考量，地方重复建设问题、就业问题开始露头。应当看到，宏观经济政策的支点是保就业、保企业，而不能简单地理解为保 GDP 增长率，更非单纯的大兴土木。

（一）货币政策反思——增强预见性、科学性和配套性

经济增长、物价稳定和充分就业作为货币政策的三大目标，内在矛盾一直存在。在金融市场发展不健全的背景下，货币政策必须保持稳定性，而非短期的相机抉择，要在因地制宜的基础上增强货币政策的预见性、科学性和配套性。

在 2006—2008 年紧缩的货币政策周期，2007 年连续 6 次上调存贷款利率，2008 年上半年连续 5 次上调存贷款利率和存款准备金率，同期美国次贷危机却愈演愈烈，"两房"被美国政府接管，其金融机构已经浮现流动性危机。但人民银行仍向外界坚称紧缩的货币政策不动摇，实施严格的信贷规模管理，过紧的信贷政策加剧了企业特别是中小企业的融资困难。

雷曼兄弟破产倒闭之后，人民银行才重启新一轮的宽松货币政策，4 个月内存款准备金下调了 4 次、存贷款利率下调了 5 次。这种集中而猛烈的货币政策调整引起信贷投放大增，助长了经济的大起大落。今年以来，广义货币供应量（M2）已连续 3 个月增长超过 25％，余额达到了 54.82 万亿元，信贷投放继续猛涨，仅第 1 季度信贷投放

---

① 本文数据来源：国家发展和改革委员会、国家财政部、国家统计局网站数据资料，下同。

新增就达 4.6 万亿，达到 2008 年一年贷款新增量。按常理，企业受危机冲击，负债意愿会降低，而政府类项目由于 2008 年紧缩政策，新开工项目较少，社会实际资金需求应不足，无法承接如此规模的贷款。但 2009 年 1—5 月份信贷市场却硬生生接下了 5.84 万亿元的贷款，同比多增 3.72 万亿元，其中中长期贷款新增就占到了 49%。市场的此种反常行为至少有两方面原因：一是货币政策的反复性导致了公众预期的错判，尤其是对通胀预期的提前到来，使部分企业和银行担心信贷宽松政策突变，提前把本该分数年投放的贷款一步到位；二是地方政府"保增长"压力很大，GDP 考核模式没有根本改变，面对未来预期不明朗的经济形势，地方政府投资拉动意愿强烈，政府类融资平台不顾债务承载负荷，大量储备资金。这两种内在动因表明，在信贷政策扭曲下，市场的心理预期犹如惊弓之鸟。此外，信贷集中投放可能进一步加剧了资金配置的"马太效应"。商业银行为了避险竞相将贷款投向具有政府背景的客户，导致其信贷集中度畸高。带有"指标性"烙印的贷款一方面促使信贷资金于投向分布上出现分化，最需要资金的弱势产业和弱势企业资金获得并不容易；而另一方面，信贷增长在品种分布上也出现分化，商业银行在缺乏项目的情况下，为了完成贷款投放任务，放松对票据融资的审核，仅 2009 年前 5 个月，票据融资新增就达到 1.69 万亿元，占总贷款新增的 29%。

我国货币政策尤其是信贷政策存在的上述问题平添了我们对远期可能蕴藏风险的担忧。一方面，信贷市场潜在风险加大，信贷集中投放会导致政府负债空间大幅收窄，其承担的高成本不利于可持续发展，而强行负债则会严重透支政府后期财力。另一方面，政策转向的潜在风险也在加大，银行与政府之间博弈的结果是信贷资金堆积于政府项目，造成信贷投放猛烈的假象，一旦引起通胀预期，央行不得不适度紧缩货币政策，则可能催生银行大量不良资产。这种风险预期又进一步固化了信贷市场负债主体的"层级化"结构：政府类客户→大企业集团→中小企业→弱势客户，这不利于经济结构优化。

（二）财政政策反思——增强前瞻性和配套性，重视结构优化

我国是世界上最大的发展中国家和最大的"二元经济"体，要解决好"三农"问题、基本公共服务均等化问题，财政投资还非常不足。"扩内需、保增长"可以转变一下视角，从解决"二元经济"、优化经济结构开始，避免进一步加剧经济失衡，重点解决好财力分配与切入点问题，增强政策的前瞻性和配套性。

从中央地方财政预算执行情况看，当前的民生投入仍然比重较低，欠账较多，有必要进一步加大支持，以制度变革推动发展。中央 2009 年财政预算与 2008 年各方面基本比例类似，增加较大的是为保灾区重建的农林水务支出。社会保障支出比例有所下调，医疗、卫生、社保等关切居民生活的财政支出增加总量 1343 亿元，其中 713 亿元是建设投资，而非体制性改革投资，教育、医疗卫生和社会保障支出比例远低于美国、日本和印度等国。这表明我国财政投资中存在重建设投资、轻体制改革投资的问题，社会保障包袱没有真正得到解决，缺乏藏富于民的政策力度。我国的高储蓄率是

基于低保障基础而产生的，这个储蓄本质上并非居民手中的现实消费能力，而是对未来教育、医疗、养老等的自我保险，具有社会发展的阶段性制度和结构特征。目前转变的方向就是以国家社会保障逐步替代这种居民自我保险，将预防性积蓄转化为真正的消费能力。

当前政府直接和隐性负债过高，财政风险较大，财政投融资管理体制改革仍较为滞后。从中央财政角度看，国有大型银行和央企的负债实际上在某种程度上都是政府隐性负债；从地方财政看，政府投融资平台的负债也大部分是政府隐性负债。有观点认为我国中央财政赤字率保持在国际警戒线以内（GDP 的 3%），较西方国家不高，因此风险可控。但实际上，我国地方政府隐性负债较大，高财政赤字风险不容忽视。根据财政部测算，到 2007 年底，地方政府性债务达 4 万多亿元，其中直接债务占 80%，担保性债务占 20%，隐性债务则无法统计。如果我们仅以地方具有政府背景的投融资平台的负债来估测一下隐性负债，则这个数字于 2009 年第 1 季度就可达到两万亿元，再加上高校和公路建设等贷款，那么地方政府性或准政府性负债更大，可占我国 GDP 的 20% 以上，这对经济的长远发展有很大的危险。

地方财政在"保增长、扩内需、调结构"的政策导向下，投资配套压力很大，难以完全承担起当前投资拉动政策的任务要求。根据中央检查组的检查，至 2009 年 4 月 28 日，第二批新增 1300 亿元投资中，地方配套资金到位率仅 30.7%，个别省份地方配套资金甚至不足 10%。社会投资没有跟进、地方财政下降、政府收入减少是影响配套的三大原因。我国经济未来发展压力还很大，改革、发展以及结构性调整的任务还很重，金融危机下一步走向还有很大的不确定性，财政政策运用上需要留有余地，避免因为短期大幅财政支出，反而加紧税收征收力度，打击企业经营动力，造成"涸泽而渔"的不利局面。要使有限的财政资源发挥出最大效果，在财政资金的使用上要更加精细化，改变粗放型投入，加强集约化管理，将财政政策预期与市场预期以及最后的政策效果紧密结合起来。在制定财政政策之前就要对政策效果和市场反应进行科学评估，测算重点受益领域和受益强度，政策执行一段时期后，要及时评估其效果是否与调控目标相一致，并作相应的阶段性调整。

（三）对外经济政策反思——引导外资、改善贸易结构、建立新国际经济循环

国际金融危机发生后，我国外向型企业受到冲击，尤其是沿海地区的中小企业大量倒闭。我国参与进出口贸易的企业发生了结构上的变化，国有企业占全年进出口的比重大幅上升，相反外商投资企业则明显下滑。这表明我国长期以来以外资为主的对外加工贸易经济，在抵御外部冲击方面的能力较弱。

对此，首先要反思我国吸引外资的政策。招商引资到底要引什么？中国经济失衡的深层次原因是国际制造业向中国转移，造成国内产业布局加入到跨国公司的全球化轨道，影响自身产业升级与制度改革进程。如果采用 GNP 来衡量经济增长，剔除 30% 的外资企业贡献后，外贸依存度将会下降到 40% 左右，经济增长速度则会较 GDP 指标下降 2 个百分点，我国并没有那么快的发展速度。故从对外经济角度看，调节我国经

济结构的一个关键问题就是要改变引入外商投资泛滥的政策，对外资有甄别有选择，限制或拒绝在战略行业和产能过剩领域的外商投资。

我国出口导向战略所施行的鼓励贸易顺差政策同样需要加以反思，贸易顺差真是越多越好吗？我国贸易顺差不断扩大，并呈加速增长之势，2000—2007 年期间年均增速达到 40.62%，远远大于 1994—2000 年期间的 28.31% 的水平。我国贸易顺差的成因主要有三点：一是长期推行吸引外资、鼓励"三来一补"的加工贸易政策，使得生产性外资输入持续增加；二是廉价土地、劳动力、自然资源和地方性税收补贴政策，造成我国产品在国际市场上的低价竞争战略，创造大量出口外汇；三是产能过剩和有效需求不足，贸易品生产相对过剩和公共品供给不足，国民储蓄超过国内投资，是导致大量贸易顺差的内生性动力。因此，当前鼓励出口的贸易政策如果继续推行，将使我国劳动密集型产业的国际分工地位难以发生根本改变，这无疑增加了产业模式改革转变的难度，会将劳动就业能力与国民财富增长始终维持在一个相对较低的发展水平，加剧了我国国际收支不平衡。

从对外经济运行的地理布局与产业循环看，当前的贸易政策存在不对等、不匹配与不可持续问题。简单讲，我国外贸出口 40% 以上面向西方发达消费国家，而对亚洲传统贸易区、新兴市场和贸易国家则主要表现为进口为主，平等双向循环贸易关系并没有建立，这与跨国公司全球化布局、产业结构内在特征和资源要素禀赋密切相关。解决此问题要从两方面入手：一是与资源国开展立体经贸往来，建立起生产国与资源国之间全方位的双向贸易内循环体系，加大工业制成品在资源国的消费；二是加强外向型企业管理，适度调整产业结构。加强对引入外资的战略管理，增加外资投资与我国经济发展战略的契合度，支持国内部分资源消耗型企业"走出去"，实现资源属地化发展，通过与战略经贸国之间货币互换等高端领域合作完善新的内循环体系。

三、一些政策建议

目前，中美两国的经济刺激计划已经显现出一定效果。美国银行业通过压力测试，金融市场伤口正在愈合，地产价格下滑趋势减缓，居民消费能力反弹；中国国内信贷资金充裕，投资力度较大，国内消费逐步发展，部分产业明显复苏，宏观经济指标回暖迹象日益增多。然而，我国的产能相对国内需求仍然过剩，若长期缺乏外需，而结构调整和欠账补缺又未能实现，国内经济就可能出现通货膨胀、不良贷款上升、失业严重等诸多困难。

目前，我国尚处于发达国家"建设、产业、消费"发展路径的前半部分，即"建设"阶段的中后期和"产业"阶段的中期，"消费"仍处于初期阶段。立足当前国情，本文从财政支持、"走出去"战略、人民币国际化、金融服务体系和城市化 5 个方面提出相关政策建议，以期对充分实现"近期保增长、远期调结构"的总体经济政策目标有所助益。

第一，充分发挥财政政策的对冲作用，加大对社会保障体系的财政支持力度，激发民间投资和消费。目前，应通过以下渠道确保我国社会保障建设资金来源：一是通过政府直接投资加大社会保障方面的财政支出，对弱势群体适当倾斜；二是建立国有资本运行管理新体系，委托国资委和中央汇金进行国有资本（涵盖金融和实业）资产管理，收益优先分配给全国社保基金（改组成具有覆盖全民保障的投资管理机构）进行市场化运作，实现长期资源有效配置，根本上解决内需制约；三是把城市化进程中储备的土地分为经营性土地和保障性土地，后者专用于保障性住房建设，或将土地升值纳入地方社会保障体系中，以解决地方城市化进程中失地农民的社会保障问题。

第二，大力推进"走出去"战略，对金融危机从被动防御到积极应对，实现产业结构调整和资源贸易平衡的双重目标。首先，国家要做好海外投资的长远规划，建立海外能源、资源和战略产业的海外市场，企业间根据国家战略规划和自身业务目标建立起有效协调机制，借助行业协会作用，联合对外谈判，增强议价能力，避免恶性竞争。其次，政府、国企、民企应通过政府协议和企业并购的互动模式安排，形成紧密合作的运行机制。例如，中铝、五矿、华菱三家在澳洲铁矿市场的并购行动在酝酿前期没有通气，缺乏协作机制，给当地政府造成倾巢而出的印象，反而延缓了资源整合进程。再次，企业应有系统性战略思路，明确发展目标，制定战略规划和应对策略。

第三，金融危机对现有的国际货币体系提出了挑战，我国可以从人民币的边贸化、区域化和国际化逐步实现人民币的全球性计价、结算和储藏功能，扩大人民币的国际影响。2009年1季度末，我国外汇储备19537.41亿美元，黄金储备1054吨，人民币从1998年以来一直坚挺，在周边国家中树立了信心，这为人民币作为国际支付手段奠定了基础。与此同时，我国区域经济的发展有力支撑了人民币的边贸化，人民币逐渐成为一些国家（如蒙古、越南、柬埔寨、老挝、俄罗斯）的交易结算货币。在部分亚洲国家（如柬埔寨），人民币已经成为储备货币，在规模上成为世界第五大货币区。从当前实践看，货币互换和贷款换石油（或资源）是推动人民币国际化进程的有效举措，我国已经同阿根廷、白俄罗斯、韩国等6国签订了共6500亿元人民币的双边本币互换协议。下一步应通过周边化、区域化、全球化的现实路径有序推动人民币国际化进程，在适当时机和适当范围内实现人民币自由兑换，逐步使人民币成为多边国际贸易与投资中的储备货币。

第四，进一步加快完善我国金融服务体系，重点解决好我国金融的两个失衡问题。一是解决金融系统内部结构的失衡，加快参与主体的市场化改革，鼓励不同金融市场平衡发展，政策性机构和商业性机构自主发挥作用。我国的金融体系与经济体制、政治体制密切相关，带有浓重的政府印迹，需要通过一系列有步骤改革，尤其是银行决策与运行的公司治理机制改革，实现市场化主体建设目标，避免重回行政管理老路。二是解决金融国内外发展的失衡，提升服务国际化的能力，支持我国"走出去"战略和推进人民币国际化，增强自信心和把握时机的能力。我国拥有世界瞩目的贸易量，但是对应的避险手段非常不足，缺乏积极有效的政策调控手段和金融市场工具，有必要通过制度创新实现本国金融体系的创新，参与全球金融治理改革。

第五，把握好城市化发展的机遇，从解决农村民生问题入手，增加农村消费，增强农村发展能力，把我国的城市化与产业化结合起来。截至2008年末，我国城镇化率达到45.7%，拥有6.07亿城镇人口，形成建制城市655座，其中百万人口以上特大城市118座，超大城市39座。我国城市化水平的差异性提供了投资拉动经济增长的空间，尤其是中西部地区的投资拉动效益还有进一步改善的空间。必须明确，城市化不等于基础设施钢筋水泥化，城市化是基础设施、功能化、产业化和社会保障的总和。必须在城市化的同时加强产业支撑和社会保障建设。

总之，国际金融危机使得全球贸易与金融旧秩序被重新审视，新的变革即将开始。面对复杂局势，必须立足国情，认真分析与反思当前一揽子经济刺激计划，在政策方针和微观经济活动之间建立起有效的政策传导机制，为获得长期发展战略的竞争优势未雨绸缪，在国际政策博弈中牢牢掌握主动权。

参考文献

[1] 李旭章. 扩大内需与宏观经济政策选择 [J]. 中共中央党校学报，2009，(3)：27～32.

[2] 汪权. 应对经济危机的国际经验及其启示 [J]. 中国党政干部论坛，2009，(6)：39～42.

关于贯彻十八届三中全会精神
保持经济平稳增长的思考

2013 年发表于《国开智库》

内容摘要：党的十八届三中全会作出了全面深化改革的决定，开启了新时期全党全国深化改革的进程。但推进改革需要以保持经济平稳增长为前提，要落实这一前提需要在六个方面重点关注，概括起来是：一增、二稳、三调、四降、五改、六移，即增加居民收入，稳定外部需求，调整投向结构，降低债务水平，深化金融改革，转移过剩产能。这六个关键性领域出现的问题得到妥善解决，对于未来全面改革会形成非常有利的形势。

三十多年来，中国经济在快速发展的同时，也积累了各类矛盾，形成一些潜在风险。一是经济下行的风险。虽然中央将 2014 年 GDP 增速目标调低为 7.5%，并提出了不以 GDP 论英雄，但这个调低是中央的主动行为，速递换挡的目的是为了推动经济发展方式转变，但经济如果出现被动性下滑甚至硬着陆，那就会带来一系列问题；二是金融风险。目前我国宏观债务水平持续上升，部分行业产能过剩问题突出，而地方政府负债的大约 80% 集中于银行体系，产能过剩领域的金融风险也很突出，每 1 亿吨钢产能背后就包含着 2500 亿的融资，这些催大信贷泡沫和影子银行业务规模。地方债务以及产能过剩的处置如果出现不当都很容易导致系统性金融风险；三是产业空心化风险。一方面，在美国等西方国家掀起的产业再造的潮流下，"中国制造"能否保持代际竞争力是个战略性问题；另一方面我国虚拟经济远远快于实体经济的扩张，大量资本"脱实向虚"，2013 年中国 500 强企业中金融业总利润占比超过 50%，2000 年我国虚拟经济与实体经济的比值仅 0.9 左右；2008 年比值变为 3.5；2010 年该比值增至 9.8 倍。

为解决上述问题，党的十八届三中全会提出了涵盖经济、政治、文化、社会等 16 个方面的全面深化改革方案，中央经济工作会议、中央城镇化工作会议、中央农村工作会议又针对 2014 年的具体改革任务进行了部署。但是全面深化改革是一项复杂的系统工程，不能一蹴而就，需要正确、准确、有序、协调推进。经济体制改革是全面深化改革的重点，更需要处理好整体与局部的关系，在"整体经济保持合理增速与不失时机深入推进重点领域改革"、"长期结构调整与短期经济安全"之间找到"黄金平衡点"。这需要我们结合实际情况抓好"增、稳、调、降、改、移"六个方面的工作，即增加居民收入，稳定外部需求，调整投向结构，降低债务水平，深化金融改革，转移过剩产能。前三个方面是解决经济发展的内在动力问题，后面三个方面是经济发展方式转变的路径问题。

一、增加居民收入，深化扩内需的内生动力

只有从投资拉动向投资出口消费"三驾马车"均衡发展转变，才能实现中国经济的长期健康发展，这已经成为改革的共识，但是我国居民消费率十多年来一路下滑，2000年为46.4%，到2012年仅为34%。到底如何刺激中国的消费？归根到底，只有尽最大努力增加居民收入，保障和改善民生。而且增加居民收入事关全面深化改革的出发点和最终受益群体，从这个意义上来讲，这既是政治和社会问题，也是经济问题。但目前我国居民收入差距日益扩大，基尼系数已连续多年高于0.4的国际警戒水平，2012年城乡居民收入比达到3.1:1，收入最高10%群体和收入最低10%群体的收入差距，从1988年的7.3倍已经上升到23倍，收入差距过大成为整个国家安定团结的重要隐患，成为经济健康发展的重要障碍。切实推动收入分配体制改革，增加居民合理收入，已经迫在眉睫。

一是要坚持效率和公平兼顾的原则，提高劳动者在初次分配中的比重。2012年我国居民收入占国民收入的比重到46%左右，与世界平均水平还有很大差距。2013年国务院批转了《关于深化收入分配制度改革若干意见》，我国要进一步出台实施细则，对《意见》的落实进行监督管理。对于初次分配，要坚持两个底线，即低收入居民实际收入（扣除CPI）增速不能低于GDP增速，基尼系数三年内止升回落，五年内回到0.4以内。

二是要扩大二次分配中社保民生的比重。基本住房、基本教育、基本医疗和基本社保等项目的支出占国家财政支出的比重，是衡量二次分配合理性的重要参数。2009年，我国在这些项目的支出比重下降到28.8%，2011年下降到25.9%，而世界绝大多数国家的比重达到50%。要加快健全以税收、社会保障、转移支付为主要手段的再分配调节机制。加大税收调节力度，健全公共财政体系，完善转移支付制度，大力推进城乡基本公共服务均等化。党的十八大以来，通过"反四风"有效降低三公经费等行政开支，压缩的经费要运用到社会保障领域，确保到2020年城乡基本公共服务均等化的总体实现。

三是要重塑收入分配公平所依赖的价值基础。初次收入分配要能体现公平关键在于初次收入分配要与劳动价值挂钩，恢复初次收入分配公平依赖的社会基础，恢复多劳多得原则的执行基础，这就需要把寻租的权力收到制度的笼子里去，更大程度上发挥市场机制在收入分配中的作用。要对中小企业减税，把就业问题放在优先位置，并在发展的过程中不断调整劳资关系，创造收入上升的空间。同时，要加大正面宣传引导，鼓励人人努力工作、勤劳致富，形成正确合理的社会财富观。

四是遏制部分利益团体的不合理收入。据测算，2008 年我国灰色收入规模达 5.2 万亿元，这既包括法律法规没有明确界定其合法与否的收入部分，也包括不能认定其来源、但实质属于非法收入的部分。灰色收入的存在既影响社会生产性的投入，更拉大了社会贫富差距，使分配问题越来越突出，导致社会矛盾激化。必须规范收入分配秩序，强化法治建设，坚决抑制不合理收入。

二、稳定外部需求，建立开放型经济新格局

在当前以要素流动和产品内分工为主要特征的国际分工形式下，外需的内涵已经发生了质的变化。忽视外需，实际上就是轻视参与国际分工、利用全球资源发展本国经济，就是放弃经济全球化给各国尤其是像中国这样的发展中国家所带来的历史性机遇。而且在资源环境承载能力有限、负债较高、产能过剩等硬约束下，我国通过投资拉动经济增长的潜力和边际效率已发挥到极限。即便通过财税改革，降低政府收入比重，增加居民收入，进而通过提高消费带动经济发展，在短期内投资拉动和消费拉动也表现出很强的替代性，对经济贡献的总和仍相对固定。因此，我国要守住经济发展的底线，短期必须在外需方面形成有利局面。

一是客观认识外需面临的机遇与挑战。国际金融危机以来，发达国家欲借"再工业化"重夺国际贸易主导权，而一些发展中国家和地区以比中国更低的成本优势，成为接纳国际制造业转移的新阵地，对"中国制造"形成"前堵后追"之势。中国在欧美等发达国家进口商品中占比下滑，出现国际经济复苏与我国出口贸易复苏的"脱钩"迹象。尽管新形势下出口面临的挑战不容低估，但我国对外贸易的优化升级也将迎来新的发展机遇。第一，党的十八届三中全会对构建开放型经济新体制做出重要部署，明确了我国构建开放型经济新体制的发展方向、战略目标和工作路径，"丝绸之路经济带"、"21 世纪海上丝绸之路"和上海自贸区等成为未来开放型经济的重要载体；第二，经过几十年的发展，"中国制造"在劳动密集型产业方面相比发达国家拥有成本优势，相比发展中国家拥有品牌、渠道以及制度优势，依然有广泛的市场；在资本技术密集型产业方面，我国技术水平可能仍略低于发达国家的同类产品，但要好于很多发展中国家，产品性价比优势明显；第三，外需既包括国外消费需求，也包括对外投资的需求，我国外汇充裕，企业盈利状况良好，国际化经营能力增强，应引导我国企业加强对外投资并购，获取境外先进技术、研发能力、品牌和国际销售渠道，提高在全球分工中的地位。

二是分类构建立体化的对外贸易战略体系。第一，对新兴经济体市场。新兴经济体快速推进的工业化、城市化进程将产生巨大需求，特别是对如电力设备、交通运输设备、通信设备等资本技术密集型产品的需求巨大。2013 年我国对越南、马来西亚、菲律宾、俄罗斯的出口分别同比增长 42.1%、25.8%、18.6%、12.6%，均远高于我国整体出口增长率。因此，要高度重视新兴经济体市场，加强与新兴经济体国家的外交、文化合作，综合利用产品出口、工程承包、劳务合作、投资实体企业等手段，重点加大对新兴经济体国家高铁、核电、通信等成套装备的出口力度，将新兴经济体市场作为推动我国制造业转型升级的重要牵引，打造中国装备的世界品牌，然后再向发达经济体渗透。这方面，华为公司就是成功案例。第二，对发达国家市场。美国等发达国家的"再工业化"将降低对我国最终产品的需求，但将增加对原材料、中间零部件和配套劳务的需求。这方面，我国要加强统筹协调，充分发挥自身在资源、劳动力等方面的传统优势，提高中间产品的质量和科技含量。比如，稀土在工业中十分重要，被应用于手机、平板显示器及风力发电设备等关键零部件，而全世界超过90％的稀土产自中国，我国可加强对以稀土为原料的关键零部件生产研发，提高产品附加值和市场影响力。

三是不断提升对外直接投资效率和水平。2013年中国对外直接投资901.7亿元，同比增长16.8％，居世界前三。但中国对外直接投资起步较晚，截至2012年底对外投资存量为5319亿美元，位居全球第13位，相当于美国的1/10、德国的1/3、日本的1/2，这与中国世界制造业第一大国的地位不相符合，也说明中国对外投资还有很大的增长空间。而且我国对外投资的行业结构不尽合理，对外投资主要流向餐饮、批发零售等低端服务业和采矿等资源行业，而中国具有比较优势的制造业、建筑业在对外直接投资中占比较低，特别是高新技术产业投资所占比例严重偏低。要加快提升对外直接投资效率和水平，一要科学规划、分类施策，制定各行业对外投资规划和引导政策，加强贸易、税收等方面的政策支持，积极引导获取资源型、转移落后产能型、技术升级型等对外投资齐头并进，以对外投资促进中国产业结构的调整。二要尽快完善对外直接投资的法律法规体系，增强法规和政策透明度，简化审批手续和环节，取消多头管理制度。第三，私人资本一直在全球对外投资中占据主导地位，全球国有企业对外直接投资存量仅占6％，而中国的情况与之相反，国有企业占中国对外直接投资存量高达70％，与国企相比，民营企业对外投资面临的意识形态阻力较小，可以提高成功率。因此，要给予民营企业在对外投资方面平等的政策支持，强化民营企业在对外投资中的作用。四要加强以产业链为单位的集群式对外投资，降低个体对外投资的偶然性风险，合理应用整体优势，提高在国际谈判中的话语权，让对外投资收益最大化。

三、调整投向结构，为经济转型构建稳固的阵地

总的来说，我国经济还处于建设期经济，政府投资拉动、促进经济发展具有不可替代的重要作用，但是目前投资面前有三座大山，分别是地方政府高负债、环境高负担、产能高过剩，要继续发挥投资的拉动作用，就必须在政府投入重点、提升投资效率上下功夫。

一是加大中西部和贫困地区投资，促进城乡和区域协调发展。中西部地区和贫困地区是我国经济整体发展的重要回旋余地，中部地区人口3.7亿，西部地区人口超过3亿，全国14个连片特困地区人口2.5亿，加大对这些地区的投资既能扩内需稳增长，保持中国经济持续发展，也能缩小地区间发展差距，维护社会公正。首先，重点基础

设施建设要更多向中西部和贫困地区倾斜，尤其是路和水这两块"短板"需尽快补齐。其次，引导产业转移和扶持优势产业，中西部地区既是最大的劳动力市场，也拥有巨大的消费潜力，要支持劳动密集型、环境友好型产业向中西部地区转移，大力发展现代服务业，引导中西部地区就近生产、就近就业、就近消费，降低社会成本。应改变当前为扩张 GDP 而盲目招商引资的做法，加强科学规划和生态保护，根据当地资源禀赋和产业基础，围绕龙头企业和重点工业园区，打造特色产业集群；同时地方政府应在行政服务、技术研发等方面为区域产业发展营造良好的发展环境。最后，加强政府引导作用，充分发挥市场在投资中的作用。中西部地区和贫困地区部分领域市场建设尚未完善，要发挥政府资金建设市场、建设制度、建设信用的作用，加大对基础性、普惠性领域的投入力度，减少财政直接投资或补贴，即使是政府掌握的资源，也可以考虑按市场方式配置，提高资源利用效率。

二是关注城镇化建设过程中投资的结构性问题，重点投向公共服务。我们调查发现，即便在中西部地区，很多县城在基础设施建设方面都取得了长足发展，但是公共服务的提供却极为不足，形成基础设施与公共服务的结构性承载力不足。"人的城镇化"要求地方政府在新一轮城镇化建设过程中重点关注居民公共服务，通过加强社会保障、提供就业等让"农民变市民"。重点解决"安居乐业、一老一小"的问题，即落户城市人口的住房保障及养老、入学的问题。政府应加大保障性住房建设投入以及养老、教育、医疗、社保等方面的支出，有序推进农村人口融入城市。

三是紧跟世界新一轮产业重塑浪潮，合理布局新兴产业。结合第三次工业革命发展趋势，通过税收优惠、建立融资担保体系、引入政策性金融机构支持等方式，鼓励、支持新兴产业和科技企业的发展。但是在新兴产业的发展中一定要规划先行，合理布局，选择好产业发展的战略性重点。从当前我国已经形成的产业基础上看，我国仍然处于世界产业分工中的低端，现有大部分制造业与世界先进水平差距还很大，提高现有产业的技术和管理水平，盘活存量从根本上说应该还是我国产业发展的战略重点，比如大力发展好汽车、高铁、航空、军工等战略性产业。

四是加大环保投入。要以降低 PM2.5 为杠杆撬动产业升级和经济转型。国务院推出治理大气污染的 10 条措施，环保部制定了京津冀及周边地区落实大气污染防治行动规划和计划实施细则，这些政策可能对推动环保投入形成一个热潮，现在关键是要建立一个生态体制和共享性公共产品价值补偿机制。所谓生态体制就是对环境生态的投入，同样可以产生 GDP，可以产生利润，可以增加就业。也就是说要颁布一个强制性的排放标准，大家都来执行，这样所有企业把污染物的回收设备都安装上，而且一天 24 小时开起来，这样就形成了环保产业的庞大市场，利用这个市场机制，拉动环保产业的发展，使环保投入形成新的投资热点和经济增长点。

四、降低债务水平，为市场主体未来发展腾出空间

根据中国社会科学院的估算结果，到 2012 年底居民部门债务规模在 18 万亿元左右，相当于 GDP 的 34.7%；政府部门债务在 30.8 万亿元—33.8 万亿元左右，相当于 GDP 的 59.34%—65.12%；非金融企业部门债务 63 万亿元—66 万亿元左右，相当于 GDP 的 121.4%—127.2%。总的来说，2012 年中国的非金融部门债务达到了 GDP 的 2.21 倍，这对于一个发展中国家来说很高。成熟的经济体因其家庭财富水平较高可将其非金融部门债务维持在 GDP 的 2 倍以上，但作为人均收入较低的发展中国家，没有哪个国家可以维持这样的债务水平，包括在 1997 年陷入债务危机的东亚经济体。对于债务负担，近几年社会各界比较关注的是地方政府融资平台的负债问题。与之相比我国非金融企业部门的债务水平更加令人担忧，无论是地方大型国有企业，还是央企，近几年债务水平膨胀速度很快。中铁建设总裁跳楼引起了各界对央企债务水平的关注，其实在地方政府融资平台贷款受限之后，作为市场化主体的央企早已是各地的座上宾，以央企为承贷主体支持地方重大项目建设已经成为地方基础设施建设的重要方式。所以对债务过度膨胀问题，说到底还是正确处理政府信用和市场信用的关系问题。要统筹起来研究，只考虑某一方面都无法根本解决问题。

一是严防新增不合理债务。2010、2011、2012 年我国地方政府债务增长率分别为 18.86%、24.11%、19.43%，增长迅速。其中 BT 负债、信托融资、地方政府债券分别为 1.48 万亿元、1.4 万亿元、6636 亿元。地方政府负债的高速增长及融资渠道的多元化、隐蔽化带来了潜在的债务违约风险。应以省为单位推进政府负债的统一领导、分级管理，坚持总量控制、审批管理的原则，对财政性债务实施预算管理，融资性债务实行收支计划管理。

二是建设规范的地方政府资金来源渠道，推动隐性负债阳光化。截至 2013 年 6 月底，我国地方政府通过融资平台等间接负债方式产生了 17.87 万亿元左右债务，本息偿还压力巨大。在规范地方政府债务管理机制的同时，应建立健全地方政府债券发行管理制度，为地方经济发展提供多渠道的资金来源。争取三到五年内让一半以上的地方政府或有债务阳光化，其他债务通过多种渠道逐步化解，为健康财政的建设夯实基础。这既能破解金融空转问题，也降低了地方政府潜在债务风险管理无序的状态。

三是构建债务风险应急机制和风险预警机制。综合运用债务率、偿债率等定量指标，对政府性债务进行风险预警。构建政府性债务管理信息平台，逐步建立信息公开发布机制，动态监控债务运行。应要求地方政府建立偿债准备金制度，做好应急预案，严防出现系统性债务风险。

四是加强国有企业管理和对债务水平的考核，改变企业过度负债发展模式。企业过度负债经营不仅会加剧产能过剩，而且增加企业财务成本，降低企业信用，危及金融安全和经济持续健康发展。一方面企业要遏制盲目扩张冲动，树立减债降负意识，向降低财务成本要效益；另一方面要按照三中全会《决定》提出的发展多层次资本市场、推行股票注册制、多渠道股权融资和规范债券市场，形成企业股本的市场化补充机制，使企业负债降到合理水平，进而提高企业的可持续发展能力。

五、深化金融改革，提高服务实体经济能力

2013 年以来，我国不断攀升的货币总量、社会融资总量以及表外融资、债券融资，与持续下行的经济增速和宏观经济产出形成了较大反差，经济金融出现冷热分化。深化金融体制改革，提高金融服务实体经济的能力已成为全面深化改革的共识。一方面，我国必须长期恪守"实业立国"战略，以构建多元化、多层次金融供给体系为突破口，统筹国际国内市场，促进金融转型与实体经济转型相匹配；另一方面，要努力去杠杆化，逐步化解地方政府、企业高债务率的金融风险。

一是以构建多元化金融供给为突破口，建立与实体经济需求相匹配的金融组织体系。稳步推进商业银行综合经营试点，在利率市场化背景下，不断提高综合服务能力和风险防控能力；健全政策性金融机构功能，明确政策性金融和商业性金融的合理分隔，提升政策性金融服务国家重点战略与市场失灵领域的能力；大力发展"小微金融"，鼓励民间资本以新设、并购和转制等多种方式设立村镇银行、小贷公司等中小金融机构，通过金融创新尤其是互联网金融创新增强服务小微企业的能力；大力发展融资性担保机构、保险公司等增信体系，加强社会信用体系建设，降低社会金融交易成本。

二是完善多层次资本市场，服务新兴产业加快发展。我国现有的资本市场是一个倒金字塔型，主板市场 2513 家，中小板 719 家，创业板 379 家，场外的三板、四板市场还没有很好发展起来。即对企业资质要求越高的板块，上市公司数量反而越多，越是应该容易上的板块，上市公司企业数量越是少，这显然不利于实体经济发挥资本市场的融资作用和监督作用。因此，有必要加快构建金字塔型的资本市场，扩大创业板、三板、四板市场数量，让大量中小企业、科技公司得到上市融资的机会，成为接受监督的公众公司，同时也增加风险投资基金等社会资金的退出渠道，加大其投资实体经济的动力。

三是统筹国际国内两个市场，循序渐进推进人民币国际化和资本项目开放。长期看，人民币国际化与我国构建开放型经济体系，积极融入和参与全球经济治理的战略相一致，但短期看利率、汇率的改革尚未完善，资本项目若开放过快容易对金融稳定产生冲击。当前 QFII、QDII、境外人民币债券、前海跨境人民币贷款等业务陆续试点，人民币国际化和中国资本项目开放所触及的宽度和深度已迈上了新台阶。随着国内金融市场对民营资本的渐渐开放以及利率市场化程度的不断提高，我国可先逐步放开资本项目下的信贷类项目，如逐步扩大跨境人民币贷款的试点范围；在国内资本市场及金融衍生品日益完善的基础上，审慎放开对资本市场及金融衍生品交易项目的管制，如适当扩大对境外人民币债券境内回流的渠道，逐步扩大 QFII 的试点额度等。

四是改革和完善金融管理体系，积极应对金融综合经营。近年来，伴随银行表外业务的创新，以资产管理（银行理财产品、信托、基金等）为特点的金融综合经营快速发展，对当前分业监管的监管架构及法律法规体系提出严峻挑战。例如对同一性质

的金融业务的监管主体、监管规则不统一，导致监管套利和跨行业系统性风险上升。因此，在分业监管组织架构下需加快监管规则统一，梳理、整合和完善金融法律体系，并逐步推动监管体制从机构性监管向功能性监管转变。一要尽快梳理现有各类金融机构开展的资产管理业务相关法律法规和监管规则，明确法律属性，统一监管规则。尤其对于目前资产总量仅次于银行的中国第二大金融板块信托板块，可考虑在修改完善《信托法》的基础上，对各类金融机构开展的信托业务从业务分类、运作模式、风险管理、信息披露等环节进行统一规范。二要出台对金融控股集团的统一审慎监管要求，建立有效"防火墙"机制，提高并表监管有效性。三要加强信息披露和投资者教育，提高各类资产池的透明度，投资者应拥有明确资产池的确定比例并承担相应的风险，整合现有多个金融监管部门关于消费者权益保护的职能，出台统一的法律制度。

五是提高化解金融风险的能力，营造稳定的经济金融环境。继续按照总量控制、分类管理、区别对待、逐步化解的原则，防范化解地方政府融资平台贷款等风险；加大对房地产、钢铁等产能过剩行业金融风险的关注，完善市场化的风险处置机制；加强对"影子银行"体系的监管，避免与银行体系风险叠加；让民间金融阳光化、规范化，发挥在小企业融资和农村金融方面的积极作用；完善地方金融监管体系，各地金融办要担负起打击高利贷、非法集资行为的责任，维护金融市场的稳定。

六、转移过剩产能，优化产业布局

化解产能过剩已成为当前宏观调控的重要任务，而且从过剩的面看，不仅钢铁、水泥、电解铝、平板玻璃等传统产业产能过剩，部分光伏、风电等新兴产业也出现产能过剩。化解产能过剩总体思路是疏堵结合、严控增量、优化存量，在控制增量上，要靠政府制定标准，提高准入门槛；在存量调整中，要尊重规律、分业施策、多管齐下、标本兼治。

一是保持定力兼顾风险，淘汰一批过剩产能。不管是英美的市场经济、北欧的社会市场经济，还是我们现在的中国特色社会主义市场经济，甚至是曾经的计划经济，一个经济社会如果前几年是过度需求、过度投资，以后几年的经济运行就难以支撑，就要进行调整，这是由历史反复证明的必然事件。对此，西方经济学称为经济周期，其调整很多是通过经济危机来解决。现在我们也必须要有市场的优胜劣汰机制来加以调整，不能再让低效的经济主体继续占有社会有限的经济资源，包括资金资源、政策资源，而对中小企业、创新和服务经济等新兴部门产生挤压。其实就是市场要倒闭、破产一些企业，不倒闭破产一些企业，经济无法转型，改革也难以深入。但调整要有底线思维，必须守住不发生系统性风险的底线，可以采取新旧划断、逐步推进等策略，并坚持严明的市场纪律和依法治国的理念，合理引导市场预期。例如，对已形成的地方债务风险，要向市场明确讲清楚具体处置的方针与原则，讲清楚债务最后损失的处理原则，如"新旧划断、隔离存量"等原则。这样，再配合改革地方融资制度，彻底让整个市场明了，今后无偿债能力的地方政府难以在市场借到钱，整个社会借债需求就相应减少，真正让市场出现高、低不同风险的分类趋势，实现资金的市场配置。对于退出产能企业，各级政府要积极协调解决退出相关的社会保障。在目前形势下，国家可以考虑从国有资本上缴收益、社会保险基金收入中拿出一部分设置企业退出基金，以解决落后企业退出后产生的社会问题。

二是开拓创造国内需求，消化一批过剩产能。以电解铝为例，铝制品在国外工业和生活中的利用程度很高，但我国工业和日常生活中利用程度不高。我国是铝储备量大的国家，而少铜。因此，我国可以通过扩大宣传，引导减少对铜的使用，加大对铝的使用。通过产品替代既能化解电解铝产能过剩的问题，同样又减少对铜的进口依赖。

三是支持企业增强跨国经营能力，转移一批过剩产能。创新国际贸易方式，抢抓亚非拉美新一轮基建投资大潮，积极承揽重大基础设施和大型工业、能源、通信、矿产资源开发等项目，带动国内技术、装备、产品、标准和服务等出口。扩大对外投资合作，鼓励优势企业以多种方式"走出去"，发挥钢铁、水泥、电解铝、平板玻璃、船舶等产业的技术、装备、规模优势，优化制造地分布，建设境外生产基地，提高企业跨国经营水平，拓展国际发展新空间。

四是推动企业兼并重组，整合一批过剩产能。立足于全国统一市场，重点完善企业重组所需要的市场机制建设，确定破除抑制跨区域整合的制度安排与政策，通过制定和完善各项法律法规，打破地方保护主义、条块分割，对本地企业与外地企业一视同仁，维护市场公平竞争，为跨区域、跨所有制产业整合提供市场化运行环境。加快资本市场制度建设，完善相关规则，提高资本市场效率，为产业整合提供融资支持和市场化整合手段。完善促进企业兼并重组的税收政策，鼓励企业重组，提高市场竞争力。

五是完善考核评价体系，严控新增过剩产能。完善发展成果考核评价体系，坚决纠正单纯以经济增长速度评定政绩的偏向，加大资源消耗、环境损害、生态效益、科技创新、安全生产、新增债务等指标的权重，扭转各级政府盲目大规模上产能冲动。鼓励相关部委和地方政府通过产品准入标准的制定，淘汰落后产能和落后产品，优化过剩产业产品结构。

第六章

见证政策性金融改革与发展

1994 年 3 月，根据国务院《关于组建国家开发银行的通知》，国家交通投资公司、国家能源投资公司、国家原材料投资公司、国家机电轻纺投资公司、国家农业投资公司、国家林业投资公司等六大国有投资公司并入新设立的开发银行，我随着国家交通投资公司加入开发银行。从那时开始，我在开发银行工作至今，经历了政策性金融机构在中国改革与发展的全过程，也见证了开发性金融的诞生、发展、成熟，更是亲身参与了开发性金融在中国的实践。

政策性金融试水：三大政策性银行的设立与运营困境

中国政策性银行的设立

中国政策性金融机构的设立是投融资体制改革的成果。1978 年，我国开始进行经济体制改革，对全民所有制单位基本建设投资实行由财政拨款改为银行贷款的"拨改贷"改革试点，由此拉开了投资体制改革的序幕。此后，投资体制的各个方面由浅入深地实行了一系列改革。其中 1988 年重点对政府投资范围、资金来源和经营方式进行改革，相继成立了六个国家专业投资公司，用企业的办法对投资进行管理。就在那时，我离开国家计委重点建设二局，加入了国家交通投资公司，分在水运项目部二处工作。当时国家交通投资公司的职责主要是负责管理铁路、公路、水运、邮电、民航等经营性项目的固定资产投资。

1992 年，党的十四大提出了建立社会主义市场经济体制的目标。当时，在金融和投融资领域存在的一个突出问题是，银行不是真正的银行，包括建行、工行等在内的国有专业银行既办理政策性贷款，承担了大量国家指令性的信贷业务，又经营商业性业务。这既不利于宏观调控政策的实施，也不利于专业银行自身发展。因此，国有专业银行要成为真正的国有商业银行，就要剥离政策性金融业务，成立政策性银行，专门承担政策性投融资和贷款任务。实现政策性金融和商业性金融的分离，有助于解决国有专业银行身兼二任的问题，割断政策性贷款与基础货币的联系，确保人民银行调控基础货币的主动权。

1993 年 11 月，党的十四届三中全会作出了《中共中央关于建立社会主义市场经济体制若干问题的决定》，突出了两个方面的内容：一是建立与整个社会主义市场经济体制相适应的微观经济基础，二是转变政府管理经济的职能，建立以间接手段为主的完善的宏观调控体系，并明确提出"建立政策性银行，实行政策性业务与商业性业务分离。组建开发银行和进出口信贷银行，改组中国农业银行，承担严格界定的政策性业务。""国家重大建设项目，按照统一规划，由开发银行等政策性银行，通过财政投融资和金融债券等渠道筹资，采取控股、参股和政策性优惠贷款等多种形式进行。"1993年12月，国务院作出了《关于金融体制改革的决定》，明确金融体制改革的目标是"建立在国务院领导下独立执行货币政策的中央银行宏观调控体系；建立政策性与商业性金融分离、以国有商业银行为主体、多种金融机构并存的金融组织体系；建立一个统一开放、有序竞争、严格管理的金融市场体系。把人民银行办成真正的中央银行，把各专业银行办成真正的商业银行"。

在此背景下，政策性银行应运而生。1994年3月，开发银行成立。1994年4月，中国进出口银行成立。1994年11月，中国农业发展银行成立。三家政策性银行均直属国务院领导，由国家财政全额拨付资本金。其中，开发银行的任务是："建立长期稳定的资金来源，筹集和引导社会资金用于国家重点建设，投资项目不留资金缺口，从资金来源上对固定资产投资总量及结构进行控制和调节，按照社会主义市场经济的原则，逐步建立投资约束和风险责任机制；提高投资效益，促进国民经济持续、快速、健康发展。"开发银行的注册资本金为500亿元人民币。中国农业发展银行承担国家粮棉油储备和农副产品合同收购、农业开发等业务中的政策性贷款，代理财政支农资金的拨付及监督使用，注册资本金为20亿元人民币。中国进出口银行主要为大型机电成套设备进出口提供买方信贷和卖方信贷，为中国银行的成套机电产品出口信贷办理贴息及出口信用担保，注册资本金为33.8亿元人民币。

▌图24

1994年，开发银行、中国进出口银行、农业发展银行等陆续设立，图为位于北京长安街的现开发银行总行办公大楼。

政策性金融机构的国际经验

政策性金融的实践活动早已有之。1816 年设立的法国储蓄信托机构、1822 年设立的比利时总协会可谓政策性金融之起源。他们的主要职能是促进工业革命进程。由此算起，政策性金融机构已有近两百年的发展历史。二战后，很多发达国家和新独立的发展中国家都制定了加速本国工业、农业发展的计划，资金短缺成为普遍的瓶颈。成立政策金融机构成为政府实施复兴计划的重要抓手。例如，德国联邦政府为促进出口并管理马歇尔援助资金，于 1948 年成立了德国复兴信贷银行（KfW），为百废待兴的西德产业和经济提供金融支持。日本政府为快速恢复生产，1947 年成立复兴金融公库，1951 年成立日本开发银行，重点向煤炭、钢铁、海运、电力等行业提供贷款，以奠定工业和经济发展的基础。

二战后，各国设立了众多政策性金融机构，虽然名称各不相同，但设立的主要原因基本相似。一是受战争破坏的国家和发展中国家，都需要一个金融工具来加速长期投资以取得快速的经济增长和创造就业。在战后资金匮乏，资本市场落后的情况下，政府通过国家信用来集中和加速积累经济发展所需的资金是一个重要的途径。二是在这些国家的金融体制中，商业性金融占主导地位。商业性金融机构出于自身稳健发展的需要，一般仅专注于传统的银行业务，不愿意而且也不可能涉足投资数额大、期限长的国家优先发展的领域。三是普遍认识到市场机制的缺陷，单纯依靠市场并不能完全实现社会资源的有效合理配置和经济的协调发展，需要政府调控经济。这些国际经验表明，长期投资的配置要通过专业化的有特定投向的金融机构来完成，而不是政府直接来做。

中国政策性金融机构的艰难起步

新成立的政策性银行在贯彻国家宏观政策，支持经济的增长中发挥了特殊的职能作用，运行中形成了具有自己特色的经营机制，同时也存在许多问题，面临着改革和发展的艰巨任务。成立之初，开发银行一方面探索政策性银行办行之路，通过发行金融债券筹集大额长期资金，建立项目评审和贷款委员会审议机制，与商业银行建立委托代理关系，解决资金汇划和项目管理问题；一方面贯彻国家产业政策和区域发展政策，积极筹措资金支持国家重点项目建设，把九成以上的贷款投向能源、交通、原材料、机电轻纺、农业、林业等瓶颈领域，支持了三峡工程、京九铁路、岭澳核电站等一批关系国计民生的重大项目。受经济体制和发展阶段的影响，当时开发银行的行政色彩比较浓，投资项目在国家计委固定资产投资计划中选择，当时的一种说法叫"计委挖坑、开行种树"，发债靠行政摊派，贷款委托商业银行代理，基本上是一个准银行，一方面由于银行自主经营、自担风险、自负盈亏的功能不全，另一方面，当时我国的通胀水平居高不下，企业负债重、效益差，内外部因素造成开发银行资产风险不断沉淀和聚集。到 1997 年底，包括原六大投资公司划转过来的资产，开发银行不良贷款额高达 1700 亿元，不良贷款率超过 30%。这不仅仅是开发银行一家的问题，也是各方面问题多年积累的结果，当时其他国有银行的不良率也都在相同水平。

政策性金融的市场化改革：开发性金融的探索

政策性金融的改革

1998 年，成立不到四年的三家政策性银行在运营管理上的矛盾日益凸显，比较突出的问题是"硬负债、软资产"。从负债的角度看，在政策性银行的资金来源中，无论是发行债券还是向中央银行举债，都必须到期偿还本息，但从资产角度看，政策性银行所扶持的产业一般都是社会效益较高而经济效益较差的政策性项目，有的甚至是亏损行业，贷款风险大。在政策性银行的信贷资产中，不良贷款的占比偏高且进一步恶化的趋势较为明显。开发银行 1997 年账面资产不良率就超过 30%，已经突破了银行正常的安全底线。此外，资本金约束也是一大问题，财政应到位资金未到位，相应补贴政策也未落实，尚处于起步阶段的政策性银行面临着第一次运营危机。与此同时，国际上时值亚洲金融危机爆发后的第二年，由于受经济严重衰退影响，受危机国家经济秩序混乱、社会动荡。面对银行倒闭、信用破坏、坏账增多、企业破产和失业率上升的局面，国际上对政策性银行修复金融危机的作用再次寄予厚望。受危机国家的政府再次纷纷发挥政策性银行的重要作用，重整本国经济，如当年日本政府再度要求日本开发银行提供资金扶持有生命力的企业，用于恢复经济的贷款占其当年贷款额的 42%。马来西亚发展银行也被要求调整重点，除支持民族经济外，重点加大对基础设施的投入，以适应经济复苏的特殊阶段。在国际上，国际货币基金组织、世界银行和亚洲开发银行也在发挥作用，援助和拯救发生金融危机的国家。在此背景下，国内对于强化政策性银行改革的呼声逐渐高涨，需要解决的问题包括化解不良资产、补充资本金、规范立法约束、完善政策性银行公司治理等方面。

开发银行的战略转型

亚洲金融危机爆发使开发银行走到了一个历史关口，1997 年 11 月中央召开第一次全国金融工作会议，同年 12 月中共中央、国务院下发了《关于深化金融改革，整顿金融秩序，防范金融风险的通知》，同时出台了增加投资、扩大内需的政策。面对新形势，一方面多年积累的不良资产导致发展举步维艰、难以为继；一方面传统的管理体制和运行机制已经明显不适应市场变化。怎么从困境中走出，探索一条可持续发展之路，是开发银行面临的一大课题。

1998 年，在新上任的陈元行长领导下，开发银行率先开始推动改革发展，开启了中国政策性金融的战略转型之路，在发展理念、银行架构、业务布局、化解风险等方面都取得了重大突破。首先是管理理念的改变。开发银行过去从资金来源到资金运用依附于执行国家计划，置身于市场之外，银行风险意识淡薄。要改变观念，首要的是改变开发银行"第二财政"发展模式，要改变"计委挖坑、开行种树"的项目运作模式。为此，开发银行主动进行信贷改革，树立市场观念和风险意识，建立起了一套面向市场、权责统一、有效配合、相互制约的项目运作和经营管理机制，经过两年多的探索和完善，实现了信贷资金的良性循环。其次，建立省级及计划单列城市的分行，通过分行开展与地方政府的合作。1998 年之前开发银行只有总行，贷款主要以中央项目为主，1998 年 12 月开发银行合并原隶属中国建设银行的中国投资银行，原中国投资银行的省级机构改组成为开发银行省分行。随后，开发银行在全国各省都设立了分支机构。由于在各省设立了分行，开发银行贴近了客户，加强了管理，风险管控能力大大提升，同时，地方政府项目逐步成为开发银行的主要业务来源。通过构建地方政府融资平台，不断加大对地方基础设施的支持力度，使得城镇化成为开发银行支持的重要战略领域。三是在业务战略布局上，不断开发蓝海，弥补薄弱领域的金融服务不足。2003 年开发银行启用微贷款项目，支持中小微企业并逐步扩大规模和范围，成为中国普惠金融的重要力量。2005 年开发银行派出第一个海外国别组，开始在国际业务上"投棋布子"，后来国别组覆盖全球190 多个国家和地区，开发银行也成为支持我国企业"走出去"最大的国际合作银行，形成了以"两基一支"为"一体"，以普惠金融和国际合作业务为"两翼"的"一体两翼"业务发展格局。四是剥离不良资产。1999 年将 1000 亿不良贷款剥离给信达资产管理公司，剥离的不良资产占当时开发银行不良贷款的三分之二，实现了发展的轻装上阵。在资金来源方面，1998 年开发银行突破了人民银行指令性派购的单一发债模式，成功试行了以国家信用为依托进行市场化发债的模式。之后开发银行不断提高市场化发债的规模，积极创新债券品种，并且成功实现了国际资本市场发债，形成了以国内外债券市场筹资为主，存款为辅，依托国家信用灵活运作资金的市场化筹资机制，不仅优化了筹资结构，而且降低了筹资成本。

通过上述改革举措，开发银行迅速提升了运营管理效率，不良资产率得到了有效控制，运营绩效得到极大的提升。到 2017 年底，开发银行不良贷款率为 0.69%，低于四大国有商业银行，并连续 51 个季度控制在 1% 以内；拨备覆盖率 534%，处于同业较高水平，资本充足率 11.43%，连续多年被《环球金融》杂志评为全球最安全 50 家银行之一。

开发性金融理论探索

2003 年初，陈元同志在开发银行年度工作会上首次提出了开发性金融的概念，开启了政策性金融在中国发展的新阶段。陈元同志指出，开发性金融是政策性金融发展的高端形态，开发性金融不仅是以国家信用方式弥补市场发育落后、体制不完善等有缺损的地方，更是用建设市场、建设体制来培育市场和弥补市场不足，而不是简单地用财政补贴的方式绕过市场，单纯完成某一项融资任务。2004 年 5 月，开发银行在延安召开开发性金融的实践和理论研讨会，全面回顾开发银行十年发展历程，系统总结开发性金融实践与理论。开发性金融理论的提出丰富了国际政策性金融机构的发展理论，在政策性银行以中长期信贷资金支持国家战略领域的基础上，进一步强调了开发性金融在弥补制度缺损、强化信用建设方面的作用，这是与发展中国家的实践经验紧密结合的。中国市场经济体制仍处于建设与完善阶段，市场失灵和制度缺损无论在范围和程度上都比发达市场经济国家大得多。比如，企业法人治理结构不健全，社会信用缺失和监管不力等。所有这些问题都与经济、金融体制不完善，以及在此体制环境中产生的制度缺损紧密相关，而这些制度又在不断、大量和频繁地造成新的制度缺损和市场失灵。在开发性金融理论的指导下，开发银行提出了"政府热点、雪中送炭、规划先行、信用建设、融资推动"的发展理念，紧紧围绕着国家城镇化建设这个中长期发展战略，支持国家和地方重大项目建设，并拓展到区域、产业、社会、市场、国际等领域。

开发性金融在地方的实践取得了巨大的成功。以湖南为例，2008 年我到开发银行湖南分行工作之后，6 年多的时间里，开发银行与湖南省连续举行了七轮金融合作，建立起了常态化的高层联席会议制度。双方围绕湖南省促进中部崛起、推进"一化三基"、加快长株潭"两型社会"建设、文化产业发展、新型城镇化建设、金融扶贫、棚户区改造等发展战略开展合作，累计为湖南提供融资总量 3000 多亿元，合作频度和深度居省内各金融机构之首。开发银行的融资对湖南 GDP 平均贡献率达到 2.1%，年拉动 GDP 增长 0.3 个百分点。在实践过程中，我深刻认识到，开发性金融理论与传统政策性金融存在巨大差异。一般政策性金融强调的是弥补国家指定领域中长期投资的缺失，而开发性金融除填补融资缺口外，还有一个重要功能就是带动该领域的市场建设、信用建设和制度建设。如何实现开发性金融这一特殊功能？重点就在于开发银行的规划功能，也就是开发银行独特的"融资 + 融智"建设。在湖南，开发银行针对区域发展战略、行业发展战略和企业发展为湖南省政府及各地政府提供规划支持，其中有十余部产生广泛影响、服务湖南省重大发展战略的系统性融资规划。其中，有全国首个国家重点区域系统性融资规划《长株潭城市群系统性融资规划》，开发银行首个行业融资规划《湖南省文化产业发展系统性融资规划》，全国首个金融扶贫规划《武陵山片区发展及扶贫攻坚系统性融资规划》。开发银行这一优势不仅体现在国内，在支持企业走出去发展的过程中，开发银行还推出了国际融资规划产品。以开发银行湖南分行对口的波兰为例，为支持企业到波兰投资发展，在开发银行总行规划局的支持下，我们聘请了商务部研究院、外交部研究院、中国水电规划设计院、中国铁路研究一院等国家级研究力量，联合开发银行人员组成研究团队，对波兰的国情、经济、法律、投资政策进行了深入研究，形成了《中波规划合作研究报告》，为企业走出去提供了强有力的支持。在此过程当中，开发银行也形成了自身强大的研究优势和专家团队，专业领域覆盖国内外、区域、行业、战略客户等。为此，2013 年我向第十二届全国人大提交了《支持国家开发银行成为企业走出去"智库"》的建议，建议将开发银行这一优势上升到国家层面，发挥更大的作用。

全面商业化改革：破题与反思

2007 年 1 月召开的全国金融工作会议明确了开发银行的改革思路是：全面推进商业化运作，自主经营，自担风险，自负盈亏，主要从事中长期业务。

推进商业化改革的来龙去脉

国家当时将开发银行定位于商业银行有其独特的国际和国内背景。2006—2007 年间，从国际上看，正处于政策性金融商业化转型思潮的高峰期，日本、韩国都提出将政策性银行商业化、民营化的方案。20 世纪 90 年代，日本内阁财经政策委员会提出要对日本政策投资银行（DBJ）开始实行民营化。2007 年 10 月，日本国会通过《株式会社日本政策投资银行法》（新日本政策投资银行法），规定：2008 年 10 月，DBJ 转制为股份公司，之后根据市场动向在 5—7 年内政府股份逐步减少为 0，全面实现民营化。2007 年，韩国总统李明博提出对韩国产业银行（KDB）进行民营化改革。2009 年 10 月，KDB 被分拆为韩国金融公司（Korea Finance Corporation，KofC）和 KDB 金融集团（KDB Financial Group，KDBFG）。KoFC 承接原 KDB

政策性业务，KDBFG 重点做商业性业务，持有 KDB 和 KDB 原有各子公司的股权。

从国内来看，我国市场经济发展水平和商业银行服务能力明显提高，商业性金融不同程度地进入"两基一支"（基础设施、基础产业、支柱产业）等原有政策性金融领域，开发银行业务与商业银行业务的界限日趋模糊，一定程度上产生竞争。2006 年 4 月 28 日，中国金融学会主办"政策性银行改革与转型国际研讨会"，会上中国人民银行行长周小川提出："我国最初建立政策性银行，一方面是为了使当时的四大专业银行能够摆脱政策性贷款的业务，确实转向商业性银行。随着我国实现市场经济的步伐加快，政策性金融业务的外部环境已经发生变化：一是价格机制逐步走向正轨，价格扭曲的情况有所好转，真正需要给予非常明确的、有分量的补贴的领域越来越小；二是财政情况不断改善，财政收入占 GDP 的比重不断加大，逐渐有能力替代政策性银行的部分工作。由此，政策性银行所主要承担的目标和任务已经发生重大的、实质性的变化。尽管政策性业务的需求仍然存在，但在量上已经有所减少。例如，进出口银行过去对出口机电产品给予补贴，而现在随着我国科技水平和产品竞争力的提高，一些补贴已经不再需要。"

在此背景情况下，我国也开始讨论政策性金融的商业化转型。虽然有观点认为，国家还处在发展阶段，还有很多政策性任务，需要政策性银行，但也有人提出可以通过招投标方式解决，即事前规定补贴金额，看哪家银行愿意做，不论是政策性银行还是商业银行，都可投标承担。

2007 年 4 月，由人民银行牵头拟定的改革方案经各部委的反复研讨，最后获得国务院批准的改革方案将开发银行的改革方向定位为"商业银行"。2008 年 12 月国家开发银行股份有限公司挂牌成立，注册资本 3000 亿元人民币，标志着开发银行结束了政策性银行的生涯，启动商业化改革。

国际金融危机对商业化改革的影响

2008 年国际金融危机爆发后，开发银行全力以赴落实国家宏观调控的政策措施，把握贷款投放的重点、力度和节奏，发挥了中长期投融资在逆经济周期波动中的重要作用。这里，我举一个开发银行支持铁路建设的例子。2011 年，受刘志军案件和"7.23"甬温动车撞车事件的影响，社会上对高铁建设速度和铁路安全的质疑声不断，铁路发展面临严峻挑战，铁道部陷入资金困境，甚至出现拖欠农民工和职工工资现象，影响了社会稳定，引起中央高度重视。为此，9 月底国务院专题研究铁路建设和资金问题，提出了一揽子措施，其中包括当年底前由银行为铁道部提供贷款 2000 亿元。紧急关头，开发银行挺身而出，在不到一个月的时间里，完成了 1100 亿元铁道部专项贷款的发放，充分体现了开发银行为政府"雪中送炭"、解决难点问题的全局意识和服务理念，体现了开发银行在服务国家战略、贯彻宏观调控中的骨干作用。如果开发银行要真正完成商业化改革，就必须逐渐退出政策性金融领域，将资金陆续从政策性金融领域抽出投向商业性金融领域。但 2008 年商业化改革之后，由于中国宏观经济政策的需要，开发银行政策性业务量不降反升，在基础设施、保障性住房、中小企业、助学贷款等领域，进一步加大了资金支持力度。

与此同时，从国际范围来看，受金融危机影响，政策性金融的作用再次凸显，之前转向商业化改革的政策性金融机构纷纷加大了对政策性领域的支持力度。2008 年下半年，也就是日本政策投资银行（DBJ）筹备成立前后，日本经济受到国际金融危机的强烈冲击。日本政府于 2008 年底出台"生活保障紧急对策"，并责令 DBJ 努力改善资本市场流动性，实施资金供给业务。2011 年 3 月 11 日，日本发生里氏 9.0 级大地震，在灾后重建过程中，DBJ 积极运用政府对口支持政策，扩大企业低息贷款和购买企业商业票据业务，帮助企业在灾后重建和生产中渡过难关。日本政府将 DBJ 民营化时间再次向后延期 3 年，调整为 2015 年 4 月 1 日之后，过渡期仍设定为 5—7 年。

2013 年 2 月，朴槿惠就任韩国总统后，果断终止韩国产业银行（KDB）商业化改革进程，明确提出 KDB 要坚持"为国家重点项目提供政策性贷款"的定位，回归政策性。一是停止 KDBFG 商业化，逐渐削减零售银行业务，不再新设支行。二是将 KDB、KDBFG、KoFC 合并，退回到改革前状态。三是保持政府对 KDB 的控股。四是考虑根据市场情况以适当方式择机将 KDB 旗下的 KDB 资本、KDB 资产管理、KDB 人寿等子公司出售。2014 年 5 月，韩国国会通过了最新修订的《KDB 法》。合并后的 KDB 已于 2015 年 1 月 1 日按新法案开始运行。

对政策性银行商业化改革的反思

国际金融危机爆发后，各国政府普遍重视采用政府信用干预和救市，政策性、开发性金融机构在锚定市场信心、稳定金融体系、恢复本国经济中发挥了重要作用。在此背景下，各方开始重新反思政府信用和开发性金融机构的作用，逐步认识到，政策性、开发性金融机构作为政府信用的重要载体和政府与市场之间的桥梁，不论是在发达国家还是在发展中国家，不论是在经济稳定发展阶段还是在应对金融危机阶段，都是金融体系不可或缺的组成部分。注重和加强开发性金融机构中长期投融资的独特作用已成为世界性潮流。美国奥巴马政府力推成立专门的基础设施银行。俄罗斯、日本、韩国、吉尔吉斯斯坦、马来西亚等国也在强化本国开发性金融机构的建设。

不仅如此，我认为政策性金融以及开发性金融在中国尤其具有不可替代性，这是由我国社会主义市场经济体制所决定的。习近平总书记明确指出，"在社会主义条件下发展市场经济，是我们党的一个伟大创举。我国经济发展获得巨大成功的一个关键因素，就是我们既发挥了市场经济的长处，又发挥了社会主义制度的优越性。"而要发挥社会主义制度的优越性，弥补市场失灵和市场缺损，就需要与之对应的政策性、开发性金融工具和业态。我国20多年的政策性、开发性金融的改革发展实践也表明，从早期的重大项目建设、粮棉油收购到后来的城镇化、"走出去"、"三农"和棚改、扶贫等民生工程再到未来的战略性新兴产业、科技发展、军民融合等，政策性、开发性金融已成为我国社会主义市场经济体系的有机组成部分，有利于充分发挥社会主义制度优越性和市场经济的长处，而非单纯作为国家调控宏观经济的手段，发挥熨平经济波动的功能，更不是为应对危机的权宜之计。

▍ 实至名归：明确开发性金融定位

开发银行很早就以开发性金融机构自称，但一直未得到外界充分认同。2008年以前，开发银行被看作是政策性银行；2008年商业化改革后，开发银行被定性为商业银行。实际上，开发银行从1998年开始，就已经开始了中国特色开发性金融的探索，而开发性金融本质上是对政策性金融的深化与发展，是政策性金融的高级阶段。2008年后，开发银行一方面认真落实国务院批准的改革方案，成立股份有限公司，建立"一拖二"的组织架构；另一方面积极应对国际金融危机冲击，发挥中长期投融资的优势和作用，引导社会资金全力以赴保增长、扩内需、调结构、惠民生、促改革，凸显了开发性金融机构在服务国家战略中的重要价值。正如时任开发银行行长蒋超良同志在接受《国际金融报》记者采访时说的那样：开发银行改革以后，国有银行的性质没有变，承担国家中长期发展战略的职能没有变，和地方政府和企业合作的方式没有变，作为中长期信贷、批发银行的作用没有变。

2013年，胡怀邦同志接替陈元同志担任开发银行党委书记、董事长，继续推动开发银行深化改革进程。当时开发银行的内外部都面临新形势，一是国家经济社会发展进入新阶段，党的十八大描绘了全面建成小康社会、夺取中国特色社会主义新胜利的宏伟蓝图，推进新型城镇化、完善基础设施、推动经济转型升级、改善民生和社会保障、保护生态环境、实施经济外交战略等改革发展任务繁重，建设资金需求巨大，瓶颈制约相当突出，对开发银行发挥战略作用提出了新要求。二是商业化改革与开发银行服务国家战略的使命存在错位，使开发银行面临体制机制障碍。例如，开发银行债信政策"一年一延"导致发债成本上升、发债难度加大，外部监管和考核评价套用商业银行标准，与开发银行服务战略、保本微利的要求以及大额、中长期、批发性、债券银行的特点不符。

胡怀邦董事长亲自组织力量对资金来源、长期债信、组织架构、国际经验等问题开展专题研究，积极走访人民银行、财政部、发改委、银监会等部委，了解开发银行改革情况、问题和各方意见，对推进开发银行改革进行了深入思考，形成了"三步走"的战略构想，并向中央领导同志做了汇报，得到认可和支持。2013 年 7 月，在开发银行二季度工作会上，胡怀邦董事长提出"三步走"战略路线图，本着积极务实和问题导向的原则，区分轻重缓急，协调推进，着力解决当前制约开发银行更好服务国家战略的体制机制障碍。第一步解决开发银行债信问题，第二步是解决开发银行集团架构问题，处理好开发性业务与政策性业务的关系，第三步是开发银行立法的问题。"三步走"战略既体现了积极务实、问题导向的战略思想，又体现了由点及面、内外结合的系统性思维，步步紧扣开发银行改革核心：开发性金融机构的定位。从开发性金融实践者的视角，我认为"三步走"战略抓住了开发银行改革的关键。

解决长期债信之困

"债信"的原意是指偿还债务的信用，具体到债券，是指债券信用评级，主要由第三方信用评级机构依据一定指标体系对债券还本付息的可靠程度做公正的评定。一般来说，等级越高风险越低，主权类债券信用评级较高。根据我国银监会的规定，政策性银行发行的债券享有主权信用评级，其风险权重为 0，而商业银行发行的债券风险权重为 20%。债信零风险意味着发行的债券不会占用商业银行的核心资本，不需计入拨备，不会受到授信集中度或投资集中度的限制，因此，政策性银行债券发行成本比商业银行要低得多。未商业化改革之前开发银行享受国家级主权信用，人民币债券风险权重为 0。在商业化改革方案制定过程中，部分意见认为应适时取消开发银行债信待遇，否则对其他商业银行造成不公平竞争。为保障开发银行改革的顺利进行，在 2008 年国家开发银行股份有限公司成立时，银监会规定，股份公司成立前发行的人民币债券风险权重为 0，直至债券到期；股份公司成立后发行的人民币债券在 2010 年底以前风险权重也为 0，给予了两年的转型过渡期。但商业化转型不及预期，为维持开发银行稳定发展，2010 年、2011 年、2012 年、2013 年银监会先后下发四次批复，延长开发银行债信过渡期一年，也就是连续延期四次。开发银行债信政策"一年一延"导致发债成本上升、发债难度加大，债信问题成为制约开发银行服务国家战略的重要因素。经过多方努力，2013 年 10 月 4 日，国务院批复将开发银行债信延长至 2015 年底。2015 年 3 月 20 日国务院批复的开发银行深化改革方案，明确开发银行从事开发性业务所发行的债券由国家继续给予信用支持，继续给予零风险权重的监管政策。2015年5月21日，银监会发文明确开发银行长期债信政策，开发银行发行的金融债券风险权重为零，不设到期日，适用于本外币。2016年1月、6月，保监会、证监会也分别发文明确了开发银行债券与国债适用相同的政策，标志着开发银行债信问题从根本上得以解决。

搭建集团架构处理好政策性、开发性和商业性业务的关系

处理好政策性业务和商业性业务关系，避免政策性金融机构与商业性金融机构恶性竞争，国际上有比较丰富的经验。一是实行分账户管理。国内外许多从事商业性业务的政策性金融机构普遍采用这种方式，即通过特别账户或信托基金，实行专项管理，隔离政策性业务和商业性业务。如日本国际协力银行设有海外经济合作账户和国际金融账户，泰国农业与农村合作银行、韩国产业银行、韩国进出口银行等的业务也分为两类管理，分别设置会计账户，分账核算。亚洲开发银行通过优惠窗口"亚洲发展基金"为欠发达国家提供低息长期开发援助，通过"技术援助特别基金"、"日本特别基金"提供技术援助赠款。这些特别账户的设立，将政策层面的专项业务与其他一般性商业性业务加以隔离，保证资金成本较低的优惠基金不被用于商业营利性业务。二是建立母子公司，即政策性银行成立专门的子公司来提供商业性服务。这些子公司，有的为政策性银行全资拥有，有的与战略伙伴合资成立，专门从事商业性盈利业务。如德国复兴信贷银行、巴西开发银行、世界银行和欧洲复兴信贷银行，都拥有具备独立的法人地位和财务管理权限的子公司。这些子公司在法律和财务方面拥有独立地位，部分子公司还通过上市成为公众公司以优化治理结构和强化市场约束。如德国复兴信贷银行拥有德国产业投资银行34%的股份，专门从事商业性的长期项目融资。此外，德国复兴信贷银行的政策性业务都是通过商业银行进行转贷，不直接与客户接触开展业务，这种模式也是避免商业金融与政策金融竞争的有效渠道。结合中国的实际情况，单纯的分账管理模式不太可行，1994年三大政策性银行设立之前，中、农、工、建等四大国有商业银行就是集政策性业务与商业性业务于一身，也是实行的分账管理模式，但效果不理想。国有商业银行往往挤占挪用政策性资金或怠慢政策性业务，导致商业性业务和政策性业务都不同程度受到影响，最后中央下决心剥离商业银行的政策性业务，设立专业政策性金融机构。此外，开发银行的业务不仅限于政策性和商业性，实际上还有很大一部分属于开发性业务，在考虑开发银行集团架构改革时必须统筹考虑。

2013年11月，十八届三中全会明确提出"开发性金融机构"的命题，并要求研究建立城市基础设施、住宅政策性金融机构。当时，开发银行的政策性业务主要包括棚户区改造、保障房建设以及扶贫业务、国际开发业务等，实际上也具备了独立出来设立专业机构的能力。除开发银行自有业务外，还有分散在各地的住房公积金中心实质上也是属于类住房保障政策性金融机构，但由于太过分散，资金利用效率不高。基于上述原因，我在2013年向十二届全国人大第一次会议提出了设立国家住房保障银行的议案，提出将各地公积金账户和公积金中心加以整合，设立专门的住房政策性金融机构，以最大化其效用。

该建议得到了相关部委的重视，也引起一定的舆论影响。开发银行后来的集团化架构改革也一定程度上与我的基本设想有相同之处。

2013年12月18日，开发银行向国务院报送了《国家开发银行关于组建住宅政策性金融机构支持保障性安居工程建设有关建议的报告》，得到了国务院领导同志的肯定。此后，开发银行通过设立事业部的方式把住宅金融、扶贫开发、国际合作等业务纳入到开发银行的整体架构设计中，加上开发银行原有的投资、租赁、证券等综合金融业务，使开发银行的架构更加丰满，服务国家战略的能力更强。在母公司层面，开发银行以住宅金融事业部为起点，在开展流程梳理的基础上，推进事业部制改革，后续成立扶贫金融事业部、国际业务准事业部和国开发展基金，对接棚改、扶贫、"一带一路"、重点领域项目需求；在子公司层面，开发银行在服务国家战略和发挥各业务协同作用的前提下，"一司一策"稳步推进子公司专业化、市场化改革，优化以股权为主线的子公司管理体制，强化跨市场多元化金融服务能力，条件成熟时推动部分子公司上市，增强资本实力和市场竞争力。当时我个人也被调至开发银行下属子公司国银金融租赁公司任董事长，担负起推动公司市场化改革和股改上市的任务。

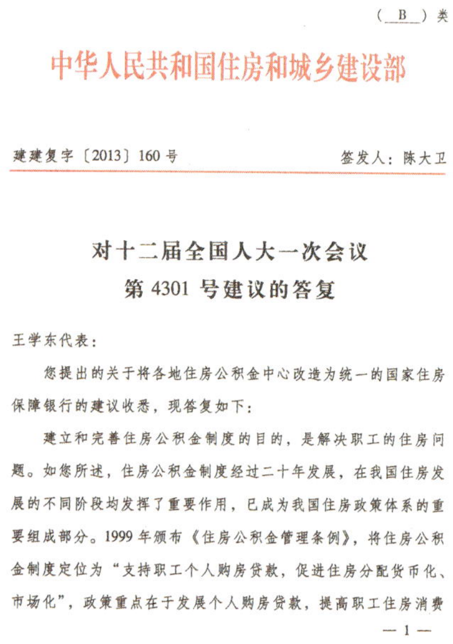

总体来说，集团化架构下的开发银行分为三大业务板块。一是政策性业务。2014年国务院正式同意开发银行组建住宅金融事业部，在集团架构下实施分账管理，主要从事住房贷款即棚户区改造中长期贷款业务。2015年之后又陆续设立了扶贫金融事业部、国际业务准事业部和国开发展基金，政策性业务的组织架构不断完善。二是开发性业务，依旧依托各地区分行来培育支持养老、医疗、教育等这些既

（B）类

中华人民共和国住房和城乡建设部

建建复字〔2013〕160号　　　　　　答发人：陈大卫

对十二届全国人大一次会议
第4301号建议的答复

王学东代表：

您提出的关于将各地住房公积金中心改造为统一的国家住房保障银行的建议收悉，现答复如下：

建立和完善住房公积金制度的目的，是解决职工的住房问题。如您所述，住房公积金制度经过二十年发展，在我国住房发展的不同阶段均发挥了重要作用，已成为我国住房政策体系的重要组成部分。1999年颁布的《住房公积金管理条例》，将住房公积金制度定位为"支持职工个人购房贷款，促进住房分配货币化、市场化"，政策重点在于发展个人购房贷款，提高职工住房消费

—1—

图25

2013年，我向全国人大提出设立国家住房保障银行的议案得到住房和城乡建设部的积极回应。

具备长期战略性又在短期内缺乏商业性金融支持的城镇化"短板"领域。三是商业性业务，由国银租赁、国开证券、国开金融等专业子公司来运营。四年多来，开发银行集团架构日趋完善，集团架构各层面的管理体制进一步理顺，综合经营优势和业务协同效应不断增强。从未来发展趋势来看，随着国内金融体系的成熟与发展，部分政策性业务可能转为开发性业务、商业性业务，而开发银行现有的集团架构则具备业务的梯度转移和承接功能，能实现集团效用的最大化。

图 26

2015 年 11 月 29 日，《中共中央 国务院关于打赢脱贫攻坚战的决定》（中发〔2015〕34 号）明确要求开发银行设立"扶贫金融事业部"。2016 年 5 月 31 日，扶贫金融事业部正式成立运行。

推动政策性银行立法

国外政策性银行、开发性金融机构的成立，无论是创设成立，还是转型而来，都是先有立法后有机构，这是国际惯例。主要是因为这些银行"具有公共性质"，需要动用财政资金等公共资源，涉及纳税人的权益，因此，需要通过立法吸收民意，也能保障机构在法律框架下平稳运行，如德国复兴信贷银行、韩国产业银行及日本政策投资银行等。也存在反例，如 1948 成立的日本复兴开发性金融公库因缺乏立法保障导致政府过度干预，运营两年就被迫撤销。因此，通过法律形式明确政策性银行的职能定位和治理结构问题，包括资本金来源、资本补充机制、责任认定、人员聘用机制等对政策性金融的发展至关重要。早在 2006 年，世界银行中国首席代表 David Dollar 就曾建议，中国政策性银行的改革与发展转型，首要的是明确政策性银行的法规或条例，对其信贷领域加以限制，防止削弱私人部门的发展。

但从中国的实际情况来看，1993 年《国务院关于金融体制改革的决定》中写明"国务院负责制定《国家开发银行条例》"，"《中国进出口银行条例》"、"《中国农业发展银行条例》"。但由于各部门争议比较大，三个条例数易其稿，一直未能正式出台。长期的无法可依导致了政策性银行在无制度约束的情况下运行，监管标准也不明确，监管部门往往参照商业银行的标准来监管，极大地限制了开发银行的发展。

开发银行的立法必须紧密结合开发性金融在中国发展实践的成果，不能简单地照搬国外立法模式，将开发银行业务领域仅局限于商业业务与政策业务两个板块，而是要凸显开发银行开发性金融的特色。基于上述思考，我围绕政策性金融机构立法进行了深入研究，2014 年初，我专程拜访开发银行董事会秘书陈民同志，与他深入交流了对开发银行改革和立法的看法。我从他那里得知，党中央和国务院对开发银行改革高度重视，有关工作正有条不紊地推进，制定《国家开发银行条例》也是改革方案的议题之一。

2014 年 3 月，我向十二届全国人大第二次会议提交了《关于国家开发银行立法的议案》，建议从职能定位、公司治理、业务范畴、资金来源、监管机制、考核体系等五个方面确立开发银行的开发性金融机构地位，明确其业务范围，推动其服务于国家战略与市场经济体制建设。2015 年 3 月 20 日，国务院批复三大政策性银行改革方案。其中，开发银行明确定位为开发性金融机构，而中国进出口银行、中国农业发展银行进一步明确了政策性银行的定位。《国家开发银行深化改革方案》提出开发银行要紧紧围绕服务国家经济重大中长期发展战略，充分利用服务国家战略、依托信用支持、市场运作、保本微利的优势，进一步发挥开发性金融在重点领域、薄弱环节、关键时期的功能和作用。并且特意提出，修订和完善章程，条件成熟时，考虑制定开发银行条例，以此作为内部运营和外部监管的法定依据。因此，在短期内修订开发银行章程比制定开发银行条例更加现实。

2016 年 11 月 24 日，国务院审定批准《国家开发银行章程》。开发银行新章程不同于一般的企业章程，开发银行章程由国务院批准实施，起到了开发银行立法的作用。新章程对开发银行职责定位、支持领域、治理架构等内部事项和资金来源、监督考核等外部事项均作了规定，不仅是开发银行规范内部运行的根本法，也是开发银行、股东、监管机构等相关方都要遵循的规范，是监管部门实施外部监管的基本依据。

2017 年 11 月，《国家开发银行监督管理办法》正式出台，进一步重点突出开发性金融定位，重点强调以下五个方面：一是要求开发银行坚守开发性金融定位，以开发性业务为主，辅以商业性业务，发挥中长期投融资作用，加大对经济社会重点领域和薄弱环节的支持力度。二是要求开发银行完善现代金融企业制度,构建决策科学、执行有力、监督有效的公司治理机制。三是要求开发银行加强风险管理和内部控制,建立符合银行运行一般规律的、与开发性金融相适应的风险管理和内部控制体系。四是要求开发银行建立健全以资本充足率为核心的资本约束机制。五是要求开发银行强化责任追究和问责,建立符合开发性金融特点的激励约束机制。至此,开发银行深化改革"三步走"战略成功实现,是中国开发性金融发展史上的重要里程碑。

与时俱进:未来的发展方向

回顾历史,我国政策性金融是为建立社会主义市场经济体制而生,是社会主义市场经济体系不可或缺的重要组成部分,也是政府宏观调控的重要抓手。以开发银行为代表的政策性金融发展成了更为贴近中国经济实际、符合政府管理要求的开发性金融,并以其在实践中取得的成功得到了国家的肯定,以制度化的方式确定了下来。展望未来,开发性金融正处在大有可为的历史机遇期,将在我国现代化经济体系建设中继续发挥重要作用。

锚定新的战略领域

开发性金融实践的一个重要经验是对战略性领域的提前研判与长期专注。1998年开发银行启动的改革,将战略领域锁定在城镇化建设这一既有战略前景,在短期内又得不到商业金融支持的领域,并通过融资融智深度耕耘、支持,取得了巨大的成功。但与国际上其他开发性金融机构专注领域的变迁规律一致,当其支持的重点领域已经成为商业金融可支持的成熟领域时,又会转变支持重点。如德国复兴信贷银行最初专注于二战后基础设施的恢复,随后又转向中小企业、出口信贷等领域。党的十九大胜利召开标志着中国特色社会主义进入了新时代,党的十九大对我国经济社会发展的新判断、新要求、新部署为开发性金融服务经济社会发展指明了方向,很多要求都与开发银行中长期投融资业务高度契合,是开发银行应当重点发挥作用的开发性业务领域,也是开发银行有能力有条件发挥作用的优势领域。一是发挥开发银行优势,助力打赢三大攻坚战。守住风险底线,协助地方政府稳妥处理好债务问题,防范化解重大风险;推进精准脱贫,保证脱贫质量;发展绿色金融,支持环保节能、清洁能源、绿色产品制造、循环经济、低碳城市等领域发展。二是支持实体经济,服务高质量发展。服务深化供给侧结构性改革,破除无效供给,大力培育新动能；服务创新型国家建设，加大力度支持集成电路等先进制造业；服务乡村振兴战略实施，将其与脱贫攻坚、新型城镇化统筹起来，促进城乡融合发展和基础设施互联互通；服务区域协调发展，助力"三大战略"实施。三是保障和改善民生，更好满足人民美好生活需要。继续支持保障房建设和住房制度改革，大力支持教育、医疗卫生、健康养老等事业发展。

子公司的专业化、市场化

国际开发性金融机构大多建立银行控股集团架构，提高综合经营和多样化金融手段服务国家战略的能力，如德国复兴信贷银行（KfW）、法国储蓄托管机构（CDC）、巴西开发银行（BNDES）等。当前开发银行已经形成了国银租赁、国开证券、国开金融、中非基金等专业子公司，并以国银租赁上市为开端，持续推进子公司的市场化、专业化发展。未来随着专业子公司的发展完善，一些原开发银行所承担的商业性业务将逐步转移至子公司来运营管理，而开发银行自身将更加专注于开发性、政策性业务。政策性业务板块设立专业子公司，进一步整合国内资源的空间也非常巨大。以住宅金融事业部为例，随着国内租赁住房需求的逐步壮大，可以通过整合各地住房公积金的模式进一步健全其功能，设立中国专业的住房政策性金融机构，为实现"住有所居"的目标提供专业化的支持。

关于国家开发银行立法的议案

2014 年 3 月第十二届全国人大第二次会议的议案

经过近 20 年的发展，到 2013 年底我国国家开发银行、农业发展银行、进出口发展银行的债券存量约 9 万亿元，资产规模达到 12.5 万亿元，在服务新型城镇化、战略新兴产业、棚户区改造等民生事业、维护国家粮食安全、推进国家外交战略等方面做出了重要贡献。由于缺乏配套政策和制度安排，也遇到很多问题和困难。一是运营资金来源问题。三家银行的资金主要来源于发行金融债券，但随着我国金融格局的调整和债券市场的发展，金融脱媒加剧，银行间流动性问题助推发债成本越来越高，甚至出现了发债利率与贷款平均利率"倒挂"的趋势，运营资金来源成为三家银行稳健发展的重要制约；二是监管模式和标准问题。三家银行的理念和使命、资金来源和运用、内部管理和主营业务明显不同于商业银行，但目前没有设计针对政策性金融机构的考核评价体系、有效制衡的治理结构以及监管机构体系。目前银监会的监管主要还是侧重于微观经营绩效评价，采用与商业银行类似的经营业绩评价体系，导致三家银行难以专注于从事收益率较低、风险相对较大的政策性业务；三是各界对政策性金融机构的认识问题。政策性金融机构向开发性金融转型是国外的普遍经验。2008 年国家开发银行率先提出开发性金融机构改革的目标，进出口发展银行、农业发展银行也相继推出改革措施。但有些部门对于开发性金融、政策性金融、商业性金融等概念存在不同认识。甚至将政策性金融、商业性金融与计划性、市场性混淆，这些错误认识导致对政策性金融定位认识的模糊，由此而带来的不确定性可能影响三家银行的正常业务运营的安全。

因此，为政策性金融机构立法对我国政策性金融体系的改革与发展具有积极意义。一是通过立法能保障政策性金融机构的规范运营，充分发挥其推动我国经济转型的重要作用。立法的作用在于"定位、保障、约束、监督"，即约束和监督三家银行的运营，使其符合国家战略意图，同时保障其发挥职能所必须的资源；二是立法将成为我国在市场经济环境下推动政策性金融机构改革的重要里程碑。发挥市场配置资源的决定性作用，建立依法运营的金融体系是我国金融体制改革的目标。作为金融体系的重要组成部分，我国政策性金融的法律一直缺位，难以保障机构的可持续发展。

一、政策性金融机构立法的必要性

早在上世纪 90 年代国内就有部门和学者多次提出通过立法的方式规范政策性金融的运营，但由于市场环境与三家银行自身等方面的问题迟迟未能实施。一是政策性金融机构立法的时机已经成熟。一方面三家银行通过多年的改革发展积累了丰富的经验；另一方面党的十八大提出了金融体系改革的重要任务，总资产高达 12.5 万亿元的政策性金融机构改革是不可回避的重点内容，通过改革提升其运营效率，助推国家改革刻不容缓；二是国际经验表明明确政策性金融机构法律地位是保障机构良好运行的必要前提。国外政策性金融机构普遍是先立法再成立机构，保障机构在法律框架下平稳运行，如德国复兴信贷银行、韩国产业开发银行及日本政策投资银行等。也存在反例，如 1948 成立的日本复兴开发性金融公库因缺乏立法保障导致政府过度干预，运营两年就被迫撤销；三是当前社会对于政策性金融机构业务边界及合法性存在争论，危及已有业务成果。目前舆论对于政策性金融机构的改革给予了极大的关注，对三家银行的经营属性及信贷资产信用结构存在质疑，如不通过立法明确机构地位将不利于其健康可持续发展；四是纵观我国金融体系改革的历程，政府买单式改革已不适用于今日。三家银行存在的问题是与我国的发展紧密结合在一起的，是阶段性的，通过立法形成稳定的市场预期来推进其稳定健康发展是兼顾发展与稳定的有效途径。

二、政策性金融机构立法的构想

根据国际政策性金融机构立法的"单独逐一立法原则"，本议案以《国家开发银行法》为例进行具体说明。拟制定的《国家开发银行法》应从职能定位、公司治理、业务范畴、资金来源、监管机制、考核体系等五个方面确立开行的开发性金融机构地位，明确其业务范围，推动其服务于国家战略与市场经济体制建设。

（一）定位为政府的开发性金融机构

开发性金融包括两个方面的内容：一是弥补市场机制的不足，即以国家信用为基础，以中长期融资服务于国家不同时期的战略重点。二是参与、引导我国地方政府信用的建设。作为经济建设的重要参与者，我国地方政府仍处于转型经济的过渡阶段，在融资体制方面明显留有计划与指令的元素。与发达市场经济国家不同，我国开发性金融区别于传统政策性金融的最大特点就在于需承担参与、引导地方政府信用建设的职责，在市场机制不完善的地方起到建设市场的作用。通过扶持与建设市场化的融资主体、引入社会资金参股、拓宽融资渠道等方式完善地方政府融资体系。

（二）确立市场化运作的集团公司架构和治理结构

借鉴德国复兴信贷银行、韩国产业银行的管理模式，逐步完善开行本部为主体，国开金融、国开证券等子公司、国银租赁和中非发展基金等控股公司并行的集团架构。

（三）明确开行服务国家战略的业务范畴

开行以中长期投融资服务国家发展战略，业务范围应包括：城市基础设施、重大基础设施建设、国家能源资源与外交战略、战略性新兴产业与中小企业、保障性住房、教育与扶贫开发等国家战略领域。

（四）开行享有国家长期信用支持

开行要执行政策性金融业务，就必须保障其合理的资金来源。目前开行的资金主要来源于在银行间市场上发行等同于国债信用的金融债券，但其债券享受国家主权级信用的资格属于逐年审批制度。随着利率市场化的推进，开行在债券市场上融资成本和融资难度不断上升，难以支撑机构运营。建议《国家开发银行法》在资金来源方面明确以下几个方面的内容：一是开行债券长期享有国家主权级信用；二是国家财政对于开行政策性业务形成的负债负责，建立财政资金补充机制；三是拓宽开行政策性专项资金来源渠道，在条件成熟时允许开行吸收住房公积金、社保基金、发行境外债券、信贷融资等渠道获得长期、稳定的资金来源；四是根据国家特殊政策性业务需求发行专题债券，如扶贫专题债等。

（五）建立差异化的监管机制

当前我国政策性金融机构的监管主要是依据《银行业监督管理法》第48条的规定由银监会来实施监督管理，但由于开行、口行、农发行业务的特殊性，监管效率并不高。同时存在人民银行、财政部和汇金公司等股东单位、银监会等多头监管的问题。鉴于开发性金融机构通过发行债券从事中长期业务、混业经营的特征，建议实施差异化监管。

（六）构建针对开行政策性与风险防控相兼顾的考核管理办法

建立合理的考核激励机制是让开行既能专注于政策性业务又能保持高效运营的重要方面。可借鉴日本、德国等国政策性金融的考核管理办法，将总体考核指标分为社会效益考核指标与经营绩效考核指标两大类。社会效益考核指标包括国家重点战略领域支持的全面性、力度、成效等指标。经营绩效指标主要指融资业务操作的规范性、风险管理等，应淡化融资总体规模、利润率等指标，重点在于如何建立起规范、合规的融资业务开展机制。

附：国家开发银行法（草案）

第一章　总　则

第一条　国家开发银行是直属国务院领导的开发性金融机构。

第二条　国家开发银行的主要任务是执行国家战略及经济政策、产业政策，发挥开发性金融配置资源作用，筹集和引导社会资金，支持国家战略重点、公共基础设施、保障性住房、中小企业、战略性新兴产业、扶贫开发与农业、公共教育等中长期战略，发展普惠金融，通过规划咨询、融资产品设计等方式引导地方政府投融资体系健康发展。

第三条　国家开发银行总部设在北京。根据业务发展需要，经监管部门批准可在国内外设置必要的分支机构。

第二章　业务范围

第四条　国家开发银行经营和办理下列业务：

（一）发放贷款及相关中间业务；

（二）为政府，公共机构，金融机构或其他企业所提供可行性技术服务，包括审查和规划、研究、分析、评估、指导、咨询等；

（三）发行金融债券和经批准的专题债券；

（四）办理有关的外国政府和国际金融组织贷款的转贷，经国家批准在国外发行债券，根据国家利用外资计划筹借国际商业贷款等；

（五）办理建设项目贷款条件评审、咨询和担保等业务。为重点建设项目物色国内外合资伙伴，提供投资机会和投资信息；

（六）通过子公司开展债券发行与承销、投资业务、融资租赁等业务；

（七）经批准的其他业务。

第五条　国家开发银行筹集社会资金，重点支持以下领域：

（一）中央与地方重大基础设施；

（二）保障性住房；

（三）中小企业与战略性新兴产业；

（四）农业基础设施与扶贫开发；

（五）教育；

（六）国际开发；

（七）符合国家战略要求的其他领域。

第三章　资本与资金筹集

第六条　国家开发银行注册资本为 3100 亿元人民币，股东包括财政部、中央汇金投资有限责任公司和全国社会保障基金理事会。经监管部门批准，国家开发银行可根据经营需要通过股东增资、发行长期资本性债券及次级债等方式补充资本金。

第七条　为保障国家开发银行的正常运营，经监管部门批准，可选择以下渠道筹资运营资金：

（一）面向社会发行金融债券。

（二）根据特定资金需求发行专题债券。

（三）发行境外债券。

（四）托管地方政府国库资金、社保基金、公积金等政策性资金。

（五）其他经批准的资金。

第八条　中央财政对国家开发银行通过负债方式筹集的资金提供担保。

第四章　组织机构设置与公司治理

第九条　国家开发银行为集团公司架构，开行可根据业务发展需要经监管部门批准增设子公司及控股公司。

第十条　国家开发银行设立董事会和监事会，成员由国务院直接委派。除非本法另有规定，董事会和监事会的职能和权力由机构章程规定。

第十一条　董事会负责起草机构章程，内部决议通过后报国务院审批后执行。机构章程修改需经国务院审批。

第十二条　国家开发银行利润不进行分红，税前利润优先冲抵坏账损失。年度净利润扣除折旧费用和准备金后应纳入法定公积金。

第五章　财务会计

第十三条　国家开发银行按照《中华人民共和国会计法》、《企业会计准则》、《企业财务通则》和财政部有关金融、保险企业财务、会计制度执行。

第十四条　国家开发银行以公历自然年度为会计年度。

第十五条　国家开发银行每年向财政部报送年度财务决算。

第十六条　国家开发银行基本财务报表为资产负债表和损益表，每年定期公布，并由中华人民共和国的注册会计师和审计事务所出具审计报告。

第六章　监督管理

第十七条　由银监会对开发银行实施差异化监管。

第十八条　国家开发银行需每年定期发布年度经营报告及社会责任报告，接受公众监督。

第七章　法律责任

第十九条　国家开发银行有下列行为之一的，对负有直接责任的主管人员和其他直接责任人员，依法给予行政处分；构成犯罪的，依法追究刑事责任：

（一）违反规定提供贷款的；

（二）对单位和个人提供担保的；

（三）擅自动用发行基金的。

有前款所列行为之一，造成损失的，负有直接责任的主管人员和其他直接责任人员应当承担部分或者全部赔偿责任。

第二十条　国家开发银行的工作人员泄露国家秘密或者所知悉的商业秘密，构成犯罪的，依法追究刑事责任；尚不构成犯罪的，依法给予行政处分。

第二十一条　国家开发银行的工作人员贪污受贿、徇私舞弊、滥用职权、玩忽职守，构成犯罪的，依法追究刑事责任；尚不构成犯罪的，依法给予行政处分。

第二十二条　当事人对行政处罚不服的，可以依照《中华人民共和国行政诉讼法》的规定提起行政诉讼。

第八章　附　　则

第二十三条　本法案所指开发性金融机构，是指通过综合运用商业性金融与政策性金融，以中长期融资业务为主支持国家经济社会发展的金融机构。

第二十四条　本法自公布之日起施行。

支持国家开发银行成为企业走出去"智库"

2013 年 3 月第十二届全国人大第一次会议的建议

党的十八大报告明确指出："坚持对外开放的基本国策，把'引进来'和'走出去'更好地结合起来，扩大开放领域，优化开放结构，提高开放质量，完善内外联动、互利共赢、安全高效的开放型经济体系，形成经济全球化条件下参与国际经济合作和竞争的新优势。"截至 2012 年底，中国企业共对全球 141 个国家和地区的 4425 家海外企业进行了直接投资，累计实现非金融类直接投资 772.2 亿美元。

然而，中国企业的海外投资，大多并不顺利，以中国铁建、神华、中海油为代表的中国企业海外投资屡屡受挫。中国企业"走出去"面临诸多现实困难，具体表现在：第一，对国际规则、东道国政治环境、投资政策不了解，甚至语言和文化上的差异，都制约了中国企业"走出去"的步伐或"走出去"之后的实施效果，由于国内缺乏境外投资专业咨询机构，自身信息获取能力不足，成为信息不对称的弱势方；第二，国内企业大多缺乏与东道国在政策、法律、行业标准、社区习惯等方面进行有效沟通的能力，不能够灵活地借助外部资源进行政府公关，无法通过有效手段降低不利于"走出去"业务的舆论压力；第三，尽管国内企业"走出去"已经实施多年，但很多企业从管理、运营、技术、人力等方面离国际化的差距还较大，在"走出去"过程中遇到的诸多问题大多束手无策。

纵观国内企业"走出去"存在的种种困难，缺乏境外投资"智库"的智力支撑是造成这些困境的最大问题。"智库"是指专门从事开发性研究的咨询研究机构。它将各学科的专家学者聚集起来，运用他们的智慧和才能，为社会经济等领域的发展提供满意方案或优化方案。一般而言，"智库"包含以基金形式运行的研究机构及具有强大信息搜集能力全球网络。在欧美大型企业发展为跨国公司的进程中，"智库"发挥了重要的外脑支持作用。因此，为充分利用国际、国内两种资源、两个市场，拓展国民经济发展空间，推动我国企业在激烈的国际竞争中发展壮大，有必要建立支持国内企业"走出去"的"智库"。

目前，开行在支持企业走出去开展了大量的相关工作，作为支持我国企业海外投资的最大贷款银行，2005 年以来，开行配合国家战略，成立了研究院和规划院，在近200 个国家和地区派驻了大区组和工作组，与 52 个国家签订了规划合作协议，为中石油、三峡集团、华为、中兴、三一等企业"走出去"提供了"融资+融智"的服务。因此，鉴于开行在企业走出去过程中已经积累的相关经验，建议将开行培育成支持企业走出去的"智库"。

具体措施：第一，在财税方面给予政策支持。一方面由财政出资，建立一支支持企业"走出去"的"智库"基金，委托开行专项运作。另一方面，将一些重点地区的规划合作纳入国家高层对话合作机制，帮助协调国别关系，以利于"智库"外部沟通渠道顺畅。第二，加快开行海外"设点"审批进度。从国际分支机构来看，开行目前仅在香港开设了一家分行。要使开行充分发挥支持企业走出去"智库"的作用，建议加快审批开行海外"设点"节奏，同时研究开行的国际化战略、国际化发展路径和国际化重点发展区域等问题，搭建开行支持企业走去处"融资+融智"的综合金融服务体系框架。

关于设立国家住房保障银行的建议

2013、2014 年第十二届全国人大第一次、第二次会议的建议

党的十八届三中全会和中央城镇化工作会议都明确提出，研究建立住宅政策性金融机构。从我国当前的实际情况来看，解决中低收入家庭住房问题也迫切需要政策性金融发挥更大作用。因此，为贯彻落实中央精神，实现"住有所居"的住房保障目标，建议成立国家住房保障银行，专门为"夹心层"（既不属于住房保障对象，又买不起商品房的人群）住房消费和保障性住房建设提供长期、低成本融资，发挥政策性住房金融"托底"作用，弥补商业性住房金融缺位。

一、成立国家住房保障银行的路径

可以借鉴当年国务院将邮电部门所属邮政储汇局整体改造为中国邮政储蓄银行的体制改革路径，将各地住房公积金中心改造为统一的国家住房保障银行。财政部出资设立国家住房保障银行，各地住房公积金中心的人员、业务、资产、负债整体划转，成为国家住房保障银行在各地的分支机构。

出台《国家住房保障银行条例》，明确国家住房保障银行的职能定位、资金来源、业务范围、公司治理、扶持政策及监管机制，为其长期可持续发展提供法律保障。

二、构建国家住房保障银行的具体措施

第一，明确鲜明的政策性定位。国家住房保障银行定位为住房保障政策性金融机构，以贯彻落实国家公共住房政策为主要目标，发挥政策性住房金融"托底"功能。在利率市场化的背景下，商业银行为了实现利润最大化，不愿意向"夹心层"发放中长期住房按揭贷款，也没有动力为保障性住房建设提供低成本融资。现行的公积金制度资金来源单一，管理分散，再加上运行体制存在诸多问题，对"夹心层"的住房保障作用也十分有限。因此，有必要成立国家住房保障银行，为"夹心层"住房消费和保障性住房建设提供长期、稳定、低成本的资金来源，从供给和需求两个方面弥补"市场失灵"。

第二，明确特定的业务范围。国家住房保障银行主要从事两个方面的业务：一是个人住房按揭贷款业务，为"夹心层"购买首套房和改善性住房提供长期、低成本贷

款。二是保障性住房开发贷款业务，为城市保障房建设、棚户区改造以及农村住房改造等提供长期、低成本融资。

第三，建立稳定的资金来源。一是资本金来源。中央财政拨付资本金，同时引进中投、社保等战略投资者，增加资本金。二是贷款资金来源。修改《住房公积金管理条例》，保留住房公积金强制缴存制度，将公积金资金统一存入国家住房保障银行，为其提供稳定的长期资金来源；允许国家住房保障银行发行政策性金融债券并由中央政府提供担保，条件成熟时，赋予其发行抵押贷款支持证券的职能，扩大长期资金来源。

第四，明确特定的利率政策。作为住房保障政策性金融机构，国家住房保障银行贷款利率应低于市场利率并保持相对稳定，以减少利率波动对"夹心层"的冲击。此外，应借鉴日本等国经验，根据购房家庭的收入水平和住房情况，实施差异化利率政策即人均收入水平越低、人均住房面积越小，贷款利率越低。

住房保障是关系社会公平、和谐，促进经济发展的关键问题。将各地住房公积金中心改造为统一的国家住房保障银行，依托国家信用和公积金的制度优势，兼顾市场化和公益性，有助于整合资源、放大能量、规范运行，建立一套完善高效的政策性住房金融体系，为我国住房保障制度的健全和完善，实现人民群众的"安居梦"提供金融保障。

国家住房保障银行设立的方案设计

2014 年 3 月调研报告

一、成立国家住房保障银行的必要性

（一）解决"夹心层"住房问题需要成立国家住房保障银行

1. 现行住房公积金制度难以有效解决"夹心层"住房问题

住房公积金制度虽然在一定程度上发挥了政策性住房金融的作用，但是，公积金中心的事业单位属性和管理体制决定了其难以对住房金融资源进行有效配置，发挥对"夹心层"的住房保障作用。首先，公积金中心作为地方行政事业单位，缺乏提高资金使用效率、实现缴存职工利益最大化的激励。其次，公积金中心不是企业法人，也没有资本金，缺乏承担贷款风险的能力。此外，公积金中心虽然从事住房贷款业务，但银监部门却难以对其进行监管，资金运用很不透明，容易发生寻租、腐败。据统计，截至 2012 年底，全国 9700 万缴存者中，只有 15%—30% 的人获得了公积金贷款，广大"夹心层"职工并没有享受到这一制度优惠。那些没有参加公积金制度的民营企业职工、个体户和进城务工的"新市民"就更加难以获得政策性住房贷款。

2. 从国际经验来看，相较于行政机构，由金融机构对公共住房金融资源进行配置更有效率

为了解决"夹心层"住房问题，日本专门成立了住房政策性金融机构——住宅金融公库，为日本 30% 以上的家庭（主要是"夹心层"）提供了住房贷款，对改善全体国民住房条件产生了不可低估的作用；韩国专门设立了国民住宅基金，委托商业银行管理，为广大"夹心层"购房和租房提供低成本贷款，有效缓解了"夹心层"住房难问题；巴西专门成立了国家住房银行，为中等及中等偏低收入家庭提供长期低息住房贷款，成为巴西政策性住房金融的"主力"。因此，从国际经验来看，相较于行政机构，由金融机构来对公共住房金融资源进行配置，往往更有效率。

（二）解决保障房资金问题需要成立国家住房保障银行

国务院"十二五"规划提出了 3600 万套保障房建设目标，2013 年，国务院总理李克强又提出了五年 1000 万套棚户区改造计划。按照住建部的估算，开工建设 1000 万套保障房，需要投资 1.3 万亿—1.4 万亿元，把保障房租售收入、各级政府预算资金和公积金增值收益都算上，仍存在 3000 亿—4000 亿元的资金缺口。在地方政府债务

问题日益严峻、融资平台融资越来越困难的背景下，资金问题已成为保障房建设面临的主要难题。再加上保障房项目贷款期限长、收益率低，商业银行参与积极性不高。因此，通过成立国家住房保障银行来盘活财政资金和公积金等住房保障资金就成为破解保障房建设资金难题的现实选择。首先，住房保障银行以国家信用为支撑，能够以更低的成本为保障房建设筹集资金。其次，通过住房保障银行将公积金资金投向保障房建设既能够解决公积金支持保障房建设的合法性问题，又能够有效防范风险，保障缴存职工的利益。

（三）成立国家住房保障银行有明确的政策依据

《中共中央关于全面深化改革若干重大问题的决定》和中央城镇会工作会议都明确提出，研究建立住宅政策性金融机构，为国家住房保障银行的成立提供了明确的政策依据。

二、政策性住房金融的国际比较与借鉴

（一）成立独立的政策性住房金融机构（日本、巴西）

1. 日本住宅金融公库的运作模式

1950 年，日本颁布《住宅金融公库法》，由财政部全额出资，成立专门的政策性住房金融机构——日本住宅金融公库。住宅金融公库不以盈利为目的，而是为政府的住房政策目标服务，资金主要投向三个方面：一是为中低收入家庭住房消费提供低息贷款；二是为公营公团开发中低收入住宅提供资金支持；三是为民间企业开发面向中低收入家庭的租赁型住房提供低成本融资。住宅金融公库不吸收存款，资金主要来源于财政投融资体制贷款（政府通过财政投融资计划将邮政储蓄、国民养老金、人寿保险等长期资金集中起来，再以较低的利率贷给住宅金融公库）、公库以公立法人名义发行的特殊债券以及政府给予的息差补贴。

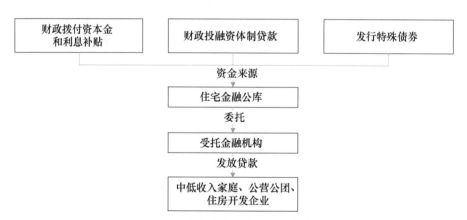

图：日本住宅金融公库运作模式

为了节省运营成本，住宅金融公库只在全国七个地区设立了分部，公库只负责编制年度住房贷款计划，确定贷款投向、分配比例，确定借款标准，具体的贷款业务则委托给商业银行办理。住宅金融公库的贷款利率明显低于商业性金融机构，并且向中低收入家庭倾斜：购房面积越小，贷款额度越大，贷款利率越低。由于住宅金融公库

的贷款利率经常低于资金成本，因此，财政每年都给予其息差补贴。不同于商业性金融机构，住宅金融公库由大藏省（财政部）和国土资源与交通省共同监管。

2. 巴西国家住房银行的运作模式

巴西国家住房银行是巴西政府住房计划的融资主体和主管机构，也是独立的政策性住房金融机构。巴西国家住房银行的资金主要来源于政府的失业与保障公积金（巴西社会保障计划规定，雇主必须按雇员工资的8％将存入雇员的失业与保障公积金账户，巴西政府再将这笔资金转交给国家住房银行管理和经营，国家住房银行按3％加通胀的年利率支付存款利息），资金的80％用于发放长期住房贷款。

巴西国家住房银行只针对中低收入家庭发放住房贷款，贷款利率低于市场利率，利率优惠程度随收入高低而有所差别，收入越低，优惠程度越高。巴西国家住房银行不直接向居民家庭发放贷款，而是通过商业银行等中间机构发放。才外，巴西国家住房银行还对其他住房金融机构进行指导，规定他们的存款利率和贷款额度，并提供流动性担保，相当于整个住房金融体系的"中央银行"。

（二）成立全国性住房保障基金，委托商业银行管理（韩国）

韩国政策性住房金融的核心是国民住宅基金制度。1981年，韩国出台《住宅建设促进法》，设立国民住宅基金，通过政府发行国民住宅债券、无房家庭住房要约储蓄、发行住宅彩票等方式筹集资金，资金主要运用于两个方面：一是为公共租赁住宅和小户型商品房建设提供长期低息贷款；二是为居民购房、租房等住房消费提供低息贷款。

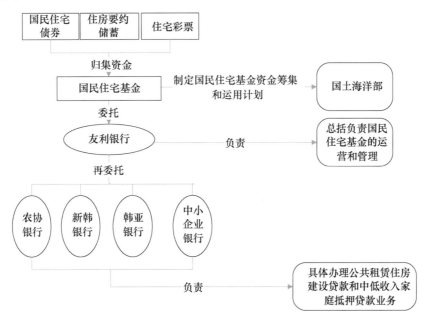

图：韩国国民住宅基金运作模式

韩国国民住宅基金总体由国土海洋部负责管理，资金的具体运用则委托友利银行负责，友利银行在全国范围内进行再委托，最终由农协银行、新韩银行、韩亚银行和中小企业银行四家金融机构负责具体贷款业务的办理。受委托的金融机构要设立国民住宅基金的专门账户，每个月定期向国土海洋部报告基金运行及收入情况，并于每年2月份提交国民住宅基金的计算报告书。

（三）政府引导，建立抵押贷款二级市场（美国）

住房抵押贷款证券化是美国住房金融体系的核心，在抵押贷款二级市场的建立和发展过程中，政府发挥了重要的引导作用。在抵押贷款一级市场上，美国政府通过联邦住房管理局（FHA）和退伍军人管理局（VA）等政府发起机构，为中低收入家庭抵押贷款提供信用担保，在提供担保的过程中，就抵押贷款的品种、借款人月收入、借款人还款收入比等做出严格规定，既降低了抵押贷款风险，又促进了抵押贷款标准化，为抵押贷款证券化奠定了基础。在抵押贷款二级市场，美国政府一方面通过吉利美，为拥有FHA、VA担保的抵押贷款证券化提供担保；另一方面，为房利美、房地美等抵押贷款证券化机构提供"隐性担保"，通过向抵押贷款二级市场注入政府信用，引导私人资本充分进入，为抵押贷款二级市场发展提供稳定资金来源。

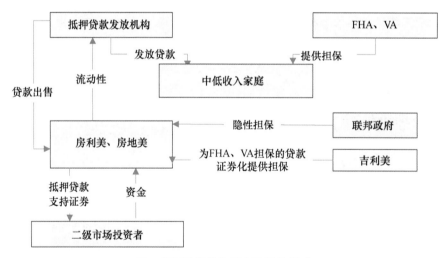

图：美国政策性住房金融运作模式

（四）建立中低收入家庭住房抵押贷款政府担保制度（加拿大）

为了解决中低收入家庭住房问题，加拿大联邦政府成立了加拿大抵押住房公司（CMHC），专门为中低收入家庭低首付住房抵押贷款提供100%担保，以此鼓励金融机构发放低首付的住房抵押贷款。公司注册资本金2500万加元，全部来自联邦政府财政预算。

CMHC的运作模式如下：

CMHC根据金融机构的资产、负债、服务等情况，审查该机构是否具备条件，并与其签订合作协议，由合作金融机构负责对借款人的还款能力、资信状况、所购住房的价值等进行评估，CMHC 为合作金融机构发放的住房抵押贷款提供 100％的担保。

CMHC 按照首付比例确定担保费率，首付比例越高，担保费率越低。其中，个人买房抵押贷款和出租住房建设抵押贷款由于风险不同，担保费率也不同，后者高于前者。担保费用由借款人承担，可以一次性支付，也可以分期支付。CMHC 将所有保费集中起来，设立担保投资基金，由专门的部门进行管理，进行多元化投资，投资收益用于偿还可能发生的担保损失。

当借款人没有按期还款时，贷款机构负责催还。如果催还无效，借款人继续逾期不还，当逾期超过 3 个月时，贷款转入违约处理程序，贷款和所抵押的住房一并从贷款机构转到 CMHC，由 CMHC 处置多抵押的住房，并由 CMHC 在 3 个月内向贷款机构偿还所有欠款。

作为配套政策，加拿大金融监管委员会规定，提供担保的抵押贷款的资本金准备率为 0，而未担保的抵押贷款的资本金准备率是 4％，进一步提高了金融机构发放由 CMHC 提供担保的抵押贷款的积极性。

（五）政府强制储蓄型住房金融制度（新加坡）

1955 年，新加坡建立了中央公积金制度，政府强制规定雇主与雇员每月须按工资收入的一定比例缴纳公积金，公积金由政府运作，提供建房贷款或向个人发放购房贷款，是一项强制性的、长期的储蓄制度。与我国不同，新加坡公积金账户下设普通、医疗和特别三个子账户，每个子账户都限定了各自用途。普通账户用于住房、保险、获准的投资和教育支出；医疗账户用于住院费支出、部分批准的医疗项目支出；特别账户用于养老和紧急支出。普通账户为主要账户，资金占比平均达 50％以上。公积金存款利率在一定程度上参考市场利率且一般不低于市场利率。普通账户和医疗账户的存款利率参照四家国内主要银行一年期存款利率的算数平均值确定。

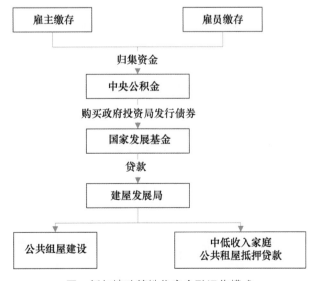

图：新加坡政策性住房金融运作模式

中央公积金局将公积金归集后，在保证会员正常提取的基础上，其余资金大部分用于购买政府投资局发行的长期债券，政府投资局以发债筹集的资金设立国家发展基金，国家发展基金主要贷给建屋发展局（政府专门成立的公共住房机构）。建屋发展局资金主要投向两个方面：一是公共组屋建设；二是为中低收入家庭购买公共组屋提供低息抵押贷款。

（六）政府引导下的合同储蓄型住房金融制度（德国）

在德国的住房金融制度中，合同储蓄制度占有相当的份额，也是德国解决中低收入阶层住房问题的重要手段。据统计，德国近 4000 万套住房中，有约 1700 万套是通过住房储蓄体系的融资实现的，40％以上的住房融资来自于住房储蓄体系。

德国于 1972 年颁布了《住房储蓄银行法》，对住房储蓄银行的组织形式、监督管理、业务范围等进行了明确规定。德国的合同住房储蓄贷款主要有四大特点：固定利率、以存定贷、指数配贷和国家奖励支持。

住房储蓄贷款合同确定的存、贷零利率通常为 3％和 5.5％，存贷利差基本固定在2％—2.5％的区间。住房储蓄贷款的合同金额等于存款额与贷款额之和，当存款额达到合同金额的 40％或 50％时，客户才能获得贷款，所以，基本上贷款额等于存款额。住房储蓄银行在进行信贷资源配置时，是根据一个配贷指数来确定的，配贷指数是一个由客户存款时间、存款金额等多个变量决定的复杂函数，其核心思想是根据客户对整个住房储蓄贷款资金池的贡献度来进行贷款资金分配。

德国政府对住房储蓄贷款制度的扶持主要体现为两个方面：一是对住房储蓄银行的扶持。住房储蓄银行不需要缴纳存款准备金，只需上存同业系统 3％的风险基金。二是对居民参与住房储蓄的奖励。按照德国政府现行规定，任何 16 周岁以上、年收入 5万马克以下的单身家庭，每月 1000 马克以下部分的住宅储蓄，可获得政府每月最高100 马克（10％）的储蓄奖励。居民通过住房储蓄进行的建房活动，政府还给予贷款总额 14％的贷款补助。

三、成立国家住房保障银行的路径

为了避免出现住房公积金与住房保障银行并存的双轨制问题，同时降低住房保障银行机构和网点设置成本，建议将各地住房公积金中心改造为统一的住房保障银行。可以借鉴当年国务院将邮电部门所属邮政储汇局整体改造为中国邮政储蓄银行的体制改革路径，财政部出资设立住房保障银行，各地住房公积金中心的人员、业务、资产、负债整体划转，成为住房保障银行在各地的分支机构。

出台《国家住房保障银行法》，明确住房保障银行的职能定位、资金来源、业务范围、公司治理、扶持政策及监管机制，为其长期可持续发展提供法律保障。

四、国家住房保障银行运行机制

（一）明确鲜明的政策性定位

住房保障银行定位为政策性住房金融机构，以贯彻落实国家公共住房政策为主要目标，主要履行两个方面的职能：一是为"夹心层"住房消费提供低成本资金支持，弥补商业性住房金融的缺陷，使住房金融体系能够完整地覆盖各个社会阶层；二是为政府保障房建设提供低成本资金支持，为政府保障性安居工程和棚户区改造计划的顺利实施提供金融保障。

（二）建立稳定的资金来源

1. 资本金来源。从国际经验来看，无论是日本住宅金融公库，还是巴西国家住房银行，都是由中央政府全额出资。因此，国家住房保障银行应由中央财政拨付资本金。可以借鉴当年国开行成立经验，先由财政部拨付部分资本金，剩下资本金在一定年限内通过税收返还的方式补足。待条件成熟时，引进中投、社保作为战略投资者，增加住房保障银行资本金。此外，还应建立明确的资本金补充机制，通过财政注资、税收返还、利润转增、发行次级债等方式不断补充住房保障银行资本金。

2. 贷款资金来源。一是借鉴巴西国家住房银行经验，修改《住房公积金管理条例》，将住房公积金统一存入住房保障银行，作为其长期稳定资金来源。二是赋予其发行政策性金融债券的职能，扩大长期资金来源。三是条件成熟时，开展住房抵押贷款证券化业务，通过资产证券化解决资金来源问题。

（三）明确特定的业务范围

一是为公积金缴存职工和没有参加住房公积金制度的"夹心层"购买首套房及改善性住房提供贷款。从国际经验来看，为"夹心层"住房消费提供低息贷款是住房政策性金融机构的主要业务。作为政策性住房金融机构，住房保障银行应主要定位于住房保障，重点支持"夹心层"（包括没有参加住房公积金制度的"夹心层"）住房消费。当然，为了体现公平性和调动高收入职工参与公积金制度的积极性，住房保障银行也应为高收入职工的合理住房需求提供贷款支持。二是为政府保障房建设提供长期低息贷款。从国际经验来看，支持政府公共住房建设也是住房政策性金融机构的重要职能。保障房建设是我国住房保障制度的重要内容，是解决低收入家庭住房问题的主要手段，作为服务国家住房保障战略的政策性金融机构，住房保障银行理应为其提供资金支持。

（四）实施差异化信贷政策

作为住房政策性金融机构，住房保障银行应兼顾政策性与效益性，实施向中低收入家庭倾斜的差异化信贷政策。一是设定个人住房按揭贷款额度上限。由于贷款资源是有限的，因此，为了提高政策性贷款的覆盖面，就必须限制高收入职工的贷款额度，避免其过度挤占资源。二是对"夹心层"购买小户型首套房，降低首付比例，提高贷款额度,延长还款期限。"夹心层"由于收入水平和还款能力相对较低,在贷款资源竞争中处于相对弱势,因此,需要降低其贷款门槛,从政策上给予特别的"关照"。三是为了体现"高收入者少补贴、低收入者多补贴"的公平性原则,应借鉴日本住宅金融公库经验,依据购房者的收入水平和购房面积,实施差异化的利率政策即收入水平越低,购房面积越小,贷款利率越低。

(五)构建完善的内部治理与外部监管体系

内部治理方面,可以借鉴德国复兴开发银行等国外政策性金融机构的经验,按照建立现代金融企业制度的要求,建立股东大会、董事会、监事会和管理层"三会一层"分工合作、有效制衡的现代公司治理结构。外部监管方面,从国际经验来看,住房金融的政策制定和监管,首先是服从于住房政策的需要,因此,住房保障银行在业务政策上要接受住房和城乡建设部的指导。但是,作为一家金融机构,住房保障银行又必须按照标准的银行规则运行,接受中国银监会的监管。

(六)构建完善的风险管理体系

一是建立严格的贷款风险防范机制。对个人按揭贷款,建立严格的贷前审查和贷后管理制度,严格防范信用风险;对保障房项目贷款,在落实资本金、还款来源和有效资产抵押等风险防范措施之外,还应赋予住房保障银行对项目的"一票否决权",从源头上防范风险。二是建立个人住房按揭贷款风险转移机制。从国际经验来看,住房抵押贷款风险转移机制主要有两种运作模式:一种是以加拿大为代表的中低收入家庭住房抵押贷款政府担保制度,另一种是以美国为代表的抵押贷款证券化模式。从我国的实际情况来看,第一步应借鉴加拿大经验,引入"夹心层"住房按揭贷款政府担保制度;条件成熟时,再开展住房抵押贷款证券化业务。

(七)明确政府扶持政策

一是通过立法,明确由中央政府为住房保障银行发行的金融债券提供担保。从国际经验来看,政府信用支撑是住房政策性金融机构运行的基本制度基础。二是引入中低收入家庭住房抵押贷款政府担保制度,成立全国性的政府信用的担保机构,为住房保障银行向"夹心层"发放的抵押贷款提供担保。从加拿大等国的经验来看,政府性担保不仅可以分散抵押贷款金融机构风险,还可以成为政府调控抵押贷款市场和住房市场的重要政策工具。三是财政贴息。对"夹心层"住房抵押贷款、保障房贷款等政策性业务进行财政贴息,贴息资金来源包括:住房保障银行的税收、分红;中央和省级保障房专项资金等。四是差异化监管政策。作为住房政策性金融机构,住房保障银行在业务属性上与商业银行存在很大差别,因此,应围绕促进政府公共住房政策目标的实现、信贷资产安全、国有资产保值增值等方面,建立适用于住房保障银行的监管和考核评价体系,对其实施差异化监管。

第七章

见证金融租赁服务实体经济

2014 年 10 月，根据组织安排，我赴深圳任开发银行控股子公司国银金融租赁公司的党委书记、董事长，担负起引导公司市场化改革、推进公司股改上市的重任。面对金融租赁这一全新的金融行业，一开始我有着陌生和忐忑，但随着对行业发展认识的不断深入，日益感受到了这一新兴行业的特殊性与重要性。特别是在当前全国金融工作会议提出服务实体经济、防控金融风险与深化金融改革三大任务的背景下，金融租赁行业的发展壮大，对于促进经济脱虚向实，优化金融结构，提高金融体系的适应性和灵活性有着重要的地位和作用。

金融租赁的特质：最直接为实体经济服务

金融租赁的起源

现代融资租赁最早产生于美国。第二次世界大战后，第三次科技革命导致了发达资本主义国家原有工业部门大批设备相对落后，同时也产生了以资本和技术密集型为特点的耗资巨大的新兴工业部门，使得这些国家企业固定资本投资规模急剧扩大，设备更新速度空前加快。这种情况造成企业一方面亟需大量资金购置设备，另一方面又要承担因技术更新造成设备无形损耗加快的市场风险。在这种背景下，生产厂商为了推销自己生产的设备，开始为用户提供金融服务，即以分期付款、寄售、赊销等方式销售自己的设备。由于所有权和使用权同时转移，资金回收的风险比较大。于是有人开始借用传统租赁的做法，将销售的物件所有权保留在销售方，购买人只享有使用权，直到出租人融通的资金全部以租金的方式收回后，才将所有权以象征性的价格转移给购买人。这种方式被称为"金融租赁"，1952 年美国加利福尼亚州成立了世界第一家融资租赁公司——美国租赁公司（现更名为美国国际租赁公司），被认为是现代金融租赁开始的标志。

金融租赁的特殊作用

2013 年 12 月，李克强总理在天津工银金融租赁有限公司考察时表示，金融租赁产业在我国是新的高地，国家要想办法培育这个产业发展起来，而且这个产业本身也是为实体经济服务。本质上来看，金融租赁是一种把金融、贸易和技术更新结合起来的全新租赁方式。作为融资融物的纽带，融资租赁是与实体经济联系最密切的一种金融形态，对实体经济的支持最为直接。从金融租赁当事各方利益的角度来看，金融租赁较之传统租赁主要有以下特点：

对承租人而言，金融租赁给予承租人选择设备类型和厂家的自主权，掌握设备随时更新的主动权，这在技术更新不断加速的情况下有利于降低承租人因技术更新、设备无形损耗加剧带来的风险。金融租赁使承租人无需一次支付巨额资金购买设备，而是按期支付租金，这降低了承租人在固定设备上的资金投入，提高资金的使用效率和收益率。此外，金融租赁的租赁资产通常是技术含量高、价格高昂的设备，这些设备大部分需要进口，而由出租人购买则可以避免承租人承担利率、汇率风险。因金融租赁有租赁资产作为担保，它的交易手续也要比银行贷款相对简单。

对出租人而言，租赁资产的所有权和使用权在租赁期内是分离的，这有利于金融租赁风险的锁定、分担和控制，若承租人无法按期支付租金，出租人可收回租赁资产，并依据与供货人的回购协议处理设备，因此这是一种安全的投资方式。若银行等金融机构作为出租人，则扩大了资金投向范围，增加了利润增长点。

对供货商而言，金融租赁是一种促销方式，可以扩大其产品的销售。事实上，为设备制造商服务是现代金融租赁业务发展的初始动力，也是金融租赁业务最具有发展潜力的领域。

从宏观的角度看，融资租赁公司作为载体可以把金融资本、社会投资等各项资金与设备制造商、设备使用方的产业资本有机融合，降低全社会的交易成本，促进社会投资。更为重要的是，融资租赁公司依靠资金实力和丰富的产业经验，能通过与产业链上的企业在产业低谷期加大设备投资，化解大型设备投资周期较长的矛盾，在产业繁荣期充分享受反周期盈利，减少产业周期波动，对宏观经济有一定的调节作用。

全球金融租赁业发展

正是因为具备上述功能和优势，金融租赁行业从诞生以来在全球范围内发展相当迅速。继美国之后，英国、德国、日本等国家先后引入并大力鼓励金融租赁的发展，日本发展尤其迅速，相当长时间内仅次于美国居全球租赁市场第二位。20 世纪 70 年代末 80 年代初，随着金融租赁在发达国家的迅猛发展，作为世界银行集团成员之一的国际金融公司开始将金融租赁作为一种有效的促进投资的方式在发展中国家推广，韩国、巴西、印尼等发展中国家近年金融租赁的发展也由此得以快速发展。

据《世界租赁年鉴》统计，全世界金融租赁成交额 1978 年是 410 亿美元，1987 年是 1038 亿美元，2016 年达到 12000 亿美元左右，成为仅次于银行信贷的第二大融资方式。受 2008 年次贷危机影响，世界金融租赁业曾连续几年处于低迷状态，但 2012 年以来，全球租赁业务量连续 4 年保持增长态势，行业发展复苏趋势明显。根据数据显示，2016 年全球排名前 50 的国家 2016 年业务总额达 1.15 万亿美元，较 2015 年的 1.06 万亿美元增长了 8.1%。从市场份额来看，北美洲、欧洲和亚洲组成了全球融资租赁市场的主体，2015 年三大洲全球市场份额合计超过 90%。其中，北美洲融资租赁市场成交量占比最高，达到 40.6%；欧洲第二，占比 32.1%；亚洲第三，占比 22.2%。从租赁渗透率来看，发达国家平均的市场渗透率，即金融租赁交易总额占固定资产投资总额的比率，一般在 15%—30%。

金融租赁在中国：曲折的发展之路

1979 年 10 月，邓小平同志在省部级领导座谈会上强调，银行应该抓经济，现在只是算账、当会计，没有真正起到银行的作用；银行要成为发展经济、革新技术的杠杆，要把银行真正办成银行。在这一思想的指导下，中国拉开了金融改革的大幕，进入了有计划、有步骤地进行金融体制改革的新时期，也为金融租赁的发展奠定了基础。

中国引入金融租赁业的背景

改革开放之初，我国约有 50 万家企业，其中绝大部分存在着设备陈旧、工艺落后、急待更新改造等问题，而技术改造离不开必要的资金支持及进口设备，尽管国家每年都拿出大量资金用于技术改造，但依然难以满足众多企业的急切需要，外汇短缺和国外技术限制设备出口成为当时的主要矛盾。由于在法律上金融租赁的所有权没有发生转移，不属于技术出口，可以绕开技术限制和封锁，同时采用租赁的方式筹措资金，可以扩大利用外资的能力，用租赁方式引进设备，还可以分享发达国家为鼓励租赁投资所制定的优惠政策。正因为如此，1979 年时任全国政协副主席的荣毅仁提出创办国际租赁业务以开辟利用外资的新渠道。1980 年，中国民航在中国国际信托投资公司推动下，与美国汉诺威尔制造租赁公司和美国劳埃得银行合作，利用跨国租赁方式从美国租进第一架波音 747SP 飞机，这是我国最早的金融租赁实践，也是首个成功试点项目。随后，中信国际信托投资公司又为河北涿州纺织厂引进纺织机，为北京首都出租汽车公司引进了 200 辆日产汽车等。试点项目的成功为金融租赁的引入打下了坚实的基础，同年 6 月，中国东方租赁公司筹备组宣布成立。

发展起步期（1981—1988 年）

1981 年 4 月，中国东方租赁公司与日本东方租赁株式会社合资建立的中国东方国际租赁公司取得营业执照。由此，我国第一家现代意义上的租赁公司正式诞生。同年 7 月，中国第一家金融租赁公司——中国租赁有限公司成立，两家租赁公司的成立标志着中国金融租赁业的兴起和现代租赁制度的建立。1982年，在东方国际租赁公司成立后，浙江租赁有限公司、广东国际租赁公司等一批以信托投资为主的内资租赁公司又相继成立。1984年，各大银行分别颁布"融资租赁业务管理办法"并开始兼营融资租赁业务。此时，多家由国内银行、外贸公司与外商合资陆续成立的融资租赁公司达到了13家，租赁业进入了蓬勃发展阶段。国银租赁的前身深圳租赁有限公司也是成立于这一时期，获中国人民银行深圳经济特区分行批准从事租赁业务。

这一时期金融租赁的发展对我国改革开放的贡献是显著的，在此期间中外合资租赁公司共为我国近3900家国有、中外合资及乡镇企业融通外汇资金近40亿美元，一定程度上有效地帮助了国外资金、技术和设备的引进，在个别年份通过融资租赁方式引进的外资甚至占到我国利用外资的近20%。这个阶段的发展与当时正处于改革开放初期，国家鼓励企业对外开放、引进外资是密不可分的。作为引进外资窗口的金融租赁产业在税收、财政等方面得到了一些优惠政策，发展比较迅速。

这一时期没有专门针对融资租赁行业的法律法规。大多是以通知、批复等政策性文件对具体问题进行规定，不但效力层级低下，且适用范围较小。1986年中国人民银行发布《金融信托投资机构管理暂行规定》，间接将融资租赁业务界定为金融业务。但此阶段我国对金融租赁的功能定位还未认识清楚，注册资本金很低，并且脱离主业，租赁资产比例偏低，为日后的运营埋下了隐患。

行业调整期（1988—1999年）

1988年国内融资租赁额发展到第一个顶峰，但在随后的时间里，由于租赁主体权责不明确、风险管理能力弱等问题，出现了全行业承租人拖欠租金，融资租赁行业遭遇系统性风险，导致整个行业发展缓慢。1988年4月，最高人民法院公布《关于贯彻执行〈中华人民共和国民法通则〉若干问题的意见（试行）》，其中第106条第二款规定："国家机关不能担任保证人。"原来以政府机关作为担保人的设备租赁业务无法继续操作，这使得内资非银行金融机构的融资租赁公司只能做传统的租赁业务，内资非银行金融机构的融资租赁公司的发展受到严重影响。更为不利的是，1995年《商业银行法》规定银行不能参股融资租赁公司，前期已经投资该行业的商业银行不得不撤出，这对整个行业来说是雪上加霜。在外无有效资金来源渠道，内部风险控制又几近失控的双重压力下，整个融资租赁行业发展面临严重困难，开始步入艰难的转型期。

这个时期，成立了相当数量的融资租赁公司，有些公司甚至只是壳平台，主营业务没有放在租赁业务上，加上当时国际社会对中国经济的制裁和封锁，造成很多租赁公司都不做租赁业务，而是通过高息揽存、炒股票、炒房地产、放贷和直接投资产业，从根本上背离了公司性质。由于没有金融业务的管理能力和经验，出现大量的风险和坏账。到 1999 年时中国的融资租赁业几乎陷于停滞状态，租赁的渗透率回到了 1984 年以前的水平（0.26%），而此时美国租赁的市场渗透率已是 30%。这个阶段租赁额持续回落且幅度较大，甚至不断出现负增长。主要是因为一方面从 1993 年开始，我国宏观经济进入紧缩期，固定资产投资规模受到政策限制，直接影响到租赁额不断下降，另一方面由于融资租赁企业经营管理混乱、缺乏有效的风险控制，资金随意投放的恶果逐渐显现，承租人欠租现象越来越突出，造成大量不良贷款和应收租赁款，严重影响了租赁企业的正常经营。

整改磨合期（1999—2007 年）

1999 年，由中国人民银行非银行司主办的"中国租赁业研讨会"在秦皇岛召开，会上各方统一了对融资租赁业的认识。此次会议标志着我国租赁业正式进入复苏阶段。在当年由人民银行主导的金融租赁行业的清理整顿中，国银租赁的前身深圳租赁公司也同样面临着濒临破产的局面。在人民银行牵头下，三九集团联合国内 10 家金融机构及企业对深圳租赁公司进行了重组，包括中国光大银行、招商银行等多家股东，其中三九集团持有 50.29% 的股份。重组后的公司更名为深圳金融租赁有限公司。重组后的深圳金融租赁公司于 1999 年 12 月 25 日正式挂牌营业，注册资本 30821 万元，主要从事飞机租赁、医疗设备等领域的租赁业务，其中，飞机租赁是其专业特色，是国内第一家开展飞机租赁业务的租赁公司，曾长期处于行业领先地位。2004 年深圳金融租赁公司增资扩股，三九集团未持续投入，因此持股比例降至 21.66%。2005 年底，由于经营困难，三九集团出价 1.08 亿挂牌出售持深金租的全部股份，2007 年 1 月底，海航集团受让三九集团持有的深金租股权。

这一时期，我国对租赁业的法律法规、监管政策、会计准则和税收政策不断进行完善，先后形成了《中华人民共和国合同法》、《企业会计准则——租赁》、《企业会计准则第 21 号——租赁》、《关于从事融资租赁业务有关问题的通知》等相关监管文件，第一次从法律层面对融资租赁进行了完整界定，结束了我国融资租赁业无法可依的局面。2000 年 6 月，中国人民银行公布和实施的《金融租赁公司管理办法》是首部关于融资租赁监管的专门法规。规章制度的建立进一步规范了融资租赁业，初步形成了行业的法律框架。2004 年发生的三件大事，标志着中国的融资租赁业开始恢复活力。根据中国加入 WTO 时的承诺，政府允许外商独资租赁公司进入中国。卡特彼勒融资服务和通用电气资本公司率先试点。随后，商务部开始审批外商独资的融资租赁公司，Siemens（西门子），DELL，Soc–Gen（法国兴业银行），Hitachi（日立）和 Cisco（思科）纷纷进入中国。与此同时，国家选择部分内资融资租赁公司开始试点。如国有企业中化集团和三一重工也成立了以医疗设备租赁和建筑机械租赁为主的实体租赁业务。随着外资和内资试点融资租赁公司的开放，国家扶持力度的加大，金融租赁发展的基础逐步夯实。

高速发展期（2007 年至今）

中国融资租赁业呈爆发式增长的真正转折点是在 2007 年。2007 年，中国银监会颁布了新的《金融租赁公司管理办法》，新办法允许符合条件的商业银行设立金融租赁公司。从此，中国具有银行背景的金融租赁公司应运而生。在短短 3 年间，银行系金融租赁公司凭借其雄厚的资金实力和客户渠道优势，交易额迅速增加，增速远高于行业平均增速。国内融资租赁业迎来了外部环境不断完善的阶段，特别是大型商业银行、全国性股份制银行先后设立金融租赁公司，行业的发展获得了来自银行客户资源、风险控制和资金的支持，进入了跨越式发展阶段。在政策支持下，2008 年开发银行出资 70 亿元控股深圳金融租赁公司，持股 94.27%，替代海航成为其第一大股东，并将其更名为国银金融租赁有限公司。

2007 年以来的十年，是中国金融租赁行业高速发展时期，年均复合增长率达到 80%，打破了飞机租赁由国外公司垄断的局面，有力地支持了工程机械等行业在国内和世界范围的发展壮大，同时在基础设施租赁、船舶租赁、汽车租赁和企业成套设备租赁等领域都有快速的发展。据统计，截至 2017 年 6 月，国内各类融资租赁企业总数已超过 8000 家，合同业务规模超过 5 万亿元，从全球范围来看，目前中国金融租赁行业总体规模已经位居世界第二位。但我国融资租赁业尽管发展规模取得了较大的突破，但整体发展仍然处于行业发展的初级阶段。目前我国融资租赁渗透率不足 9%，相比租赁业发达国家 18%—30% 的水平还有很大差距，主要存在以下几个突出问题：一是租赁资产中以融资租赁业务为主，经营租赁业务占比较低。以 2016 年底数据为例，全行业租赁资产余额 18980 亿元，其中融资租赁资产占比达到 88.4%，而经营租赁资产占比仅为 11.6%，这样的资产占比显示融资租赁在资产经营管理方面的功能还有很大的发展空间。二是租赁业务投放中以售后回租业务投放为主，直接租赁投放额占比较低。以 2016 年底金融租赁公司业务数据为例，全行业 2016 年实现业务投放 9228 亿元，其中售后回租业务投放占比达 87.7%，直租业务投放占比仅为 12.3%，这样的业务投放比例显示融资租赁在国家新增固定资产投资中的作用还有很大的发展空间。三是在租赁业务领域上，主要集中在基础设施、飞机和船舶等领域，在部分集中领域同质化竞争激烈。特别是在基础设施等不动产领域，由于租赁物的政府和公共属性，租赁物在交易结构中处于较为次要的地位，在项目出现风险时难以发挥租赁物所有权的风险保障优势，也容易受到地方政府投融资宏观政策的影响。四是在客户结构上，大多集中于地方国有企业、上市公司和行业龙头。对于新兴行业、新成长企业和中小企业覆盖不足，对经济总体发展的支撑力度还有待加强。五是在收益来源上，收益主要来源于利差收入，而包括资产交易、资产管理、残值处置、财务咨询等其他收入来源占比低。六是在风险防范上，近年来由于以制造业为主的实体经济面临下行压力，金融租赁行业也承受了较大的资产质量下行压力，在风险暴露面前，融资租赁公司没有充分有效的风险化解手段，这体现了其在租赁资产管理、租赁物处置和项目评审的专业能力方面仍有较大的差距。

针对这些问题，我与国银租赁全体同事在开发银行总行的指导和支持下，围绕如何强化服务实体经济、防控金融风险、推进金融深化改革进行了探索和实践，积累了一些经验，也取得了一些成绩。

服务实体经济：以开发性金融引领租赁业务实践

租赁行业在我国的发展道路是曲折的，但租赁行业与实体经济结合紧密的特色又使其具有强大的生命力。如何充分发挥 2007 年以来租赁行业改革的制度优势，让租赁公司更好地服务与支持实体经济，是我来国银租赁后面临的重要课题。以开发性金融理念为指导，国银租赁也要服务国家战略发展，既要有开发性功能，也要能充分结合自身的专业优势，围绕重点领域取得突破。以此为出发点，公司聚焦主业，发展战略更加明晰，租赁业务由过去 31 个行业缩减到 9 个行业，建立起以飞机和基础设施为核心的双轮驱动业务发展模式，在高端装备制造、绿色环保等领域逐步积累了公司独特的专业能力和专业优势。

引领飞机租赁业务发展

飞机租赁一直是国银租赁的传统优势领域。公司是国内首家开展飞机融资租赁和飞机经营租赁的金融租赁公司，拥有以账面净值计算国内最大的经营租赁飞机机队，拥有覆盖全球 40 余家知名航空公司的高端客户群体，建立了覆盖国内外的业务服务平台和专业团队，连续多年在全球飞机租赁公司中排名前十。近年来，国银租赁继续巩固这一优势，继续加大在飞机租赁业务板块的资金、组织、品牌、人员等投入，不断创新飞机融资租赁模式，优化租赁流程和各环节服务水平，继续保持行业领先、高度专业化的飞机租赁业务品牌，公司飞机租赁业务的资产占比和租赁收入占比稳步提升，主业更加突出。与此同时，围绕服务国家"一带一路"战略，国银租赁积极推进飞机租赁国际化。2017 年 6 月，国银租赁全资子公司国银航空金融租赁公司在爱尔兰都柏林举行揭牌仪式，这是国内首家获批在境外设立的航空专业租赁公司，将为国银租赁乃至中国租赁行业开辟国际市场、培养国际化专业人才、提高国际竞争力提供有力支撑。

盘活基础设施存量资产

基础设施业务是我在国家开发银行上海、湖南分行从事的主要业务，也是最为熟悉的领域，不同的是之前主要是融资支持新建项目，而租赁的特色则在于盘活存量资产。根据当时国家提出的"十三五"规划，五年内全国城市市政基础设施投资规模预计在 10 万亿元左右，铁路、公路投资规模在 6 万亿元左右。对于地方而言，基础设施资金需求较为庞大，存在较大的缺口。与此同时，各地前期投入形成了规模庞大的固定资产，如大量轨道交通、高速公路、道路桥梁等，但由于其收益率低、回收期长的特性，对后续投入的支持力度有限。如果采用金融租赁方式，以资产售后回租作为融资模式，可将地方流动性较差的物化资产转变为流动性强的现金资产，化解流动性不足的风险，改善公司资产负债结构。针对这一现实需求，我来到国银租赁后就提出要研究基础设施租赁业务新模式，与开发银行各地分行加大协作力度服务地方经济发展。后来公司逐步针对市政基础设施、能源基础设施、高速公路等设计了相应的租赁产品，通过售后回租和经营性租赁等方式，支持了部分交通基础设施、市政基础设施、保障性住房租赁项目，与开发银行各地分行实现了业务的有效协同，丰富了对重点客户和优质客户的金融服务，成为开发银行"投贷债租证"综合服务的重要组成部分。截至 2017 年底，国银租赁在基础设施业务领域先后投入近千亿元，业务涉及全国 13 个省、自治区和直辖市，客户类别覆盖各地轨道交通公司、高速公路公司、城市资产投资公司、水务环保公司、旅游开发公司等。此外，国银租赁在全国 5 个省、自治区和直辖市与地方政府合作开展了保障房租赁服务，为合计超过 3.7 万套保障房提供了融资。

支持装备制造升级

作为推动工业转型升级的引擎，高端装备制造业对于加快转变经济发展方式、实现由制造业大国向强国转变具有战略意义。2015 年国务院印发《中国制造2025》，高端装备制造业迎来重要的战略机遇期。根据《中国制造2025》规划，高端装备占装备制造业的比重将大幅提升，2010 年，高端装备业实现销售收入 1.6 万亿元，占装备制造业的 8%，2015 年超过 6 万亿元，占比超过 15%，2020 年预计达到 16.48 万亿元，占比超过 25%。

实际上，融资租赁与装备制造业具有天然的契合关系，在服务装备制造业发展中发挥着重要作用，可为高端装备制造业的发展提供全方位支持。为此，国银租赁设立了专门的装备制造业务部门，与原有中小业务部一道，专业开展高端装备制造业务。两年多来，我们通过厂商租赁模式，支持了徐工机械、三一重工等，年合作金额均超过百亿元。2017 年，国银租赁通过直接租赁的方式试点支持了比亚迪云轨项目，同时与沈阳机床合作，采用经营性租赁的方式，开展智能机床的租赁业务，支持了沈阳机床的转型发展。这仅仅是个开始，未来国银租赁还将进一步加大对高端装备制造业转型升级的支持力度，将其作为重要发展战略来执行。

图 27
国银租赁支持的比亚迪 K9F 型号纯电动公交车项目

推进绿色租赁

绿水青山就是金山银山。推动绿色租赁发展与开发银行倡导的核心价值观一脉相承，也是国银租赁履行社会责任的重要方面。根据党的十八大提出的"构建市场导向的绿色技术创新体系，发展绿色金融、壮大节能环保产业、清洁生产产业、清洁能源产业"这一号召，我们将发展绿色租赁业务作为国银租赁的重要业务板块来抓，围绕清洁能源、节能环保、循环经济等三大业务板块，相继推动风电、光伏发电、核电、城市绿色照明、新能源车辆、节能减排等多领域租赁业务开展，累计投放金额超过百亿元。2015 年，国银租赁专门建立了以新能源和节能环保为重点业务领域的专业化团队，突出战略重点，着力推进绿色租赁领域市场化、专业化、特色化发展。2016 年，国银租赁在深圳银行业社会责任工作评选中荣获"年度最佳绿色金融奖"，这是对公司履行"绿色金融"社会责任的高度肯定。为进一步推进绿色租赁业务发展，2017 年 9 月 23 日，我们在上海与兴业金租、恒鑫金租等近 50 家金融租赁同业一道，成立了国内首个绿色租赁发展共同体，成为绿色金融在租赁行业落地的重要成果。截至 2017 年底，国银租赁的绿色金融租赁资产总计近百亿元，已经初步形成了特色的业务板块，也积累了人才优势和客户优势。随着未来环境保护政策的持续落地，绿色金融租赁仍然大有可为。

▌图28

2017 年 9 月 23 日，绿色租赁发展共同体在上海揭牌。

▌防控金融风险：守土有责，推进全面风险管理

2014 年我到国银租赁上任伊始，公司就面临前所未有的严峻考验。首先是大量不良资产的暴露。经过内部巡视，原本经营指标正常的表象下居然隐藏着巨额的不良资产。其次是管理层内部出了问题。国银租赁原主要负责人因涉嫌受贿被司法起诉，对于公司来说是一个沉重的打击。在这种背景下，要实现开发银行总行要求的公司市场化改革及实现上市的目标，似乎遥不可及。要扭转公司发展的不利局面，首要任务是化解存量的不良资产。

化解不良资产

经过反复的风险排查，我们发现公司面临的风险形势比当初预期的还要严峻。从实际暴露的风险看，符合"双名单"风险特征的项目近 70 个，租赁资产超过百亿元，占公司 2014 年租赁资产的比重接近 8%。如此沉重的包袱确实让我大吃一惊，靠现有的利润来消化这些不良几乎不可能，必须采取多元化方式、多方着手处置。在开发银行总分行和地方政府的支持下，通过打包转让、租金催收、法律诉

讼、委外催收等方式，到 2017 年底，国银租赁存量不良及风险资产得到基本化解，不良资产率由 2015 年最高的 1.75% 下降到 2017 年末的 0.8%。但是，国银租赁也遭受了巨额减值损失，我对租赁行业的了解也正是从化解这些不良资产逐步深入的，这也让我对租赁行业发展的教训有了深刻的认识。

案件诉讼效率低下。在化解不良的过程中，国银租赁面临着大量诉讼问题要处理。但在案件的实际处置过程中，诉讼效率不高、裁判尺度不统一是制约融资租赁债权追索的主要问题。一是审判周期长影响租赁物处置时机。一宗融资租赁案件基层法院从立案日到庭审日的排期时间平均为 3—4 个月，部分案件由于承租人无法送达的原因，被迫采用公告送达，则需时更长，实践中案件的平均审理时间一般会超过 6 个月。由于承租人流动性强、租赁物贬值快，无法迅速控制租赁物、执行承租人有效资产，将陷入"人物两失"的僵局，即使后期取得胜诉判决也无法顺利回收债权。二是租赁物所有权易受第三人侵害。例如在动产设备的融资租赁业务中，由于除交通工具外的动产缺乏产权登记机构，出租人较难公示其所有权，在日常交易中较易出现承租人擅自处分租赁物给第三人的情形造成侵犯出租人所有权的情形，而除善意第三人外，在司法过程还存在出租人的租赁物被司法机构误认为属于承租人而错误查封冻结的情况。三是融资租赁标的物与破产财产分割未能落实。在司法实践中，承租人进入破产清算或者重组的时候，部分法院指定的破产管理人基于各种因素的考虑，容易将租赁物作为破产财产，不予返还出租人，甚至在出租人启动诉讼程序一审、二审乃至进入执行程序仍无法取回租赁物，对此破产受理法院应当有所作为，依法督促破产管理人将租赁物返还出租人。

租赁物登记制度的缺位。金融租赁业务与银行贷款在风险防控方面最大的优势在于金融租赁公司对租赁资产的所有权。但目前我国在租赁业物权保护制度方面不够完善。目前我国对租赁物所有权登记和管理缺乏明确的法律法规和独立登记平

全国人民代表大会财政经济委员会

（人大工作类）
同意对外公开

全国人民代表大会财政经济委员会

人财函字〔2015〕3 号　　　　签发人：乌日图

对十二届全国人大三次会议第 5033 号建议的答复意见

王学东等代表：

您提出的关于加快融资租赁立法的建议收悉，现答复如下：

财经委员会同意您关于加快制定专门的融资租赁法的建议。我们认为，近年来我国融资租赁业发展迅猛，已成为仅次于美国的全球第二大租赁市场，但融资租赁业的发展环境还不够完善，相关法律法规和政策规章还不够健全，面临许多体制性制约。在我国目前的体制环境和市场环境下，制定专门的融资租赁法，符合市场和行业发展的迫切需要，有利于规范和促进该行业快速健康发展，并有效解决制约该行业发展的主要问题。

▎图 29

2015 年，我提出的加快融资租赁立法的建议得到全国人大财经委的积极回应。

台，租赁公司对租赁物的所有权、取回权得不到有效保护。由于缺乏统一的动产交易登记系统和公示平台，承租人存在将租赁物反复抵押、"一女多嫁"等情况，租赁公司无法对抗善意第三人，租赁物资产权益往往悬空，极大地制约了租赁业的发展。为此，我就完善租赁登记制度提交了两个人大建议，只有租赁物有了保障，租赁业的发展才有坚实的基础。

租赁立法的缺失。从法律层面来看，目前规范融资租赁交易层面的主要是《合同法》和《物权法》，调整融资租赁业监管层面的主要是《金融租赁公司管理办法》、《外商投资租赁业管理办法》等部门规章或规范性文件。相对于信托、基金而言，作为国内金融市场的第四大金融产品，融资租赁业的法律规范相对零散，与国家对行业发展的定位严重不符。正是由于融资租赁业缺乏统一、明确的立法，有关部委在制定政策时，往往忽略融资租赁的金融特性。这也是我在多个场合呼吁加快融资租赁立法的主要原因，只有夯实融资租赁的法律法规基础，行业的发展才会更加有序、规范。

推进全面风险管理

化解不良资产只是解决存量问题，更为重要的是建立风险管理的长效机制。我们通过分析公司风险管控的薄弱环节，研究建立覆盖信用风险、市场风险、操作风险等全部风险管理类型，租前、租中、租后等全部风险管理环节，以及全员的风险管理文化的全面风险管理体系。2017 年，国银租赁制定了《全面风险管理基本规定》，作为公司全面风险管理的顶层纲领。《规定》将银监会、香港联交所的监管要求、国际先进的管理理念与公司实际结合，搭建了公司风险治理的总体架构。同时，结合监管要求与公司自身的业务特色及经营战略规划，并通过对标同业实践，公司制定了《风险偏好与风险限额管理办法》和《风险预警管理办法》，其中，指标体系包含核心限额指标 10 个、预警指标 48 个、观察指标 20 个。"动员千遍不如问责一次"。在此基础上，公司风险部门建立了系统的风险管理责任制，最终形成了 "1 + 9 + 1" 的责任制制度体系，覆盖了公司全体员工、各业务条线，从问责到追责实现了闭环运作。2016 年以来，国银租赁不良资产额和不良率实现 "双降"，不良资产率控制在 1% 以内，拨备覆盖率从 150% 增加到 182%。

深化金融改革：国银租赁的上市发展与国际化之路

现行资本充足率监管要求下，金融租赁公司的业务规模受资本金的约束非常明显。就国银租赁而言，2008 年开发银行入股之后，资产规模发展至 1400 亿元左右就碰到了"天花板"，已连续三年资产规模徘徊不前。我到国银租赁之后就意识到了这个问题的严重性，亟需通过补充资本金来破解这一资本约束。在股东增资难以实现的情况下，通过上市来补充资本金成为一个多赢的选择，既可打破注册资本的约束，又可以增强公司市场化运作的能力。

国银租赁的上市历程

国银租赁的上市是公司市场化改革提升的重要战略，也开创了国内金融租赁公司的先河。2015 年 4 月，公司正式启动股改上市工作。在开发银行及主管部门的全力支持下，仅用 5 个月不到的时间，就完成了股改阶段的尽职调查、审计评估、内部决策、监管报批等工作。2015 年 10 月起，我和公司高管团队先后到北美、欧洲、新加坡、香港及国内几大城市进行非交易路演，会见了 140 多家机构投资人。2016年 6 月，公司在香港、新加坡和纽约等地进行了正式路演。即将正式发行之际，英国脱欧公投这一"黑天鹅"事件爆发，国银租赁因此共损失约 2 亿美元的订单，对发行造成了巨大的负面影响。经过多方努力，上市前最后三天时间公司又新增了2.2 亿美元的确定性订单和备用订单，国银租赁在香港的公开发售也获得了 1800 万美元的认购，占香港公开发售部分的 31%。2016 年 7 月 11 日，公司最终以 2.00 港元定价上市发行，并在香港联交所举办的"2016 中国融资上市公司大奖"中荣获最佳 IPO 大奖。

至此，经过 14 个月的艰苦奋战，公司实现了从股改到上市的重大转变，国银租赁的成功上市意义重大。对我国租赁业而言，国银租赁成为第一家上市的国际性金融租赁公司，起到了示范作用；对开发银行集团而言，是开发银行改革"三步走"战略中深化子公司改革的重大成果，有利于开发银行借助市场约束和监督的力量提升对子公司的管理效能，提高战略贡献和财务贡献；对国银租赁自身而言，上市不但使国银租赁股本增至 126 亿元人民币，稳居国内租赁公司第一位，更重要的是完善了治理机制，建立了市场化运营的激励约束机制。我们以上市为契机，进一步明确公司发展战略，提升国际化市场形象，实现了公司治理、业务决策、薪酬激励和人力资源管理四项市场化机制落地，各项经营指标全面改善，行业影响力不断增强。

在国银租赁上市总结会上，开发银行总行郑之杰行长说，国银租赁在香港上市是开发性金融内涵的扩展，是开发银行在政府与市场之间向市场一方的延伸，真正地接到了市场的地气。开发银行总行胡怀邦董事长说，国银租赁改制上市体现了我们开发银行集团协同配合的精神，有关部门按照总行党委的统一部署，积极协助开展风险化解工作，有力地保障了国银上市工作按计划顺利进行，这是我们开发银行整体合力的结果。这既是对国银租赁的肯定，更是对我们更高的期望。

图 30
2016 年 7 月 11 日，国银租赁在香港联交所正式开锣上市，图左为开发银行总行胡怀邦董事长。

拓宽融资渠道

金融租赁公司高负债经营特点鲜明，租赁资产期限普遍较长，对中长期债务资金有持续的需求。根据《金融租赁公司管理办法》（中国银监会令 2014 年第 3 号）规定的业务范围，金融租赁公司融资渠道较为有限，目前普遍依赖银行短期同业资金，存在资产负债期限错配、流动性风险敞口较大的问题，因此迫切需要拓宽融资渠道来补充资金。但金融租赁公司的金融债和证券化产品目前只允许在银行间市场发行，相比于普通企业银行间市场发债的备案制，金融租赁公司发债仍需履行审批流程，且额度有限，目前还无法作为一项常规、市场化的融资手段。借用外债方面，金融租赁公司中长期外债需向发改委备案，短期外债需向外汇管理局申请指标，申请、审核和使用过程相对繁琐，受地区外债规模控制，外债额度难以满足行业实际需求。此外，金融租赁公司外币外债资金不允许结汇用于偿还境内人民币贷款，流入国内也十分困难。融资难题直接约束了租赁公司的发展，对此，我先后向全国人大提交了"关于推进金融租赁公司金融债券发行注册制"、"提高金融租赁公司融资能力"等建议，希望在政策上放松对金融租赁公司发债的管制，提高审批效率，得到了相关部门的重视。近年来租赁公司发债政策逐步优化，租赁公司发债数量和总体规模得到了有效提升，2017 年全年共发行租赁金融债 28 只，较 2016 年同比增长 86.67%；总发行规模达到 519 亿元，同比增长 85.36%。尽管如此，租赁公司发债总量仍然占比较小，能够通过发债融资的租赁公司仍然不多，政策仍然存在进一步的改进空间。国银租赁在搭建多元融资渠道方面也进行了多番尝试，借助较高的自身信用，成功打通了境内外债券发行通道。2016 年，国银租赁获批 100 亿元金融债券发行额度，至 2017 年底，已完成 100 亿元金融债券获批额度项下的全部发行，累计发行四期五个品种，并成功开启了"债券通"金融债发行渠道。同时建立境外中期票据计划并发行 10 亿美元债券。在债券发行之外，国银租赁也先后引进保险、信托、资管资金，多元化的融资渠道建设取得了一定成绩。

国际化发展

对标国际先进租赁企业，打造国际一流的租赁公司是开发银行总行党委给予国银租赁的期望和重任。融资租赁是我国改革开放初期招商引资所形成并逐步发展壮大的，租赁行业不但可以将国外高端设备和技术引入国内，近年来也开始把"中国制造"出口国外，帮助国内大型制造企业将船舶、海工装备、发电装备、电信设备、医疗设备等租给国外用户。国际化发展能让租赁公司在服务国内实体经济发展方面发挥更大的作用。我们优先选择迈向国际化的是飞机租赁业务，这也是国银租赁一直以来的特色业务。由于飞机资产的全球流动性特征，同时，在飞机采购、交易、技术、法律、税务上的专业性，设立海外机构是合适的选择，这是中国租赁公司开辟国际市场、培养国际化专业人才、提高国际竞争力的必由之路。经过一番努力，2016 年 10 月，中国银监会批准了国银租赁在爱尔兰设立航空租赁子公司，这是国内首家获批在境外设立的航空专业租赁公司。截至 2017 年底，国银租赁管理的飞机超过 400 架，位列全球飞机租赁公司第十位，与境外 25 个国家 45 家航空公司开展租赁业务，境外聘用员工超过 100 人，完全实现了境内外新老飞机的跨境租赁。

图 31

2017 年 6 月 23 日，国银航空子公司在爱尔兰都柏林正式挂牌成立，成为国内首家境外航空专业子公司。

展望：打造健康可持续的金融租赁行业

2017 年召开的全国金融工作会议强调金融要把对实体经济服务作为出发点和落脚点，服务实体经济、防控金融风险与深化金融改革将成为未来五年金融工作的重点任务。在这一背景下，融资租赁作为与实体经济结合最紧密的金融子行业，将迎来新的挑战和机遇。新形势下，金融租赁行业中通道业务为主的业务模式将经受考验，以提供专业化服务为理念的租赁公司将迎来发展黄金期。

聚焦租赁物，提升服务实体经济能力

租赁的特点是"融资 + 融物"，行业发展的核心在于对全社会固定资产投资的渗透率。只有将金融租赁与实体经济的有效需求主动对接，通过优化业务布局、创新业务模式、调整业务结构，才能紧跟经济发展大势，在加快推动新旧动能转化，促进传统产业优化升级等方面，展现出金融租赁公司独有的竞争力。因此，政策制定部门和监管部门应重点引导金融租赁公司由以"融资为主"逐步向"融资"与"融物"并重转型，既不脱离"以资融物、以资收租"的金融属性，也要发挥"以物避险、以物增值"的作用。对此，我向全国人大提交了"推动《国务院办公厅关于促进金融租赁行业健康发展的指导意见》尽快落地"的建议，希望能早日推进上述政策的实施落地，通过政策引导来提升金融租赁公司的资产管理能力，由"融资者"向"资产管理者"转型，由"被动接受资产"向"主动配置和管理资产"转型，从业务创建、服务提供、资产管理、价值实现四个方面构建专业化的资产管理和处置能力。

强化风险管理，打造适合租赁业特点的风险管理体系

在聚焦租赁物的基础上，要逐步建立以租赁物为核心的风险管理体系，加强租赁物的确权和权属管理，加强租赁物选择和价值评估，充分考虑租赁物价值稳定性、流动性和可变现性。在租赁业务开展后，及时进行相应的登记并通过各种方式声明所有权，强化租赁物的管控。同时可利用物联网技术跟踪等手段，对租赁物的使用情况、维护保养状况、二手市场交易等进行及时有效的跟踪和评价，加强租赁物价值管理，提升租赁物所有权在交易结构中的风险缓释能力。除了体系建设外，在管理上还应培育良好的风险管理文化。租赁公司应积极倡导风险管理文化的建设，建立良好的风险管理意识，推行全员参与的风险管理文化。

紧密跟进行业发展，培育专业化运营能力

经过 30 多年的发展，我国的融资租赁交易额已经跃居世界第二位，但是从渗透率、租赁业务结构等方面综合考虑，大多数金融租赁公司还仅仅处于简单融资租赁的阶段，尚未形成自己专业化的优势。金融租赁公司应该在发展中逐步培育自身的优势，选择适合本企业发展的租赁行业来深耕，使得企业在设备管理、维护乃至处置方面建立自己专业化的优势。在某些行业领域、地区树立综合性服务的企业形象，充分发挥融资租赁的融资、融物和辅助中小企业发展的功能，树立起自身的品牌竞争力。

加快融资租赁立法，夯实行业发展基础

2015 年 3 月第十二届全国人大第三次会议的建议

融资租赁，由于行业监管不同，受银监会监管部分也称"金融租赁"，因其具有融物和融资两项功能，在支持实体经济、支持装备制造业出口、盘活固定资产、产能转移、加快产业技术升级方面具有独特的优势；在解决小微企业融资难、促进小微企业尤其民营企业发展、增益市场活性方面作用明显；在服务国家"一带一路"及"走出去"战略等方面亦大有可为。自 2007 年银监会批准银行设立金融租赁公司后，行业得到快速发展，融资规模屡创新高，至 2014 年我国融资租赁规模已超过 3 万亿元，成为继信贷、证券、信托后国内第四大金融工具，为国家经济建设作出了重要贡献，国务院及各相关部委亦对融资租赁高度重视，研究并出台多项措施支持融资租赁行业发展。但反观现有的法律环境，已不能满足融资租赁业的蓬勃发展，某些法规、规章甚至成为融资租赁发展的障碍，不符合中央及各级政府大力发展融资租赁行业的政策导向，不利于充分发挥融资租赁的应有作用。为规范国家金融秩序，保障融资租赁各方合法权益，促进融资租赁行业健康发展，有必要制定统一的融资租赁法律，特此提出《关于加快融资租赁立法的建议》。

一、现有法律环境滞后于融资租赁业发展

（一）融资租赁行业蓬勃健康发展，在服务实体经济中作出了重要贡献

一是业务规模不断扩大，市场地位日益显著。从 2007 年到 2014 年，我国融资租赁每年新增业务额由 800 亿元提升至 9300 亿元，截至 2014 年 12 月 31 日，全国融资租赁合同余额约 3.2 万亿元，成立金融租赁公司 30 家，注册资本 972 亿元；成立融资租赁公司 2000 余家，注册资本 5600 余亿元。

二是投资主体多样，服务领域广阔。融资租赁业已形成以银行设立的金融租赁公司为主，大型企业与制造商设立的租赁公司齐头并进的多头鼎立局面，在服务领域上依托股东专业优势，各企业在各个领域百花齐放，其中以开发银行下属国银金融租赁有限公司为代表的银行系金融租赁公司重点发展飞机、船舶、海工、城市基础设施等租赁业务，并在新能源、装备制造业出口等领域形成规模；以中联重科、三一重工等厂商设立的厂商租赁公司在工程机械、交通运输等领域围绕厂商销售体系的优势，服

务中小微实体经济；还有一些租赁公司在医疗卫生、机床、印刷、农业机械等领域拓展业务并取得良好成效。

三是中央政府和各部委以及地方政府高度重视融资租赁行业的发展，陆续出台政策促进融资租赁发展。中央过去几年在多份文件中提出支持融资租赁业发展，北京、上海、深圳、广州、天津等地方政府也纷纷出台了促进融资租赁业发展的政策措施，政策带来的红利在持续发酵，融资租赁业正面临更大的发展机遇。综观融资租赁在世界范围内的发展历程，往往在其经济快速发展的时候，特别是制造业升级换代之时，将迎来该国融资租赁的大发展，我国目前经济的发展已经奠定了融资租赁发展的客观基础。

（二）现有法律环境滞后于蓬勃发展的融资租赁业，甚至成为融资租赁业发展的障碍

首先，虽然我国《合同法》对融资租赁合同有所规范，但其债权行为规范的性质决定了对融资租赁中的物权部分难以进行调整，同时滥用《物权法》善意第三人制度的行为给融资租赁行业带来了较大的损害，出租人的租赁物被承租人恶意处分及第三人随意查封的案件时有发生，虽然中国人民银行征信中心、最高人民法院等都尽力尝试补救，但是根据物权法定原则，其效力不足，不能彻底、全面地解决这一问题。由于法律制度的缺陷，导致租赁公司独自承担损失，这一制度缺失亟需弥补。

其次，由于融资租赁的复合功能，业务涉及很多环节和方面，特别是交易模式、物权保护、财税政策，仅依靠《合同法》及司法解释方面的规定还不能充分、有效地保障融资租赁行业的发展。比如转租赁、委托租赁的交易形式未得到法律层面的确定，比如融资租赁交易中租赁物的所有权归出租人，而用益物权和留购权属于承租人时，如何看待融资租赁物的属性，如何在财税征收、产权登记等方面进行区分处理，如何保护出租人取回、处置租赁物的权利等方面仍存在法律空白和冲突，已经制约了融资租赁的发展。

此外，涉及融资租赁各方面的规定散见于不同的法律、法规、规章中，还有很多零星、散落的政策，缺乏统一梳理、协调和规范。同时，与融资租赁业类似的行业如信托、基金等都有专门立法，作为市场第四大金融产品，法律上的地位与其市场地位严重不匹配，市场需要统一的融资租赁法进行调整。

（三）行业的金融属性需要明确

正由于缺乏统一、明确的立法，国家有关部委在制定部门规章时，往往忽略融资租赁的金融特性，例如在过去几年的"营改增"过程中，各地税务部门对融资租赁的认识不一，有的偏重于融资属性、有的偏重于融物属性、有的看重实质、有的看重表象，操作起来五花八门，给租赁业造成很大的困惑，甚至一度被迫中断了深受欢迎的设备售后回租业务。其他方面例如财税政策、税收减免优惠、海关监管设备进口、特殊行业准入、特殊物品经营资质、外汇管理、抵押登记、车船登记等，由于融资租赁的金融属性未得到普遍的认识，导致在实际业务操作过程中融资租赁公司受到不应该

有的制约或被遗漏。

二、具体对策

第一，制定《中华人民共和国融资租赁法》，明确融资租赁的金融属性，保护出租人对租赁物的所有权，同时兼顾善意第三人权利的保护，对融资租赁的救济程序应比抵押权的实现更加便利和有效，保障出租人对租赁物的取回权。

第二，明确租赁物的产权登记原则及有关登记、交易税费的处理原则，特别是不动产融资租赁的属性及登记，规定在动产和不动产登记中应具备融资租赁的产权登记项，合理处理其与《物权法》中善意取得制度之间的关系。

第三，根据特殊租赁物的属性，如机动车、航空器、船舶、卫星等，规定适用于该类租赁物的回收、处置程序。

综上，加快融资租赁立法，符合当前融资租赁行业发展和市场的需求。通过对融资租赁立法，将进一步推动融资租赁业的发展，有利于我国装备制造业"走出去"、产业升级和转移、盘活固定资产、支持大飞机和海工制造业发展，有利于加强国家对金融秩序的管理，保障国家的金融安全。

放宽金融租赁公司新增规模管控

2015 年 3 月第十二届全国人大第三次会议的建议

　　融资租赁是集融资与融物、贸易与技术服务于一体的金融产品。从宏观经济角度看，租赁服务于实体经济，可以拉动投资和消费，并可以有效配置社会资源，实现资源的有效利用；从微观经济角度看，租赁是一种灵活高效的融资渠道，也是一些大型设备制造商产品销售的重要渠道。基于租赁对国民经济的重要意义，许多国家对租赁业发展都给予了相应的政策扶持，在欧美等发达国家，租赁已发展成为仅次于银行信贷的第二大金融工具，租赁交易额占固定资产投资总额的比重即租赁市场渗透率高达15%—30%。

　　租赁行业的快速发展，离不开行业环境的改善。我国融资租赁业自 1981 年起步，由于政策的局限性，发展过程跌宕起伏，直至 2007 年银监会颁布实施新的《金融租赁公司管理办法》，允许商业银行控股设立金融租赁公司以来，带动租赁行业驶入了发展的快车道，也让行业受到越来越多的关注和重视。近年来，国家、相关部门和地方陆续出台了一系列政策和法规，支持和促进租赁行业的发展。截至 2014 年末，全国各类融资租赁企业达到 2202 家，融资租赁合同余额约 3.2 万亿元，其中在册运营的金融租赁公司 26 家，金融租赁合同余额约 1.3 万亿元。

　　自 2011 年以来，人民银行对金融租赁公司人民币融资租赁实施总量控制的窗口指导政策，规定金融租赁公司人民币融资租赁业务月度和年度投放只能控制在核定的额度内，而其他类型融资租赁公司则不受此限制，一定程度制约了金融租赁业的发展和服务实体经济的能力。

一、发展金融租赁符合国家经济战略方向

　　定向放宽对金融租赁公司的规模管控，符合国家大力发展融资租赁业的决策部署，有利于稳增长促改革调结构惠民生，充分发挥租赁服务实体经济的作用。

　　（一）国家明确要求将融资租赁作为现代服务业发展的战略重点

　　如《国务院关于加快发展生产性服务业促进产业结构调整升级的指导意见》（国发〔2014〕26 号）明确规定，建立完善融资租赁业运营服务和管理信息系统，丰富租赁方式，提升专业水平，形成融资渠道多样、集约发展、监管有效、法律体系健全的融

资租赁服务体系。大力推广大型制造设备、施工设备、运输工具、生产线等融资租赁服务，鼓励融资租赁企业支持中小微企业发展。引导企业利用融资租赁方式，进行设备更新和技术改造。鼓励采用融资租赁方式开拓国际市场。紧密联系产业需求，积极开展租赁业务创新和制度创新，拓展厂商租赁的业务范围。引导租赁服务企业加强与商业银行、保险、信托等金融机构合作，充分利用境外资金，多渠道拓展融资空间，实现规模化经营。

（二）中央领导对租赁行业高度关注

鉴于租赁以融资、融物相结合方式服务实体经济的特性，近年来，国家领导人多次要求发挥融资租赁的作用，服务实体经济发展。李克强总理 2013 年底视察工银金融租赁有限公司时，充分肯定了金融租赁对实体经济的促进作用，并指出，"金融租赁在我们国家是一个新高地，这个业务在国内历史不长，特别是做大型设备的租赁，我们这方面经验不丰富，人才也不是充足的，政策配套也不完善，国家要想办法，培育这个产业发展起来，因为这个产业它本身是直接为实体经济服务的，而不是在那里空转。"

（三）有利于丰富和完善我国金融服务体系

在我国，相对于银行和证券市场的长足发展，金融租赁长期处于"短板"地位，业务总量占整个金融总量的比重微乎其微。建立完善我国多功能、全方位的综合金融服务体系，需要扶持和鼓励金融租赁业快速发展，以提升金融业服务实体经济的能力。我国是发展中国家，在经济发展过程中，投资需求始终会保持一种较为旺盛的状态，而资金供应不足将是我国长期面临的问题。运用融资租赁缓解我国经济建设中面临的资金供求矛盾，在一些方面有着独特的优势。与银行贷款、发行债券、股票等方式相比，承租企业运用融资租赁具有筹资限制少、手续简便易行等优势；同时，融资租赁是我国引进外资、输出设备与资本的一种有效途径，对于促进国产设备出口和资本输出具有重要的促进作用。

二、建议

放松或取消对金融租赁公司的规模管控。理由如下：

（一）有利于促进租赁行业公平竞争

我国目前的租赁公司根据主管部门不同主要有金融租赁（银监会监管）、外商投资融资租赁（商务部监管）及内资试点融资租赁（商务部与国家税务总局共同监管）三类，除金融租赁公司外，其他融资租赁企业不受人民银行规模管控，不利于行业公平竞争。因此，金融租赁公司实施与其他融资租赁企业一样的规模控制政策，只要资本充足率等关键指标没有碰触监管红线，应鼓励其加快发展，既有利于金融租赁业进一步发展壮大，也有利于促进行业公平竞争。

（二）对金融租赁公司规模管控属于信贷总量控制的重复

根据中国人民银行有关通知要求，2015 年人民币贷款统计使用新口径，即将存款类金融机构拆放给非存款类金融机构的款项纳入合意增量计算内。金融租赁公司属于非存款类金融机构，其营运资金主要来源于银行贷款或拆借，是将银行该部分信贷资金最终投向实体经济的平台。因此，将金融租赁公司人民币业务投放纳入规模管控，实际造成了信贷总量统计的重复，因为银行部分信贷资金并非直接而是通过金融租赁公司投入实体经济。

优化融资租赁业 "营改增" 税收政策

2015 年 3 月第十二届全国人大第三次会议的建议

"营改增"是国家为推进调整经济结构、加快转变经济发展方式所采取的结构性减税的重大举措，对经济社会发展具有积极作用。随着"营改增"试点将融资租赁业全面纳入，其积极作用得到了有力发挥，但也存在急需解决的问题。

一、融资租赁业 "营改增" 的意义

融资租赁业纳入"营改增"试点，对融资租赁业健康可持续发展影响深远，一是从根本上解决了增值税与营业税两税并存造成的融资租赁业增值税抵扣链条断裂的问题；二是融资租赁业适用增值税以后，租赁公司可开具租金增值税专用发票，承租人为取得有形动产所支付的价款本金和利息所产生的增值税均得以抵扣，消除了营业税重复征税的弊端，大大降低了承租人税负；三是从税制上有力地推动了融资租赁业与先进制造业的深度融合，促进租赁公司充分发挥增值税抵扣的积极作用，有利于融资租赁业优化商业模式，提高专业化水平和竞争力。

二、目前存在的主要问题

融资租赁业营业税按差额纳税，即租赁价款及价外费用扣减有形动产价款和相应的银行借款利息后再纳税，税率为 5%。"营改增"后，租赁公司税基未变，税率则由 5% 提高至 17%，对应的附加税费也相应提高 12 个百分点，而较多承租人（尤其是诸多中小企业）为非一般纳税人，租赁公司税负难以转嫁，因而总体税负大幅增加，不利于融资租赁业持续发展，也不利于支持中小企业解决融资困难。

三、政策建议

《国务院关于加快发展生产性服务业促进产业结构调整升级的指导意见》（国发〔2014〕26 号）等文件明确规定，将融资租赁作为现代服务业发展战略重点。在国外，租赁业通常享有税收政策支持。我国融资租赁业目前仍处于起步阶段，国家应给予更多扶持，促进行业健康稳定发展。

鉴于租赁公司自身税负大幅增加问题，建议对有形动产租赁服务实行两个税率，

即有形动产价款部分适用17％税率（如部分标的物或承租人按国家政策适用特殊税率，租赁公司也适用该特殊税率）；租息等融资租赁收入部分，适用6％税率。这样做，既适应了增值税计征原则，也符合融资租赁的本质特征，同时可很好地化解"营改增"试点阶段暴露出的问题。

1. 有形动产价款部分仍适用17％税率，可使租赁公司与承租人之间围绕有形动产形成完整的增值税抵扣链条，保证融资租赁业上下游产业链畅通，各方开展业务没有税收障碍。

2. 如部分标的物或承租人按国家政策适用特殊税率，租赁公司也适用该特殊税率，可避免在标的物或承租人按国家政策适用免税或低税率的情形下，采取租赁方式也不会导致抵扣链条不匹配或断裂。

3. 融资租赁的本质特征是以融物的形式实现融资，在融资租赁业务的租赁环节，出租人发挥的是提供融资的作用，销售的只是租赁服务，取得的收入仅限于租息，因而，对租赁公司的租息应参考其他类别现代服务业适用的税率（6％）征收增值税。

由于租赁公司税负增加主要在租息部分（税率由原营业税的5％增加至17％），如按上述建议对有形动产租赁服务实行两个税率，对租息部分参考其他类别现代服务业的6％税率征税，则有效解决了融资租赁业"营改增"后税负大幅增加的问题，利于行业持续发展及长期税源的稳定和扩大。

推进金融租赁公司金融债券发行注册制

2015 年 3 月第十二届全国人大第三次会议的建议

截至 2014 年底，经中国银监会核准设立的金融租赁公司共 30 家，总资产达到 1.3 万亿余元，保持较快的增长趋势。在我国经济发展方式转变与结构调整的大背景下，金融租赁行业充分发挥融资与融物相结合的特点，支持实体经济发展，是银行等传统金融业的重要补充，已成为企业设备融资的主要渠道之一。

金融租赁公司高负债经营特点鲜明，租赁资产期限普遍较长，对中长期债务资金有持续的需求。根据《金融租赁公司管理办法》（中国银监会令〔2014〕第 3 号）规定的业务范围，金融租赁公司融资渠道较为有限，目前普遍依赖银行短期同业资金，存在资产负债期限错配、流动性风险敞口较大的问题，因此迫切需要通过发行金融债券筹集长期资金，拓宽融资渠道。

我国债券市场融资规模增长迅速，市场化程度已经较高。在银行间市场交易商协会，非金融企业发行债务融资工具执行注册制，发行方案于公告发行文件前三个工作日向交易商协会备案。根据《全国银行间债券市场金融债券发行管理办法》（中国人民银行令〔2005〕第 1 号），政策性银行发行金融债券执行备案制，按年向中国人民银行申请额度，经核准后采用备案制发行；但商业银行等其他金融机构发行债务融资工具仍执行核准制。

根据《中国人民银行 中国银行业监督管理委员会公告》（〔2009〕第 14 号）及《金融租赁公司管理办法》，金融租赁公司经银监会资格审查，并经中国人民银行及银监会核准，可在银行间市场发行债券融资。由于申报核准流程长，核准发行规模小，无法满足金融租赁公司日益增长的长期资金需求。目前，金融租赁公司发行金融债券整体规模很小，截至 2014 年底，仅有 4 家金融租赁公司已获核准发行金融债券，合计 110 亿元人民币，仅占金融租赁公司融资余额的约 1%。将现行金融租赁公司发行金融债券核准制更改为注册制，在以下两个方面具备优势：

一、建立金融租赁公司长效融资机制，降低行业系统性风险

金融租赁行业的规模已经较大且增长迅速，但融资渠道仍基本局限于银行间接融资，并且是以银行短期同业融资为主，存在资产负债期限严重错配、融资成本波动较

大的问题，不利于行业的稳定发展。同时，金融租赁公司对银行间接融资的依赖导致流动性风险仍然保留在银行体系内，随着规模的不断增长会进一步影响金融市场的稳定。支持和鼓励直接融资，有利于金融租赁公司优化资产负债匹配结构，缓解流动性风险，进而降低金融市场的整体风险。

二、简政放权，发挥市场的决定性作用

金融租赁公司本身受到银监会的严格监管，行业整体资信水平较高，发行债券有较高的市场接受度。金融租赁公司发行金融债券可进一步引入市场监督，有利于金融租赁行业的持续稳定发展，有利于通过市场的选择，支持经营良好的租赁公司降低融资成本，提升支持实体经济的能力。在一般企业发行债券已基本市场化，债券市场已逐步成熟的基础上，支持金融租赁行业市场化发债融资有利于金融系统的市场化改革。

关于融资租赁诉讼案件有关问题的建议

2015 年 3 月第十二届全国人大第三次会议的建议

"支持中小微企业，服务实体经济"是一个世界性的课题，也是社会关注的焦点。党中央、国务院始终关注中小微企业的发展，为积极响应国家号召，融资租赁行业推出了面对中小微企业的融资租赁产品，在一定程度上缓解了部分中小微企业融资难的问题。

近两年来，受国内产业结构调整、基础建设需求放缓的影响，相关实体产业出现波动，对融资租赁项目的承租人尤其是中小微承租人的经营和偿付能力造成了一定影响，直接导致融资租赁业务违约率及融资租赁案件数量呈攀升态势。在此背景下，最高人民法院于 2014 年颁布实施了《关于审理融资租赁合同纠纷案件适用法律问题的解释》，一定程度上明确了融资租赁案件裁判尺度，规范了融资租赁交易行为。但在案件的实际处置过程中，诉讼效率不高、裁判尺度不统一仍然是制约融资租赁债权追索的主要问题。有鉴于此，为提升融资租赁中小微案件诉讼效率，维护融资租赁公司合法权益，保障对中小微企业融资支持，特提出本建议。

一、融资租赁小微案件特点

在融资租赁领域，中小微企业客户受实体经济传导性强、抗压力弱，违约成本低，较易出现违约风险。通过分析近年来融资租赁案件的数据及案情，该类案件主要集中在机器设备、工程机械、商用车等中小微企业密集的行业，并呈现以下特点：

（一）案件数量大，诉讼标的小

中小微企业涉及的融资租赁案件主要体现为系列案件多、集中爆发违约情况较多。但由于单个租赁物价值不高，诉讼标的一般在人民币 50 万元至 200 万元之间，案件呈现量大而繁杂的特点，且常常以连案形式报送法院，给基层法院带来了巨大的工作量。因此，提升融资租赁小微案件诉讼效率，对于节约租赁公司诉讼成本、降低法院办案压力是十分必要的。

（二）涉诉主体多，争议类型化

融资租赁合同纠纷往往涉及承租人、担保人（抵押人、保证人、出质人、回购方）等多方主体。融资租赁合同争议纠纷中出租人的诉求主要集中在确定租赁物所有权、解除合同收回租赁物赔偿损失、行使加速到期权等方面；承租人的抗辩理由多为租赁物质量异议、回收租赁物的余值异议、租金数额异议；回购人的抗辩理由集中于回购合同效力异议、回购条件异议、回购价款异议；保证人的抗辩理由主要是保证合同效力异议。因此，融资租赁合同纠纷虽然涉诉主体多，但诉求与争议呈现类型化趋势。

（三）终端客户地域分散跨度大，合同意识相对薄弱

中小微企业分散地域广、地域跨度大，且租赁物常常具有流动作业特性，一旦涉及诉讼，财产保全的难度就相当大。此外，实践中这类承租人往往严格遵守合同意识较为薄弱，一旦涉诉，常常不会积极应诉，从而对法院查清租赁物情况、出租人确定租赁物残值及回收租赁物等带来很大困难。

二、存在的问题

（一）审判周期长影响租赁物处置时机

一宗融资租赁案件基层法院从立案日到庭审日的排期时间平均为 3—4 个月，部分案件由于承租人无法送达的原因，被迫采用公告送达，则需时更长，实践中案件的平均审理时间一般会超过 6 个月。照此，由于承租人流动性强、租赁物贬值快，出租人可能无法迅速控制租赁物、执行承租人有效资产，将陷入"人物两失"的僵局，即使后期取得胜诉判决也无法顺利回收债权。这将打击融资租赁公司参与中小企业融资的积极性，实际也增加了融资成本。

（二）出租人所有权易受第三人侵害

融资租赁业务在我国还属于新型的金融产品，尽管最高人民法院出台专门的融资租赁司法解释，为案件审理提供了指导，但各地法院和法官在案件审理中仍持有不同的观点。例如在动产设备的融资租赁业务中，由于除交通工具外的动产缺乏产权登记机构，出租人较难公示其所有权，在日常交易中较易出现承租人擅自处分租赁物给第三人的情形造成侵犯出租人所有权的情形，而除善意第三人外，在司法过程还存在出租人的租赁物被司法机构误认为属于承租人而错误查封冻结的情况，需由出租人向查封法院提出异议或起诉程序，然而部分案件即使出租人出示有关交易凭证、承租人对出租人产权的确认证明乃至其他人民法院的确权文书，仍遭受租赁物被第三人执行的境遇，在该等情况下，第三人以及人民法院均应清楚出租人应为租赁物的所有权人，而第三人并未为此支付任何对价，产权亦未发生转移，本不应构成善意第三人的行为，然而此种司法查封确在部分人民法院获得支持，有关认识严重侵犯了出租人的所有权，对融资租赁制度根基构成严重的损害。

（三）融资租赁标的物与破产财产分割未能落实

《合同法》第 242 条规定："出租人享有租赁物的所有权。承租人破产的，租赁物不属于破产财产。"《破产法》第 38 条规定："人民法院受理破产申请后，债务人占有的不属于债务人的财产，该财产的权利人可以通过管理人取回。"然而在司法实践中，

在承租人进入破产清算或者重组的时候，部分法院指定的破产管理人基于各种因素的考虑，容易将租赁物作为破产财产，不予返还出租人，甚至在出租人启动诉讼程序一审、二审乃至进入执行程序仍无法取回租赁物，对此破产受理法院应当有所作为，依法督促破产管理人依法将租赁物返还出租人。

三、建议

（一）扩大小额速审试点，提升融资租赁小微案件诉讼效率

建议在各地法院特别是融资租赁活跃地区的法院，将融资租赁案件中的小微案件及确权案件纳入小额速审试点，并进一步提高小额速审的时效性及权威性。

1. 根据实际情况明确规定融资租赁小额诉讼的受案范围。我国现行民事诉讼法将适用简易程序的案件定性为"事实清楚，权利义务关系明确，争议不大的案件"。从实践情况来看，这一规定的可操作性不强，建议借鉴其他国家及地区关于小额诉讼程序的先进立法经验，对小额诉讼的受案范围做出明确的规定。同时由于我国经济发展的特殊状况，在确立小额诉讼标的时可考虑根据各地的经济发展水平由各高级人民法院确定具体的数额，再报请最高人民法院核准。

2. 提高诉讼效率限制上诉，实行有条件的一审终审。在诉讼过程中，如果审级越多，诉讼拖延的时间越长，必然会影响当事人的诉讼利益，也违背了小额诉讼程序的立法宗旨。建议借鉴其他国家的先进立法经验有条件限制上诉（如法律规定一定金额内一审终审或双方协商一致适用一审终审）；但为确保审判公平，作为例外也可允许当事人启动审判监督程序。

3. 赋予当事人程序选择权。民事诉讼法律也应尽量适用当事人意思自治的原则，在立案时给予当事人自主选择适用小额诉讼程序、简易程序或普通程序的权利。另外，也可以考虑在适用小额诉讼审理的案件中，允许当事人选择言词审理或书面审理的方式进行。

（二）建立高效的租赁物残值评估机制

根据《融资租赁司法解释》第二十二条的规定，出租人解除合同收回租赁物并可要求承租人赔偿损失，损失赔偿金额为租赁物残值与债权金额的差额。由于融资租赁小微案件的租赁物主要为生产线设备、工程机械、商用车等资产，长期停运将会导致资产不可逆转的贬值，出现评估时价格和实际处置价格严重偏离的现状。因此，建立公允、高效的租赁物残值评估机制势在必行。此外，由于租赁物大多分布在全国不同地区，而案件争议处理往往是租赁公司所在地的法院。因此，建立法院间彼此认可的评估机构库，认可异地具备资质的评估机构提交的评估报告，将有利于降低法院审判成本、缩短审判时间，更有利于租赁物的保值，提升租赁物回收及二手市场流转效率。

（三）建议确认第三人的司法查封不构成善意第三人

建议通过立法或司法解释确认，第三人的司法查封行为不构成善意第三人。在出

租人明确提供证据证明产权归属和融资租赁行为的存在的情况下，人民法院应依法解除解封程序，返还出租人租赁物。

（四）监督破产管理人及时返还租赁物

建议人民法院在破产案件中监督破产管理人及时返还出租人租赁物，如破产管理人未及时返还出租人租赁物的，给债权人、债务人或者第三人造成损失的应按照《破产法》的规定，依法承担赔偿责任。

完善融资租赁船舶登记制度

2016 年 3 月第十二届全国人大第四次会议的建议

融资租赁是与实体经济紧密结合的投融资方式，在推动产业创新升级、促进社会投资和经济结构调整方面能发挥重要作用，融资租赁行业的发展得到国务院的高度重视和支持，2015 年国务院办公厅分别印发了《关于加快融资租赁业发展的指导意见》（国办发〔2015〕68 号）和《关于促进金融租赁行业健康发展的指导意见》（国办发〔2015〕69 号），鼓励和支持融资租赁业的发展。

近年来，船舶融资租赁在支持我国造船业产业升级、航运业发展发挥了重要作用，当前受国际经济与贸易的影响国际航运业持续低迷，国内造船航运也处于低谷，融资租赁如能更好地发挥融资融物的特点，支持造船业转型升级向高端船舶发展，支持航运企业渡过难关显得尤为重要。

一、当前融资租赁船舶登记存在的问题

交通运输部及其海事局作为我国船舶登记的主管部门，在支持船舶融资租赁方面做了很多卓有成效的工作，包括出台《关于规范国内船舶融资租赁管理的通知》（厅水字〔2008〕1 号）、《关于融资租赁船舶登记有关事项的通知》（海船舶〔2010〕524 号）等文件，明确船舶融资租赁按光船租赁关系办理登记手续，为船舶融资租赁登记奠定了制度基础，船舶融资租赁登记程序日益完善。

然而船舶融资租赁业务在实际开展中仍遇到一些问题。首先，光船租赁与融资租赁隶属两种不同的法律关系，两者虽然都以船舶为租赁物，出租人和承租人的权利义务上也有很多相似之处，但两者仍有根本性的区别。船舶融资租赁业务以融资为目的，出租人不承担也不应承担任何租赁物的风险；光船租赁是以租船为目的，出租人仍可能一定限度内承担租赁物的风险，比如在发生侵权事件时。因此目前融资租赁仅用光船租赁登记的辨识度不高，不利于对外区分光船租赁和融资租赁的实质，容易引致出租人承担额外的法律诉讼风险。其次，船舶融资租赁登记费用按照光船租赁关系登记缴纳，登记标准为租赁总金额的千分之一，由于船舶融资租赁的租金既包括本金又包括利息，相对于一般的光船租赁其租金总额要高得多；而以融资为目的船舶抵押登记却仅按抵押金额的万分之五收取登记费用，因此就登记费用而言，船舶融资租赁登记

是船舶抵押登记的两倍强。目前我国海工制造业发展前景广阔，海工设备动辄上亿元乃至数十亿元，如继续按该标准收取相对高昂的登记费用，将限制船舶融资租赁行业的发展。

二、完善船舶登记制度的具体措施

按照国务院办公厅 2015 年 68、69 号文关于"完善船舶登记制度，促进船舶金融租赁业务健康发展"的精神，就进一步完善船舶融资租赁登记提出如下建议：一是单独制定船舶融资租赁登记证书，或者在光船租赁登记证明书上备注融资租赁登记，强化融资租赁性质的可识别性；二是参照船舶抵押登记收费标准，按照租赁本金金额的万分之五收取融资租赁登记费用。

一是单独办理船舶融资租赁登记证书或在光船租赁登记证书上备注"融资租赁"，有利于在登记办事环节和对外公示环节区分光船租赁关系和融资租赁关系，有利于在办事材料审查上将更多侧重于承租人材料的审查；出租人作为融资方所提供材料应可尽量优化，有利于对外明确融资租赁法律关系，避免船舶融资租赁出租人承担无端诉累。另外，部分承租人对外投标时，可能被要求有自有船舶，单独办理融资租赁登记或备注"融资租赁"，将有利于提升承租人的自豪感，便于承租人对外开展业务。

二是船舶抵押融资与船舶融资租赁同属金融工具，在登记层面均是为了维护金融债权人的合法权益，不应在登记收费上区别对待，目前我国融资租赁正在蓬勃发展，有关方面均认同融资租赁的实质为融资，比如财政部、国家税务总局《关于融资租赁合同有关印花税政策的通知》（财税〔2015〕144 号）规定，"对开展融资租赁业务签订的融资租赁合同（含融资性售后回租），统一按照其所载明的租金总额依照'借款合同'税目，按万分之零点五的税率计税贴花"。因此，建议船舶融资租赁登记费用参照船舶抵押登记费用执行。

建议免征房地产融资租赁契税及土地增值税

2016 年 3 月第十二届全国人大第四次会议的建议

近年来，国内金融租赁行业快速发展，已经成为我国现代服务业的新兴领域和重要组成部分。截至 2015 年底，我国在册运营金融租赁公司已达 40 家，总资产规模超过 1.6 万亿元。金融租赁公司在航空、船舶、工程机械、基础设施、房产、节能减排等国计民生领域为众多企事业单位提供了大量融资服务，为我国的经济建设和社会发展作出了重要的贡献。

一、房产融资性售后回租涉税情况

目前，金融租赁公司在开展房产融资性售后回租业务中，涉及了公租房、商业房产、工业厂房等不动产项目，涉及的主要税种有契税和土地增值税。

首先，根据《财政部、国家税务总局关于企业以售后回租方式进行融资等有关契税政策的通知》（财税〔2012〕82 号）规定，金融租赁公司开展售后回租业务，承受承租人房屋、土地权属的，照章征税。对售后回租合同期满，承租人回购房屋土地权属的，免征契税。金融租赁公司承受租赁物权属时按 3%—5% 缴纳契税。

第二，根据《中华人民共和国土地增值税暂行条例实施细则》（财法字〔1995〕6 号）规定，承租人转让房产权属时缴纳土地增值税。

由于契税、土地增值税的涉税金额较高，大大增加了承租人和出租人的交易成本，融资成本的大幅提升阻碍了企业解决融资难的渠道，在目前国家提倡去产能、去库存的政策背景下，企业盘活资产的渠道受到限制。

二、现行税制亟需调整

一是目前根据《国家税务总局关于融资性售后回租业务中承租方出售资产行为有关税收问题的公告》（国家税务总局公告 2010 年第 13 号）规定，"融资性售后回租业务中承租方出售资产的行为，不属于增值税和营业税征收范围，不征收增值税和营业税"。"根据现行企业所得税法及有关收入确定规定，融资性售后回租业务中，承租人出售资产的行为，不确认为销售收入"。即承租人因融资性售后回租向出租人转让资产的行为，不确认为销售行为。

二是房地产售后回租业务与其他售后回租业务是相同性质的业务，其实质是一种融资行为，不是真正意义上的房产买卖行为，因此不应按照房产买卖行为缴纳契税和土地增值税。免除房地产融资性售后回租业务资产转让环节的契税和增值税，有利于盘活存量房地产项目，为相关产业发展筹集资金。

三、调整建议

一是建议财政部、国家税务总局修订《财政部、国家税务总局关于企业以售后回租方式进行融资等有关契税政策的通知》（财税〔2012〕82 号）文，修改为"金融租赁公司开展售后回租业务，承受承租人房屋、土地权属的，免征契税。对售后回租合同期满，承租人回购房屋土地权属的，免征契税"。

二是建议国家税务总局补充修订《国家税务总局关于融资性售后回租业务中承租方出售资产行为有关税收问题的公告》（国家税务总局公告 2010 年第 13 号）文，增加"融资性售后回租业务中承租方出售房产的行为，不属于土地增值税征收范围，不征收土地增值税"。

推动《国务院办公厅关于促进金融租赁行业健康发展的指导意见》尽快落地

2016 年 3 月第十二届全国人大第四次会议的建议

一、金融租赁发展亟需具体政策支持

金融租赁作为融资融物的纽带，是与实体经济联系最密切的一种金融形态，对实体经济的支持最为直接。自 2007 年国家允许商业银行控股设立金融租赁公司以来，我国金融租赁业呈现持续高速增长态势。截至 2015 年底，全国在册运营的金融租赁公司 44 家，较年初增加 15 家，金融租赁行业资产总额达 1.63 万亿元，比 2007 年底增长 69 倍，行业贡献与社会价值逐步凸显。近年来，国务院及相关部委对金融租赁业给予了高度重视，研究并出台一系列政策措施支持行业的发展。2015 年 9 月 8 日，国务院办公厅印发《关于促进金融租赁行业健康发展的指导意见》（国办发〔2015〕69 号，下称"指导意见"），从行业作用、重点业务方向、公司建设、配套政策、行业自律等八个方面对加快金融租赁业发展进行部署。指导意见首次将支持金融租赁业发展上升至国家层面，体现了国家鼓励、支持行业发展的态度和决心，我国金融租赁业迎来了重要战略机遇期。不过，由于指导意见是一个纲领性文件，只是对行业发展设定总体规划，目前亟待配套的具体政策措施尽快出台，使指导意见真正接地气。

二、存在的困难和问题

近年来，尽管我国金融租赁业取得了长足发展，指导意见要求的各项部署也在推进中，但目前尚有一些措施未出台，行业发展迫切需要尽快出台更多的具体措施。

（一）金融租赁公司开展"三农"业务的扶持政策尚未到位

指导意见提出支持设立面向"三农"、中小微企业的金融租赁公司。积极开展大型农机具金融租赁试点。允许租赁农机等设备的实际使用人按规定享受农机购置补贴。支持符合条件的金融租赁公司发行"三农"、小微企业金融债券。

随着土地资源流转整合推进，大型农机具融资租赁开始兴起，租赁行业发展有助于"三农"领域企业发展。金融租赁由于融资与融物相结合的特点，对企业担保的要求不高，非常适合中小微企业融资。不过，由于受资金成本、租金回收、扶持政策不到位等因素影响，金融租赁公司的农机租赁和中小微企业业务并未得到有效发展。以农机租赁业务为例，2015 年我国农机主营业务销售收入约 4000 亿元，其中通过金融租赁开展的业务量仅十几亿元，我国的农机租赁仍处于发展的初级阶段。目前，国家对农民购买农机给予 30％的财政补贴，但补贴政策未覆盖农机租赁业务，导致农民购买农机开展租赁业务的价格远高于补贴后的农机市价。同时，农机购置补贴政策明确要求享受补贴的农机两年内不得转让，金融租赁公司如果采取售后回租模式，将会受租赁物所有权转移限制无法开展业务。此外，"三农"租赁还面临着海关农机进口监管政策限制、租赁业与农业营业税税率差异、信用结构门槛较高、农机保险政策不够完善和缺乏有效的退出机制等诸多问题。

（二）融资租赁业法律规范缺失多，政策环境制约行业发展速度

指导意见提出逐步完善金融租赁行业法律法规，研究建立具有法律效力的租赁物登记制度，落实金融租赁税收政策，推动建设租赁物二手流通市场。

反观融资租赁业现有的法律环境，我国尚未出台专门的融资租赁法，目前调整融资租赁交易层面的主要是《合同法》和《物权法》，调整融资租赁业监管层面的主要是《金融租赁公司管理办法》、《外商投资租赁业管理办法》等部门规章或规范性文件，总体看来，融资租赁业的法律规范比较零散。类似的行业如信托、基金等都有专门立法，作为市场第四大金融产品，融资租赁业的法律地位与市场地位严重不匹配。正是由于融资租赁业缺乏统一、明确的立法，有关部委在制定政策时，往往忽略融资租赁的金融特性。部分涉及融资租赁业的法规不符合中央及各级政府大力发展融资租赁业的政策导向，不利于充分发挥融资租赁的优势，甚至阻碍行业的发展。采取"行为法、组织法、管理法"合一的思路制定融资租赁法，尽量将规范融资租赁法律关系的立法内容集中涵括于一部法律之中，不仅简便易行，符合立法效率的要求，而且能有效改善我国融资租赁的立法现状。在制定融资租赁法之后，尚需完善金融、会计、税收等法律法规。建立租赁物所有权登记制度，有助于依法维护租赁公司正当权益。目前，社会对融资租赁认知度不高，租赁公司对租赁物的所有权、取回权得不到有效保护，缺乏统一的动产交易登记系统和公示平台，承租人存在反复抵押、"一女多嫁"等情况，租赁公司无法对抗善意第三人。

（三）金融租赁公司融资渠道狭窄、融资方式单一，融资渠道有待拓宽

在资金渠道方面，指导意见提出允许符合条件的金融租赁公司上市和发行优先股、次级债。适度放开外债额度管理要求。运用外汇储备委托贷款等多种方式，加大对符合条件金融租赁公司的支持力度。

目前我国金融租赁公司融资渠道狭窄、融资方式单一，资金来源主要依靠银行借贷，对银行借款依赖度较高。由于银行借款多以一年内的短期借贷为主，而租赁资产又普遍存在价值高、租赁期限长的特点，导致金融租赁公司短债长用现象普遍，流动性管理压力较大。尽管近年来，相关各方为解决金融租赁公司资金来源问题作了大量努力，取得了一定的成效，如允许金融租赁公司发行金融债、资产证券化等，但金融

债发债规模受公司注册资本金限制，而且审批流程较长，操作相对复杂，目前还无法作为一项常规的融资手段；资产证券化虽然能够帮助金融租赁公司盘活存量、用好增量，但受限于增值税项目出表后无法开具发票，仅能从存量营业税项目中寻找资产进行尝试。此类业务实际上仍处于试点阶段，业务量较小、成本较高，难以真正起到补充资金来源的作用。外币融资方面，目前存在的主要问题是外债审批。金融租赁公司没有外债额度，每一笔外债都需要单笔单批，申请外债的手续较为繁复，外币借贷流动性受限，对金融租赁公司的业务发展较为不利。

三、建议

银监会已多方推动指导意见的落实工作，但为了提高跨部门的沟通效率，建议由银监会会同相关部门成立专项工作组，根据指导意见的部署及目前我国金融租赁业存在的主要问题，研究制定具体的政策办法，加快各项具体措施的出台进度。

在经济发展新常态下，我国金融租赁业面临着国家战略实施、经济转型升级、开展国际产能合作、中国企业"走出去"以及大众创业、万众创新等诸多机遇，未来行业发展潜力巨大。随着指导意见的出台和相关配套措施的落实，我国金融租赁业的金融功能将得到更充分地施展，进一步发挥其服务实体经济的重大作用。

拓宽融资租赁货币出口退税适用范围

2016 年 3 月第十二届全国人大第四次会议的建议

我国的装备制造业近年来发展迅速，部分高端装备制造业已经达到国际领先水平，产业体系门类越来越齐全，规模越来越大，技术水平也越来越先进，自 2009 年起连续多年在产业总量上位居世界第一，但同时部分装备制造业又面临产能过剩的问题。我国政府为推动高端制造业走出国门，解决部分产能过剩的问题，正在推动实施装备"走出去"战略。

融资租赁是与实体经济紧密结合的投融资方式，在推动产业创新升级、促进社会投资和经济结构调整方面能发挥重要作用，融资租赁行业的发展得到国务院的高度重视和支持。2015 年国务院办公厅分别印发了《关于加快融资租赁业发展的指导意见》（国办发〔2015〕68 号）和《关于促进金融租赁行业健康发展的指导意见》（国办发〔2015〕69 号），鼓励和支持融资租赁业的发展。

一、融资租赁对于装备制造走出去具有积极作用

为促进融资租赁发展和中国装备"走出去"战略有机结合，国办发〔2015〕68 号文提出，"大力发展跨境租赁。鼓励工程机械、铁路、电力、民用飞机、船舶、海洋工程装备及其他大型成套设备制造企业采用融资租赁方式开拓国际市场，发展跨境租赁。开展施工设备的海外租赁业务"。

融资租赁行业正积极响应国家政策，探索跨境融资租赁业务，服务中国装备走出去战略，推动国内装备制造业的发展、升级，通过参与"一带一路"战略实施，探索在相关国家以融资租赁方式出口中国装备，参与当地基础设施建设。

二、当前退税政策仍有改善空间

国家财政部、税务总局、海关总署及相关部门一直重视和支持融资租赁行业的发展，已经出台了一系列的政策、法规，对促进融资租赁行业发展发挥了极其重要的作用，针对融资租赁行业的政策法规日臻完善。2014 年 9 月，国家财政部、海关总署、税务总局印发《关于在全国开展融资租赁货物出口退税政策试点的通知》（财税〔2014〕62 号），决定将原在天津东疆保税港区试点的融资租赁货物出口退税政策扩大

到全国统一实施，为鼓励融资租赁货物出口发挥了积极作用。就适用范围，通知规定，"以融资租赁方式租赁给境外承租人且租赁期限在 5 年（含）以上，并向海关报关后实际离境的货物，试行增值税、消费税出口退税政策"。

结合融资租赁业务实践，我们认为上述退税政策仍有进一步改善空间，按照该政策，部分货物融资租赁出口仍可能无法享受退税政策。一般而言，租赁期限越长，对出租人的风险越大，出租人在融资租赁货物出口时会尽量缩短租赁期限，对于机动车、工程机械等价值不高的设备租赁期限一般在两到三年；飞机租赁或海工租赁业务中，基于租赁物的特性或交易结构考虑，会采用经营租赁的交易结构。按照财税〔2014〕62 号文要求，上述交易将无法享受融资租赁货物出口政策。

三、改善融资租赁退税政策的优势

融资租赁是对货物销售的融资手段之一，实质上转移了与资产所有权有关的全部风险和报酬，无论租赁期限的长短，只要在海关报关后实际离境均是货物真实的销售和出口，将租赁期局限在 5 年（含）以上，不利于融资租赁企业灵活制定租赁期，防控项目风险，因而宜将租赁期的限制扩宽或删除。

经营租赁亦是国际通行的出口方式之一，特别在我国大飞机和海工设备跨越式发展的阶段，经营租赁将有利于推动飞机和海工船舶的出口，如有关货物已经实际出境，并在境外长期使用，实质已经实现了货物出口的目的，从试行增值税、消费税出口退税政策的精神出发，宜考虑拓宽退税政策的适用范围至"实际离境的，并在境外长期使用的经营租赁货物"。

综上所述，建议一是删除租赁期限在 5 年（含）以上的限制，或改为"租赁期限在两年（含）以上"。二是将适用范围拓宽到"实际离境的，并在境外长期使用的经营租赁货物"。

关于金融租赁业若干税收问题的建议

2016 年 3 月第十二届全国人大第四次会议的建议

一、PPP 项目和政府采购服务项目租赁业务涉税问题

（一）背景及问题

自从 2015 年政府大力推动实施 PPP 项目模式以来，社会民间资本参与政府相关公共产品和服务的热情不断升温，但在升温的过程中，无论是政府方、民间资本方都处于摸索阶段，虽然热情有余，但真正落地实施的项目数量远远低于高涨的意愿。主要原因是 PPP 项目和政府采购项目收益率较低，加之目前尚无相关税收政策支持以降低成本，严重制约了金融租赁公司参与此类业务的积极性，不利于 PPP 项目和政府采购服务项目的推广。

（二）建议及理由

建议对 PPP 项目和政府采购服务项目租赁业务免征流转税，包括增值税、营业税、关税等。理由如下：

目前国家积极推动和鼓励社会资本参与基础设施建设及存量基础设施的维护，免征融资租赁企业参与基础设施建设 PPP 项目和政府采购服务项目的流转税，适当降低操作成本，既充分调动了融资租赁企业参与基础设施建设的积极性，又进一步丰富了基础设施建设的融资渠道。在国家供给侧结构性改革的大背景下，PPP 项目模式对减少政府财政支出压力、提高资金使用绩效、增加有效供给等方面体现出正面效应。PPP 项目带来的最直接改革是融资机制的升级，最终将实现经济社会治理模式的创新升级。《国务院办公厅关于促进金融租赁行业健康发展的指导意见》（国办发〔2015〕69 号）也明确要求，加大政府采购支持力度，鼓励各级人民政府在提供公共服务、推进基础设施建设和运营中购买金融租赁服务。

二、租赁资产证券化融资成本税务问题

（一）背景及问题

资产证券化的有效开展为租赁公司开辟了新的融资渠道。但租赁公司开展资产证券化业务面临的突出问题是租赁公司向承租人开具租金增值税发票，但无法获得成本抵扣的增值税发票，增加了税收成本。租赁资产证券化结构下，租赁公司支付给信托

管理人的资金成本，无法作为成本抵扣。

《财政部、国家税务总局关于将铁路运输和邮政业纳入营业税改征增值税试点的通知》（财税〔2013〕106号）规定，经中国人民银行、银监会或者商务部批准从事融资租赁业务的试点纳税人，提供有形动产融资租赁服务，出租人对外支付的借款利息（包括外汇借款和人民币借款利息）、发行债券利息可以在计算销售额时进行抵减。试点纳税人从全部价款和价外费用中扣除价款，应当取得符合法律、行政法规和国家税务总局规定的有效凭证，支付给境内单位或者个人的款项，以发票/或国家税务总局规定的其他凭证为合法有效凭证。实际操作中，一般需要提供以借款合同或债券募集公告和利息单据/发票等凭据同时相关的利息计入财务费用，才可以在计算销售额时予以抵减。因此，租赁资产证券化的资金成本无法在计算增值税时从销售额中扣除。

（二）建议及理由

建议租赁资产证券化资金成本作为增值税进项抵扣项目。理由如下：

租赁资产证券化属于国家鼓励的创新业务。2013年8月28日，国务院常务会议决定进一步扩大信贷资产证券化试点，为拓展金融租赁公司直接融资渠道，盘活存量资产，提高资本运作效率及资产收益率，根据《金融租赁公司管理办法》（中国银监会令2014年第3号），租赁公司参照信贷资产证券化，在银行间市场开展租赁资产证券化业务，对盘活存量资产、支持民族制造业和小微企业健康发展等都起到了积极作用。同时资产证券化产品投资主体多元化，租赁公司支付资金成本时无法取得相应的增值税进项抵扣发票，提高了资产证券化税收成本，严重制约了租赁资产证券化业务的发展，不利于盘活存量租赁资产。

三、房地产融资性售后回租业务资产购销环节有关契税及土地增值税问题

（一）背景及问题

《国家税务总局关于融资性售后回租业务中承租方出售资产行为有关税收问题的公告》（国家税务总局公告2010年第13号）明确规定，融资性售后回租业务中承租方出售资产的行为，不属于增值税和营业税征收范围，不征收增值税和营业税。《财政部、国家税务总局关于企业以售后回租方式进行融资等有关契税政策的通知》（财税〔2012〕82号）规定，金融租赁公司开展售后回租业务，承受承租人房屋、土地权属的，照章征税。对售后回租合同期满，承租人回购房屋土地权属的，免征契税。在实际操作中，出租人受让承租人资产时产生的契税和土地增值税较高，而承租人回购环节以非常低的名义价格留购，实际免征契税较少。相比银行房地产抵质押贷款业务，金融租赁公司房地产融资性售后回租业务税收成本非常高，严重制约了房地产融资性售后回租业务的发展。

（二）建议及理由

建议房地产融资性售后回租业务资产购销环节不征收契税和土地增值税。理由如下：

根据现行增值税和营业税有关规定，融资性售后回租业务中，承租人出售资产的行为，不确认为销售收入，对融资性租赁的资产，仍按承租人出售前原账面价值作为计税基础。房地产售后回租业务实质是一种融资行为，并不是真正意义上的房产买卖行为。因此不能按照一般意义上的房产买卖来缴纳契税和土地增值税。免除房地产融资性售后回租业务资产购销环节的契税和增值税，有利于盘活存量房地产项目，为相关产业发展筹集资金。

建议完善机动车登记制度

2016 年 3 月第十二届全国人大第四次会议的建议

2015 年国务院先后颁布了《关于加快融资租赁行业发展的指导意见》（国办发〔2015〕68 号）、《关于促进金融租赁行业健康发展的指导意见》（国办发〔2015〕69 号），鼓励通过融资租赁发展公交车、出租车、公务用车领域配套新能源车辆及配套设备并进一步积极稳妥发展家用轿车租赁模式。

一、现行机动车登记制度不利于车辆融资租赁业务发展

经查询公开数据显示，截至 2015 年底全国机动车保有量达 2.79 亿辆，其中汽车为 1.72 亿辆，但根据德勤《2015 年汽车金融白皮书》的数据显示："截至 2014 年年底，国内乘用车的融资租赁渗透率仅为 2%，而在北美等成熟市场近 50% 的消费者选择通过融资租赁的方式拥有车辆。"由此可见，虽然车辆融资租赁相较于传统信贷产品，具有使用门槛低、交易效率高、产品组合灵活性强的特点，但反观中国车辆融资租赁现状却明显滞后于预期。究其原因主要是由于机动车登记制度与融资租赁交易模式不相匹配，导致租赁公司对车辆所有权无法得到法律保障，进而在客观上阻碍了车辆融资租赁业务的发展。

目前，租赁公司主要通过售后回租的方式开展车辆融资租赁业务，即承租人将其拥有所有权的车辆转让给出租人再租回使用，租赁期限届满后承租人清偿完毕全部债务并留购车辆。租赁期内，出租人根据合同约定取得车辆的所有权，但根据相关行政许可法律、法规的要求为确保融资租赁车辆具备上路行驶的资质及条件，出租人只能将车辆登记在承租人名下，从而形成了车辆登记证书所登记的所有权人与融资租赁合同约定的真实所有权人不一致的问题。

根据《物权法》第 23、24 条规定"动产物权的设立和转让，自交付时发生效力，但法律另有规定的除外"、"船舶、航空器和机动车等物权的设立、变更、转让和消灭，未经登记，不得对抗善意第三人。"此外，公安部曾在《关于机动车财产所有权转移时间问题的复函》（公交管〔2000〕110 号）中指出："根据现行机动车登记法规和有关规定，公安机关办理的机动车登记，是准予或者不准予机动车上道路行驶的登记，不是机动车所有权登记"，与物权法的立法精神一致。但值得关注是根据《机动车登记规定》（2012 年修订）的相关内容：只有持有车辆购买发票的主体才能够申领机动车登记证书、车辆号牌及机动车行驶证。此外，《机动车登记证书》亦将持证人记载为"所有权人"，而正是这一规定导致了以下问题的发生：

第一，从国家层面而言，《机动车登记规定》内容与《物权法》关于车辆登记的立法精神不一致，不利于车辆融资租赁交易的有效开展，因此有必要通过优化或改革车辆登记制度进一步保障融资租赁公司的出租人权利，有效发挥融资租赁灵活、创新的金融优势，解除租赁公司在车辆融资租赁领域的后顾之忧。

第二，从租赁公司角度而言，登记所有权人与真实所有权人不一致导致租赁公司在开展融资租赁交易的过程中始终面临车辆所有权风险，即一旦第三人对租赁车辆主张权利或采取查封、强制执行措施，租赁公司将难以通过法律程序维护其所有权人的合法权益，进而对融资租赁行业交易安全产生重大不利影响。

二、车辆登记制度是车辆租赁业务监控运行的基础

首先，租赁公司拥有车辆所有权是融资租赁区别于其他汽车金融产品的重要标志，车辆所有权的归属在融资租赁交易中起到了至关重要的作用：一是构建融资租赁法律关系。融资租赁是以融物的方式进行融资，如出租人不享有租赁物的所有权，则无法建立融资租赁法律关系；二是对租赁债权的担保。当项目出现风险时，租赁公司可以收回租赁物变现以抵偿租金。因此，明确租赁公司对租赁车辆的所有权，才能从根本上解决车辆融资租赁业务开展难、催收难、维权难的困境，从而发挥融资租赁在汽车金融领域的真正价值。

其次，修订《车辆登记证书》的登记内容主要能够达成以下效果：一是，从优化行政管理的角度而言，内容清晰的登记能更为准确、真实地反映物权关系，能降低物权关系在外观与真实方面的不一致情况，更利于机动车管理。二是，从保护善意第三人的角度而言，第三人在进行车辆权属交易前能够清晰查询到车辆是否涉及融资租赁交易。三是，有助于租赁公司在发生合同争议诉讼时，证明出租人对租赁物拥有所有权，相较于办理抵押登记手续，更有利于审判机构判定合同的实际法律关系。四是，有利于警醒承租人遵守合同规范，防止承租人在租赁期限内恶意逃废债务或越权转让租赁车辆。

三、完善机动车登记制度的建议

根据《机动车登记规定》第二章的相关规定，"登记"主要包括注册、变更、转移、抵押、注销五种登记方式，本着尽量降低规章制度修改成本的原则，建议可选择以下其中一种方式对车辆登记内容进行完善：

1. 在《机动车登记规定》第二章"登记"中增加有关"融资租赁"或"所有权保留"的登记内容，并对《机动车登记证书》的备注事项栏进行优化，增加"融资租

赁"或"所有权保留"的备注内容。

2. 参考现行飞机登记证书的表述，在机动车登记证书和机动车行驶证上增加一列"占有人"登记，由承租人凭发票、融资租赁合同等办理登记手续，将融资租赁公司登记为"所有人"，承租人登记为"占有人"。

提高金融租赁公司融资能力

2017 年 3 月第十二届全国人大第五次会议的建议

2015 年 9 月 8 日，国务院办公厅印发《关于促进金融租赁行业健康发展的指导意见》（国办发〔2015〕69 号），从行业作用、重点业务方向、公司建设、配套政策、行业自律等八个方面对加快金融租赁业发展进行部署。指导意见首次将支持金融租赁业发展上升至国家层面，体现了国家鼓励、支持行业发展的态度和决心，我国金融租赁业迎来了重要战略机遇期；但由于指导意见仅为一个纲领性文件，并无与之相配套的具体政策措施，受近两年旨在金融去杠杆的一系列监管政策影响，金融租赁公司筹资愈发困难，成本不断上升，服务实体经济能力日趋减弱。

金融租赁公司是为具有一定资产运营能力和生产能力但设施或资金不足的企业和个人提供融资融物服务的金融机构。金融租赁将融资与融物相结合，是与实体经济联系最紧密的一种金融形态，对实体经济的支持最为直接。金融租赁公司作为非存款类金融机构，受银监会监管，除自身不能吸收公众存款外，具备与银行相似的行业属性和风险特征，多数公司内部架构和管理机制也与银行极为相近。由于银监会对其实施严格的现场与非现场监管，同时受到人民银行贷款合意增量的指导，金融租赁公司的资金投向与证券、保险、基金等其他非存款类金融机构相比更加受控，各项业务开展也更加规范；得益于大中型银行作为其控股股东的资金和管理优势，金融租赁公司自身信用水平和风险防控能力相比于其他非存款类机构的优势更加突出。

随着国内金融市场的快速发展和金融创新的不断深化，金融机构资产负债表类型趋于多元化，非存款类金融机构快速发展，部分机构依托同业负债快速扩张，高杠杆经营现象突出，累积了一定的风险。2015 年 1 月，央行下发《关于调整金融机构存款和贷款口径的通知》（银发〔2015〕14 号），将银行对非存款类机构的同业借款纳入"各项贷款"统计；2016 年，央行将原有的差别准备金动态调整和合意贷款增量管理机制"升级"为宏观审慎评估体系（MPA），将存放非存款类金融机构款项纳入"广义信贷"。上述监管政策对规范同业业务、防范系统性金融风险成效显著，这其中就包括了直接服务于实体经济的金融租赁公司。

2017 年中央经济工作会议会议和央行年度工作会议均明确了今年中性偏紧的货币政策和严控系统性金融风险的决心。2017 年 2 月 3 日，央行通过公开市场操作，同时调升逆回购及常备借贷便利（SLF）各期限利率10个基点；2月4日至10日，央行连续六天暂停公开市场逆回购操作；2月16日，央行对到期的约6000亿临时流动性便利（TLF）不进行续期操作。央行一系列货币政策大幅推升了同业市场利率，2月中旬，7天银行间同业拆借利率升至3%以上，3个月中小银行同业存单发行价格接近5%，银行间债券市场现券收益率持续走高，10年期国开债收益率已超过4%。在此期间，以同业负债作为主要资金来源的金融租赁公司的短期融资成本由2016年平均3.6%左右升至5%以上，部分公司甚至出现收益倒挂和流动性困难，融资成本高企势必将向下游实体经济传导。

一、金融租赁公司融资存在的困难和问题

（一）银行与金融租赁公司信贷规模重复计算，导致信贷规模虚增

2012年初，金融租赁公司人民币融资租赁业务投放纳入央行信贷规模管控范围，受央行合意增量指导和控制；再将商业银行拆放给金融租赁公司的同业资金纳入信贷规模统计，会造成社会信贷规模等相关统计数据的重复计算；同时，也将影响到银行向金融租赁公司融出资金的主动性，导致金融租赁公司成本上升，进而将高成本向下游实体经济传导，与中央推动制造业转型升级、降低实体经济融资成本等宏观政策目标不符。

（二）金融租赁公司融资风险权重100%，信用优势难以有效发挥

金融租赁公司作为非银行金融机构受银监会严格监管，相比于证券、保险、基金等其他非存款类金融机构，金融租赁公司的资本实力更强，各项业务开展也更加规范。得益于银行作为其控股股东的资金和管理优势，金融租赁公司在自身资产规模、信用水平和风险防控能力等方面相比于其他非存款类机构的优势更加突出，甚至优于部分中小银行。

然而，按照目前的《商业银行资本管理办法（试行）》，各类资产的风险权重是按照主体类别进行"一刀切"，没有按照不同信用主体的资本实力、资产规模、业务模式、信用评级等方面加以区分。在普遍实施的信用风险计量的"标准法"下，金融租赁公司债权的风险权重为100%，显著高于对商业银行的债权，金融租赁公司作为金融机构的信用优势难以有效发挥，导致其在银行间市场长期处于被动地位，融资渠道和议价能力均受到一定影响。

（三）融资渠道单一，发债等创新融资占比较低

金融租赁公司属于资金密集型企业，长期以来由于发债、资产证券化等渠道不畅，导致融资方式单一，资金来源主要依靠银行同业借款。

同业业务特点决定了同业资金多以一年内的短期融资为主，而租赁资产通常期限较长，导致金融租赁公司短债长用现象普遍，存在一定的流动性压力。近年来，相关各方为解决金融租赁公司资金来源问题作了大量努力，取得了一定的成效，如允许金融租赁公司发行金融债、资产证券化等，但金融债和证券化产品目前只允许在银行间

市场发行，相比于普通企业银行间市场发债的备案制，仍需履行审批流程，且额度有限，目前还无法作为一项常规、市场化的融资手段。

二、提升金融租赁公司融资能力的对策

（一）金融租赁公司同业借款不纳入信贷规模统计

考虑到央行已将金融租赁公司业务投放纳入信贷规模管控，建议在银行及其他金融机构的信贷规模统计口径中剔除对金融租赁公司的同业借款，避免社会信贷规模等相关统计数据的重复计算，同时促使银行保持对金融租赁公司的正常资金供给，支持金融租赁行业稳健发展，提高其对实体经济的服务能力。

（二）降低金融租赁公司融资风险权重

建议银监会优化现行的银行业资本管理相关政策和风险权重体系。一方面，可在现行政策框架下，参照商业银行债权的风险权重，适当降低部分大型金融租赁公司的融资风险权重；同时，考虑对现行风险权重体系进行适当优化，按照不同信用主体的资本实力、资产规模、业务模式、信用评级等方面加以区分，改变"一刀切"的风险权重计量方法。通过更加反映信用主体实际风险状况的风险权重参数调整，部分实力较强的金融租赁公司的风险权重有望大幅度下降，其融资能力将与自身实力和风险管理水平相匹配。

（三）鼓励金融租赁公司拓宽融资渠道，简化金融债发行、资产证券化审批流程

建议相关部门尽快出台具体措施，简化金融租赁公司金融债发行、资产证券化等创新类融资产品的审批流程，并允许金融租赁公司在交易所市场进行债权融资，改变目前金融租赁公司融资主要依靠银行同业资金的格局，拓宽金融租赁公司融资渠道、降低融资成本、丰富流动性管理工具，提高经营稳定性。

综上，建议各相关部门多措并举，切实落实好"国办69号文件"精神，实现中央"充分发挥金融租赁提高资源配置效率、增强产业竞争能力和推动产能结构调整的引擎作用，努力将其打造成为优化资源配置、促进经济转型升级的有效工具"的政策目标。

围绕"一带一路"金融租赁大有可为

2014 年 12 月 4 日《金融时报》专访

　　站在中国经济转型关口，围绕国家"一带一路"建设，发展金融租赁，推动实体经济，尤其是助力装备制造业的发展和服务企业"走出去"日益受到关注。李克强总理日前提出用融资租赁的办法扶助我国过剩优质产能走出国门，标志着国家对于融资租赁行业的发展提出了更高更具体的要求。如何认识金融租赁在转型过程中的定位与作用，在第五届金融租赁年会即将召开之际，记者采访了中国融资租赁研究院专家指导委员会委员、中国银行业协会金融租赁专业委员会主任单位国银金融租赁有限公司党委书记王学东。

　　记者：目前，我国融资租赁行业企业数量规模已经达到 1300 家，资产规模达到 2.6 万亿元。而金融租赁公司在整个行业中的规模有多大？金融租赁业在支持中国高端装备制造业发展中发挥了什么样的作用？

　　王学东：融资租赁在中国已有 35 年的历史，其间几经起伏。2007 年 3 月银监会颁布实施《金融租赁公司管理办法》，开启了中国融资租赁业的新纪元。截至 2014 年 10 月，国内注册包括获批筹建在内的金融租赁公司已达 30 家。近 5 年内，金融租赁公司注册资本由原来的 290 亿元增至 969 亿元，总资产规模由 2009 年的 1601 亿元上升至 1.2 万亿元，占据我国融资租赁业的半壁江山，年复合增长率超过 50%。虽然相对于融资租赁公司而言金融租赁公司数量较少，但实力雄厚，以国银租赁、工银租赁、民生租赁、交银租赁和招银租赁等为代表的金融租赁公司发展最为迅速，总资产均突破 1000 亿元。

　　金融租赁业在支持实体经济，优化产业结构，支持中国高端装备制造业发展，占领新兴市场等方面的宏观作用日益显现。以中国本土生产的首款喷气式商用飞机 C919 为例，早在 2010 年，国银金融租赁有限公司向中国商飞公司预订 15 架 C919，成为首个订购 C919 的银行系金融公司。今年 11 月 11 日，招银金融租赁有限公司订购签订 30 架 C919。至此，金融租赁公司订购 C919 数量达到 300 架左右，有力地支持了国产大飞机项目。今年年初，国银租赁以融资租赁方式支持希腊船东在中船江南长兴船舶重工有限公司建造了 3 艘价值总计 2.85 亿美元的集装箱船。在行业低迷时期，为中国船舶（600150，股吧）工业的发展提供了有力的支持，这就是金融租赁支持中国高端制造业走出国门的举措。

记者：在国家建设"一带一路"倡议和经济转型背景下，如何认识我国金融租赁业发展所面临的机遇和挑战？

王学东：习近平总书记要求要集中力量办好"一带一路"建设。"一带一路"倡议构想之一就是通过合作投资推动周边国家的基础设施建设，支持我国优秀的装备制造业开拓国外市场。金融租赁业可以也应当服务于国家建设"一带一路"倡议，服务企业"走出去"。

与此同时，当前我国在"三期叠加"的形势下，经济进入新常态，发展模式正在改变，经济转型升级正在加快。李克强总理多次指出"打造中国经济升级版关键在于推动经济转型"。李克强总理在 2013 年底曾表示金融租赁产业为实体经济服务，国家要培育这个产业发展壮大。2014 年 7 月，国务院印发了《关于加快发展生产性服务业促进产业结构调整升级的指导意见》，融资租赁第一次被定为我国当前重点发展的生产性服务行业之一，国家对融资租赁促进经济结构调整和转型升级寄予厚望。与中央政策相呼应，越来越多的地方政府也把融资租赁作为战略性产业，出台了相关促进行业发展的政策和实施措施。

可以说，在国家建设"一带一路"倡议和经济转型背景下，我国金融租赁业面临前所未有的发展机遇。可以预计，随着产业扶持政策的陆续出台和制度层面障碍的消除，我国融资租赁将迎来新一轮的高速发展期。市场预计未来一段时间有望呈现爆发性增长，年增长速度可达 30%—50%；预计 2017 年可实现 5 万亿元人民币的资产总规模，并超越美国成为世界第一租赁大国，持续为支持我国实体经济发展发挥重要的作用

记者：如何发挥金融租赁企业在行业中的领头羊作用，为我国经济发展作出更大的贡献？

王学东：作为与实体经济结合最为紧密的金融业态，金融租赁公司需要在这一轮经济转型升级过程中找准定位，拟定适合自身发展的战略，充分发挥自身联结金融和产业的本质和特色，加快推动创新发展，方能适应经济新常态，实现快速、稳健和持续发展，为国家战略实施、经济社会发展进步提供新的活力。

与其他金融工具相比，金融租赁集融资和融物于一体，在支持服务于"一带一路"倡议实施、对高端装备制造业发展、产业结构优化以及促进经济结构转型和支持中国企业"走出去"的全局战略布局中具有明显的优势，具体来说可从五个方面发挥更大作用。

首先是促进产业结构升级。相比银行信贷等其他传统的融资方式，金融租赁在支持产业升级，尤其是帮助中小企业完成技术改造、产业升级方面具有无可比拟的优势。金融租赁作为国家金融服务"三农"、扩大商品出口、促进产业结构调整升级的重要工具均被提及。越来越多的地方政府也把金融租赁作为战略性产业，出台相关促进发展的政策和措施。

其次是为经济转型升级提供强大的资本支持，加快提升我国高端制造业水平，缓解像飞机、船舶、通讯设备、机械设备等一些高端制造业和资本密集型产业的资金压力，解决发展中的难题。另外，在国家推进生态文明建设的过程中，落后产能的淘汰，技术装备的更新换代都需要大量的资金投入。这些资金需求通过金融租赁能够有效解决。

第三是连接消费与交换两环节，加快资本货物流通与消费的速度，进而促进社会再生产速度的提高。金融租赁在推动金融与实体经济融合发展，更好地发挥金融对实体经济的服务、支持功能方面，已经成为国家制定产业政策、围绕区间目标进行宏观调控的一项重要手段。

第四是解决中小企业融资融物难题，在优化中小企业发展环境的过程当中，可针对不同客户需求设计不同产品，为中小企业开辟出一条更加便捷、更加经济的融资融物渠道。

第五是帮助中国企业更好地"走出去"，带动国内设备、技术、服务出口。

新常态下金融租赁服务中小企业仍大有可为

2014 年 12 月 5 日人民网专访

国银金融租赁公司董事长王学东在第五届中国金融租赁年会上接受人民网专访时表示，在经济增速变轨，经济进入新常态的背景下，金融租赁业务在服务中小企业方面还有很大的发展空间。

以下为访谈对话全文：

主持人：国银租赁一直以来是这个行业的龙头企业之一。在当前经济新常态的背景下，这个老牌龙头企业有没有一些新的战略动作？

王学东：国银金融租赁公司发展到现在有 30 年的历史，我们是中国租赁公司成立比较早的一家公司，我们在 1984 年就成立，到今年已整整 30 周年。2008 年，开发银行注资控股国银租赁公司，使我们成为当时中国注册资金最大的租赁公司，注册资本达 80 亿元。

从 2008 年到现在我们经过非常快速的发展，整个发展时期也赶上了中国经济的调整。特别是 2009 年，国家在基础设施投资领域的投资拉动，为我们带来了巨大的市场空间。从 2008 年到现在，国银租赁的资产规模从 100 多亿元发展到 1400 余亿元，利润保持在 18 亿元左右，整体发展速度较快，经营状况良好。

从去年开始，中国的经济形势发生了一些变化，经济增速或将保持在 7% 左右。在这样一个新常态背景下，社会的总需求跟过去相比是下降的，对租赁行业来说是一个新的挑战。比如，我们前几年所做的大量的工程机械、商用车等行业，在今年都有较大的增长回落。国银租赁的总资产规模增长从去年到今年也基本保持稳定，没有高幅度的增长。这些现象都是经济下行、总需求的回落在租赁行业的反映。

按照中央的要求，特别是今年以来克强总理提出要发挥金融行业为实体经济服务、支持中小企业融资的作用，我认为融资租赁行业肩负着重大的历史使命。当前，正是我们发挥行业的特点的历史时机，利用融资租赁去解决中小企业、实体经济，尤其是制造行业投资和发展的问题。

事实上，在服务中小企业方面，国银租赁已经积累了很多经验，也取得了较大的成绩。现在，国银租赁在工程机械、商用车方面有 2 万余家客户。这其中有一些客户甚至是个人，他在当地承揽到一些工程，需要用到例如挖掘机、推土机这样的大型机械。倘若他去贷款或者借钱去买，恐怕时间、流程、成本上都不允许。但是国银租赁通过像三一重工、中联重科、徐工这样的厂商作信用支持，就可以把这些设备租给这些中小类客户，使得他们很容易拿到设备来进行工程承包和施工。

我想在下一步发展中，这个模式应该说还有很大的潜力。

主持人：您刚才提到国银租赁在支持中小企业和实体经济方面做出很多工作，也积累了很多经验。但我们知道，在经济下行过程中，中小企业也往往是面临较大风险的一块，那么国银租赁在风险控制方面有没有比较独到的经验？

王学东：您问的问题对我们租赁公司来讲也是核心问题。很多中小企业按照目前的信用评级不可能得到贷款，或者贷款成本会非常高，我们租赁公司的业务可以解决这样的问题，但反过来也要强化自身的风险管理。

在风控方面，我们首先考虑就是经营模式的设计必须合乎法律、税收各个方面的监管要求；其次，在出租的过程中，我们要分析这些中小企业在业务当中的信用结构，能不能满足租赁后我们对它的风控要求，保证我们的资产安全；租赁业务发生后，我们还要加强租后管理，对企业的生产经营状况进行持续的关注，保证有正常租金偿还，使得我们与企业保持良性关系。如果企业出现问题，我们也会通过处置租赁物、释放过去所设置的担保措施等手段化解有可能出现的一些风险。此外，我们内部还有很多风险管理的制度和流程，来保证对租赁业务风险的基本防控。

主持人：当前，中国的金融租赁公司在走出去的过程中经常直面国际竞争，您认为国银租赁在这样的竞争中有何优势，有何差距？

王学东：我们在国际竞争当中主要面临的还是管理和人才的问题，以及我们对国际市场规则的理解和国际市场经验的问题。

这几年，国银租赁逐步地开展起国际市场上的业务，例如飞机租赁业务。目前，国银在租飞机 180 余架，分布在 23 个国家和地区的航空公司，其中约 40％ 在国际市场。在这方面，我们面临着来自国际大型飞机租赁公司的强有力竞争。但国际市场上仍然存在业务需求偏好的不同。

我们优势主要体现在成本方面。在市场融资成本上，国银金融租赁背靠开发银行，享受其信用支持。例如今年，我们就获得了惠普 A＋级信用评级，利用这样信用评级发行 6.5 亿美元债券，债券成本还是相当低廉的，有了这样的资金来源，我们做国际业务在价格上就有一定的竞争优势。此外，我们在人工成本、交易成本等方面跟国际大公司相比仍然优势明显。

此外，中国巨大的市场空间也为我们获得了一些有利条件。例如，今年我们订购了 130 架空客和波音飞机，这些公司看到了中国未来航空业的发展潜力，所以在我们做采购时也给与了一些优惠条件。

新常态下金融租赁机遇大于挑战

2014 年 12 月 11 日《第一财经日报》专访

　　日前，由中国银行业协会和天津市人民政府主办、国银金融租赁有限公司（下称"国银租赁"）承办的"第五届中国金融租赁年会"在天津召开。会议期间，《第一财经日报》采访了国银租赁董事长王学东。就经济新常态下，金融租赁行业如何继续保持健康、可持续发展，在经济转型升级过程中如何找准定位，发挥积极作用等问题，王学东对本报记者分享了观点和看法。

　　国家经济转型与结构调整 金融租赁大有可为。

　　第一财经日报：中国经济正在处于结构调整的转型升级中，进入新常态。你认为这样的大环境对整个金融租赁行业有什么样的影响？在经济转型的背景下，行业会朝着什么方向发展？

　　王学东：中国经济转型升级，对租赁行业整体来说机遇大于挑战。转型期内，会带来大量的租赁需求，既有过剩产能的跨区域流动，又有转型升级对新技术、新设备的新需求。"新常态"不会对租赁业的发展产生负面影响，行业发展的前景和空间依然广阔。有一个实证就是美国在经济危机过后的 2009 年，在其他金融服务都颓势下滑的情况下，租赁行业表现良好，一路上升，渗透率达到前所未有的 30％。这证明经济下行的时候，金融租赁可以显示出行业优势逆势上行。

　　同发达国家相比，我国目前租赁行业的渗透率不高，租赁公司的专业化程度不够，业务单纯，法律法规也尚待完善。但同时我们要意识到，有差距，就意味着还有很多领域可以发展。不论经济形势是上升还是下行，租赁业都有很大的发挥余地。行业监管、财务、税收和法律法规的不断健全和完善，将提供可支持的外部环境，我国金融租赁行业必然大有可为。

　　第一财经日报：目前国内企业融资成本居高不下，严重制约生产力的发展，影响实体经济。国银租赁作为开发银行的租赁业务平台，是如何发挥金融租赁助力国内实体经济发展这一功能的？

　　王学东：租赁是以物为载体的一种融资方式，因此，也是与实体经济融为一体的。国银租赁作为开发银行的租赁业务平台，除了与开发银行开展业务协作，为开发银行重点客户提供综合金融服务外，我们通过专业化的服务，创新租赁模式，为大量中小企业提供商用车、工程机械、设备租赁服务。

目前，国银租赁除了飞机、船舶、商用车、工程机械等传统租赁业务外，在城市轨道交通、基础设施方面也有相当规模的业务。此外，还为通信、钢铁、化工、电力、节能减排等企业，以及围绕国家"走出去"发展战略提供融资支持。

在服务小微企业和个体经营者方面，国银租赁已经积累了很多经验，也取得了较大的成绩。公司创新了"组织化、平台化、批量化、系统化"的业务模式，为包括商用车和工程机械在内的 2 万多家中小微企业和个体经营者提供了融资租赁服务。相较于传统信贷而言，融资租赁具有审批速度快、还款方式灵活和成本相对较低的优势，国银租赁通过与三一重工、中联重科、徐工这样的厂商和他们的经销商合作，为小微企业和个体经营者提供配套的融资租赁服务。一方面解决了厂商销售回款的问题，起到了促销功能；另一方，也为小微企业和个体经营者提供了一条便捷的融资渠道，为解决他们融资难的问题提供了一种新的选择。

另外，为支持政府保障性安居工程建设，公司还投放了 16 个保障房租赁项目，惠及中低收入人群超过 32 万人。

差异化发展战略助推国银租赁保持竞争优势。

第一财经日报：据相关机构统计，目前我国融资租赁规模已达到 2.7 万亿元人民币，近年来更是以爆发式的增速发展。面对如此快速扩张的市场，相较于同业公司、甚至银行，国银租赁是如何制定差异化发展战略的？

王学东：一方面，我们充分借助开发银行的客户资源，广泛开展业务协作，为客户提供灵活的租赁服务；另一方面，继续走专业化发展之路。通过不断挖掘、培养专业化租赁产品，不断提升风险防控能力，走"质量－效益"型发展模式，增强核心竞争力，逐渐提高市场占有率。

另外国银租赁背靠开发银行，享受其信用支持，今年公司分别获得了惠誉和标准普尔 A＋国际信用评级，成功利用评级发行成本较低的国外债券。这些都形成了国银租赁的价格优势和成本优势。

第一财经日报：证监会已将租赁债权纳入基本资产包，并且拟实施资产证券化备案制。国银租赁优质资产众多，在资产证券化方面公司下一步会有什么动作吗？你认为目前对于金融租赁行业来说，资产证券化的环境还有哪些需要继续改善的地方？

王学东：事实上，国银租赁从 2012 年起就已经开始研究并实践资产证券化工作，先后模拟操作完成两套资产证券化方案，在过去两年也已经打造了一支有能力而且实践经验较为丰富的证券化团队，今年又特别安排了公司的资产管理部门专门负责此项业务。

国银租赁是银监会监管的非银行金融机构，因此接下来，我们将按照《金融租赁公司管理办法》的规定，在银行间市场开展资产证券化业务，由于我们选取的基础资产更加符合证券化特征，而且可以实现资产的出表，相信能够给市场注入新的活力，大家可以拭目以待。

此外，在监管统一的情况下，本着合法、合规的原则，我们将尝试让租赁资产证券化产品跨系统在交易所市场发行。这样做旨在尝试获得 RQFII 等境外低成本资金的投资，从而让境内证券化业务走得更加深入。就此，我们已经在着手与券商系资产管理公司开展研究实践。

另外，目前境内证券化除了银监会、证监会主导之外，其实保监会也推出了保险版的证券化方案，即"项目资产支持计划"。国银租赁有不少优质的基础设施类租赁资产，特别适合保险资金进行中长期投资，资产证券化就是双方合作的结合点。我们已经就此与多家保险公司及资产管理公司建立了广泛联系。大家对资产证券化的看法是普遍一致的，具体推进落实相信指日可待。

当然，在推进资产证券化过程中也存在一些困难。比如证券化载体特殊目的公司（SPV）在受让资产后，却不能出具增值税发票，这可能导致金融租赁公司证券化后税务成本的增加，从而影响租赁公司持续开展证券化的热情，这需要大家关注和用智慧来共同解决。

建议加快融资租赁立法

2015 年 3 月 9 日发表于融资租赁网

　　融资租赁，因其具有融物和融资两项功能，在支持实体经济、支持装备制造业出口、盘活固定资产方面具有独特的优势，至 2014 年我国融资租赁规模已超过 3 万亿元，成为继信贷、证券、信托后国内第四大金融工具。

　　但反观现有的法律环境，已不能满足融资租赁业的蓬勃发展，某些法规、规章甚至成为融资租赁发展的障碍。全国人大代表、国银金融租赁有限公司党委书记王学东今年提出一份"关于加快融资租赁立法的建议"。他认为，为规范国家金融秩序，保障融资租赁各方合法权益，促进融资租赁行业健康发展，有必要制定统一的融资租赁法律。

　　统计显示，从 2007 年到 2014 年，我国融资租赁每年新增业务额由 800 亿元提升至 9300 亿元。截至 2014 年末，我国成立金融租赁公司 30 家，注册资本 972 亿元；成立融资租赁公司 2000 余家，注册资本 5600 余亿元。

　　王学东认为，融资租赁业已形成以银行设立的金融租赁公司为主，大型企业与制造商设立的租赁公司齐头并进、多头鼎立的局面。在服务领域上依托股东专业优势，在各个领域百花齐放。中央过去几年在多份文件中提出支持融资租赁业发展，北京、上海等地方政府纷纷出台促进融资租赁业发展的政策措施，政策带来的红利在持续发酵，融资租赁业正面临更大的发展机遇。

　　在融资租赁业蓬勃发展的同时，现有法律环境仍然滞后，甚至成为融资租赁业发展的障碍。王学东表示，虽然我国《合同法》对融资租赁合同有所规范，但其债权行为规范的性质决定了对融资租赁中的物权部分难以进行调整，同时滥用《物权法》善意第三人制度的行为给融资租赁行业带来了较大的损害，出租人的租赁物被承租人恶意处分及第三人随意查封的案件时有发生。

　　此外，由于融资租赁的复合功能，业务涉及很多环节和方面，特别是交易模式、物权保护、财税政策，仅依靠《合同法》及司法解释方面的规定还不能充分、有效地保障融资租赁业的发展。一些涉及融资租赁各方面的规定散见于不同的法律、法规、规章中，还有很多零星、散落的政策，缺乏统一梳理、协调和规范。同时，与融资租赁业类似的行业如信托、基金等都有专门立法，作为市场第四大金融产品，融资租赁在法律上的地位与其市场地位严重不匹配，市场需要统一的融资租赁法进行调整。

正由于缺乏统一、明确的立法，国家有关部委在制定部门规章时，往往忽略融资租赁的金融特性。例如在过去几年的"营改增"过程中，各地税务部门对融资租赁的认识不一，有的偏重于融资属性，有的偏重于融物属性，有的看重实质、有的看重表象，操作起来五花八门，给租赁业造成很大的困惑，甚至一度被迫中断了深受欢迎的设备售后回租业务。

据此，王学东建议，应当制定"中华人民共和国融资租赁法"，明确融资租赁的金融属性，保护出租人对租赁物的所有权。同时，明确租赁物的产权登记原则及有关登记、交易税费的处理原则，特别是不动产融资租赁的属性及登记，规定在动产和不动产登记中应具备融资租赁的产权登记项目，合理处理其与《物权法》中善意取得制度之间的关系。根据特殊租赁物的属性，如机动车、航空器、船舶、卫星等，规定适用于该类租赁物的回收、处置程序。

强化立法建设规范融资租赁市场行为

2017 年 3 月 14 日发表于人民网、《中国企业报》等媒体

近年来，随着供给侧改革的不断深入，市场竞争与淘汰更加激烈，企业破产案件的数量及复杂程度逐年上升。作为我国第四大金融工具，融资租赁全行业 2016 年合同余额已达约人民币 53300 亿元。在迅速发展的同时，融资租赁公司也面临着如何化解不良债权的难题。尤其是在承租人破产时，出租人如何取回租赁物的问题，更引起了行业内外的普遍关注。

现行《企业破产法》对于以融资租赁合同为代表的形式多样的金融交易关系没有作出明确规定。实践中，各地各管理人、破产法院之间在出租人是否有权取回租赁物，以及如何取回租赁物等问题上存在不同做法，导致融资租赁公司的取回权受到了不同程度的限制，租赁债权无法受偿，引发融资租赁公司自身对外融资的债务风险。

王学东表示，目前，实践中对于融资租赁公司行使租赁物取回权的认识不一，其中争议主要体现在以下三方面：一是融资租赁行为在破产程序中的性质认定。承租人破产时，出租人在破产程序中享有的合同权利性质如何认定存在不同观点。二是申报债权与取回租赁物之间的矛盾。融资租赁公司向管理人申报债权的行为，被认为是融资租赁公司选择向承租人主张全部债权，因此丧失主张取回租赁物的权利。三是《企业破产法》取回权制度的缺陷。由于租赁物的所有权具有担保租赁债权的属性，管理人因此将租赁物认定为承租人的担保财产，拒绝出租人行使取回权。

突出的问题是，由于立法的不详细，在司法中管理人、法院常常站在地方和个别企业利益行使权力，以考虑多数债权人利益，限制外地的出租人对租赁物行使权利，致使在进行融资租赁业务时出租人无法预测法律风险。同类的事情，在不同的地方，不同的人办理，结果大相径庭，这种司法的不一致，法律风险的不可预测、不可防范，严重影响融资租赁市场的有序规范发展。

为此，王学东建议：强化立法建设，尽快出台《融资租赁法》，规范融资租赁市场行为，引导并鼓励融资租赁行业为实体经济提供金融支持。同时，制定司法标准，明确在破产重整或破产清算程序中租赁物的性质、出租人的权利等，若承租人破产的，出租人要取回租赁物，则取决于合同约定和其债权的保障程度：如融资租赁合同约定，

租赁期满，租赁物归出租方所有的，出租人有权取回租赁物，并就租赁物价值不足以清偿全部债权的剩余部分，向管理人申报债权；如融资租赁合同约定，租赁期满，租赁物归承租人所有或以象征性价格卖给承租人的，则建议可参照《最高人民法院关于适用企业破产法若干问题的规定（二）》第三十四条、第三十七条的规定执行。同时，出租人有权向管理人主张处置租赁物，并就处置所得优先受偿。

当前我国融资租赁业发展情况及政策建议

2017 年 3 月调研报告

2015 年 9 月国务院办公厅连续发布《关于加快融资租赁业发展的指导意见》（国办发〔2015〕68 号）和《关于促进金融租赁行业健康发展的指导意见》（国办发〔2015〕69 号）两个文件后，我国融资租赁业步入了前所未有的发展阶段，在服务实体经济和供给侧结构性改革及经济转型升级等方面发挥的作用日益凸显，成为继银行、证券和信托后的第四大金融工具。截至 2016 年末，全国融资租赁企业总数达到 7120 家，其中金融租赁 59 家，内资租赁 204 家，外资租赁 6857 家；融资租赁余额约 53300 亿元，其中金融租赁 20400 亿元，内资租赁 16200 亿元，外资租赁 16700 亿元。金融租赁公司租赁资产规模占比近 40%，成为行业发展的主导力量。

目前，我国融资租赁业已经在航空、船舶、能源电力、工程机械、商用车、农机、医疗等领域形成了特色鲜明的产品线，有效增加了相关行业的投资、生产和消费，租赁资产分布领域不断扩大，行业配比更加均衡，金融服务能力显著提升。部分融资租赁公司设计开发了专业化的中小微企业融资租赁产品，增强了对中小企业的扶持力度；部分大型租赁公司通过在保税区设立项目公司方式开展飞机、船舶等融资租赁业务，成为国内公司进入国际高端市场的成功典范；一些租赁公司的业务从境内为主向国际国内两个市场并举转变，加快国际化步伐，助力国产飞机、发电设备等大型装备"走出去"，拓展业务发展新空间。

尽管近年来我国融资租赁业得到快速发展，但截至目前的融资租赁 GDP 渗透率（年租赁交易量/年 GDP）仅为 5% 左右，相比租赁业发达国家 18%—30% 的水平还有很大差距，一方面反映我国融资租赁业有广阔的发展空间，另一方面揭示了影响行业发展的主要问题没有得到有效解决。一是融资租赁法律和司法体系不够完善。迄今没有系统的融资租赁立法，涉及融资租赁的相关法律法规较分散，如银监会的《金融租赁公司管理办法》、商务部的《融资租赁企业监督管理办法》、《合同法》第十四章"融资租赁合同"、《企业会计准则第 21 号——租赁》等，同时各地在执法上也存在差异，不利于租赁物的登记、公示和保全，租赁公司的合法权益难以得到有效保障。二是租赁监管政策有待改善。以金融租赁公司为例，目前金融租赁公司与银行信贷规模同等管控，2012 年以来金融租赁公司人民币融资租赁业务投放纳入央行信贷规模管控范围，受央行合意增量指导和控制，商业银行拆放金融租赁公司的同业资金纳入信贷规模统计，造成金融租赁公司融资困难和成本上升。金融租赁公司控股股东多为银行或大型企业，相比证券、保险、基金等其他非存款类金融机构，资本实力更强，信用水平和风险防控能力更加突出，但依据目前的《商业银行资本管理办法（试行）》，金融租赁公司融资风险权重确定为100%，信用优势难以有效发挥，导致在银行间市场长期处于被动地位，融资渠道和议价能力均受到一定影响。同时，由于发债、资产证券化等融资渠道不畅，金融租赁公司融资来源主要依赖银行短期借款，与租赁资产期限较长的特点相悖，存在一定的流动性压力。三是税收政策有待进一步完善。目前售后回租业务承租人纳税时无法抵扣租赁利息支出，相比营改增试行期税负上升，承租人融资成本提高；租赁公司经营性租赁业务以收到的全部价款及价外费用作为销售额，不得扣减融资成本，税负成本较高，不但增加承租人的融资成本，也减弱了参与国际租赁市场竞争的能力；融资租赁执行差额征税政策，仅允许扣除对外支付的借款利息及发行债券利息，而与借款直接相关的投融资顾问费、手续费、咨询费等费用纳税时不能抵扣，实际税负成本较高，不利于金融租赁公司多渠道融资以降低融资成本。

为切实落实"国办发〔2015〕68号、69号"文件精神，更好地发挥融资租赁服务实体经济发展、促进经济稳定增长和转型升级的作用，建议相关各方从法律、监管、税收等方面进一步研究制定扶持融资租赁行业发展的政策，以尽快缩小目前我国融资租赁业与发达国家的差距，提升融资租赁对国民经济各行业的覆盖面和市场渗透率。

其一，完善融资租赁法律和司法体系。推动包含金融租赁和融资租赁在内的《融资租赁法》起草工作并尽快出台，使整个租赁行业具备国家层面的根本性法律保障；推动建立租赁物所有权登记制度，明确租赁物取回权的冲突解决机制；进一步完善司法环境，建立融资租赁专业性司法审理和执行机制，简化诉讼程序，在司法实践中确保融资租赁公司具有与其他债权人同等的受偿地位，维护租赁公司的合法权益。

其二，促进租赁融资渠道多样化、便利化。发挥金融租赁公司信用优势，放宽金融租赁公司金融债发行、资产证券化等创新类融资产品的审批，允许金融租赁公司在交易所市场进行债权融资，改变目前金融租赁公司融资主要依赖银行同业资金的格局，拓宽金融租赁公司融资渠道、降低融资成本、丰富流动性管理工具。逐步放宽对内资试点和外商投资融资租赁公司的融资限制，允许部分经营较好、实力较强的融资租赁公司享受金融租赁公司融资政策。

其三，改善融资租赁税收政策。允许售后回租业务开具增值税专用发票，便于承租人纳税时抵扣租赁利息支出，降低承租人租赁融资成本；借鉴爱尔兰、新加坡、香港等地的做法，允许租赁公司开展飞机、船舶等经营性租赁业务参照融资租赁业务执行扣减融资成本的差额征税政策，降低租赁公司税负，提升国际租赁市场竞争力；允许金融租赁公司借款、发债、资产证券化、保理、信托等融资成本及相关费用纳入租赁业务可抵扣融资成本范围，进一步拓宽金融租赁公司融资渠道及降低融资成本。

第八章

见证法治中国建设

40 年的改革开放历史也是我国法治建设不断完善的历程。1978 年 12 月，党的十一届三中全会上邓小平同志提出了"有法可依，有法必依，执法必严，违法必究"的法治建设 16 字方针，中国迎来了法治建设的春天。1997 年 9 月，党的十五大正式提出依法治国、建设社会主义法治国家。2002 年 11 月，党的十六大提出，发展社会主义民主政治，最根本的是要把坚持党的领导、人民当家作主和依法治国有机统一起来。2007 年 10 月，党的十七大提出，依法治国是社会主义民主政治的基本要求，强调要全面落实依法治国基本方略，加快建设社会主义法治国家。2012 年 11 月，党的十八大强调，要更加注重发挥法治在国家治理和社会管理中的重要作用，中国法治建设不断深入推进。

　　2013 年春，当选第十二届全国人大代表后，我有机会直接参与到中国法治建设的伟大事业之中。2014 年 10 月 23 日，党的十八届四中全会审议通过了《中共中央关于全面推进依法治国若干重大问题的决定》，提出了全面推进依法治国的总目标是建设中国特色社会主义法治体系，建设社会主义法治国家。具体来说，就是在中国共产党的领导下，坚持中国特色社会主义制度，贯彻中国特色社会主义法治理论，形成完备的法治规范体系、高效的法治实施体系、严密的法治监督体系、有力的法治保障体系，形成完善的党内法规体系，坚持依法治国、依法执政、依法行政共同推进，坚持法治国家、法治政府、法治社会一体建设，实现科学立法、严格执法、公正司法、全民守法，促进国家治理体系和治理能力现代化。这是党的历史上，第一次以法治建设为主题召开中央全会，党中央对法治建设的重视程度空前，这也进一步强化了我履职尽责的使命感和紧迫感。五年来，我结合实际工作和人大代表的履职历程，围绕如何推进法治建设进行了思考和努力。

▌图 32

2013 年 3 月，我以全国人大代表身份参加十二届全国人大一次会议。

推动科学立法：提高立法质量

法律是治国之重器，良法是善治之前提。建设中国特色社会主义法治体系，必须坚持立法先行，发挥立法的引领和推动作用，抓住提高立法质量这个关键。改革开放后，我国法治建设进入快车道。2011 年 3 月 10 日，时任全国人大常委会委员长吴邦国同志向十一届全国人大四次会议作全国人大常委会工作报告时宣布，中国特色社会主义法律体系已经形成。但是法治建设是一个系统工程，需要持续开展法律法规的立、改、废、释工作，不断增强法律法规的时效性、系统性、针对性。2013 年以来，十二届全国人大认真行使宪法赋予的国家立法权，着力加强重点领域立法，五年来共制定法律 25 部，修改法律 127 件次，通过有关法律问题和重大问题的决定 44 件，作出法律解释 9 件，经济、政治、文化、社会、生态文明等领域的一批重要法律相继出台，以宪法为核心的中国特色社会主义法律体系更加完善。我也有幸参加了其中部分法律草案的审议。

完善立法备案及审查制度，回应群众关切

尽管我国宪法以及其他有关法律对立法权限、立法程序、法律解释等问题作了原则性规定，但宪法对立法权限的划分不够具体、不够明确，导致有些法规、规章与法律相抵触或者法规、规章之间相互矛盾；有些法规、规章在起草和制定过程中存在部门本位主义，为本部门、本系统扩大审批权、发证权、收费权、处罚权等；有的各自为政，各搞各的部门规章。这些问题在一定程度上损害了国家法制的统一和尊严。2000 年 3 月 15 日，第九届全国人大第三次会议审议通过《中华人民共和国立法法》，自 2000 年 7 月 1 日起施行。《立法法》的颁布施行为我国立法工作提供了法律保障。

经过十多年的运行，2000 年颁布的《立法法》对于规范立法程序、提升立法质量起到了良好的推动作用，但是由于立法备案及审查制度还不够完善，立法质量不高的问题依然存在。比如，2000 年颁布的《立法法》只是规定国务院、中央军委、最高法院、最高检察院和各省、自治区、直辖市的人大常委会认为行政法规、地方性法规、自治条例和单行条例同宪法或者法律相抵触的，可以向全国人大常委会书面提出进行审查的要求，由全国人大常委会工作机构分送有关的专门委员会进行审查、提出意见。其他国家机关和社会团体、企业事业组织以及公民虽然也可以向全国人大常委会书面提出进行审查的建议，但人大机关并不是必须研究回复。换句话说，意见建议很可能石沉大海，没有任何回音。2003 年 3 月 17 日，湖北青年孙志刚因缺少暂住证，被警察送至广州市"三无"人员收容遣送中转站收容。由于受到工作人员以及其他收容人员的野蛮殴打，次日，孙志刚被收容站送往一家收容人员救治站。可惜的是，孙志刚于 3 月 20 日不幸身亡。这一事件被称为"孙志刚事件"。2003 年 5 月 14 日，三位法学博士联名撰写关于审查《城市流浪乞讨人员收容遣送办法》的建议书，传真至全国人大常委会法制工作委员会，开启了中国违宪审查第一案，但是没有得到官方回应。所幸收容遣送制度于当年 8 月正式退出历史舞台。可劳动教养制度的废除就没那么顺利，2007 年 12 月 4 日是全国法制日，69 名专家学者向全国人大提交公民建议，要求启动对劳动教养制度的违宪审查。建议者以学者和律师为主，其中包括经济学家茅于轼、法学家江平等。但是劳动教养制度直到 2013 年才被废除，运行 56 年之久。

公民、企业和其他社团认为法规违法时，应如何向全国人大提出建议？全国人大应如何受理？是否必须答复建议人？不答复的怎么办？要想标本兼治，只有进一步完善立法备案及审查制度，将立法权力关进制度的笼子，才能更好地保护公民的合法权利。

基于上述考虑，2014 年 8 月，在十二届全国人大常委会第十次会议小组讨论时，我建议通过完善《立法法》的备案审查机制，建立现行法律清理、修订的基层依据来源，为提升我国法律体系质量夯实基础。

2015 年 3 月 15 日，第十二届全国人民代表大会第三次会议通过全国人民代表大会关于修改《中华人民共和国立法法》的决定。这是《立法法》颁布施行 15 年来的首次修订，修改条文多达 46 条，主要包括授予设区的市地方立法权、规范授权立法、明确税收法定原则、界定部门规章和地方政府规章边界、对司法机关制定的司法解释加以规范、加强规范性文件备案审查等。可喜的是，修订后的《立法法》第九十九条规定，有关的专门委员会和常委会工作机构可以对报送备案的规范性文件进行主动审查；第一百零一条规定，全国人大有关的专门委员会和常委会工作机构应当按照规定要求，将审查、研究情况向提出审查建议的国家机关、社会团体、企业事业组织以及公民反馈，并可以向社会公开。这不得不说是我国立法备案和审查制度的一大进步。

健全立法听证制度，强化立法监督

如果说立法备案及审查制度是对立法活动的事后监督、结果监督，那么立法听证制度则是对立法活动的事前监督、过程监督。然而，2000 年颁布的《立法法》对于立法听证及公开监督机制强调不够。该法对于是否采用听证会仅停留在"可以"层面，没有对听证会的筹备、听证对象范围、听证意见的处理等内容作出具体规定，极大限制了公众对立法的监督。

其实，听证会对科学立法、民主立法的促进作用在实践中早已得到证明。1999年9月9日，广东省人大常委会就《广东省建设工程招标投标管理条例修订草案》举行听证会，这是我国首次举行的立法听证。同年10月29日，湖北省武汉市人大常委会就《武汉市外商投资企业管理条例》也举行了立法听证。2005年，全国人大常委会举行历史上第一次立法听证会"个税法修改听证会"，直接听取公众和有关方面的意见。最终，个税起征点从1500元提到1600元。从实践效果来看，立法听证制度有助于科学立法、民主立法，有助于扩大公民对立法的有序参与，取得了很好的社会效果。

基于上述考虑，2014年8月，在十二届全国人大常委会第十次会议小组讨论时，我建议从明确立法听证准备工作、规范听证程序、明确对听证意见的处理规定等三个方面进一步健全立法听证制度。

2014年10月23日，党的十八届四中全会审议通过《中共中央关于全面推进依法治国若干重大问题的决定》，明确指出：健全立法机关和社会公众沟通机制，开展立法协商，充分发挥政协委员、民主党派、工商联、无党派人士、人民团体、社会组织在立法协商中的作用，探索建立有关国家机关、社会团体、专家学者等对立法中涉及的重大利益调整论证咨询机制。扩宽公民有序参与立法途径，健全法律法规规章草案公开征求意见和公众意见采纳情况反馈机制，广泛凝聚社会共识。党中央对民主立法的重视，让我倍感振奋。

完善行政诉讼制度，解决"三难"问题

1989年4月4日，第七届全国人大第二次会议通过《中华人民共和国行政诉讼法》，于1990年1月1日施行。该法施行以来，在解决行政争议、推进依法行政，保护公民、法人和其他组织的合法权益等方面，发挥了重要作用。但随着我国经济社会的不断发展，行政诉讼制度与经济社会发展不协调、不适应的问题也日渐突出。各方反映最强烈的当属行政诉讼制度的"三难"，即立案难、审理难、执行难。原告的起诉法院不受理，不立案，案件进入不了诉讼的程序，这是立案难。诉讼过程中，原告在审判程序上和实体上的合法权益得不到充分保障，这是审理难。原告赢得了诉讼却赢不回权益，在司法实践中表现为无法执行和迟延执行两种现象，这是执行难。据统计，我国每年因行政纠纷引发的信访案件高达400万至600万件，选择行政诉讼程序解决的只有10万件左右，其中只有27.21%的案件得到实体裁判，这些得到裁判的案件胜诉率又不到10%。当时，由于基层法院受行政机关过度干预，造成行政审判不公正或行政机关拒不履行行政判决等原因，行政诉讼上诉率和申诉率长期居高不下。2011年全国行政案件的上诉率高达72.85%，分别是刑事和民事案件上诉率的 6 倍和 2.4 倍。行政案件申诉率也高达 8.5% ，分别是刑事和民事案件的 6 倍和 6.3 倍。2012 年和 2013 年，全国行政案件的上诉率分别为 73.51% 、72.7% ，申诉率分别为 8.38% 、11.76% 。由此导致老百姓"信访不信法"、"信上不信下"，大量本该通过诉讼终结的纠纷都涌入信访部门。

行政诉讼"三难"问题已经严重影响了我国司法公信力，不利于维护社会团结稳定。2014 年 8 月，十二届全国人大常委会第十次会议审议《行政诉讼法修正案（草案）》，与 1989 年颁布的《行政诉讼法》相比，增改条文过半，修改幅度很大。扩大受案范围、明确可以口头起诉、强化受理程序约束、明确原被告资格、对红头文件的附带审查、明确行政机关拒不履行判决将拘留负责人等是修法的亮点。经过深入细致的调查研究，我围绕解决"三难"，提出了若干修改意见。

针对"立案难"，我建议采用"负面清单"（即概括条款加排除）的方式规定受案范围，扩大受案范围，将行政诉讼对象由具体行政行为延伸至具体行政行为和部分抽象行政行为，降低诉讼门槛。同时，维持目前的基层法院的行政审判庭体制，增加规定当事人在特定情况下的选择权，排除外来干扰。

针对"审理难"，我建议经复议的案件，作出原具体行政行为的行政机关为被告；起诉复议机关不作为的，复议机关是被告，促使复议机关摆脱"怕当被告"的心理，使行政复议制度能及时纠正违法行为，给合法权益受损的行政相对人提供救济，从而化解行政争议和矛盾，减轻法院解决行政争议的压力。

同时，我就法院对规范性文件的审查和处理机制也提出了意见。法院作为司法机关，是否有权审查作为具体行政行为依据的规范性文件的合法性，是一个极富争议的问题。这里举个例子，2003 年 5 月 27 日，拥有法学硕士学位的洛阳中院法官李慧娟在"洛阳市汝阳县种子公司诉伊川县种子公司"一案的判决书中论述道："《种子法》实施后，玉米种子的价格已由市场调节，《河南省农作物种子管理条例》作为法律阶位较低的地方性法规，其与《种子法》相冲突的条款自然无效，而河南省物价局、农业厅联合下发的《通知》又是依据该条例制定的一般性规范性文件，其与《种子法》相冲突的条款亦为无效条款。因此伊川公司关于应按《通知》中规定方法计收可得利益损失的辩解于法无据，本院不予支持。"结果，判决中的上述论述给李慧娟和洛阳中院带来了麻烦。2003 年 7 月 15 日，洛阳市人大常委会向河南省人大常委会就该案种子经营价格问题发出一份请示。10 月 13 日，河南省人大常委会法制室发文答复表示，经省人大主任会议研究认为，《河南省农作物种子管理条例》第 36 条关于种子经营价格的规定与《种子法》没有抵触，应继续适用。同时，该答复还指出："洛阳中院在其民事判决书中宣告地方性法规有关内容无效，这种行为的实质是对省人大常委会通过的地方性法规的违法审查，违背了我国的人民代表大会制度，侵犯了权力机关的职权，是严重违法行为"，要求洛阳市人大常委会依法行使监督权，纠正洛阳中院的违法行为，对直接负责人员和主管领导依法作出处理，通报洛阳市有关单位，并将处理结果报告省人大常委会。同一天，河南省人大常委会办公厅还向河南省高级法院发出通报，称："1998 年省高级法院已就沁阳市人民法院在审理一起案件中错误地审查地方性法规的问题通报全省各级法院，洛阳中院却明知故犯"，"请省法院对洛阳中院的严重违法行为作出认真、严肃的处理"，"并将处理结果报告省人大常委会"。基于此，我建议在《草案》中明确法院对规范性文件的审查和处理机制，法院可不援引其认为涉嫌违法的行政法规、地方性法规、自治条例、单行条例、规章或其他规范性文件作为裁判的依据，但应按程序把相关异议报送立法机关，将行政法规、地方性法规、自治条例、单行条例合法性的最终判断权保留给立法机关。此外，我建议事实清楚、权利义务关系明确、争议不大的一审行政案件，在征得当事各方同意的情况下，适用简易程序，提高审判效率，降低诉讼成本。

针对"执行难"，我建议建立调解制度，提高罚款数额，加强执行力度。不过，败诉的行政机关若不履行相应的法院裁判，应让行政机关或其直接负责的主管人员和其他直接责任人员承担政治责任，而不是行政拘留。

2014 年 11 月 1 日，第十二届全国人大常委会第十一次会议审议通过《关于修改〈中华人民共和国行政诉讼法〉的决定》。该法第五十三条规定："公民、法人或者其他组织认为行政行为所依据的国务院部门和地方人民政府及其部门制定的规范性文件不合法，在对行政行为提起诉讼时，可以一并请求对该规范性文件进行审查。前款规定的规范性文件不含规章。"同时在第六十四条规定："人民法院在审理行政案件中，经审查认为本法第五十三条规定的规范性文件不合法的，不作为认定行政行为合法的依据，并向制定机关提出处理建议。"第六十条规定："人民法院审理行政案件，不适用调解。但是，行政赔偿、补偿以及行政机关行使法律、法规规定的自由裁量权的案件可以调解。调解应当遵循自愿、合法原则，不得损害国家利益、社会公共利益和他人合法权益。"第八十二条规定"人民法院审理下列第一审行政案件，认为事实清楚、权利义务关系明确、争议不大的，可以适用简易程序：（一）被诉行政行为是依法当场作出的；（二）案件涉及款额二千元以下的；（三）属于政府信息公开案件的。除前款规定以外的第一审行政案件，当事人各方同意适用简易程序的，可以适用简易程序。"这些法律条文与我的建议基本一致，进一步鼓舞了我建言献策的信心。

夯实安全生产的法治保障

改革开放以来，我国工业化、城市化取得长足进步，但我国仍然处于工业化、城镇化的快速发展阶段，安全生产基础仍然比较薄弱，生产安全事故处于易发多发的高峰期，特别是重特大事故尚未得到有效遏制。严峻的安全生产形势引发了社会对我国现有安全生产法律体系的关注和质疑。

2002 年制定的《安全生产法》已施行十多年，2009 年虽进行了部分修改，但随着我国安全生产的社会经济环境的变化，其很多规定已不适应现实情况。国务院法制办会同国家安全生产监管总局等部门拟定的《安全生产法修正案（草案）》，经 2014 年 1 月 15 日国务院常务会议讨论后，进入全国人大审议阶段。2014 年 8 月，十二届全国人大常委会第十次会议召开，由于此前江苏省昆山市中荣金属制品有限公司发生粉尘爆炸，致使 75 人死亡 185 人受伤，造成了恶劣影响。人大代表们在审议时反响强烈，我也从立法理念、责任落实、惩戒力度、制度保障等方面发表了个人意见。

在立法理念方面。《草案》秉承"重事故、轻过程"的立法理念，对生产经营单位日常安全违法行为处罚相对较轻，只有在发生生产安全事故后才给予处罚。这种"亡羊补牢"的处罚方式削弱了法律的预防功能。因此，有必要对性质较严重的违法行为不再勒令限时整改，而是直接处罚，及时制止、制裁安全生产违法行为，提升法案的威慑力，使企业能在安全生产管理过程中做到未雨绸缪和防微杜渐。

在责任落实方面。《草案》将违法责任主体统一设定为"生产责任单位"，设定具体法律责任时不作区分。相对较高的处罚金额将使个人难以承受，若调低处罚金额又难以对企业产生震慑作用。因此，有必要区分个人和法人组织的法律责任，对于安全生产领域相关严重违法行为和拒不执行监管监察指令的违法行为，可考虑增设相应刑事责任。

在惩戒力度方面。尽管《草案》普遍提高了对生产经营单位的行政处罚额度，还是无法对大中型生产企业起到足够的震慑作用。而国外安全生产立法经验表明，适时加大处罚力度有利于推进安全生产工作。因此，除对企业给予大额一次性罚款外，还应对企业主要负责人处以相当于其上一年收入一定比例的罚款，情节特别恶劣严重的，可对肇事企业或个人给予刑事处罚。

在制度保障方面。将企业的安全标准化评价结果纳入企业的信用评级系统，对企业的融资、保险等商业行为和社会声誉造成直接影响，有效激发企业完善安全生产标准的主观能动性。同时，建立安全生产责任强制保险制度，将部分损害赔偿责任转移给安全生产责任保险机构承担，可强化生产经营单位的损害赔偿能力，避免"政府买单"。

2014 年 8 月 31 日，第十二届全国人大常委会第十次会议审议通过《关于修改〈中华人民共和国安全生产法〉的决定》。该法第七十五条规定："负有安全生产监督管理职责的部门应当建立安全生产违法行为信息库，如实记录生产经营单位的安全生产违法行为信息；对违法行为情节严重的生产经营单位，应当向社会公告，并通报行业主管部门、投资主管部门、国土资源主管部门、证券监督管理机构以及有关金融机构。"第九十二条规定："生产经营单位的主要负责人未履行本法规定的安全生产管理职责，导致发生生产安全事故的，由安全生产监督管理部门根据事故轻重，处以上一年收入的一定比例的罚款。"例如，发生特别重大事故的，处上一年年收入80%的罚款。第一百零九条规定："发生生产安全事故，对负有责任的生产经营单位除要求其依法承担相应的赔偿等责任外，由安全生产监督管理部门根据事故轻重，处以20万到2000万不等的罚款。"例如，发生特别重大事故的，处500万元以上1000万元以下的罚款；情节特别严重的，处1000万元以上2000万元以下的罚款。这些法律条文不同程度回应了我的建议。

▎倡导严格执法：增强法律的生命力

法律的生命力在于实施，法律的权威也在于实施。各级政府必须在党的领导下、在法治轨道上开展工作，加快建设职能科学、权责法定、执法严明、公开公正、廉洁高效、守法诚信的法治政府，这是法治政府建设的基本价值追求。党的十八大以来，我国进入全面深化改革和转变发展方式的关键时期，要深化社会主义市场经济体制改革、创新社会治理体制、加快发展方式的转变，核心在于处理好政府和市场的关系，在充分发挥好市场在资源配置中的决定性作用的同时，更好地发挥政府作用。这就要求政府必须加快转变职能，坚持有所为、有所不为，从"全能政府"向"有限政府"转变。

然而在改革和发展实践中，有的部门往往对于有利益的权力不愿放或放得不到位，无利益的事情不愿管或管得不到位，一讲转变职能就想卸责，一讲履行职能就要扩权。政府具体哪些该放，哪些该管，可以行使哪些权力，应当承担哪些责任，需要划清政府与市场、社会之间的边界。超出政府法定职能的事项，要用足"看不见的手"，坚决放给市场、交给社会；属于政府法定职能的事项，要用好"看得见的手"，敢于担当、善于作为。5年来，围绕着法治政府建设，我进行了一些思考，提出了一些建议。

推进政府职能转变，管好"看得见的手"

党的十八届二中全会审议通过了《国务院机构改革和职能转变方案》，建议国务院将该方案提交第十二届全国人大第一次会议审议。2013 年 3 月 10 日，马凯副总理受国务院委托，就《国务院机构改革和职能转变方案》向大会作说明。他指出："政府职能转变是深化行政体制改革的核心。国务院机构职能转变要按照政府职能向创造良好发展环境、提供优质公共服务、维护社会公平正义转变的要求，适应加强市场监管、提供基本社会保障的需要，推进职能转移，着力解决政府与市场、政府与社会的关系问题，充分发挥市场在资源配置中的基础性作用，更好发挥社会力量在管理社会事务中的作用；推进职能下放，着力解决国务院部门管得过多过细问题，充分发挥中央和地方两个积极性；推进职能整合，着力解决职责交叉、推诿扯皮问题，提高行政效能；推进职能加强，着力解决国务院部门抓大事管宏观不够问题，改善和加强宏观管理，注重完善制度机制。通过推动职能转变，加快形成权界清晰、分工合理、权责一致、运转高效、法治保障的国务院机构职能体系，真正做到该管的管住管好，不该管的不管不干预，切实提高政府管理科学化水平。"围绕马凯副总理所做的说明，与会代表展开了热烈讨论，我也在会上发表了个人意见。

总体来说，《国务院机构改革和职能转变方案》经过深入调查研究、广泛听取意见、反复比较论证，有关部门付出了艰辛的努力。《方案》体现了党的十八大精神，以职能转变为核心，推进简政放权、改革机构、完善制度、提高效能。机构改革涉及的铁路、卫生人口、食品药品、海洋、能源管理等部门都是不适应经济社会发展需要，亟需整合和理顺的机构和部门。关于国务院机构职能转变的方向和重点也是正确的，比如说合并减少中央对地方专项转移支付，增加一般性转移支付的额度和比例，对于平衡中央和地方的事权和财权具有重要意义。但这些政策的落地还有相当大的难度，既需要战略支撑，也需要战术上的突破。

具体还可以从五方面对《方案》进行改进。一是制定建立中国特色社会主义行政体制，既要考虑行政效能，也要防止权力寻租，筑牢"不想腐"的思想防线，扎紧"不能腐"的制度笼子，营造"不敢腐"的高压态势。二是大部制改革不是简单的职能搬家，不是只少几个部长，下属机构照旧存在和运转。而是要做"加减乘除法"，加强制度和组织建设，减少扯皮推诿、内部摩擦，形成行政效能的乘数效应，去除不正之风、消极情绪，形成原有部门间的真正融合。三是拆分后的中国铁路总公司应专业化运营，暂不交由国资委管理。该公司现有 2.67 万亿元债务，是世界上除了银行之外最大的高负债企业。考虑到全国铁路建设的任务仍然很艰巨，建议将铁道部财务司担当的 2.67 万亿铁路债务（包括债券、银行贷款）划转至财政部管理，按照"老债老办法、新债新办法"的思路"新老划断"，在今后一定时期内的负债仍享受国家信用，让中国铁路总公司能够轻装上阵。四是海关总署海上缉私警察仍留在海关，不必划转至海洋局。五是国务院每年向人大报告职能转变的进展情况。2013 年 3 月 14 日，第十二届全国人大第一次会议审议通过《关于国务院机构改革和职能转变方案的决定》。

加强基层政府引导，遏制农村人情消费蔓延

人情消费在我国有着深厚的历史渊源和社会文化基础，适度的人情消费，可以表达心意，增进亲友感情。然而近年来，伴随收入水平和生活质量的逐步改善，全社会的人情消费也"水涨船高"，尤其在农村地区愈演愈烈，已经逐渐演变成一种负担。2014 年，我就农村人情消费调查了湖南省中部某县数个村庄，先后与六户村民座谈，发现近年来农村礼金"起步价"一涨再涨，人情消费名目繁多，大操大办，甚至有人花样百出，借机敛财。座谈的六户村民每年户均人情消费在 1.5 万元左右，人情支出平均占到家庭可支配收入比重高达 18%，已严重影响生活水平的提高，也制约了农村经济社会发展。

农村人情消费的过度蔓延既体现了礼尚往来、收入水平的提高等积极因素，但更多地反映了农村基层党组织建设和规章制度缺位以及良好精神文明价值观的弱化。因此，2014 年 3 月我在第十二届全国人大第二次会议上建议从做好舆论宣传、加强基层政府监督管理、充分发挥村民自治作用、完善农村公共服务体系、拓宽农民投融资渠道等方面遏制农村人情消费日益蔓延势头，还农村淳朴善良、勤俭节约的人情往来。这个问题现在已经逐渐得到社会各界的重视。2017 年，在读《塘约道路》一书时，我发现这个著名的脱贫村早就通过"村民公约"的形式对人情消费进行规范。2018 年"中央 1 号文件"《中共中央 国务院关于实施乡村振兴战略的意见》也明确要求，遏制大操大办、厚葬薄养、人情攀比等陈规陋习，焕发乡风文明新气象。

建立促进钢铁行业走出去的配套政策体系，综合运用"看不见的手"和"看得见的手"

新中国成立以来，我国一直把钢铁行业放在极其重要的地位，当年"大跃进"超英赶美，钢铁产量就是重要指标。经过最近十几年的飞速发展，我国粗钢产量从 2000 年的 1.3 亿吨增长到 2017 年的 8.32 亿吨，产量稳居世界第一，产品质量也明显提升。但国内钢铁产能过剩日趋明显，钢铁企业经营陷入困顿，钢铁业步入调整期。

一方面，产能过剩，供大于求，导致钢铁价格偏低，向海外转移富余产能成为一项重大的战略选择。另一方面，铁矿石对外依存度高，只要钢材价格稍有上涨，进口铁矿石便立即跟涨，现货定价模式吞噬了钢铁行业微薄的利润。

基于上述考虑，2013 年 3 月，我向十二届全国人大第一次会议提交了《关于加大海外铁矿资源开发力度，转移国内过剩钢铁生产能力的建议》，提出向国外转移富余的钢铁产能必须与我国的钢铁产业结构调整结合起来统筹考虑，铁矿石开发配套基础设施建设要与矿山建设同步进行，组建海外铁矿投资联合体或海外铁矿开发基金，出台鼓励境外资源开发及配套基础设施的财政、金融、保险政策等建议，得到了有关部门的重视和回应。

2013 年 9 月和 10 月，习近平主席在出访中亚和东南亚国家期间，先后提出共建"丝绸之路经济带"和"21 世纪海上丝绸之路"的重大倡议，得到国际社会高度关注。随后，"一带一路"建设被上升为国家战略，亚洲基础设施投资银行、丝路基金相继建立，"一带一路"国际合作高峰论坛在北京举行。根据"一带一路"高峰论坛达成的 76 大项、270 多项成果中，涉及开发银行的就有 5 大项、25 项具体成果。开发银行将设立 2500 亿元等值人民币专项贷款，支持"一带一路"建设。经过不懈努力，我国钢铁行业在 2016 年走出低谷，2017 年实现了稳中向好的发展态势。稳中向好的发展态势得益于外部宏观环境的改善，特别是得益于国家稳步推进供给侧结构性改革和"一带一路"建设，钢铁行业兼并重组，彻底取缔"地条钢"，推动富余钢铁产能走出去，有效化解了钢铁过剩产能。

呼吁公正司法：让人民群众感受到更多公平正义

英国哲学家培根说："一次不公正的司法判决，其恶果甚于十次犯罪，因为犯罪只是弄脏了一支水流，而错误的司法判决则是污染了整个水源。"简言之，司法公正对社会公正具有重要引领作用，司法不公对社会公正具有致命破坏作用。因此，必须完善司法管理体制和司法权力运行机制，规范司法行为，加强对司法活动的监督。习近平总书记更是反复强调，努力让人民群众在每一个司法案件中感受到公平正义。

党的十八届四中全会以来，最高院认真贯彻落实党中央依法治国的理念，深化司法改革，改进工作作风，出台了一系列的司法解释，纠正了一批冤假错案，工作成果显著，地方各级人民法院在最高院的监督指导下，扎实落实司法改革措施，依法审理案件，依法惩治犯罪，营造了风清气正的司法环境，人民法院维护公平、主持正义的形象已经在人民群众心目中树立。

以前，群众经常反映立案难，甚至出现在法院门口排队立案的景象。最高院于

2015 年先后出台《关于人民法院推行立案登记制改革的意见》、《关于人民法院登记立案若干问题的规定》，推行立案登记制，要求各级法院实行有案必立、有诉必理，从制度上彻底解决了立案难题，人民群众的诉权得到了有效保障。同时最高院对接受诉状、当场立案、告知补正、诉讼费收取等提出明确要求，各地法院规范诉讼指引，细化登记立案流程，实行"一次性"告知，立案工作更加规范。从福建再审黄兴、林立峰、陈夏影绑架案，到云南巧家投毒案，再到海南陈满谋杀案，一桩桩的冤假错案得到依法纠正，显示了人民法院勇纠错案、维护正义的态度和决心。

执行难一直是困扰司法实践的难题，其中一个重要原因是被执行人的财产难以发现，缺乏有效渠道查找被执行人财产。2015 年，最高院和中国银行业监督管理委员会联合下发《人民法院、银行业金融机构网络执行查控工作规范》，要求各银行业金融机构总行通过最高院和银监会的专线完成本单位与最高院的网络对接工作，实现网络查控功能。以后，法院对被执行人在全国任何一家银行的金融资产，可都直接通过网络查询、冻结、扣划，这样将大大提高执行工作效率，降低执行成本，让被执行人的金融资产难以藏匿，破解执行难问题。

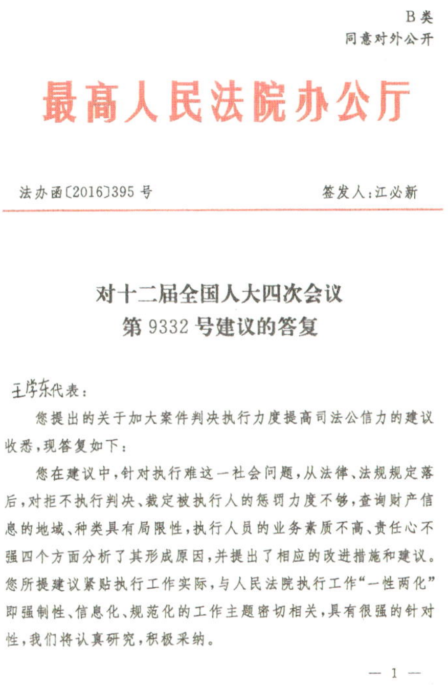

B 类
同意对外公开

最高人民法院办公厅

法办函〔2016〕395 号   签发人：江必新

对十二届全国人大四次会议
第 9332 号建议的答复

王序东代表：

您提出的关于加大案件判决执行力度提高司法公信力的建议收悉，现答复如下：

您在建议中，针对执行难这一社会问题，从法律、法规规定落后，对拒不执行判决、裁定被执行人的惩罚力度不够，查询财产信息的地域、种类具有局限性，执行人员的业务素质不高、责任心不强四个方面分析了其形成原因，并提出了相应的改进措施和建议。您所提建议紧贴执行工作实际，与人民法院执行工作"一性两化"即强制性、信息化、规范化的工作主题密切相关，具有很强的针对性，我们将认真研究，积极采纳。

— 1 —

图 33

2016 年，我向全国人大提出的加大案件判决执行力度的建议得到最高人民法院的积极回应。

这些积极变化让人民群众感受到更多公平正义，也更加坚定了我维护司法公正的决心。2016 年 3 月 14 日，我参加十二届全国人大第四次会议广东代表团讨论时，对进一步提高民商事案件审判效率提出了几点建议。

防治管辖权异议滥用，缩短诉讼周期

据统计，基层法院从立案日到庭审日的排期时间平均为 3—4 个月，部分案件由于被告故意提起管辖权异议拖延时间，从立案到取得终审生效判决耗时更久。提起管辖权异议的门槛过低、管辖权异议不成立只需交纳极少诉讼费用、对滥用管辖权异议缺乏有效制约，助长了管辖权异议的滥用。

鉴于此,有必要简化管辖权异议案件裁定程序,尽量采用速裁方式对管辖权异议案件进行审理;赋予法院责令被驳回管辖权异议的当事人承担对方当事人在管辖异议审理期间所支付的包括律师费、交通费、误工费的费用,增加恶意拖延诉讼的成本。

尽管该建议未被全国人大采纳,但是在我国司法实践中,已经得到实务支持。2016年9月,芜湖市中院裁定安徽某锅炉公司以同样的理由提出管辖权异议,明显缺乏对生效裁判的尊重,浪费司法资源,增加对方当事人诉累,法院训诫该锅炉公司在今后的诉讼中不再发生类似行为。2017年2月,南京市玄武区法院对一起离婚案件的管辖权异议作出裁定,被告虚构原告户籍地和管辖理由,干扰法庭调查,滥用管辖权异议,浪费司法资源,妨害了民事诉讼的正常进行,为教育当事人,培养诚信的诉讼秩序,对被告罚款2000元。

优化财产查询程序,提升执行效率

根据《人民法院执行工作报告》统计,2013年至2015年,全国各级人民法院共新收各类执行案件1013万件,执结944万件,同比前三年总数分别上升40%和28%;执行到位标的金额32862亿元,同比上升110%。三年执结案件中,诉讼类执行案件822万件,同比上升31%,其中,民商事执行案件783万件,同比上升31%。可见,我国执行效率已有明显提高,为实现发生法律效力的司法裁判、保护当事人合法权益、促进经济发展、维护法治权威发挥了应有作用。但是,我国民商事案件执行效率与党中央的要求相比,与人民群众对公平正义的需要相比,还有不小改进空间。

鉴于执行案件查控系统已经初步建立,我建议对于金融机构的债权债务案件,法院可以将被查询被告人财产提前至诉讼保全阶段,确保金融机构在案件开始前就能够清晰了解被告人的真实情况,同时通过诉讼保全、诉前保全给被告人施加压力,促使金融机构与被告人达成和解。

加强交流指导,统一裁判尺度

由于我国各地经济社会发展不平衡、司法人员司法能力千差万别、地方执法环境不尽相同,我国司法实践中大量存在"同案不同判"现象。破解上述问题,可采取一些改进措施。一是利用审判信息网络系统开设探讨民商事案件法律适用问题的交流平台,拓宽四级法院在司法动态信息、行政审判、审判管理、执行工作、跨地区案件审理和涉诉信访案件协作联动等方面的沟通交流。二是强化指导性案例在司法审判中的地位及作用,促使基层法官学习掌握民商事审判先进经验,增强基层法官对新型、疑难案件的把握能力，合理限制法官自由裁量权，努力统一裁判标准，实现同案同判。

迄今为止，最高人民法院发布 17 批指导性案例，共计 92 个；最高人民检察院发布 9 批指导性案例，共计 38 个。这些指导性案例在司法实务中发挥了指引和示范作用，对统一裁判尺度起到了积极作用。

加强法官职业化队伍建设和权益保护

全面推进依法治国，必须大力提高法治工作队伍思想政治素质、业务工作能力、职业道德水平，着力建设一支忠于党、忠于国家、忠于人民、忠于法律的社会主义法治工作队伍。保证公正司法，必须建设一支职业化的法官人才队伍。

然而，我国法官人才队伍建设长期面临一些亟需解决的问题。一是法官的劳动强度较大，特别是北京、上海、深圳等发达地区的法官，"案多人少"的矛盾十分突出，部分法官长期超负荷工作。二是法官的薪酬待遇偏低，收入与生活成本不匹配出现了法官离职潮的现象，2015 年度北京市公务员考试成功报名仅 26629 人，这相对于前几年五六万的报名人数下降了一半多，说明法官等公务员职位吸引力明显减弱。三是法官人身安全受到威胁，2016 年 2 月，北京法官马彩云被其审理的一起离婚财产纠纷案件的原告杀害，2017 年 1 月，广西退休法官傅明生被其 20 年前审理的案件当事人杀害，这些恶性事件既是对法官人身权利的侵害，也是对司法权威的践踏。

这些都说明贯彻落实十八届四中全会关于"完善职业保障体系，建立法官、检察官、人民警察专业职务序列及工资制度"的要求，仍然具有紧迫性和必要性。亟需提高法官待遇，保护法官人身安全，增加法官队伍编制，进一步增强法官的职业成就感和获得感。

可喜的是，2016 年 7 月 28 日，中办、国办联合印发《保护司法人员依法履行法定职责的规定》，明确规定对干扰阻碍司法活动，威胁、报复陷害、侮辱诽谤、暴力伤害司法人员及其近亲属的行为，要依法迅速从严惩处。2017 年 2 月 7 日，最高院发布《人民法院落实〈保护司法人员依法履行法定职责的规定〉的实施办法》，进一步健全完善法官、审判辅助人员依法履行法定职责保护机制。2017 年 7 月 3 日，最高法院机关完成首批员额法官选任，意味着法官员额制改革在全国落实。至此，全国法院共遴选产生 12 万余名员额法官。通过严格的考核，选拔优秀的法官进入员额，并为他们配备法官助理、书记员等审判辅助人员，确保法院 85% 的人力资源配置到办案一线。改革后，员额法官工资分为基本工资、津贴补贴和奖金三部分。基本工资以法官等级为基础，绩效考核奖金的发放，不与法官职务等级挂钩，主要依据责任轻重、办案质效、办案数量和办案难度等因素，体现工作实绩，向一线办案人员倾斜。通过上述改革措施，法官的职业安全感、获得感和成就感都得到了明显提升。

践行全民守法：做遵纪守法的党员干部

《中共中央关于全面推进依法治国若干重大问题的决定》明确要求，党的各级组织和广大党员干部不仅要模范遵守国家法律，而且要按照党规党纪以更高标准严格要求自己，坚定理想信念，践行党的宗旨，坚决同违法乱纪行为作斗争。作为全国人大代表和组织培养多年的金融干部，无论是在湖南还是在国银租赁，我深入贯彻落实中央和开发银行总行党委全面从严治党、全面依法治国（行）的有关精神，积极发挥党员干部模范带头作用和企业文化的引领作用，始终坚持做中国特色社会主义法治道路的忠实崇尚者、自觉遵守者、坚定捍卫者。

贯彻落实全面从严治党

党的十九大报告指出，必须把党的领导贯彻落实到依法治国全过程和各方面，坚定不移走中国特色社会主义法治道路。早在 1998 年，开发银行就提出了"抓好党建、办好银行、支持发展"的办行方针。党的十八大以来，我牢牢把握"把抓好党建作为最大的政绩"要求，从自身做起，全面加强党的政治、思想、组织、作风等各项建设。

一是深入学习贯彻中央精神，不断强化"四个意识"。5 年多来，以群众路线教育实践、"三严三实"、"两学一做"、学习宣传贯彻党的十九大精神等重大政治活动为契机，不断加强自身思想理论学习，扎实推动活动方案实施，组织党委开展集中学习及专题研讨 100 余次，开展党委书记带头为全体员工讲党课近 10 次，提高了政治水平，促进了作风改善，推动了业务开展。

二是以高度的政治责任感落实中央决策和开发银行总行党委部署。主动、及时、深入学习贯彻中央和开发银行总行的决策部署，积极落实党中央、国务院新型城镇化、"一带一路"、棚户区改造、精准扶贫、供给侧结构性改革、中国制造2025、防范化解风险等重大战略部署，结合实际情况深入开展调查研究，以踏石留印、抓铁有痕的作风抓好政策落实，确保党中央各项决策部署在基层落地生根。

三是加强党委自身建设，打造"四好班子"。坚持民主集中制，严格遵守党的组织生活制度，落实"三重一大"集体决策制度。在日常工作中，积极发挥集体领导的作用，合理授权、有效放权，支持班子成员在职责范围内独立负责开展工作，有效激发班子的工作积极性和主动性。2013年，湖南分行班子荣获开发银行党委授予的"四好班子"称号，这代表开发银行总行党委对分行党委的高度肯定。

四是着力加强组织和队伍建设，夯实党建工作基础。积极参加对口联系支部组织生活会，严格要求支部书记落实"一岗双责"，压紧压实全面从严治党责任，提升基层党组织组织力和政治功能。坚持正确选人用人导向，突出政治标准，营造风清气正的政治生态。多措并举加强干部培养，着力增强干部队伍的学习本领、改革创新本领、科学发展本领、群众工作本领、狠抓落实本领和驾驭风险本领。完善干部考评机制，建立激励机制和容错纠错机制，旗帜鲜明为敢于担当、踏实做事、不牟私利的干部撑腰鼓劲。

五是严守党的纪律，党风廉政建设常抓不懈。坚持廉洁自律，严格执行中央八项规定和开发银行总行党委有关规定，持续规范公务用车、公务出国和公务接待管理。同时，严格党内日常监督，用好监督执纪"四种形态"，完善员工行为排查，细化廉政提醒承诺，紧盯"关键少数"和"重点领域"，抓早抓小、防微杜渐。

推进全面依法治司

2014年8月底，开发银行党委决定选派我担任国银租赁党委书记、董事长。在原公司主要负责人因涉嫌受贿被司法起诉后，建立依法从严的内部管理机制成为我就任后的首要考虑。2014年10月23日，党的十八届四中全会胜利召开，审议通过《中共中央关于全面推进依法治国若干重大问题的决定》。同年10月27日，开发银行召开2014年三季度工作会议暨干部监督管理会议，贯彻四中全会精神，全面推进依法治行、从严治行。以此为契机，我马上主持召开公司全体会议，传达学习党的十八届四中全会及总行三季度工作会议精神，部署国银租赁依法从严加强公司治理的各项工作，引领公司员工以法治的思维谋划发展，以法治的路径强化管理，以法治的手段管控风险，以法治的红线严明纪律。通过全面梳理公司业务流程，调整优化内部组织架构，研究建立健全内部规章制度，持之以恒加强监督执纪问责，几年来法治精神与法治理念逐步渗透到国银租赁公司治理和经营管理的各个环节，在业务发展、风险管理、内部流程、考核激励、资本运作等方面取得了良好的成效。与此同时，针对我国融资租赁行业法律环境、税收制度、监管政策等还不健全的问题，2015年以来我向全国人大提交了12份建议，都收到有关部门的正式回复和重视，为我国融资租赁行业的法治化、规范化贡献了绵薄之力。

2017年，在党的十九大胜利召开后，结合学习贯彻十九大精神，我就全面从严治党、全面依法治国（司）对国银租赁全体干部员工作出以下要求：一是把政治建设摆在首位，"学懂弄通做实"十九大精神和习近平新时代中国特色社会主义思想，不断增强"四个意识"，在思想上政治上行动上同以习近平同志为核心的党中央保持高度一致。二是把党建工作写入公司章程，明确党委把方向、管大局、保落实的领导方式。公司各项重大决策事先听取党委意见，推进党的领导与公司治理有效结合，将党的领导落到公司各个环节。三是坚决落实中央关于建设现代化经济体系的有关决策部署，积极服务各项国家重大战略，防范金融风险，加快市场化改革，不断丰富开发性金融租赁的内涵和外延，全力服务实体经济发展。四是响应中央从严治党、依法治国要求，依法从严加强公司治理，确保依法合规经营。五是全体员工尤其是党员干部要从自身做起，严以律己，严格遵守党的纪律和国家法律法规，做合格党员和守法公民。

目前，公司从高管到员工、从党员干部到普通群众的法律意识、合规意识和纪律意识全面提高，公司的业绩和形象得到社会的认可，先后获得《金融时报》授予的"2016 年度最具影响力租赁公司"、"2017 年度最佳金融租赁公司"称号，同时获得"深圳市银行业最佳绿色金融奖"、"深圳市首届社会责任评价最高级别"等荣誉。

发挥企业文化的引领作用

习近平总书记指出，文化是一个国家、一个民族的灵魂，文化兴国运兴，文化强民族强。对于一个组织也是如此。2016 年 7 月，开发银行在北京举行《开行文化手册》发布会，发布开行使命、愿景、核心价值观、办行方针、精神等一系列企业文化理念。发布会上，开发银行党委书记、董事长胡怀邦同志要求，全行要以文化手册发布为契机，进一步凝聚共识，大力推进文化建设，发挥文化引领作用，弘扬开行精神，推进文化建设有机融入党建工作，服务国家战略和供给侧结构性改革，为事业发展凝心聚力，为谱写服务国家战略新篇章提供强有力的文化支撑。

开行文化源于 20 多年的开发性金融实践探索，融入中国特色社会主义文化。一直以来，我始终是一名开行文化的践行者和传播者。2008 年，我刚到湖南第一次去省政府汇报工作时，时任省长周强同志对我说："开行是湖南最受欢迎的银行。"围绕这个问题，我开始系统思考受谁欢迎、为什么受欢迎、怎样才能不断受欢迎等问题，并组织全行开展如何"做湖南最受欢迎的银行"大讨论。大家基于开发性金融理论和实践，集思广益、群策群力，回答了上述问题，提炼出了我们的经营理念和核心价值。首先是地方政府欢迎开行，开发性金融的做法得到了政府的肯定，"政府热点，雪中送炭，规划先行，信用建设，融资推动"的工作方针得到了政府的欢迎；其次是客户的欢迎，体现在对我们服务的满意度，体现在切实帮助他们解决资金问题；再就是监管部门的肯定，我们一直秉持依法合规经营；最重要的是人民群众肯定我们、欢迎我们，我们的融资促进了城市面貌的提升、促进了支柱产业的发展、促进了生态环境的保护、促进了区域经济发展和就业、促进了民生的改善等。要长期保持"最受欢迎"，必须坚持"以人才和信用为基础，创造出最佳服务，在为湖南经济社会发展作出贡献的同时，取得分行自身的发展"的经营理念，树立"人才第一、最佳服务、合规经营、追求共赢、一流业绩"的核心价值，其中人才和服务是关键。当时，开发银行湖南分行不到 200 人，资产却有 1300 多亿元，人均管理资产 7 亿—8 亿元，每个人一年实现的利润超过 1000 万元，我们每个人都很重要、责任都很大，都必须成为人才，不管是领导干部，还是一般员工，我们都强调德才兼备。我们要求最佳的人才提供最佳的服务，具体表现为：一是讲究效率；二是讲究产品，包括政策、技术、方案；三是讲究效果，重在解决问题；四是注意形象，包括对外宣介、品牌意识、外表形象等。现在回过头来看，当时这些想法和提法与后来《开行文化手册》中"增强国力、改善民生"的使命、"建设国际一流开发性金融机构，为经济社会发展提供永续支持"的愿景、"责任、创新、绿色、稳健、共赢"的核心价值观、"家国情怀、国际视野、专业高效、追求卓越"的开行精神等有着很强的默契和共识。

2010 年 1 月，我主持召开开发银行湖南分行年度工作会议，以"做湖南最受欢迎的银行"为题，系统阐述了分行企业文化。随后，我们又组织编制《国家开发银行湖南分行企业文化手册》和《湖南分行企业文化、行为战略和人力资源规划》，进一步丰富了"最受欢迎银行"的内涵并明确了实施的路径，从规范员工行为、考核激励机制、人才队伍建设、加强员工关怀、培养社会责任等各方面着手推动企业文化深入人心。经过多年努力，到 2014 年 8 月我调离湖南时，开发银行湖南分行基本形成了按章办事的管理文化、催人奋进的考核文化、公平公正的选人用人文化、以人为本的工作氛围、乐于奉献的社会责任感。企业文化开始在分行员工中内化于心、外化于行，成为开发性金融更好地服务湖南经济社会发展的文化支撑。2016 年以来，按照《开行文化手册》的基本框架和核心理念，结合国银租赁自身发展特色，通过公司内部广泛讨论，国银租赁也提炼出包括使命、愿景、核心价值观、战略定位、战略目标、经营理念、风险理念、人才理念在内的企业文化体系，对凝聚全员共识，丰富党建工作内容，推动公司改革发展发挥了重要作用。

关于加强基层政府引导作用，物质文明和精神文明两手抓，遏制农村人情消费日益蔓延势头的建议

2014 年 3 月第十二届全国人大第二次会议的建议

一、当下农村人情消费现状

人情消费在我国农村地区有着深厚的社会文化渊源，适度的人情消费，可以增进亲友感情，表达心意。然而近年来农村的人情消费，已经逐渐演变成一种负担，给农民带来了经济压力，影响了生活水平的提高，从而制约了农村经济社会发展。因此，需要采取措施遏制农村过度的人情消费，倡导良好社会风尚的形成。

通过调查湖南省中部某县六户村民，获得以下数据：

湖南中部某县农村家庭户人情支出占比

单位：万元

序号	家庭户	家庭可支配收入	总支出	人情支出	人情支出占可支配收入比重
1	A 户	10	7.5	2	20%
2	B 户	30	10	4	13%
3	C 户	4.5	2.5	0.7	16%
4	D 户	3	2	0.8	27%
5	E 户	4	2.8	1	25%
6	F 户	4	4	0.3	8%

由上可知，A、B 两户经济相对富裕，年收入为 10 万元及以上，人情消费水平虽较高，但仍有能力负担；C、D、E 两户，年收入 3 万—4 万元左右，接近当地年人均收入水平，但人情消费相对占比较高，给其带来了一定的经济压力；F 户虽然人情支出较低，但由于要供两个孩子上学，本身经济负担就较重，因此人情虽薄，亦猛于虎。

根据调查得知，近年来，随着农民生活水平的提高，人情消费也渐涨起来，以当地为例，礼金的"起步价"已从 30 年前的 1 元、2 元涨至 100—200 元，涨幅达百倍。不仅如此，当前人情消费可谓名目繁多，花样百出，不再拘泥于传统的婚丧嫁娶等人

生大事，为做到人情账收支平衡，甚至借机敛财，大家挖空心思想出许多名目，如父母双方合计 120 岁、母猪下崽、离婚宴等等，而且规模、场面方面互相攀比，形成了不良社会风气。有农民感叹，礼越送越厚，情却越来越薄，人情已经开始变味，人们往往在计较人情的得失、厚薄之间逐渐迷失了人情原有的意义。

二、农村人情消费过度的成因

1. 礼尚往来的传统文化。相对城市而言，我国农村对于传统文化秉承得更多，加之乡村社会为熟人社会，聚居在一起的又多为宗族亲人，村民之间多有着天然的信任感，都会自觉遵从着礼尚往来的传统。

2. 具有一定的互助性质。由于农村金融体系不健全，农民在面临婚丧嫁娶等大额开销时，很难通过正规的金融市场进行融资，只能通过收取人情礼金互帮互助，贴补开销。

3. 收入水平的显著提高。改革开放以来，农村的生产经营格局发生了根本性的变化，单一的经济结构演变成由个体经营、私营企业、乡镇企业等构成的多种所有制并存的复合经济结构，农村经济逐渐活跃起来；同时，由于农业税的取消，以及粮食价格、劳动力价格的大幅上涨，农民可支配收入大幅增加，以调查所在县为例，该县农民年人均收入 2011 年为 11539 元，2012 年为 13763 元，2013 年为 15965 元，年均增长率为 19.18%，为礼金的上涨提供了物质基础。

4. 缺乏良好的精神文明价值观。改革开放以来，我国城乡居民的物质生活水平都得到了极大改善，而精神文明建设却普遍滞后于物质文明发展。尤其是农村，一方面由于生产、生活方式发生了剧变、生存空间大幅扩展，物质文明受到了强烈冲击；另一方面，优质精神文明资源却大部分向城市聚集，导致农村缺乏一种良好的精神文明价值观的引导，拜金主义、攀比之风愈演愈烈，为炫耀物质生活的富足，获得精神层面的体面感，盲目追求"高大上"，造成无谓浪费。

5. 规章制度的缺位。对于农村社会人情过度消费的现状，目前各级政府、村民委员会层面，均还未出台相关规章制度及措施来进行监督管理；法律层面上，现行的《村民委员会组织法》中也未有涉及的相关规定。此次调查中也有农民表示，希望能对农民也有类似对党员干部的"八项规定"。

三、遏制农村人情过度消费的建议

1. 做好舆论宣传。人情往来属于文化习俗范畴。因此，治理人情过度消费，关键得提高农民自身认识。只有农民认识到人情消费的危害，并从自我做起，人人抵制，才能变恶俗为良俗。要把治理人情消费作为农村精神文明建设的重要内容，引导农民移风易俗，改变庸俗的人际关系和攀比心理，鼓励大家将有限的资金用来发展生产，改善生活，建立健康、和谐的人际关系。鼓励各界媒体多挖掘农村人情过度消费的题材加以报道，并组织专家学者对这种现象进行深刻剖析；社会各界均可以标语、广播、专栏等形式在农村倡导健康文明的社会风气，对当地人情交往中的新人新事新风大力宣扬，对各种陈规陋习多加批评，共同推动人情回归自然简朴。

2. 加强基层政府监督管理。尽管人情消费属于文化习俗范畴，但仍应以政府监督管理为着力点，发挥处于农村工作一线的乡（镇）政府的作用，因地制宜地制定规章制度来形成对当地农民人情消费的"硬"约束，根据当地的经济水平和风俗习惯，取缔部分名目变相的宴席，规定办宴规模。同时，上一级政府将这项列入乡（镇）政府考核指标体系，进行民意调查，以检验执行效果。

3. 充分发挥村民自治作用。目前，村民委员会作为唯一的村民自治组织，其在乡村治理中的职能和作用举足轻重。一是健全法律保障，《村民委员会组织法》作为引导农村实施村民自治的基本法律，建议在第二条"组成和职责"中、第九条"开展多种形式的社会主义精神文明建设活动、推动农村社区建设"部分增加"关于监督管理农村人情过度消费"的规定。二是发挥村委会作为"中间组织"的作用，对"上"协助督查乡（镇）政府落实关于办宴的相关规章制度，对"下"则对村民进行上门宣传劝导，并对村民办宴席情况进行事前备案登记，超过规定规模的要加以劝阻，并在宴席上准备一份薄礼，提倡通过一束鲜花、一首歌曲、一句温馨的话语等全新、文明的方式来表达祝福、增进感情。

4. 完善农村公共服务体系。农民之所以陷入这种无止境的人情往来，一部分原因在于农村的公共服务体系建设落后，难以免除农民日常生活中的后顾之忧，农民需要建立一定的社交圈以便自己在遇到困难时能获取足够帮助。因此解决这个问题需要切实加强农村公共管理改革，提高对农村的医疗、养老、减灾和教育保障等领域的服务水准，针对自然灾害要给予有力的资助与补贴，为农民提供完善的社会公共服务，使其能不再花费高昂成本依赖私人互助。

5. 拓宽农民投融资渠道。农村高昂的人情消费与农民缺乏充分的投融资渠道息息相关。针对这一情况，各级政府应结合中央农村工作会议和中央一号文件关于全面深化农村改革的有关精神，加强农业基础设施建设，出台优惠政策扶持新型农业经营主体，因地制宜地发展特色主导产业，建立并规范农民合理的投资渠道。同时，要强化金融机构服务"三农"职责，大力发展新型农村合作金融组织，切实为农民解决融资难的问题。

6. 进一步规范党员干部行为。"八项规定"对广大党员干部中的不正之风起到了很好的约束作用，但目前仍有少数党员干部无视党的纪律，为体现光宗耀祖的成就感，在农村高调操办宴席，规模之大、宾客之多给村民起了恶劣的示范作用。因此，规范党员干部行为是关键。治理人情风，首先必须端正党风，纯洁干部作风。作为党员干部，尤其是村党支部成员应率先严格执行廉洁从政的各项规定，事前申报，事后报告，自觉接受纪检、监察、媒体和全社会的监督，从简办理婚丧嫁娶事宜，为群众树立新风、作出表率，以良好的党风带动整个社会风气的根本好转。

关于审议《中华人民共和国商业银行法修正案（草案）》的有关意见

2015年8月第十二届全国人大常委会第十六次会议的建议

先行《商业银行法》于1995年开始实施，经2003年修正后，今年是实施20年来第二次修正。此次《商业银行法》的修正有利于提升金融服务实体经济的能力，将进一步深化我国金融体制改革，助推我国经济转型升级和全面深化改革。

一、关于第三十九条删除存贷比的规定

"删除存贷比不得超过75％的规定，将存贷比由法定监管指标转为流动性监测指标"在先前的修正过程中各界呼吁最为强烈，并已经6月24日国务院常务会议审议通过，以会议纪要的方式予以公布，因此应是争议最小的。

从资产端看，我国银行业存贷比分布很不均衡，目前银行业金融机构存贷比为65.7％，远低于75％的上限，但不少城商行甚至兴业、招商等部分大型全国性股份制商业银行存贷比已经接近甚至超过了75％，更不必说正在兴起的揽储能力更弱的民营银行，这大大制约了这些银行的贷款投放。取消存贷比作为法定监管指标后，银行贷款投放仅受央行贷款额度和资本充足率约束，而目前随着银行普通股、优先股再融资以及混合所有制改革的推进，银行资本充足率将能保持在较高水平，有利于增强银行贷款投放能力，缓解中小企业和"三农"等领域融资难融资贵问题。同时，此前由于严苛存贷考核与商业银行信贷扩张间的矛盾，部分商业银行通过各种途径变相扩大中间业务等非标准化资产以便逃避存贷比监管，是导致银行理财和同业业务不规范发展的部分原因。此次取消存贷比作为法定监管指标将一定程度上削弱部分商业银行的该类动机，有利于缓解商业银行资金期限错配和流动性风险。

从负债端看，一方面，取消存贷比作为法定监管指标将缓解商业银行季度末等关键时点疯狂揽储增加存款的冲动，有利于规范银行存款业务，避免近年来年中、年末等关键时点市场资金面出现较大波动，维护金融市场稳定。另一方面，也利于商业银行通过同业负债等方式替代一般存款，减轻利率市场化过程中的成本上升压力，降低全社会资金成本。

从风险控制看，在《商业银行法》实施之初，我国银行业的负债主要是存款，资

产主要是贷款，存贷比作为监管指标，可以较为有效地管理流动性风险。但随着资产负债多元化，存贷比监管覆盖面不够、风险敏感性不高的弊端日益显露。而且，根据2014 年 2 月银监会发布的《商业银行流动性风险管理办法》，我国按照巴塞尔协议 III 的要求，引入了新的流动性风险管理指标、流动性覆盖率（LCR）等监管指标，能较好地控制商业银行流动性风险。因此，将存贷比由法定监管指标转为流动性监测指标并不会影响对商业银行的风险控制。

二、关于商业银行综合经营的问题

该问题长期以来受到银行从业者的强烈呼吁，时任招商银行行长马蔚华、光大集团董事长唐双宁等均通过人大代表提案、公开媒体等渠道建言修正《商业银行法》时要放宽商业银行跨业经营限制（详细情况见后附素材）。即对第四十三条"商业银行在中华人民共和国境内不得从事信托投资和证券经营业务，不得向非自用不动产投资或者向非银行金融机构和企业投资，但国家另有规定的除外"做大幅修改。但我们判断，此次修正《商业银行法》大尺度放开综合经营（包含发展互联网金融）的概率不大。理由如下：

从程序上看，此次《商业银行法》修正工作由银监会主导，由银监会法规部牵头抽调部分商业银行人士组成了修订小组，并未有财政部、人民银行的深度介入（也未见两部门的高层有过表态），而前者是包括商业银行在内的各类金融机构的控股股东，后者是互联网金融的牵头主管部门。因此，从程序上看在此次修正案中大尺度放开综合经营和发展互联网金融的概率不大。而且，包括时任银监会副主席阎庆民、原人民银行副行长吴晓灵等在内的多位市场人士均表示此次《商业银行法》修正是单项条款的适度修正，"看准了马上就修改"。而如果要大尺度放开综合经营，那么必然涉及方方面面，修正的时间就会较长。

从条件上看，虽然国际上综合经营是主要商业银行的发展趋势，但一方面，我国商业银行的风险管控能力、内部治理结构与国外主要金融机构相比还有一定差距。另一方面，我国金融监管的理念、监管协调机制与支撑商业银行综合经营的全面放开尚有一定差距。因此，商业银行综合经营需采取逐步试点的方式实现"小步慢跑"，在试点机构建立起完善的不同种类机构和业务之间的防火墙制度、监管机构有了良好的金融监管框架之后再放开。截至 2014 年末，我国仅城市商业银行就有 133 家，如果在此次《商业银行法》修正中全面放开综合经营，那么按照"法无禁止即可为"的要求，大量条件尚未成熟的商业银行可能将介入证券、信托、保险、互联网金融等业务，存在较大的经营风险甚至系统性风险。

从需求上看，2003 年修正《商业银行法》时对第四十三条增加了"但国家另有规定的除外"，已经为商业银行综合经营预留了空间。目前中、农、工、建等大型国有商业银行以及民生、招商、平安、光大、中信等全国性股份制商业银行经国务院特批或通过自身投资、或通过母公司集团控股的方式已经拥有证券、信托、基金、保险、融资租赁等牌照，已经能产生业务间的协同效应，为客户提供良好的综合金融服务。而且，目前全国非银行金融机构数量已经不少，截至 2014 年末，全国共有证券公司 121 家、期货公司 153 家、保险机构 180 家、基金管理公司 95 家、信托公司 68 家，各行业竞争均已呈现白热化态势，实在已无必要再增加相关行业机构数量，如果放开商业银行综合经营只会继续加剧证券、期货、信托等行业的竞争，可能导致恶性竞争甚至引发危机。

因此，建议修正案中继续保持第四十三条相关规定。如果此次修正万一要大尺度放宽商业银行综合经营，建议设置试点准入条件或实行分类管理制度，不建议全面放开。

三、关于适应我国金融改革进展的一些微调

伴随我国金融改革的推进，《商业银行法》中有部分条款的表述已明显不符合当前的改革要求，修正案中可能已经进行了修改，若未修改的则建议修改：

一是目前我国已放开存款利率下限和贷款利率上下限，而且伴随利率市场化的推进，相信在不久的将来存款利率上限也将放开。因此，建议将《中华人民共和国商业银行法》第三十一条由"商业银行应当按照中国人民银行规定的存款利率的上下限，确定存款利率，并予以公告。"修改为"商业银行应当按照中国人民银行规定和金融市场状况合理确定存款利率，并予以公告。"将《中华人民共和国商业银行法》第三十八条由"商业银行应当按照中国人民银行规定的贷款利率的上下限，确定贷款利率。"修改为"商业银行应当按照中国人民银行规定和金融市场状况合理确定贷款利率。"

二是自 2015 年 5 月 1 日起，我国开始实施《存款保险条例》，标志着我国存款保险制度的日渐成熟。从法律层面对商业银行存款保险进行规定，有利于保护存款者利益，有利于我国利率市场化的推进。因此，建议在"第三章对存款人的保护"第三十一条后新增一条"商业银行应当按照国家存款保险制度规定，依法及时、足额投保，保障存款安全。"建议在"第八章　法律责任"第七十三条中增加"违反存款保险规定，不依法及时、足额投保的"相关表述。

三是根据 2012 年《国务院关于第六批取消和调整行政审批项目的决定》和《中国银监会中资商业银行行政许可事项实施办法》，银行业金融机构分支机构变更营业场所审批事项已经被取消。因此，建议将第二十四条第三款由"变更总行或者分支所在地"修改为"变更总行所在地"。建议邀请法律方面专家确保《修正案》有关条款与《物权法》、《公司法》、《企业破产法》等相关法律以及有关规定保持相容。

四是建议根据我国商业银行新型业态发展现状及未来需求修改经营范围有关条款。我国商业银行业已连续多年开展企业债券承销与投资、委托贷款、财富管理、电子银行等业务，这些业务已发展成为商业银行重要的业务板块和收入来源，也有了相对稳定的业务流程和成熟的监管框架。而且根据国际经验，未来伴随利率市场化改革的深化，这些业务将在商业银行经营乃至整个金融市场中扮演更加重要的角色。因此，有

必要适应新型业态的发展在法律中予以明确。建议将第三条第六款由"代理发行、代理兑付、承销政府债券"修改为"代理发行、代理兑付、承销政府债券和企业债券"，将第三条第七款由"买卖政府债券、金融债券"修改为"买卖政府债券、金融债券、企业债券"，将第三条第十款由"从事银行卡业务"修改为"从事银行卡和电子银行业务"，新增"从事代客理财、财富管理业务"、"从事委托贷款业务"等条款。